民俗のこころと思想

谷川健一

やまかわうみ
Yama Kawa Umi
別冊
アーツアンドクラフツ

谷川健一　編集・民俗・思想［論考・エッセイ］

やまかわうみ
Yama Kawa Umi
別冊
アーツアンドクラフツ

青の思想家

前田速夫

谷川健一氏が逝って三年が過ぎた。

戦前にわが国での民俗学を確立し、主導した柳田國男・折口信夫を、戦後、正当に受けとめて、前進発展させた氏の偉業は、いま谷川民俗学の名で呼ばれて、ゆるぎのないものになっている。自らその編集を指揮して、最終巻の刊行を見届けた、冨山房インターナショナル版全集全二十四巻が、それである。

平凡社時代は『風土記日本』や『日本残酷物語』を編集、月刊誌「太陽」の創刊編集長としても強腕をふるい、退社後は『日本庶民生活史料集成』全三十巻、『日本民俗文化大系』全十四巻ほかの大型企画を次々と立案、処女作の小説「最後の攘夷党」が直木賞の候補となり、歌集『海の夫人』『青水沫』などで歌人としても知られている。「日本地名研究所」を創設して、全国規模の会員を組織し、地名研究のかたわら行政による安易な地名変更に抗ったことも、忘れられない。

敗戦の年、二十四歳だった谷川は、最後の戦中派の一人である。幼時から病弱で、青年時代は肺結核を病んで長く病床にあったから、戦場に送られることは免れたが、死と向き合う日々は、つらく厳しいものだったろう。読書だけが楽しみななかで、荘子、パスカル、トルストイとさまざまに思想上の遍歴を重ね、戦後は二十九歳で復学、生計を立てるため平凡社に入社したときは、三十一歳になっていた。

こうした経歴によるのでもあろう、晩成型の谷川の歩みは、戦後華々しく登場した進歩的文化人のそれとは相いれないものだった。転機は柳田國男との出会いである。ここで、ようやく目標が定まり、以後、半世紀を超える活動は、一民俗学者としての枠を踏み越えて、多領域に展開した。

昭和がレトロで語られ、戦中・戦後の記憶が薄れゆくばかりの今日、戦後日本をリードした幾多の思想は、いつのまにか退場を余儀なくされ、すっかり色褪せてしまった。それに引き換え、戦後の論壇とは距離を置き、その片隅でじっくり息をひそめていた谷川健一の思想が、ここへきて輝きを増しているように思える。

従来、谷川民俗学の業績については、多くが語られてきた。けれども、その民俗学を思想の面から捉えなおす試みは、皆無に近かったのではないか。そこで、本書では、主に谷川の思想家としての面に集中して、今日的な観点から照明をあてる。メインは、氏の思想世界の紹介で、「I　大型企画の立案」、「II　民俗のこころ」、「III　移動と漂泊」、「IV　南島　その空間と時間」、「V　時代を撃つ」の五部構成とした。以下、この小文では、それらに先立って、氏の生涯を振り返りつつ、収録した諸論考の読みどころ、戦後思想史上の位置と特質について、おおまかな私見を述べてみたい（太字は本書に収録）。以下、原則、敬称は略す。

長い遍歴時代

谷川健一は、大正十（一九二一）年七月二十八日、熊本県葦北郡水俣町の生まれ。眼科医侃二の長男で、二歳下に詩人の谷川雁（本名巌）、四歳下に道雄（京大教授・中国史）、さらに九歳下に吉田公彦（日本読書新聞の編集者を経て、日本エディタースクールを創設）がいた。いずれ劣らぬ秀才ダンゴ四兄弟である。

数え六歳の年の初夏、友達に誘われて近くの教会で「キリストの一生」という活動写真を見て以来、イエスにとりつかれ、聖堂の一室に入り浸っては飽かず「十字架の道行」の原色画を眺めたというから、その独特な宗教的感性は、幼時からきわだっていた。

小学校を卒業すると、熊本市内の母方の祖父母の家に下宿して、旧制熊本中学に通った。祖母は細川藩の大身の出だが、祖父は西南の役で西郷軍に加担して捕虜になった過去があった。役後、教育者の道を歩み、後年孫文の革命運動を支持したことで知られる宮崎滔天を教えたこともあったという。

同じ熊本中学に進んだ弟の雁と、互いに競うようにして貸本をむさぼり読んだのは、このころ。黒岩涙香、江戸川乱歩、夢野久作から始めて、一挙に『荘子』や『パンセ』にまで及んだ。担任の山崎貞士からは、作歌の手ほどきも受けた。

医業を継いでほしいとの父親の希望で、高校は不本意な理科を受験するが、試験場では白紙の答案を提出、翌年、旧制大阪府立浪速高校（現・大阪大）文科に進んだ。肋膜炎で一年休学し、大学は東京帝大の仏文科に入学する。学歴上は、ここで熊本との縁が切れる。

郷里の病院や自宅での、足かけ八年に及ぶ療養生活に明け暮れたこの時期、特筆しておきたいことが二つある。一つは、太平洋戦争勃発の年の秋（二十歳）、高校の友人と串本から船で紀伊大島にわたって樫野崎の魚見櫓から沖合を黒潮の濃い醤油色の流れが西から東へ悠々と流れているのを見て、一国の権力の交替や動乱といったこととは別の、もっと根源的な動きのあることを電撃的に悟ったことだ。これは、柳田國男が伊良子岬でヤシの実が流れ寄るのを見て、「海上の道」に思いを馳せ、また折口信夫が志摩の大王崎で沖の黒潮を見て「根の国・妣《はは》の国」や「マレビト」の概念に思い当たったのと同一の心の働きで、のちに谷川が民俗学に目覚める下地はこういうところにあった。

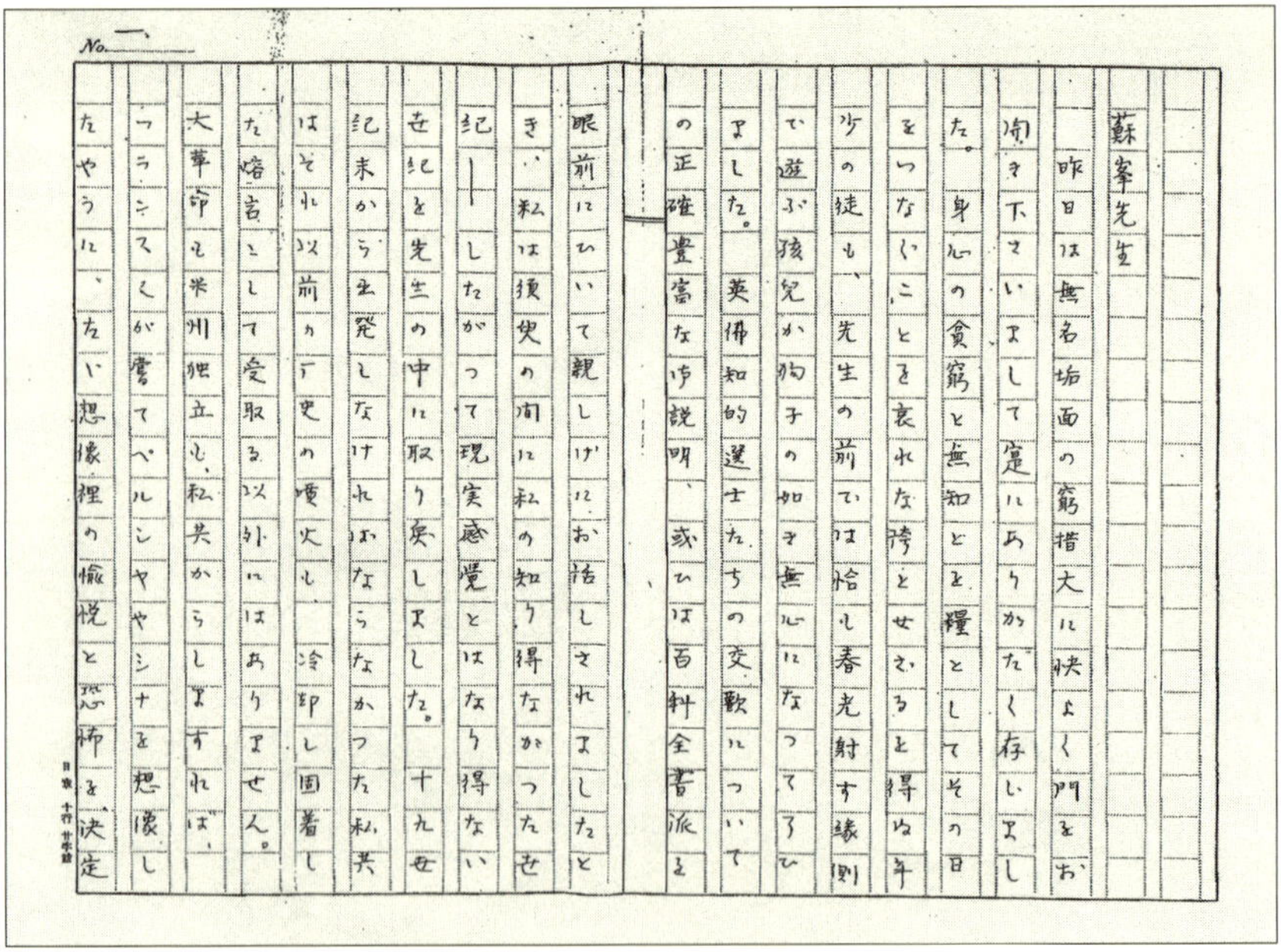

No. 一、

蘇峯先生

昨日は無名垢面の窮措大に快よく門をお開き下さいまして寔にありがたく存じました。身心の貪窮と無知とを糧としてその日をつなぐことを哀れな誇とせざるを得ぬ年少の徒も、先生の前では恰も春光射す縁側で遊ぶ孩児か狗子の如き無心になつてしまひました。英佛知的選士たちの交歓についての正確豊富な御説明、或ひは百科全書派を眼前にひいて親しげにお話しされましたとき、私は須臾の間に私の知り得なかつた世紀——したがつて現実感覚とはなり得ない世紀を先生の中に取り戻しました。十九世紀末から出発しなければならなかつた私共はそれ以前の歴史の噴火も、冷却し固着した熔岩として受取る以外にはありません。大革命も米州独立も、私共からしますれば、フランス人が曾てペルシヤやシナを想像したやうに、たゞ想像裡の愉悦と恐怖を決定

学生時代の谷川健一が面会の翌日、徳富蘇峰に宛てた礼状（熊本近代文学館蔵）

二つは、戦後、再び上京して大学に復学した折、公職追放で熱海の自宅に拘禁中の徳富蘇峰を訪ねたことである。翌日、蘇峰に宛てた原稿用紙八枚の礼状（熊本近代文学館蔵）のただならぬ感激ぶりは、左のとおり。

「蘇峯先生　昨日は無名垢面の窮措大に快よく門をお開き下さいまして寔にありがたく存じました。（中略）三代の歴史はこめてわが生涯にあり——とは蘆花子の言であつたかと記憶して居りますが、先生こそこの言葉を生涯の銘とすべき権利をお持ちでございます。先生の生涯はやがて祖国日本の悲劇的運命であります。先生の隻言片句は祖国が自らに向って発する悲劇の台辞でございます。祖国の歴史を威勢よく否定するのも肯定するのも容易い。嘲弄的に或ひは苦し気に——だがいづれも観客の品定めにすぎません。（中略）まことに或る人々は先生の前に香華を焚き先生を栄光の裡に葬らうとするに忙しく思はれます。又なかには根強い誤解を抱いたり、無関心だつたりする者も居ります」

それゆえ、もし幸いに先生が許してくれるなら、エッケルマンの『ゲーテとの対話』にならって、周囲の人の嘲笑叱責は意に介さず、身を賭してでも、三代の文学史・思想史・政治史となるような談話を筆記して、無慈悲な歴史の埋没のなかから先生の正しい像を回復したいと訴えたあとは、以下のように続く。

「私は先生にお会ひする前に漠然と次の如く夢みて居りました。歴史家。歴史家であるには生ま生ましい現実に心を動か

さずにはすまない警世家。文明批評家。しかも肉感に貫かれた現実を決して虚妄だと捨て去らない政治家。政治家たるにはあまりにも理想主義者。ピュリタン風の熱情を抱きながら人間劇の犀利な観察者。一流の文学者の資質をもつたジャーナリスト。革命家にして伝統主義者。蘆花子の狂気と熱情を具備し、それを叡智と去私によつて支配し克服された方。強烈な人格を寛容さの中に一致させようとされた方。幼時の田舎料理を忘れない世界人。極度の意識、極度の集中から苦もなく天衣の無縫に帰り得る達人、等々列記すれば限りありません。しかしかやうなことも先生にお会ひし、心身が大調和の中に溶けこむのを覚えては全くつまらぬことになつて了ひました。しかし、たゞ一つ。それは先生はかずかずの栄光の頂きを極められたるも不拘、先生にはきつと誰も押しはかつてみない胸の嘆きがあり、それを終生抱きつゞけられてゐるに違ひない。それは決して私ごとき陋巷に窮迫する無名人の考へるやうなロマンチックなものではないが、人々の理解し難い、理解しようと欲せぬ何物かであるに違ひない。私が秘宝と申上げたものでございます。(後略)」

青年に特有の熱病じみた讃仰といえばいえる。けれど、このときの蘇峰が敗戦前の赫々たる名声を失墜させ、世間からそっぽを向かれていたことを思えば、よほどの覚悟と時流への反撥があったのは疑えない。否、私には、まるで後年の谷川自身を予言しているようにさえ思えてならないのである。

こうした心情とメンタリティの持主にしてはじめて、処女作『最後の攘夷党』で、旧久留米藩における反政府運動を扱い、長編『私説神風連』ではウケヒが降りるのを待って明治の新政府に対して捨て身の決起を行ったグループに共感を寄せたわけもわかろうというものだ。本書に収録した**「維新変革の虚妄と反乱者たち」「神風連の神慮と行動形態」**の二篇からは、世間の無理解のまま歴史に埋もれていった郷土の偉人への哀惜の念が伝わってくる。

成熟のひとしずく

話は前後するが、弟の谷川雁は熊本の旧制五高から兄より一足早く東京帝大社会学科に進学し、一時期千葉県印旛郡の陸軍野戦銃砲隊に召集され、敗戦の年に二十二歳で卒業すると西日本新聞社に入社、すでに詩作も始めていた。丸山豊、野田宇太郎、安西均らの詩誌「母音」で才能を認められ、共産党の闘士として労働争議を指揮、兄と同じ結核で入院もしたが、第一詩集『大地の商人』、第二詩集『天山』を刊行するると、たちまち名声に包まれた。よく知られているのは、こんな具合の詩だ。

おれは大地の商人になろう
きのこを売ろう　あくまでにがい茶を
色のひとつ足らぬ虹を（「商人」）

あさはこわれやすいがらすだから
東京へゆくな　ふるさとを創れ（「東京へゆくな」）

昭和三十三（一九五八）年、筑豊で上野英信、森崎和江らと「サークル村」を創刊。『原点が存在する』『工作者宣言』におけるラディカルな主張も、評判になった。

一方、雁の知り合いの日高六郎の口ききで平凡社に拾ってもらってもらった健一は、はじめ『児童百科事典』編集部に配属された。専門家が書いた原稿を、子供が理解できるようにリライトするのが、主な仕事だった。当時、平凡社は林達夫が百科事典編集の総指揮を取っており、有象無象の一匹オオカミが屯して梁山泊のありさまを呈していた。

健一はこうした雰囲気が水にあったようで、めきめき頭角をあらわすが、思想的には相変わらず迷走を続けていたと思われる。カトリシズムやマルクシズムなど西欧種の宗教や思想の持つ擬似的普遍性への懐疑と不信、ポーズとは裏腹に事実は民衆を見下している周囲の進歩的民衆啓蒙家への嫌悪――。だが、そうしたときに出会ったのが柳田國男の『桃太郎の誕生』で、口にできないくらいの感動を覚えた。不意に**「成熟のひとしずく」**が、訪れたのである。

「柳田の民俗学は、日本人の、という限定はあるが、たましい、あるいは神の問題を忘れていなかった。そして日本に思想が根づくためにはどうした方法をとればよいかを示唆していた。しかも市民とか人民とかいう言葉を軽々しく口にすることなく、そうした人たちの日々の生活の実体を徹底して追求していた。私はカトリシズムやマルクシズムの重大な欠陥と思われるものが、柳田の民俗学でおぎなわれるこころよさを体験した。人生や人間を抽象的にながめず、できるだけ具体的なものとしてながめようとする学問の姿勢は、当時中年にさしかかっていた私にとって、自分に適したものであることを自覚した」（『妣の国への旅　私の履歴書』）

このころ宮本常一を知ったことも大きい。その生な庶民感覚と豊富な生活体験は彼の独壇場で、宮本を中心ライターに起用してシリーズの『風土記日本』全七巻と『日本残酷物語』全五巻、別巻二がスタートする（『日本残酷物語』は、雁も執筆）。前者の**「はじめに」**と後者の**「『日本残酷物語』で意図したもの」**には、ようやくにして真の鉱脈を掘り当てた喜びが響く。

『日本残酷物語』がベストセラーになった時期は、六十年安保闘争で世が騒然となった時期と重なる。この年三月、雁は

「瞬間の王は死んだ」と称して、詩人廃業を宣言、六月には共産党を離党、八月、「さしあたってこれだけは」の草案を自ら起草し、吉本隆明・鶴見俊輔・藤田省三ら六氏の連名で反対闘争を呼びかけた。福岡・中間市の大正炭鉱で坑夫たちと共に大正行動隊を結成したのも同年。

この当時、書評誌「日本読書新聞」には、巌浩、定村忠士、三木卓、それに健一の末弟公彦や同じ熊本出身の渡辺京二らがいたうえ、錚々たるメンバーが寄稿していた。清水幾太郎、

丸山眞男、久野収、竹内好、橋川文三、埴谷雄高らは旧世代に属するが、吉本、鶴見、藤田、谷川雁、井上光晴、内村剛介、村上一郎、森崎和江、江藤淳、桶谷秀昭らは皆、この論戦をスプリング・ボードにして、有力な言論人に育っていったのである。おそらく、公彦からじかに声がかかったのであろう、健一も「柳田国男の世界」ほかを寄稿している。

思えば、柳田國男が戦後世代の若者のあいだで評判になり始めたのは安保闘争の挫折後のことで、それにはこの健一の文章が貢献している。ちなみに、七十年安保の一年前に発表した「**祭りとしての〈安保〉**」では、六十年安保の挫折は、反体制側が政治闘争一本槍だった結果、「おかげまいり」や「ええじゃないか」に似た大衆による自発的日常逸脱行為、すなわち祭りとしての側面を捉えそこなったからだとして、せっかく盛り上がった国会デモが最後の止めを刺しえなかったのは、前衛知識人の側の大衆恐怖と大衆蔑視に原因があったと批判、来る安保改定時における心構えをじゅんじゅんと説いたのであった。

南島への親近

平凡社時代の谷川は、わが国初の大型ビジュアル月刊誌「太陽」の創刊編集長も務めている（同誌「**創刊の辞**」参照）。大部隊を率いて持前の腕をふるったが、資金を大量に投入したわりに部数が伸びず、体力的にも無理を重ねた結果、やがて肺結核を再発するに至る。一年後、編集長を退くあたりから、仕事の合間に小説『最後の攘夷党』を書き始めているので、ここらが潮時との自覚があったのだろう。同作は直木賞の候補にあげられ、大佛次郎からは賞讃の手紙が届いた（この回は、僅差で立原正秋『白い罌粟』が受賞。谷川が受賞していれば、小説家の道を進んだかもしれない）。

再入院中に、父重篤の知らせを受けて仮退院、即日帰郷するが、父を見送った後は病院に戻らず、そのまま平凡社を退社して、月の半分は調査旅行、あとの半分は研究執筆という在野の民俗学徒としての道に入った。時に四十六歳。長い回り道と迷走を重ねたあとの再出発である。

最初の調査地に沖縄を選んだのは、自らを先師柳田・折口の正統な後継者であることを印象づけるべく、練りに練ったものであったろう。併行して、『日本庶民生活史料集成』全三十巻、別巻一や『叢書　わが沖縄』全六巻等の大型企画を立案編集したのは、その周到な準備を兼ねていたとみることができる（谷川の大型企画立案はこの後も続いて、『夢野久作全集』全七巻、『日本の神々』全十三巻、『日本民俗文化資料集成』全二十四巻、別巻一、『日本民俗文化大系』全十四巻、別巻一、『海と列島文化』全十巻、別巻一と続く。その編集能力と実行力はまさに超人的で、それを推進し支えた出版社の志も、現在とは雲泥の差だ。これも、谷川の思想性のしからしむるところか）。

健一自身は、南島への親近を次のように述懐している。「最初の民俗調査に沖縄を選んだのは、幼時から「南」への親近感があったからである。水俣の八幡宮への参道のまわりには、舟津という漁民の集落があった。そこは他の集落との交流もなく、言葉もどこか違っていた。その舟津に源為朝を祀る小祠があった。為朝が琉球に向って船出したところで、舟津の漁民が別れを惜しんで、為朝の袖にすがりつくと、袖がちぎれたので、どの袖を祀ってあるといわれている。もとより俗説にすぎないが、馬琴の『椿説弓張月』にも載っている。

水俣では井戸をイガワと日常呼び、沖縄でも井戸を「川」に近い発音でカーという。私はこのことを知ったとき、南九州と沖縄との間に地下水脈が流れているような気になった。子どものころ、奄美大島からやってくる大島紬の行商人の姿もしばしば見られた。

ヨーロッパに「ピレネーから南はアフリカだ」という諺がある。それに倣って「南九州から先は南島だ」と言い換えることもできる。

一九六九年二月、はじめて沖縄の海岸に立ったときのことを忘れない。島をめぐる干瀬《ひし》と呼ばれるサンゴ礁にあがる白浪は、人間に無関心な大自然のいとなみを告げていた。干瀬の内側は眼のさめるような碧玉色の浅い海であり、干瀬の彼方は青黒い波がうねる外洋で、そこはもはやニライカナイと呼ばれる他界に属していた。私は青年時代にもなお心の隅にしみついたカトリックの陰惨な地獄の残像がいつの間にか洗われていく快さをおぼえていた。

沖縄への旅をくりかえすようになって、「俺は明るい冥府が欲しいばかりに、珊瑚礁の砂にくるぶしを埋めているのだ」という気持が強くなった。

「明るい冥府」。それは古代日本の常世《とこよ》、妣《はは》の国、本《もと》つ国、根の国に相当する海上他界である。亡くなった母の国を明るい海原の彼方に描くことのできる砂浜の切ない風景が、沖縄から私を離れがたくした」（『妣の国への旅』）。

後半の**「明るい冥府」**については、あとで述べる。ここでは、谷川健一の南島への親近が愛郷心に発していること、それでいて**「〈ヤポネシア〉とは何か」「国境を超えて飛ぶ」「南への衝動、北への衝動」「日本人を照射する異質文化」**が語るように、土着一辺倒ではなくて、その徹底した反骨と官嫌い、中央嫌いの精神にも裏打ちされていることが重要である。

谷川雁もそうだが、健一の並外れた長軀は、ヤマト朝廷にまつろわなかった夷狄（クマソ・ハヤト）の王の面影があり、そのメンタリティはそれ以上だから、戦後思想史の上で少数派に属していたのは当然で、他の知識人とは同列に論じられないわけも、そこにある。思えば、『風土記日本』の第一巻を九州・沖縄篇で始めたのが、この谷川健一だった。

同じ沖縄や南島をフィールドにしながら、柳田・折口が一向に関心を示さなかった、現地民の悲惨な暮らしの実態や、虐げられてきた歴史から目をそらさなかったことも、健一ならでは。

谷川は第一回沖縄訪問のとき、先島の老人が一様に顔をゆがめて「人頭税」という言葉を発したのが気になって、第二回訪問時に、改めて聞き取りをはじめた。人頭税とは、寛永十二（一六三七）年に薩摩藩の支配下にあった琉球王府が、宮古・八重山両群島の住民に課した過酷きわまる税金をいう。それは文字通り根こそぎの収奪であって、これから逃れるだけのために、断崖から飛び降りて自殺するもの、癩部落にまぎれこむもの、有力者の妾になるもの等が相次いだ。

　聞き取りを重ねるうち、浮かび上がってきたのは、中村十作という当時は二十歳台の新潟県出身の青年である。彼は島民の窮状を見かねて人頭税廃止運動の先頭に立ち、帝国議会に請願をくりかえして、明治三十六（一九〇三）年ついにその廃止を勝ち取る。谷川は早速このことをとりあげて、「北の旅人」というエッセイを発表、無名の一青年の献身的な行為を讃えた。

　以後、**「火にかけた鍋」「沖縄、その危機と神々」**等で、本土復帰後も解消されない島民の苦悩を訴え続けるが、谷川自身が先頭に立って組織した会もある。「宮古島の神と森を考える会」がそれで、宮古島北部狩俣集落の背後の原生林で毎冬行われる祖先祭《うやがん》に祭りの原型ともいうべき古代的風景を感得した彼は、その豊かな森が一九九三年時には半減して、島の面積のわずか一六・四パーセントを占めるに過ぎないとの報道に接するや、このままでは二十年後には消滅してしまうと危機感をおぼえ、島のウタキと神を守ろうと、島民や島外の有識者にも呼びかけたのである（**「宮古島の神と森を考える」**参照）。以来、毎年集会を開いては、植林なども行っているが、その主な活動は、後継者が見つからなくて神女が絶えてしまうのを、なんとかして防ごうとする努力に傾けられている。

　一般に民俗学というと、世間からは民具の愛好など失われた庶民の生活を慈しむ閑人趣味と見られがちで、事実、柳田の弟子を自称する門人の多くに、そうした傾向があったのは否めないけれど、内実は決してそのように暢気なものではありえなかった。あるとき谷川は、私に面と向かって、「あなたと同じで、私もひなた臭い民俗学には興味ありません」とはっきり言ったことがあった。

　本書に収録した、**「「小さき者」へ寄す」「目一つ神の由来」「山人と平地人」「地名は大地に刻まれた歴史の刻印」「神・人間・動物」「タマスという言葉」「うぶすな」「日本人の信仰の原点」**など、谷川民俗学の根幹が凝縮された短文や、**「明治と明治もどき」「近代の暗黒」「「虚の器」の逆説」**など、時代への問題意識が鮮明なエッセイ、さらには**「カオスの中での展望」「事大主義と事小主義」「聖なる疲れ」「なぜ地名変更に抗うか」**など、今日の世相を深く憂え、読者に覚醒を促す文章を読んでもらえるなら、著者が現実を見すえる鋭い危機意識とそのアクチュアルな思想性は明らかであろう。

　なお、柳田國男とは異なる谷川民俗学の特徴として、『古代史ノオト』や『古代史と民俗学』といった表題が示すごとき、わが国の古代史に対する著しい関心も逸することができない。これは柳田が日本の民俗は応仁の乱以前には遡らないと広言していたことへの挑戦であるともいえ、主著とされる『青銅の神の足跡』『鍛冶屋の母』『白鳥伝説』が、それにあたる。本書では**「遙かな過去への遡行」**でその一端に触れていただこう。

弟・谷川雁との共闘

ところで、私は以前、谷川健一が没してまもない時期に編まれた追悼総特集（河出書房新社刊〈道の手帖〉「谷川健一　越境する民俗学の巨人」）に、「谷川健一と谷川雁　戦後精神史の捉え直しにむけて」という小文を寄せたことがある。それはまさに本書が企てる思想家健一の戦後史的な位置づけにかかわる内容だったので、ここでその再論と、若干の補足をしておきたい。

編集者、歌人、作家、民俗学者、地名研のリーダーの兄健一。詩人、工作者、革命家、企業人、教育者の弟雁。一方は柳田・折口直系の伝統擁護者なら、他方はラディカルな左翼運動家。晩成型の兄と天才型の弟。影響を受けた本は、兄の荘子・パスカルに対して、弟は老子・マルクス。思想上は一見正反対に思えていた二人が、意外と近いところにいたのかもしれぬと私が見直すきっかけになったのは、両者の自筆原稿の字がそっくりだったというごく単純な事実の発見によるのだけれど、まもなくその動かぬ証拠がみつかった。一つは健一による雁の処女詩集『大地の商人』評の一節である。

「詩人、谷川雁は、わたしの血、わたしの細胞に、もっとも近く生れながら、わたしの知るかぎりもっとも魅力ある人物であり、わたしが彼の影響の圏外に立つことを不可能ならしめた――わたしの思想変移の上でのもっとも重要な存在であった。すくなくとも、彼は幼年時代から、硬い鱗の子ですすんだ。そして敗戦前後の混乱した青春の季節が、彼の自我を喚問し、決定的な力と美で突然の開花を強いた。それも束の間、彼はあらゆる才能を約束させる自我をひきずりだし、それを処刑することに立向った。〈おのれと戦うこと〉ここに彼のもっとも特質とよぶべきものがある。劇をもっとも嫌悪した人間のわれ知らずつくりだした劇がある。才能と戦う努力――そこにたわ言の煤煙で空を汚してなんらの自責も感ずることのない連中――なま温い培養基のなかでたやすく発芽する詞華集には発見できない才能がある」（『母音』）

もう一つはおそらくは兄のサジェスションによるのだろう、鹿児島県・臥蛇島に渡ったときの雁の紀行文で、まるで健一が憑依したかのようだ。

「私はまず島の落書を見てまわった。それは岩のうえよりほかにはなく、岩の落書はすべて絵ではなく文字であり、文字はいずれも人の名前であった。たぶんそれは自分自身の名前にちがいなかった。十四戸六十人の老若男女のなかで絶えまなくあがる年少者の感情の水しぶきを受けとめるものは岩よりほかにないのだ。そしてその記号にならない記号が、とき

に年月日をふくんだ自分の姓名でしかないということは何を意味するだろう。（中略）

私たちの文明はいったい前進しつつあるのか、停滞状態にあるのか。きりんの首みたいに突きだしているびろう樹の葉を鳴らして、この疑念がいくども私のほほを熱い風のようになでた。そして最後にはきまって、この壊死してゆく皮膚のごとき風景が日本文明の船首であるにちがいないと思いつくのだった」（「びろう樹の下の死時計」）

むろん、独立した人間同士である。あるときは、お互いの意見が鋭く対立したこともあったろう。けれども、そうした対立すらもが、お互いがお互いを刺激し、切磋琢磨する場となったに違いない。

弟の雁にくらべると、自分は晩成で鈍才だからと、謙遜していた兄。他人に対しては常に傲然と胸を聳やかしながら、唯一健一の前では、礼儀正しく畏敬の気持を素直にあらわした弟。私はこの二兄弟を、同じ水俣出身の徳富蘇峰・蘆花兄弟と比較してみたい誘惑を抑えられないでいる。

それはともかく、後年この二人が、家が近いので幼時から親しく付き合い、サークル村での活動その他を通しては指導する立場にあった石牟礼道子に対して、ともに鋭い違和を表明したのは皮肉である。

「〈水銀以前〉の水俣を、あなたは聖化しました。幼女の眼で、漁師の声で、定住する勧進の足で。トラコーマ、結膜炎はほぼ百パーセントの浦浦、県下一のチブスの流行地、糞尿と悪臭の露地をそれらで荘厳するのもよいでしょう。もはやそれはあなたの骨髄にしみとおっている性癖で、私にはしょっちゅう狐のかんざしのごときものが見えてへきえきしますけれども、趣味の問題はいたしかたもない。それが〈水俣病〉の宣伝にある効果を与えたのも事実です。しかし患者を自然民と単純化し、負性のない精神を自動的にうみだす暮しが破壊されたとする、あなたの告発の論理には〈暗点〉がありはしませんか。小世界であればあるほど、そこに渦まく負性を消してしまえば錯誤が生じます。なぜなら負性の相剋こそ、水俣病をめぐって沸騰したローカルな批評精神の唯一の光源ですから。

おもえば私の幼年時も、この二つの臼によって搗かれた痩せ麦です。本屋もろくにない町で、精神の胚子をはぐくんだ主な器械はこれしか考えられません。私の〈水俣〉は否定のカクテル光線です。いまとなっては遠ざかった星だけれど、とぼしい表現の基本を民衆の一風変ったはじきあい、こすれあいから得たとおもっています。あなたもそうであるにちがいない。にもかかわらず、あなたの〈水俣〉には底面の葛藤がありません。結局のところ病の狂乱のただなかへ古い神話性をよびもどすことで終った」

これは「〈非水銀性〉水俣病・一号患者の死」中の雁の叱責。健一も負けていない。表現はずっと穏やかだが、「水俣病支援の人々は、『水俣病のない水俣』は関心がありません。ところがわれわれ水俣の〝先住民〟は、水俣病のない水俣に関心をもたざるを得ないのです。水俣にこれまで生きてきたし、これからも生きていくのですから、水俣病のない水俣も大切です。だけれども、支援者は「水俣病の水俣」しか関心がない。『後はどうなっときゃあなろたい』です。それじゃ困ります」に始まる地元での長時間講演『水俣再生への道』の中で、「水俣病はまぎれもなく世界性を獲得しました。しかし、地方性によって立つことには成功しなかったと言わざるをえません。……よそからちょいとのぞいた有識者が、これを城下町などのありふれた観念に結びつけたのは、噴飯ものです。それはただの商業的悲鳴に過ぎず、『未来の地方性』とは無縁です」という雁の言葉を引いて、大いに共感を示したのであった。

定住と漂泊と

改めて述べるまでもないが、谷川民俗学を代表する著作といえば、すぐに以下の本が思い浮かぶ。

日本の王権を支えてきた影の部分を剔抉した『魔の系譜』、神と人間と動物が交渉し交歓する霊的世界こそ民俗学の本質であるとする『神・人間・動物』、定住稲作民の側に寄り添った柳田民俗学を、金属神を崇める鍛冶族の側から覆す『青銅の神の足跡』、同じく『鍛冶屋の母』、水平線の彼方の他界に日本人の魂のゆくえを見る『常世論』、天皇族に敗れた物部氏の一族が白鳥信仰を携えて列島を北上する『白鳥伝説』、折口信夫が提唱して定説となった日本文学発生論の不備を南島でのフィールド研究を通して再編成する『南島文学発生論』、神ダーリを契機に、巫女の資格を得る神秘をノンフィクション小説として作品化した『神に追われて』……。

『鍛冶屋の母』(思索社刊、1991年)

が、本稿ではあえてそれらの一つ一つに触れることは避け、その代わりに柳田や折口が及ばなかった谷川ならではの思想上の発見と創意について、付言しておく。それは、柳田の提唱した定住民の民俗学から漂泊民の民俗学への転換についてである。

周知のように初期の柳田は、『遠野物語』『「イタカ」および「サンカ」』『巫女考』『毛坊主考』など、山人や漂泊民、遊歴宗教者の来歴や民俗を追求することから、彼の学問をスタートさせた。けれども、やがて定住稲作民、つまり彼のいう常民の研究にカーブを切って、それを日本民俗学の中核に据えるに至った。

ところが、谷川はそれだけでは日本および日本人の民俗や信仰を究めるのは不十分と考えて、むしろ柳田が放棄した方面に力を注いだ。すなわち、定住を宿命づけられた稲作民ではなくて、職業上移動を常とした、旅を栖にした一団、金属民や木地師、遊芸民、回国の聖や僧侶、下級宗教者らの生態や、中央との戦いに敗れて郷国を追われた古代民の行方とその信仰についてなどである。

　こうした分野は、記録に残ることは稀だから、研究には特別な苦心がいる。そこで谷川が編み出した手法が、各地に残る歴史地名を手がかりに、さまざまな傍証を駆使して、推論と考証とを積み重ねることであった。むろん、現地視察や伝承の収集も欠かせない。たとえば、『青銅の神の足跡』の序説は、次のような話を載せている。

『青銅の神の足跡』（集英社刊、1979年）

「『古事記』によると、飯豊《いいとよ》の青皇女《あおのひめみこ》の兄にあたる市辺之忍《いちのべのおし》歯《は》王は雄略帝のために誘殺された。そのとき王には意祁《おけ》、袁《お》祁《け》の二王子がいたが、父が殺されたと聞いて逃走した。山城の苅羽井、現在の京都府綴喜《つづき》郡井出町玉水のあたりまで来たとき、猪甘《いかい》の老人がやってきて食糧をうばった。二人はさらに逃げて播磨国に行き、志自牟《しじむ》という人の家に身をかくした。

　私はこの話を調べるために現地をおとずれたことがある。玉水水主《みずし》の東隣に青谷という地名が見つかる。そこはかつて青谷村であって、市野辺という字名も現在のこっている。土地の老婆にたずねてみると、大柴という場所があって、昔そこに王子が住んでいたという伝承のあることを教えてくれた。「大柴《おおしば》」というのは、市辺之忍歯王の「忍歯《おしは》」に由来するものであり、王子という言葉から大柴の名が生まれたのではないであろうか。この大柴の地名にまつわる俗伝は『青谷村史』にものっていない。したがってそれは、知識人が『古事記』の故事にのっとって、あとで土地にくっつけた伝承ではけっしてない。しかも市野辺とか大柴（忍歯）という地名が今日に伝えられのこっているということは、私にとっては大きな衝撃であった。おそらく市辺之忍歯王の名もこの地名からとったものであるとさえ推定されるのである。大柴のさきの青谷に粟《おう》神社が祀られていた。青谷という言葉と照らし合わせて、私の考えでは、「粟」は「青」の訛りではないかと思う。なぜなら、市辺之忍歯王の妹は青皇女だったのである」

　こうして意祁《おけ》、袁祁《おけ》二王子の逃亡の経路が、地名を追跡することで、あぶりだされてくるのである。私は少年時、それがほかならぬ谷川健一の編集になることを知らずに『風土記日本』と『日本残酷物語』の愛読者となり、氏が最初の著作『魔の系譜』を上梓してからは、新刊が出るたび本屋へ走った者の一人だが、それほどまでに熱中したのは、このようにして埋もれた古代史を相手どる、そのスリリングで緻密な推論と考証、気宇壮大な構想力、ダイナミックな展開、ただちに現場が目に浮かんでくるような巧みな表現に、胸をわくわくさせられたことが大きい。

研究室にこもって、黴の生えたデータをじっとにらんでいるような辛気くさい学問とは無縁の、のびのびして開放的な筆致と息づかい。影の部分にもまなざしをそそいで、隠された人間ドラマを掘り起こす、鋭敏な文学的な感性。それまでは一ファンに過ぎなかったのに、編集の仕事でお伴をするうち、見よう見まねで、いつしか自分もこの道に入りこんでしまったのは、結果的にたぶらかされてしまったようなものだ。

『青銅の神の足跡』『白鳥伝説』『神に追われて』はもとより、最晩年に「民間信仰史研究序説」の表題のもとに連載され、のち『賤民の異能と芸能　山人《やまびと》・浮浪人《うかれびと》・非人』としてまとめられた作では、海の民、山の民や、国家から落ちこぼれた放浪者を扱っている。これらはいずれも大長編だから、本書には、**「隼人海人の移動」「ヒノモトの移動」「さまよえる天女」「流されびと」「永久歩行者」**などの小篇を収めて、そのサンプルとした。

明るい冥府

民俗学はもとより、古代史、南方研究、地名研究、日本の近代や戦後に対する反省と批判、創作、歌作・歌論と多分野にまたがる谷川の著作の巨大な山塊を総称して、よく「青の民俗学」ということが言われる。「青の伝承」や、先に引いた『青銅の神の足跡』序説の一文のなかに、すでに「青」への着目が現れているが、それは青銅の「青」であり、沖縄の海の「青」であり、他界の色の「青」である。本書に収録した**「八重干瀬にて」**や**「青と白の幻想」**を読むと、先の引用文で谷川が「明るい冥府」と表現したところのものが、いっそう深く、美しく、切実感を伴って迫ってくる。

氏によれば、沖縄の海の「青」は海の彼方の他界、ニライカナイを意味した。古代日本に言う常世、折口の言う「妣《はは》の国」と同義である。琉球列島はもとより、古代日本でも、古くは人が死ぬと、その死体は海上の他界である常世にもっとも近い、波打ち際の砂浜か、地先の島に葬るのが常で、通常この地先の島を「青の島」と呼びならわした。

面白いのは、「青」はときに「白」に変化することで、「青と白の幻想」の末尾は次のように結ばれる。何度も引用したことのある私の大好きな文章で、なかにはまたかと思われる方もいるだろうが、健一の思想の全重量がここにかかっていると思うので、いま一度くりかえす。

「宮古島の狩俣部落の背後には原生林がよこたわる。そこは大森《ふんむい》と呼ばれて、神女たちが山ごもりをして苦行をおこなったのち、ふたたび部落に出てくる場所である。神女たちは山ごもりしているとき、とつぜん眼前に真っ白い壁のある家を見ることがあるという。狩俣でうたわれる神歌にも、
根島《にすま》から降《う》りんな

シラスから降《う》りんな

という対句が出てくる。そこは山ごもりした神女が再生するところだからシラスと呼ばれた。

古宇利島のシラサの浜もそれと関連があるにちがいない。それにふさわしくこの浜も真っ白い砂で敷きつめられている。そして太陽が照るとき、白砂はまぶしくかがやき、海は明るい青を燃えたたせる。青と白のこの原色はしかし、南島ではたんなる色以上の深い意味をもっているのだ。人は死ぬと青の島にいく。そこは暗黒の地獄ではない。夕方のような光の指す明るい冥府である。そこではこの世に生まれかえる、つまりシラへの希望をもつことができる。青から白へ、白から青へ、それは帖の脱皮となんらことなることがない。

私はシラサの浜に降り立った。風が強く耳が吹きちぎれそうだ。青と白との炎がそそり立って私をつつむなかで、私はつぶやいた。

耳が鳴る　死の島に
今ぞ舞う　巫女ひとり
綾蝶《あやはびら》　奇蝶《くせはびら》
耳が鳴る　生《す》で島に
脱ぎ捨てし　蝶の亡骸《なきがら》
真白ら砂《ご》の　浜辺の真昼」

ちなみに、宮古島上野村の、眼の前に珊瑚礁が広がる砂浜に、生前建立された谷川自作自筆の歌碑は、「みんなみの離《ばな》りの島の真白砂《ましらご》にわがまじる日は燃えよ花礁《はなぜ》も」と刻まれていて、これが氏の白鳥の歌となった。私が谷川を青の思想家と呼ぶゆえんである。

大震災の後で

二〇一一年三月十一日に、東日本大震災が発生、死者・行方不明者は一万八千人を超えた。避難者は約十七万五千人。直後、津波に襲われた東京電力福島原子力発電所が水素爆発を起こして大量の放射能をまき散らし、さらなる大惨事につながったことは、いまも記憶に生々しい。この年、谷川は九十歳。すぐに、被災地の詩人・歌人並びに全国の地名研究所の会員に呼びかけて、編著『東日本大震災詩歌集　悲しみの海』と、同じく編著『地名は警告する　日本の災害と地名』を、立て続けに刊行した。老いてなお現実を直視してやまない彼の真骨頂が、発揮されたのである。

私は、この年の秋、自然民俗誌「やまかわうみ」の企画で氏をインタビューしている。タイトルは、「自然への畏敬、民俗への愛」で、三・一一について、「人間中心主義は崩壊しました。安全神話が不可能であることを証明したんです。人間は自然の中の一員でしかないことを自覚すべきです。ただし、人間だけが他界を考えることができる。津波で洗われた海岸の村の人たちが海の彼方を見る時、常世の国で津波に流された人たちが生きている、暮していると考えることができる」と話してくれたことが印象的だった。ようやく避難先

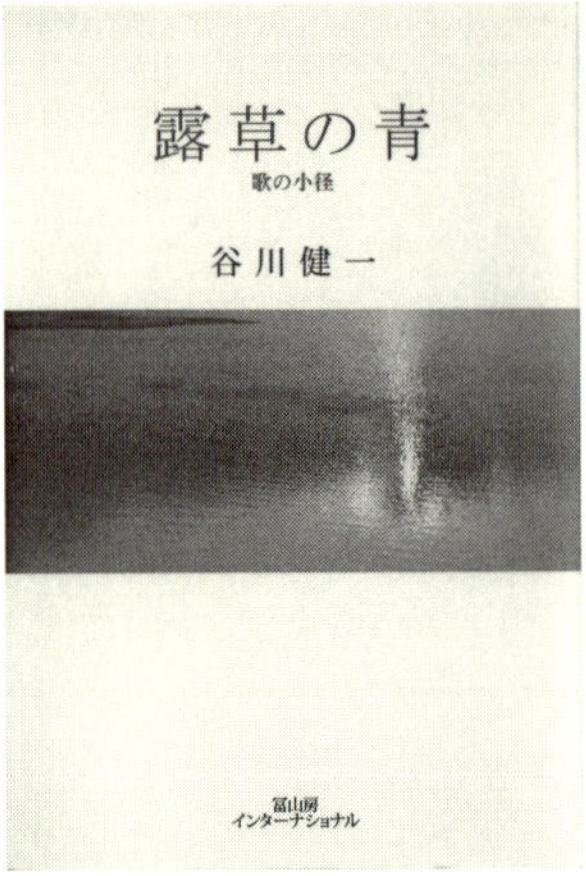

死の前日に刊行された歌集『露草の青　歌の小径』（冨山房インターナショナル刊、2013年8月）

から戻ったというのに、原発事故が収まらないため、これ以上迷惑をかけたくない、お墓に避難しますという遺書を家族に残して九十三歳になる女性が、みずから命を絶ったのをとりあげ、「こうして死のうとしているお婆さんに、いま民俗学は何と声をかけてあげられるか」と問うたのに対しては、「民俗学は、人を謙虚にしてくれます。東北の被災者は人間の誇り、気高さをもっています」と静かに答えてくれたことが、思い出される。

そのインタビュー時にも話題になったのだが、かつての共同体は、いま根こそぎにされており、民俗学の基盤そのものが崩壊に瀕している。彼方の他界を望む世界でも有数の美しくて長い海岸線は、無骨なコンクリートで埋め尽くされ、農民人口は、四パーセントを割り込んでしまった。若者の数は極端に減少、相変わらず大都市にばかり人口が集中している。町を歩けば、五人に一人は海外からの労働者や旅行者で占められている。気がつけば、すでに日本社会はメルト・ダウンし、日本人は漂流を余儀なくされているのである。

さすがに、谷川もそのことには気づいていて、**「危機に瀕する民俗学のゆくえ」**という文章ではペシミスティックになっている。折しも死の前日に刊行された『露草の青　歌の小径』の最後に収録された未刊歌集「余歌」を読むと、次のような歌が続々並んでいて、胸が痛くなる。

民族の誇の発条《ばね》をなくしたる夏あつきかなほろびの国は
滅びゆく国と思へば荒浜の北の野薔薇の実はうつくしき
民族の興亡よそに遠つ人雁がねわたる常世の国よ
漂浪の一生《ひとよ》のはてのかなしみよただ露草の青に寄りゆく
つひにわれ人間を憎みて終らむか夕陽蕩《とろ》かす空棚の火酒
白ふくろふは神の声して鳴きつげりその託宣を解くものなきに
廃王のわれの自由は昼日中湯槽《ゆぶね》の湯玉散らして遊ぶ
不幸なる虹を背負ひて漂浪《さすら》へる世紀の末のわれはすさのを
道に死せるわがたましひを斑猫《はんめう》に案内させむ妣在《ははいま》す島
海霊《よなたま》の怒り畏《かしこ》し群なして黒き水牛海より襲ふ
日本の存亡かけて立ちゆかむときに老いたるわが身悲しむ

だが、ものは考えようで、私に言わせれば、であればこそ、柳田の定住稲作民を主体にした日本民俗学を転換して、漂泊・漂流を生きた人々に照明を当てた谷川民俗学の先見性は、いよいよ輝きを増してきているといえるのである。朝廷の支配に抵抗したハヤト・エミシなど国内の異民族の動向に眼を注ぎ、国家からおちこぼれた芸能者・宗教者・被差別者に熱い共感を寄せたのもそうだ。といって、ある種のリベラリストが軽々しく口にするような安直な国家否定論でもなければ、一部の新保守主義者が声高に唱える偏狭なナショナリズム復権論とも異なる。

およそ、思想が、思想として切り離され、キャッチ・ボールされているだけなら、思想の名にも値しない。谷川健一の言葉を借りるなら、私たち「小さき民」の小さな魂の奥底に達し、はらわたにしみとおってはじめて、一個の思想となるのである。肉体に宿って日々の生を支えつつ、生死を超えゆくもの。

いっときポスト・モダン思想が日本の知的世界を席巻して、いまだに害毒を流している。それはある意味、戦後の進歩思想以上に罪が深い。したり顔で、民族や国家は想像の共同体に過ぎないとか、たんなる共同幻想であると唱える立場が、その最たるものだ。たしかにそういう面もあることは認めるけれど、幻想に過ぎないなら、なぜかくも熾烈に憎悪が燃えさかるのか。それとも、幻想だから、かえってそうなるのか。

二十一世紀の最大の難問《アポリア》は、各々が民族としての誇りを保持しつつ、いかにして相互の対立と抗争を乗り越えて、真の共生を実現するかだが、その解決は口で言うほど簡単ではない。それどころか、その前に破滅的な世界戦争に巻き込まれる恐れすらある。

幸い、それが避けられたとして、このままでは、漂流したあげくに、無気力なコスモポリタンになるのがせいぜいで、その先にはデラシネの運命が待ち構えている。棄民、難民になっているかもしれない。私自身は、そうなってもやむをえないとつい悲観したくなるこの頃だが、谷川健一であれば、絶対に許さないだろう。

しからば、私たち後続の者がニヒリズムに陥ることなく、それでもなおしぶとく生きぬくには、どうすればいいのか。答えはもう出ている。すなわち、それがどれほど困難であろうと、谷川が着目した漂泊民の生き方に学び、ユダヤの民がたどった運命を反面教師にして、祖国や領土に代わる新たな根拠地《トポス》、自他が共生する健全な精神上のコミュニティと文化を創出するしかないのである。本書がそのことをくり返し考える出発点になればと願っている。（まえだ・はやお／民俗研究）

巨人・谷川健一のしっぽ

◉井出 彰

谷川兄弟と「日本読書新聞」

私が「日本読書新聞」に入社した一九六七年頃は時代が騒然としていた。国際反戦デーで立川基地に向かう米軍の燃料輸送列車を阻止しようと多くの人が新宿に集まり、町のあちこちに火の手があがり、騒乱罪が適応された。七〇年の安保闘争を挟んで、東大闘争や日大闘争と連携して明治大学、中央大学の学生を中心にパリの五月革命の波を受ける形でカルチェ・ラタン、解放区がつくられた。よど号ハイジャックやあさま山荘に立てこもった連中もいた。文学の世界でも学生に人気のあった高橋和巳の死、三島由紀夫の市ヶ谷自衛隊駐屯地での自決があった。

「読書新聞」は、そんな時代の流れを映すのに突出していた。紙面から滲み出る熱気も半端なものではなかった。新宿紀伊國屋、御茶ノ水駅前にあった茗溪堂などの書店では毎週売り切れ、社員が補充のために何度も足を運ぶ。週によっては刷り増したこともあった。それというのも、六十年安保闘争前後から、この新聞を発表の拠点にしようと吉本隆明、埴谷雄高、竹内好、谷川雁、内村剛介、村上一郎氏らが寄稿し続けてくれたからである。私が入った六七、八年頃にはまだその余波が残り、さらに森崎和江、橋川文三、井上光晴ら数え切れないほどの作家、思想家が打てば響くように寄稿してくれていた。さながら、佐野眞一の表現を借りるならば、昭和の知識人の峨々たる連峰ということになる。

その契機をつくったのは、編集長の巌浩や定村忠士はもちろんだが、編集部員だった吉田公彦だった。吉田（谷川）公彦は、長兄に健一、次兄に雁を持ち、その人脈を活かして編集の方針、路線をつくっていったと思う。雁さんは、九州の炭鉱をめぐる争議に、大正行動隊を組織し先頭に立ち、『原点が存在する』『工作者宣言』などを発表。その中の「大衆に向かっては断乎たる知識人であり、知識人に対しては鋭い大衆である」などの言葉は当時の若者の心を捉え、すでに神話的な存在になっていた。

公彦は、「読書新聞」を退社して、わが国で初めて本格的な編集者を育成しようとして「日本エディタースクール」を立ち上げた。私の入社試験は、市ヶ谷に在った、このスクールの教室で行われたもので、私は、入社してからも「読書新聞」と「エディタースクール」は同一の経営母体か、一つの会社の別部門かとしばらくの間思い込んでいた。事実、夕方になると両方の社員がどちらかに集まり、酒を買い込んで口角泡を飛ばして様々な議論をしていた。今から考えると、日本で本格的な編集者を育てようという高邁な理念は、名編集長であった長男の健一の構想もあったかもしれない。その多才さゆえに、中途で編集者をやめなければならなかった健一は、その夢を後輩たちを育てることによって託そうとしたのかもしれない。

　私が入社した時には、すでに健一は民俗学者、歌人として、つまりもの書きとして出発しはじめていた。だから私は編集者としての谷川健一とは出会っていない。当時、「読書新聞」は谷川健一企画・編集によって、月に一度ないし二度、〈ヤポネシア〉という欄をつくって、本土復帰前の沖縄から種々な論調、意見を掲載していた。たまたま担当者の都合によって私が時々、ピンチヒッターに立たされた。谷川さんの指示に従って、ただ闇雲に原稿を依頼しただけだった。島尾敏雄さんはともかく、比嘉春潮、外間守善氏の名前すら知らず、今は沖縄思想界の重鎮となっている若き日の新崎盛暉、川満信一、新川明氏らに友人の如く無邪気に原稿を依頼していた。

　ともかく民俗学について何一つ知らなかったが、なぜか谷川さんに呼び出されてよく飲んだ。酒量は聞き及んでいた通りだが、二十代の私は緊張していて千鳥足だ。帰る谷川さんを送る新宿西口への坂を登る時なぞ肩を組んでくる。チビな私に、背の高い大きな体がのし掛ってくる。後に柳田、折口らと並ぶ民俗学の巨人になった氏だが、私はすでにその重さと感触を身に沁みていたことになる。

　何を話したかはほとんど覚えていない。前年『最後の攘夷党』という作品で直木賞候補に選ばれている。最終選考に残っていたのは立原正秋、五木寛之、結城昌治と谷川さんの四名だった。谷川さんは、はじめての小説だというので落ちた。続けて書いてゆけば必ず直木賞の受賞は確実だったろう。小説家の道は拓けていた、と思う。

　俺にはねえ、女房も子どももいる。小説家になった方が一定の収入が見込めるのは分っている。民俗学なんかやっても一銭にもならない。でも民俗学はやらなければならない。無

『最後の攘夷党』(三一書房刊、1995年2月)

名の民の、活字なんか縁のない人たちの暮し、生き方がこの日本を支えてきたんだ。これからだってそうだ。そういう人たちの声や思いを拾い集めていかなけりゃいけないんだよ。宮本常一さん、立派な人だったね。最初に会った時ね、もう故郷を飛び出して何年も全国をフィールドワークしていて、乞食同然な姿をしていたね。橋の下で生活している人がいれば自分も橋の下で寝る。田舎の農家の納屋で豚を隣人にして暮している人がいれば自分も藁床にくるまって寝て、そういう人の話を聞き書きする。たいしたものだよ。しかし、俺には無理かな、身体が頑強ではないし。この時、谷川さんが肺の病いで平凡社を退社して、長く入院生活をしていた経験を持っていることなど知らなかった私は、谷川さんは橋の下で寝ていたら体が大きくて目立ってしまうし、藁にくるまって寝ても足が出てしまうしね、などと茶化して叱責されていた。

そうだ。ここまで書いてきて、私の原稿はいつの間にか谷川さん、とか健一さんになっている。生意気な奴と思われる人も多いので弁明しておかなければいけない。私たちは、谷川さんを先生などと呼んだことは一度もない。私たちというのは、「読書新聞」に在社していた編集部員も営業部員も含めて全員である。多分、公彦氏が在社していて、その兄貴ということで、みながそう呼んでいた。それに倣って私も自然にそう呼んでいた。以下も、これまでの習慣に従ってそう呼ばしてもらうことにします。

話を元に戻す。ある晩、だったら、大学の先生にでもなっちゃえばいいのに、と私は切り出した。バカ、何度言ったら分る。俺は宮本さんを敬愛しているんだ。本当の民俗学は学問じゃないんだ。在野の人間が民の地平に降りていって、庶民の暮しを知ってはじめて成り立つんだ。絶対に俺は大学の先生なんかにはならない、どんな学会にも属さない、と繰り返した。今から考えると、年齢差もあったが大人と思えた谷川さんは、あの時五十歳前、すでに地名研究所の構想も持っていた。お前、民俗学が全然分っていない。けど記憶力はいい。その構想を説明してくれて、一緒にやらないかと誘われたことも再三あった。地名には興味があったから、何人かの人にも相談したが、まだ海のものとも山のものとも分らない、そんな処に入ってどうするんだと思って、その都度笑ってやり過ごしていた。というよりも今のように月に一度か二度ならいい、週何回か、この大酒飲みの相手をしなければならなくなるのかと内心臆病風に吹かれていたことも事実である。しかし、谷川さんの実行力はすごい。川崎市のバックアップを得て設立した地名研究所は、今では盛況、全国に拡げられたネットワークによる報告を基にして、柳田、折口、南方らとは一線を画す、谷川民俗学の根幹をなしている。

すでに三十代の若さで『風土記日本』（全七巻）、『日本残酷物語』（全五巻）を平凡社社員として立案企画、全文書き直しを含めてチェックした強腕は、雑誌「太陽」の創刊編集長に抜擢された。「太陽」の刊行は、当時まだ日本のアンテナが地球の半分、米や欧州、ソ連にしか延びていなかった時代、アラスカのイヌイットや、まだまだ国の形さえ定かでなかったアフリカ、中東へ、一線で活躍する学者や研究者、ジャーナリストをカメラマン同行で派遣し、報告、研究を発表させるというもので、そのダイナミズムに読者は目を見張り度肝を抜かれた。その企画の壮大さやふんだんに盛り込まれたカラー頁の豪華さ、費用の面でも当時の考えられる出版界の枠をはるかに超えるものだった。

　しかしなあ、俺がな、ある晩、谷川さんが呟いた。いつしか〝私は〟が〝俺は〟に代わって頭がぐらぐら揺れている。

「胸を患って入院していた時にだぞ、下中さんが、下中御大が見舞いに来てくれて、心配するな、生活の面倒は一生見てやるから、ゆっくり養生して治すことに専心しなさいって、御代自ら病院まできて言ってくれたんだ。うれしかったね。しかし、御代が帰ってから、しばらくして気がついたんだ。そして寂しくなったね。一生面倒を見てくれるったって会社だよ。会社は会社だ、限りがある。一生ってことは、俺が生きてられるってことが、そんなに長くはないってことを意味しているんじゃないかって、おい、分るか、聞いているのか」

「聞いていますよ。そんな戯言。十六歳の少年がね、死を宣告されて寝ている。病院の窓から見える白い建物に塗られたペンキか染みを見つめていて、自分が死んでも、この染みはずっと残るって……」

「うるさい。ドストエフスキーの作品なんか持ち出して、うん、ドストエフスキーか、ドストエフスキーならドストエフスキーでいい、ちゃんとやれよ。中途半端は駄目だ。お前、自分がまだ若いと思ってるんだろう。でもな、年齢《とし》なんかすぐにとってしまうからな。明日からでもいい、ちゃんとやれ、ちゃんと」

　いつしか、父親か先生のような説教節になっている。本人自身はコップの水をぐいと飲み干して、一人で呟いている。

「人間の染みか、染みにも及ばないな人間は。運命だな、運命だ」どこまで酔っているのか、どこから正気なのか、酒を浴びている谷川さんは分らないことが多かった。

　平凡社には戻らなかった谷川さんは、次々と自らの論文を発表する傍ら、出版社に大型企画を持ち込み、手掛けていった。『ドキュメント日本人』（全十巻）学藝書林、『日本民俗文化体系』（全十二巻）小学館、『日本の神々　神社と聖地』（全十三巻）白水社、それに何といっても全三十巻・別巻一に及ぶ三一書房から刊行された『日本庶民生活資料集成』。八十年代から九十年代、高度経済成長に乗って国際化する一方、足元からこの国の原型が崩れ、壊れてゆく姿を予感し、一人抗するかのように奮闘していた。それに『わが沖縄』木耳社を付け加えておく。全六巻別巻一まで刊行され頓座、別巻二に予定されていた吉本隆明『南島論』は、後年別の出版社から独立した形で出版された。一見、あの涼やかな声や飄々たる姿とは別に何ものかに向って、内面憤怒し格闘していたに違いない、が私にはそんなことを知るよしもなかった。

生きてる限り書き続ける

もう谷川さんが七十歳近くになっていたころだと思う。私も『白鳥伝説』や『日本の地名』『青銅の神の足跡』などの著書は読んでいた。谷川さんも一家をなし悠々たる境地に踏み入ってもいい頃だと思っていた。突然電話がかかってきた。井出さん、これから自家《うち》に来ないか、何かリュックサックのようなものがあればいい。何が何だかわからないまま会社にあった誰かのリュックを借りて百合ヶ丘に向かった。谷川さんと面識を得て半世紀近くなって、私への呼び名も、井出から、井出君、最近では井出さんに変わってきたな、なんて小田急線に揺られながら一人ほくそ笑んだりしていた。夏の夕方とはいえ、もう薄暗くなりかけていた。

「俺ね、今日から酒を断つことにしたよ。だから、これ全部持って帰ってくれ」。冗談でしょう、と口に出かけたが、そんな空気でもない。逡巡する私を尻目に、せっせと山になっていたウイスキーの壜、酒や焼酎の壜を詰め込む。

「私は君も知っての通り長男だ。次男の雁も死に、三男の道雄（京都大学名誉教授・東洋史学者）は元気だが、末っ子の公彦も体調が優れないらしい。順番からいえば私は死んでいる。しかし、私はまだやり残したことが一杯ある。一日でも生きて少しでも仕事をしたい」

周りは暗くなってきていた。が、谷川さんは明かりをつけようとしない。こんな面会の仕方は予想もしていなかったし、最初で最後だった。実際の時間は二時間にも充たなかったが、私には三時間にも四時間にも感じられた。谷川さんは何かボソボソと呟いていたが、ほとんど沈黙にも等しかった。

後年、谷川さんのことを思い出すたびに、必ずこの場面が一番に浮かび上がってくる。あれは、あの時は何だったのだろう。私はチェーンスモーカーだから無遠慮に煙草の火を点け通しである。これはいつも通りの習いだ。いつもと違うのは、対座している二人の間に飲むべき酒が用意されていないということだけだ。もうもうと立ち込める紫煙の向こうで、谷川さんだけが勝手に呟いている。いつもの涼やかな声でもなければ雄弁でもない。

もちろん、雁さんの死のあとの虚しさや寂しさがあっただろうが、それだけではない不安や空虚と共に、ただならぬ決意が交差していた。高度成長が終わり時代が下降しつつあった。至る処に兵士どもの夢の残骸が散乱している。なのに政治や企業戦士たちは何の認識もない。谷川さんはこんなことは高度成長期の真っ只中で予感していたから一喜一憂なぞしない。しかし、こんな時だからこそ、時代の恩恵なぞ一切無縁の底部で生きる庶民の言葉、生き方を記し続けなければならないと考えていたのではないか。恩納ナビや知里幸恵、バチェラー八重子の姿が脳裏に横切っていたかもしれない。あるいは無告の民に寄り添った岩崎卓爾や笹森儀助、松浦武四郎、菅江真澄ら先人の姿を思い浮かべていた、とこれは私の勝手な想像である。否、もっとたくさんの名もなき人が歩みきて、去っていった。彼らの声こそ代弁し活字にしなければならない、そんな激しい闘志を燃やし決意していたのかもしれない。そんな谷川さんが相手にするには私など役不足だったと今でも思うが仕方ない。もちろん、この時で酒を完全に断ったわけではない。私も偶に飲んだし、谷川先生と昨夜飲んだ、先週飲んだという話はあちこちで聞いた。酒と谷川さんは切り離せないのである。

晩年、足が弱くなって杖をつくようになってからは私の方が出かけるようになっていた。たいていは小田急線の新百合ヶ丘駅近くのホテルのレストランでお会いする。それでも昼間からビールを嗜み興に乗ればワインも注文する。さすがに昔のように焼酎や日本酒、なんでもござれのガブ飲みすることはなくなった。必ず大きなステーキを食する。その健啖ぶりは変わらなかった。

ある日、二〇一二年三月か四月の頃だったと思う。谷川さんに注文も聞かず、いつもの通りビールとステーキを注文した。すると谷川さんは遮って、ちょっと待て、ステーキは辞めた。何か魚のムニエルにしてくれ、と言う。驚いている私に、歯がな、歯がだんだん弱ってきたよ、と照れ臭そうに笑った。それでも、その時、大和書房から刊行される予定の『民衆史の遺産』（全十五巻、別巻一）のことを熱っぽく語ってくれた。大和岩雄さんとの共同編集である。大和さんは出版社を経営する傍ら、古代史学者としても優れた業績を残している。大和さんがあらまし企画をつくってくれて、私はそれに付け足したり注文をつけただけ、全巻解説を書けといわれたけど間に合うかな（完結するまで生きていられるかな、という意味か）、と薄く笑った。しかし、別巻の一冊だけは、私が主張させてもらったよ、と念を押した。十五巻は、漂泊民、遊女、サンカ、木地屋など、この分野では（多く谷川さんが尽力し、広め、定着させてきたといっても過言ではないが）目新しいものではないが、別巻が独学のすすめ、と銘打たれていて特別な感じがした。

谷川さんは晩年、口癖のように、若手の民俗学者がフィールドワークをしない、大学や大学院は出たが、空論にも等しい机上だけの学問になってしまっている、と不満をぶつけるように話すことが多くなっていた。大和さんが語ったという松本清張のことを繰り返した。彼は高等小学校を出て中学校にはいかなかった。その悔しさをバネにして、あれだけの作品を残したんだ。君は不勉強だが、この巻だけは読め、と言われた。種々、人生の忠告をいただいたが何一つ守らなかった。せめて一つくらいは守ろうと、この巻だけは読もうと、その刊行を待っている。

別れる時、タクシー乗り場まで送っていこうとしたら、手を振って、いい、一人で歩いてゆくから。少しは歩かなければ足が弱ってしまうからな、と振り向きもせず、背を向けて歩いていった。私は街路樹の陰からただ見つめていた。

しかし、ともかく優しかった。若いときには荒々しく優しく、年と共に少しずつ、晩年はもう全身で優しかった。私が一冊目の小説集を出した時も、寄贈してわずか三日目には、原稿用紙十枚にも及ぶ感想を送ってくれた。二冊目の時は三日たっても五日たっても来なかった。まあ当然だ、と思っていたところへ、今度は五枚ほどだったが送ってきてくれた。通り一遍のお座なりの読み方ではなかった。追伸として、宮古島へ行っていて一昨日夜帰宅した。翌日は、さすがに日がな一日横になっていて次の日に読んだ、とあった。

お前の以前話したこと、ちゃんとノートに書いといたか、今から書いとかなければいけない、何でもいい一行でも二行でも書いておくことだ。それが読まれないかもしれないが、読まれるかもしれない。ともかく、生きている限り一行でも多く書くことだと、口が酸っぱくなるほど言ってくれた。もう言った本人自身が忘れてしまっていることを、何年か後に突然言い出されたりして驚くことが度々あった。

そういった優しさや心配りは、不遜にも私個人へのものかと思っていた。長いこと酒飲みの相手をさせてきた、私の方からいえばさせてもらってきた対価かな、ぐらいに考えてきた。しかし、それは私の大変な思い違いであることを亡くなられてから知った。私はね、著書が一冊あるんですよ。谷川先生のお口添えで出たんです。私が崖から飛び下りるつもりで、とても読んではもらえないだろうと思いながら送った原稿を読んで下さって、しかも出版社まで紹介してくださって、本になったんですよ、という人に何人か出会った。多くは地方の発表の場を持たない研究者だった。前にも書いたが、私は編集者時代の谷川さんとは出会っていない。もの書きになってからのおつき合いで、大型企画の立案者、編集者としての谷川さんはすでに伝説化していた。だが、どんな小さな発掘、発見、発表にも労をいとわず心を配っていたのだと改めて知った。

文字通り博覧強記というのであろう。その読書量の豊富さ、記憶力のすごさ、そして、その実行力を目の当たりに見せてもらってきたのだ。天性のもので、とても足元にも及ばないものだが、小さなもの、名もなきものへの眼差しには、量り知れない努力と時間が必要だったと思う。その努力が編集者谷川健一をつくり、柳田民俗学、折口民俗学と並ぶ谷川民俗学を形成するまでの巨人にならしめたのだろう、と思う。半世紀とまではゆかないが、長い間、谷川さんの巨きな体の後にくっ付いて歩いてきた。他人にはしっぽのように見えたかもしれない。しかし、ただしっぽでいただけでも多くのことを学ばしてもらった。

（いで・あきら／編集者・小説家）

混血列島論

金子遊

多民族集合体のDNA

ヨーロッパからきた人類学者が東京で電車にのって、座っている人たちの顔をながめたときに「日本人と呼ばれる人たちは何といろいろな顔をもつのだ」と驚いたという挿話を読んだことがある。そこには、アジア中のさまざまな特徴をもった顔が見られたという意味だろう。日本人がどこからきたのか自分たちの起源にこだわるのは、それがよくわかっていないからだ。考古学的に、日本列島には四、五万年前から人が住んでいた。沖縄本島で発掘された約二万年前の港川人の人骨があり、石垣島の白保竿根田原洞穴遺跡から国内最古とされる人骨が発見されて話題を呼んだことも記憶に新しい。彼らの特徴はニューギニアの人々やオーストラリアの先住民に近いとされるが、最近の研究では縄文人の祖先ではなく滅亡した種族ではないかともいわれている。*1

二万年前は、氷河期の終わり頃で「更新世後期」と呼ばれる時代である。本州では気温が六度から八度くらい低く、現在のシベリアと同じくらいだった。海面は八〇メートル低くて、大陸とサハリン島と北海道は陸つづきだった。この時期、日本列島の一部はいわばシベリアからオホーツク海へと突きでた「サハリン半島」となっていた。一万六千年前から三千年前が縄文人の時代だが、よく誤解されるような単一の人たちではなく、さまざまな場所からきたグループから成っていた。自然人類学では最近まで、東南アジア起源の縄文人たちに朝鮮半島経由で渡来してきた弥生人が混血し、アイヌと琉球人は縄文人の特徴を色濃く残しているとする「二重構造説」が有力とされてきた。

ところが、分子人類学者の篠田謙一の著書『日本人になった祖先たち』を読むと、主流日本人はミトコンドリアDNAの分析によって、中国東北部と朝鮮半島に近いグループ、アメリカ先住民に近いグループ、東南アジア系のグループ、バイカル湖周辺からマンモスを追ってきた狩猟民、シベリアの先住民に近いグループ、中央アジアの遊牧民など数種類以上の種族が混血したものだと判明したという。それゆえに篠田は、独自の民族性をもつアイヌや琉球人をのぞいたとしても、

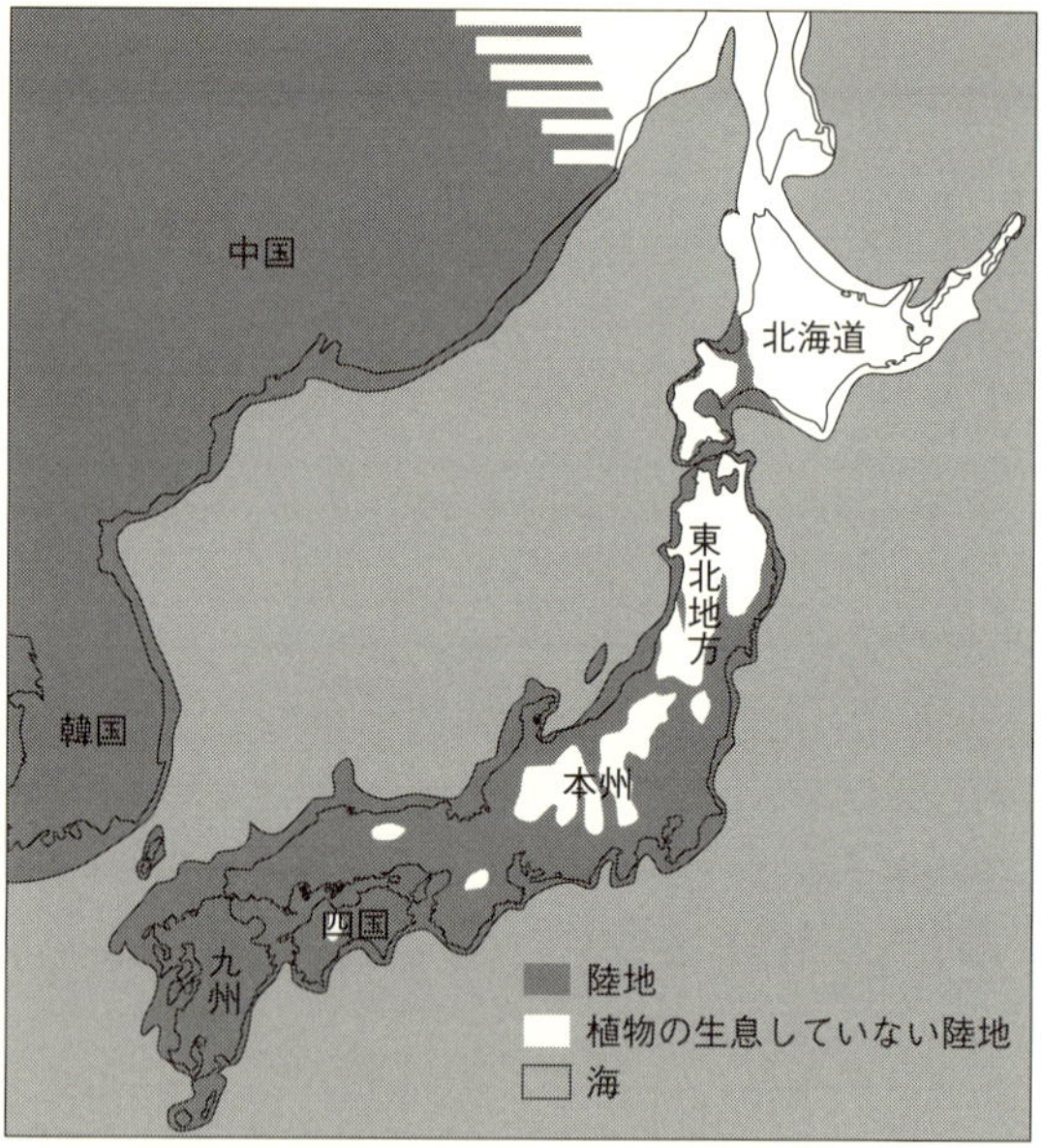

更新世後期・最寒冷期（約２万年前）の日本列島（参考：Speciation and Gene Flow between Snails of Opposite Chirality, 2005）

「日本は複数の異なる集団から構成される多民族集合体である」と結論づける。縄文人たちはサハリンから北海道へのルート、朝鮮半島から対馬へのルート、そして南方から黒潮にのって到達する主に三つのルートで日本列島に入ったのだろう。およそ三千年前から大陸や朝鮮半島から渡来して、稲作や鉄器などの弥生文明をもたらした人たちも一様ではなく、多様な人たちが長い年月のあいだにバラバラに渡ってきたのだと考えられる。このような起源説にはつねに諸説があるので、わたしたちがどれか特定の学説に組みする必要はない。ここでは日本人と呼ばれる単一民族が存在するわけではなく、ＤＮＡ分析の見地からすれば、多くの種族が混血した「日本列島人」がいるだけだということを確認しておけばよい。

柳田國男VS谷川健一

わたしたちが柳田國男の時代と谷川健一の時代を比べるとき、大きなちがいは、こうした自然人類学や考古学上の発見とその研究成果の有無にあるのだろう。同じ民俗学者といえども、時代が変われば、それ相当に異なる態度をとらざるをえない。そしてそのこと以上に、柳田の初期の民俗学のテーマだった山人論における「転回」が、柳田と谷川の思想を大きくへだてるものとして、ふたりのあいだに横たわっている。

柳田國男は一九一三（大正二）年に執筆した「山人外伝資料」の冒頭で「拙者の信ずるところでは、山人は此島国に昔繁栄して居た先住民の子孫である。其文明は大に退歩した。古今三千年の間彼等の為に記された一冊の歴史も無い。それを彼等の種族が殆と絶滅したかと思ふ今日に於て、彼らの不倶戴天の敵の片割たる拙者の手に由つて企てる」と高らかに宣言した。自分自身が山中が好きなので、「どの筋からか山人の血を遺伝しているのかも知れぬ」とまで書いている。柳田の「山人考」における発言を見てみよう。

現在の我々日本国民が、数多の種族の混成だと云ふことは、実はまだ完全には立証せられたわけでも無いやうでありますが、私の研究はそれを既に動かぬ通説となつたものとして、すなわち此を発足点と致します。我が大御門の御祖先が、はじめて此島へ御到着なされた時には、国内にはすでに幾多の先住民が居たと伝へられます、古代の記録に於ては、此等を名づけて国つ神と申して居るのであります。[*2]

柳田國男の「山人考」は一九一七年におこなった講演の手稿であるが、後年それは『山の人生』の単行本に収録された。明治八（一八七五）年生まれの明治人である柳田が、主流日本人のことを「数多の種族の混成」だと発言していることは特筆に価する。なぜなら明治維新から太平洋戦争への敗戦へといたる時期の国家神道では、そのような考え方は広く認められていなかったからだ。谷川健一は、この講演のなかで柳田が先住民のことを「国つ神」だとしていることに注目する。『古事記』や『日本書紀』では渡来系につながる神が「天つ神」とされ、先住の土着的な神が「国つ神」とされた。記紀が古代天皇制において権力をにぎった渡来人たちの正統性を主張するあまり、それ以前から列島で暮らしていた先住民を傍流としてしかあつかわず、かたよった歴史観によって編纂されたことは否めない。柳田はそのことを正しく認識していた。

もともと日本列島に点在する聖域では、さまざまなアニミスティックな八百万の神々をまつっていた。それらを引きついだ神社では、もとからまつられていた土着の「国つ神」が主神の座をアマテラスやスサノオといった「天つ神」に明けわたし、境内神の地位に甘んじたり、ときには異神や妖怪のように扱われたりするという転倒がおきた。柳田國男はそのような「国つ神」に山人や先住民の姿を重ねあわせて同情し、『遠野物語』の序文で「願はくは之を語りて平地人を戦慄せしめよ」といったのだが、彼は「山人考」と同時期に書きついできた『山の人生』では、もう先住民のことを語らなくなっていた。これが谷川健一がいうところの柳田の「転回」である。

谷川健一は「山人と平地人」という文章のなかで、こんなふうに結論づけている。「山人研究において「単一民族で単一の言語を話す日本国民の中に、日本人とは種族がちがい言語も通じない先住民の残存を柳田は想定した。そしてそれら山人をあたかも禽獣のごとく扱ってきた日本人の通念とたたかおうというのが彼の志であった。これをやや図式的に誇張していうならば、柳田は当時において、日本列島を単一民族の国家とは考えず、複合民族の国家とみなしたのであった」。[*3]一九〇九年の『後狩詞記』から翌年の『遠野物語』、そして「山人外伝資料」から『山の人生』へといたる山人論の流れのなかで、当初は山人＝日本列島の先住民の末裔だと柳田國男は考えていた。ところが、各地方から思ったような証拠があがってこなくて、さらに南方熊楠との論争で批判されたこともあり、柳田はすっかり先住民説を唱えないようになってしまった。

山人＝先住民を証明できなかったことによるひそやかな挫折感が、『山の人生』（大正十五年）の全篇を煙霧のように蔽っていて、山人論の終焉を告げている。山人への関心は、平地人である日本人とは異質の民族文化への傾斜であり、日本列島の歴史を異質の文化を含めた複合体として把握しようとする視点にほかならなかった。その意図が挫折したことは山人の対象となるアイヌや蝦夷の存在も、柳田の目標からはずされ、ふたたび復活することはなかった。それは柳田の民俗学、ひいては日本民俗学にとって大きな転回であった。[*4]

谷川健一の民俗学は、まさに柳田國男がそのように捨て去ってしまった地点からはじまっている。記紀に書かれた記述のなかに、蝦夷や隼人など縄文系の先住民たちの伝承や古俗を見いだし、それらを列島や南島に古くから残る風土記、祭祀、歌、伝説、他界観などと比較しながら、埋もれてしまった多様な先住民たちの文化を想像力で透視することが、のちの時代の民俗学者にとって、つまりは谷川民俗学にとって埋めるべき欠落となったのである。

また柳田國男は「天狗の話」において「奥羽六県は少なくとも頼朝の時代までは立派な生蛮地であつた。アイヌ語の地名は今でも半分以上である」と書いている。ここで興味ぶかいのは、戦前の大日本帝国が海外へと植民地を広げていった時代に、柳田が蝦夷やアイヌという列島の先住民を生蕃（台湾の原住民）になぞらえて考えていたことだ。つまり柳田の認識は、自然人類学でいうところの「二重構造説」に近かったといえる。山人としての先住民（縄文系）は、侵入してきた平地人（弥生系）に土地を奪われていき、徐々に退歩していくしかなかった。そうして、彼らは森のなかを漂泊するうちに平地人からは異人や鬼として恐れられ、頑迷な者は山奥にとどまり、ときどき平地人と雑婚して帰化する者もでた。少しずつ山人は民族としての同一性を失っていき、同化され、結果的に彼らの文明は滅ぼされることになったという考え方である。

それに比べて谷川健一の山人観は、柳田＝二重構造説とは対照的なものとなっている。谷川は山人を先住民としてとらえようとした柳田國男の卓見には同意する。だがしかし、東北に残る「ニタ、ヤチ、トマンなどのアイヌ語」の地名をあげて、これらの湿地は主流日本人にとっては稲作の用地であり、蝦夷やアイヌなどの狩猟民にとっては交通の障碍となる場であって、定住民と狩猟民ではたがいに生活する空間がちがうので雑居していても衝突しなかったと谷川は考える。つまり、どちらか一方が他方を吸収していったのではなく、海沿い、平地、山地などにまだら状に多種多様な縄文系人たちと、こちらも多様な弥生系人たちが、長いあいだ共存して混在するような時期がつづいたとするのだ。これはDNA分析などをあつから分子生物学、自然人類学の成果をとおったあとの現代のわたしたちの見方に近似している。これを民俗学というせまい領域から、国家観や歴史などのより広い思想の領域へと押し広げていくと、どうなるか。

柳田の山人論の背景に蝦夷とアイヌがあることは、これまでの彼の文章でまぎれもないところであるから、たとい山男に関する生まの資料は思うように集まらなくとも、東北のアイヌ語地名をよりどころにすれば、日本が単一民族国家ではなく、多民族国家であり、日本列島の先住民が蝦夷やアイヌの祖先であることを立証することも可能であったはずである。柳田は山人論の追求を抛棄するのと同時に、アイヌやアイヌ語地名についての興味を後退させた。東北地方のアイヌ語地名については、金田一京助や山田秀三など、少数の研究家の業績のほか見るべきものはない。日本を相対化する武器として、東北のアイヌ語地名は限りなく重要である。しかるに、日本の諸学問は今なおその価値を認めることに冷淡である。[*5]

ここに、谷川民俗学の背後に見え隠れする「思想」が見事なまでに言語化されている。単純化をおそれずにいえば、農務省の官僚として全国を歩いた明治人の柳田國男と、大正十(一九二一)年に熊本県水俣に生まれて敗戦を二十四歳でむかえた谷川の、同じ民俗学徒とはいえども、国家観や中央と周縁についての思想のちがいがくっきりと見えるのだ。谷川は「日本人を照射する異質文化」という文章のなかで、「日本人は、国家とは同一言語と同一民族から均質に構成されると思いこんでいるがゆえに、相手にむかって自己の宗教、言語、氏名、風俗、習慣を押しつけることを罪悪ともおもわない不思議な国民である。こうして満州、朝鮮、台湾、南洋、沖縄、北海道を征服した土地には神社をたてて、現地の住民の礼拝を強制した。現地の人びとの固有の文化は近代日本においては同化政策のもとに無視された。日本人は国民であるかぎり、異質な文化をもつ存在をみとめることを許さなかった」と、近代日本の均質性に対する幻想を、日本列島の周囲民族に対する植民地主義に見て痛烈に批判している。[*6]

谷川健一がいうようにそれは思いこみであり、たかが百数十年の歴史しかもたないものだ。明治時代に入るまで、日本列島の住民たちは単一民族などという幻想はもたず、むしろ近世までは士農工商に、皇族貴族と被差別者からなる厳然とした封建的な階級社会を生きていた。徳川幕府は全国を統治する行政府ではあっても、国民国家という単位は存在しなかった。各藩の大名を中心とした「国」があり、国のあいだの移動は制限されていた。松前藩はあったが、北海道=蝦夷はアイヌモシリであり、アイヌ民族の土地だった。幕末に欧米からの軍艦や商船が盛んにくるようになって、ようやく七千近くものバラバラな島々をひとつの国民国家として統合する動きがでてきたのだ。欧米の国民国家に随分と遅れて、階級も、話し言語も、地方文化も、民族さえも異なる人たちを、あわてて急速に「日本人」と「日本語」に一元化していった過程が近代という時代だった。谷川の民俗学や地名学は、そのように短期間に同一化された「日本人」を、本来の姿である多民族集合体の「日本列島人」へと解きほぐそうという意志につらぬかれている。

ヤポネシアからマクロネシアへ

柳田國男的な山人と平地人という二項対立を乗りこえて、複数文化の共鳴体としての「混血列島」を谷川健一が掘りおこそうとするとき、アイヌ民族と琉球人が重要になってくるのは必然だといえる。柳田國男は前述の「転回」以降、アイヌ民族がもつ民俗と日本列島の和人たちがもつ民俗を比較検討して、その共通点をさぐろうとはしなくなった。たとえば、東北地方に見られるオシラサマに関しても、イナウと御幣の類似性やシャーマニズムという共通性があるにもかかわらず、そこに連続性や重層性を見ようとはしなくなった。アイヌの熊送り儀礼《イヨマンテ》などは、サハリンやシベリアに住む北方諸民族との関係性がふかいので、異文化を研究する文化人類学の範疇だとして退けたのだろう。谷川健一はそれが柳田民俗学において失われた文脈だと見抜いていたが、南島への採訪の旅を重ねていたこの民俗学者であっても、蝦夷やアイヌについては、地名研究をのぞけば、それを論じた文章が少ないことは驚きである。

> しかしアイヌ語地名が東北地方の北部におびただしく存在することから見て、アイヌが日本人と深い交渉をもっていたことは紛れもない事実である。このゆるぎない厳然たる事実は、アイヌの民俗文化を念頭に置かないでは、これからの民俗学の探究は不可能であることを示している。とくにアイヌの民俗を貫く濃厚なアニミズムの世界観は、日本文化の源流を考える際、きわめて重要である。私はかつて民俗学を「神と人間と自然（動植物）の間の交渉の学」としたが、この定義はアイヌの民俗に鮮明な形で具現されているのである。日本の民俗の中にアニミズムの痕跡をさぐっていけば、アイヌの民俗と通底すると私は考えている。沖縄が日本古俗を映し出す鏡であるとすれば、アイヌは古代以前の日本を映す鏡である、と言うことができる。[*7]

アイヌ文化が日本列島の古代以前の姿をうつしだす鏡であるとまでいうのなら、もう少しそれを掘りさげてもよかったのではないだろうか。谷川健一もまた柳田國男のように、アイヌ研究は文化人類学にまかせればよいと考えたのか。いや、そうではない。そこには、谷川民俗学の根底に流れる「ヤポネシア」の思想との関連がある。

たとえば、柳田國男の『遠野物語』のなかには、オシラサマの逸話として、人間の娘と馬が悲恋におちる物語が紹介されている。谷川はこれが東晋の「捜神記」に由来し、中国の

谷川健一がフィールドワークに通い続けた宮古島

バージョンでは馬が娘に片恋をして、殺された馬の皮が娘を包んで飛びさったのちに、娘が蚕になって繭をつくるようになる話だと指摘する。「これは蚕の頭胸部が馬の頭に似ていることから連想された物語で、中国では馬頭娘《マートウニャン》と呼ばれている」と『柳田国男の民俗学』で書き、オシラ神の「シラ」という言葉は、朝鮮半島の「新羅」や朝鮮語の絹を意味するsir、あるいは満州語の絹sirgeと関係するのではないかと推測する。これがオシラサマの「シラ」の語源として妥当なのかどうか、ここでは問わない。谷川がそれを半島や大陸とのつながりで見ていたことを指摘したいだけだ。

谷川健一の民俗学における中心的な課題であった南島を例にとってみよう。沖縄の八重山諸島では、真夏にプーリィと呼ばれる豊年祭がおこなわれている。谷川は「慶来慶田城由来記」「八重山島由来記」「八重山島諸記帳」といった書に、収穫を感謝するこの豊年祭についての記述がないことから、初穂儀礼が最初にあって豊年祭のほうは後年につけ足されたものではないかと考える。

> 八重山では穂をプーと呼ぶが、インドネシア語では、穂はbulirである。そこで、プーリィもこのインドネシア語に由来する、という説がある。稲の渡来に名称や習俗がともなうことは当然考えられるから、この説も捨てたものではない。(……)この説を補強するものとして、南島の初穂儀礼に酷似する収穫儀礼がインドネシアに見られる。*8

これに関しては、谷川健一が書いた別の「「まれびと論」の破綻」という文章でも、太平洋戦争中に石垣島の兵士が南ベトナムのビン村をおとずれたときに、八重山の屋敷内の配置とまったく同じ茅葺きの集落を見つけた挿話を紹介している。その村はちょうど豊年祭の最中だったのだが、大きなお面をかぶって、体に木の葉を巻きつけている赤面と黒面が二体、黄面の三体、豊年の神が家々を訪問しているのを見たという。谷川はこれらベトナムの豊年の神の姿が、八重山のアカマタ・クロマタの姿と類似すると述べている。[*9]

このような例をあげれば枚挙にいとまがないのだが、もうひとつだけ、谷川健一がはじめて与那国島を歩いた経験を書いた「与那国・石垣・宮古の旅」という文章を見ておこう。日本列島の最西端に位置し、年に一度くらい、晴れた日に台湾の島影が見えるこの島では、歴史的にしばしば外敵の侵略をうけてきた。谷川は与那国島の人びとにおける外来者への歓待と警戒心の入り混じった感情、異国人の掠奪に対する恐怖を感じとる。「この島には巨人が住むというしるしをみせて来襲する海賊を退散させるために、まえには年に一度大わらじをつくって海に流す風習があった」という報告から、それを敷衍して「私が思い出したのは、昨年おとずれた志摩の波切町で同様の行事がおこなわれているということだった。(……)そこは黒潮のなかに突き出した九鬼海賊の根拠地で、漂流船の多いことや他の海賊の来襲のあったことが与那国と似ている」と考察する。[*10]いわば与那国島の風習をもう一度、日本列島のほうへ適用しなおして、列島における外来勢力とのあいだのやりとりをあぶりだすのだ。谷川のこのような見方はどんな思想に支えられているのか。

いうまでもなく、ヤポネシアという言葉を考案したのは小説家の島尾敏雄である。島尾は日本列島から南西諸島にかけてを「ヤポネシア」といいかえることで、太平洋上に散らばるミクロネシアやポリネシアやメラネシアの島々のネットワークのように、極東にある島々の連なりを巨視的な視点で、奄美や沖縄の島々から再考しようとした。前述した分子人類学による日本列島人の起源説のように、谷川健一はこのヤポネシア全体に見られる文化や民俗というものを、朝鮮半島や大陸、そして台湾、フィリピン、インドシナやマレーなどの半島、インドネシアの島々との関係で考えようとしたのである。

ところが、ヤポネシアに歴史以前からずっと居住している常民を研究するはずの民俗学では、明治時代の官僚であった柳田國男にしても、近畿地方の風土に生まれ育った折口信夫にしても、「ヤポネシアの意識を方法論にとりいれることで日本を相対化する論理を構成するには、あまりにも単系列の時間の近くに自分を置いた」と谷川はいう。[*11]そして、近代化や進歩という単系列の時間で認識するのではなく、ヤポネシアという空間意識のもとに、さまざまな時間の流れが重層化していることを肯定するために、列島の原初的なイメージを取りもどさなくてはならないという。そのために谷川は列島の各地を歩いた。それはどうしても南の果ての小さな島でなくてはならなかった。

狩俣の祖神祭で私がもっとも関心を抱いたのは、この祭りのなかで「村の創世記」がうたわれることだ。それは「島建ての神話」である。シマとは南島では村を指す語だ。これは宮古島にかぎらず、琉球弧の古代村落では、おそらく各村ごとに存在したのだろうと私は思う。御嶽をもつ血縁部落であれば、村の創始者はそのまま、遠つ御《み》祖《おや》となる。それが古代天皇制を正統化する神話の系列に組みこまれていったのが日本の歴史であるとすれば、日本を相対化する決定的な鍵は沖縄にあるとする、吉本隆明氏の発言はきわめて重要なものといわざるをえない。そしてそれは、多くの沖縄学者がやってきたように、琉球王府を中心とした沖縄の歴史にあるのではなく、先島の村に、一粒の籾種のように残っているのだ。[*12]

右の文章は、おそらく吉本隆明の『共同幻想論』や、一連の南島論における議論を踏まえているのだと思われる。谷川健一はおなじ「〈ヤポネシア〉とは何か」のなかで、「ナショナルなものの中に、ナショナリズムを破裂させる因子を発見する」ともいっている。ここに谷川健一の思想の中核を見ることができる。と同時に、これこそが彼の民俗学の志向や方法論がうまれてくる源泉ではないのか。日本列島や南西諸島を構成する七千もの島々は、最初から「日本」であったのではない。そこには縄文系や弥生系とされるさまざまな種族が、さまざまな文化様式や時代性をもってまだら状に混在しており、それぞれの地方における歴史は独自で異質な時間の系列を進んできた。そのことは現代になっても本質的には変わらない。だが、単線的な歴史解釈が進められてきたために、そのことが非常に見えにくくなっている。それがヤポネシアの本来の姿であり、複合的な日本列島人であり、「混血列島」のあるがままの姿なのだ。

その一方では、多系列で異質な時間を単系列の時間という一本の糸に撚り合わせていったのが「日本」であり、そのために支配層が腐心し、ときによっては、糊塗と偽造をもあえて辞さなかったのが「日本」の歴史である。したがって、撚り合わせた糸をもう一度撚りもどす作業、つまり「ヤポネシアの日本化」を「日本のヤポネシア化」へと還元していく努力が要請される。[*13]

まさに谷川健一の思想のひとつが、この「日本のヤポネシア化」であるといえよう。わたしたちが無批判にいだいてしまっている日本列島への歴史認識を、同質的で均等性をもつもののように幻想される「日本」から、それぞれが異質で不均等でたがいに混ざりあうような、島々の連なりである「ヤポネシア」の歴史空間へとシフトしていくのだ。そんなことは本当に可能なのだろうか。たとえば、ヤポネシアをサハリン、千島列島、日本列島、小笠原諸島、マリアナ諸島、南西諸島、台湾などを含む、太平洋上の大きな島弧として見るとき、このヤポネシア世界が世界中のほかの地域と比べても、面積がせまい割には、南北の長い緯度にわたって分布していることがわかる。

アルゼンチンやチリやオーストラリアのように陸つづきではなく、島嶼であることで、長い年月にわたって同質化や均質化から逃れてきたことが、このヤポネシアの最大の特徴であるのだ。それゆえに、それぞれの地域や島に異質な言語や民俗が保存され、中央が力をもったとしても、そこから遠くはなれた辺境や奥地では独自の文化がいつまでも続くということが許されてきた。それと同時に、ユーラシア大陸の果ての洋上、東アジアの黒潮がとおる島々であるという地勢的な特徴から、五万年前くらいからアジアの各地域からさまざまな冒険者たちがやってきては、比較的温暖湿潤なヤポネシアの島々に住みつくということがおこっていたのにちがいない。

　そのようなアジア中のさまざまな遺伝子を引きついだ混血児たちが、西にある「大陸文化の圧倒的な流入のもとにさらされながら、征服されず自分にひきつけて消化した、いわば複合文化体をそれは意味する」[*14]。わたしたちは谷川健一の思想にみちびかれて、そのヤポネシアにさまざまな異質性と重層性をはらんだ、あるがままの「混血列島」を再発見する。ヤポネシアを育んできたユーラシア大陸や大河川の上流地域、朝鮮半島やインドシナ半島、ミクロネシアからフィリピンやインドネシアの島々にいたるまで、文化的にも遺伝子的にも祖先の記憶が感じられるという意味では、その圏域はわたしたちにとって、さらに広大な「マクロネシア」とでも呼ぶべきものを形成しているのだといえないか。

［註］

＊1　「港川人、縄文人と似ず　顔立ち復元、独自の集団か」『朝日新聞』二〇一〇年六月二八日記事

＊2　「山人考」柳田國男著、『定本柳田國男全集4』筑摩書房

＊3　「山人と平地人」『谷川健一著作集3』谷川健一著、三一書房、七九頁

＊4　『柳田国男の民俗学』谷川健一著、岩波新書、四二頁

＊5　『柳田国男の民俗学』四五頁

＊6　「解説・アイヌの世界」『近代民衆の記録5　アイヌ』谷川健一編、新人物往来社、一一頁

＊7　『柳田国男の民俗学』二三五頁

＊8　『柳田国男の民俗学』一一三頁

＊9　「「まれびと論」の破綻」『魂の還る処』谷川健一著、アーツアンドクラフツ、一一一―一一二頁

＊10　「与那国・石垣・宮古の旅」『南島論序説』谷川健一著、講談社学術文庫、一九―二〇頁

＊11　「〈ヤポネシア〉とは何か」『沖縄辺境の時間と空間』谷川健一著、講談社学術文庫、六九頁

＊12　「与那国・石垣・宮古の旅」『南島論序説』三八―三九頁

＊13　「〈ヤポネシア〉とは何か」七〇頁

＊14　「〈ヤポネシア〉とは何か」六七―六八頁

（かねこ・ゆう／映像作家・批評家）

谷川健一

編集・民俗・思想

［論考・エッセイ］

◉各論考のテキストは『谷川健一全集』（冨山房インターナショナル）に拠る。単行本所収は、末尾に表題名を二重カギで、それ以外は、初出の発表誌紙名を一重カギで示した。＊印は全集未収録。

I　編集の思想

『風土記日本』

はじめに＊

わたしたちの祖国を見直そうという新しい動きがはじまっている。民衆の働きと知恵のすべて、共同の哀歓のすべてをわたしたちのものとし、これを明日の理想をになう人々の、今日の糧《かて》としたいという願いから本叢書《そうしょ》はくわだてられた。

本叢書が、風土記の形式をとり、各地方の生活と文化を通じて、日本文化の本質をとらえようとするのは、従来の文化史の枠《わく》をやぶって、真の民衆の歴史を描こうとしたからにほかならない。これまでいわゆる日本文化史なるものは、中央の一部社会にかたよりすぎるか、さもなければ階級の緊張関係の上に組み立てられたものがほとんどであり、歴史の裏街道にかくれて生きた民衆社会の内乱にいたっては、かえりみられることがあまりにも少なかった。

しかも民衆こそはつねに地の塩であり、大地か深部を形成する民族の源泉の力であり、それぞれの地方の主人公であった。地方には地方の特色があった。それはゆらぐ炎のようにひろがり、かさなりあい、そそりたって、日本文化の母体となり、祖国の明日《あす》をおぼろげに照し出す。本叢書は、これを消えることのない民族の火として鍛え上げるために、幾千年このかたの民衆の実感を、諸学問の成果のなかにたしかめようとする最初のこころみである。読者は日本の民族文化をひろくまた深くながめるならば、それはやがて日本民衆の歴史と一致するものであることを本書によって知るであろう。

（全七巻、平凡社）

『日本残酷物語』

『日本残酷物語』で意図したもの＊

この世の幸福から追放されたと見える「小さき者」たちに

こそ、人間の誇りはもっとも純粋にあらわれるというのは、いまさらおどろくに足る事実ではないかも知れぬ。しかし最近岩手の無医村地帯を巡回したさる医大の医師たちは、そこの住民の人生を生きぬくりっぱな態度に深く感動したといわれ、また薩南十島村の住民たちは、戦後しばらくしてアメリカの手から日本に復帰した節、ほとんど餓死寸前にありながら、たんなる衣料や食糧の配給を受けとることに、拒絶に近い羞恥の色をみせたという。これらのささやかな事実はわたしたちの胸をゆすぶる強さをもっている。

また十島村よりもはるか南の先島《さきしま》の住民を考えてみよう。先島は沖縄本島と台湾との間に群在する小さな島々である。ふるくこの島々は自給自足の生活にあったが、やがて宮古、八重山のもとにつき、宮古、八重山はまた沖縄島に隷属し、沖縄全体は薩摩藩の付庸国となり、内部では士族と平民の対立をひきおこしたが、明治以来は日本の最辺境としてまま子扱いをされ、いまはアメリカ政府の行政管理に苦しんでいる。このような四重五重の鎖をつけられた島で、何百年ものあいだエネルギーを奪われつづけた住民は、珊瑚礁の島同然の低い水準の文化しかもたないと考えがちである。しかしそれが正当な把握であろうか。むしろ何百年にもわたる孤島苦、収奪への抵抗、痛憤と憎しみのエネルギーは解放されることなく、そのまま蓄積されていったのではあるまいか。とすれば明治なかばまで人頭税の残されたこれらの小さな島々に蓄積されたエネルギーは、ぼう大な量にのぼることはたしかである。たとえ目に見えなくても、すくなくともそれは、沖縄全島をおおうアメリカ軍の火薬庫に匹敵するにちがいない。しかもこれら「負のエネルギー」はせまい入り組んだ回路のなかで、はけ口をもたぬ狂気として、屈曲した心理の層を形成しつつ存在しているのである。この心理の存在価値を的確に探りあてる者のみが、彼らのエネルギーを解放して、小さき者を巨人にふさわしいものと仕立てる資格があるだろう。

ゆえに現地の遅れた現象を勝手に迷信と名づけるのは、あきらかに近代人の偏見であるとともに、そこにヨーロッパやアジア大陸なみの残酷さを発見しようとする試みも、みのりのない企てにおわるだろう。つまりわが国には同胞間の大量な殺しあいも処刑された王もなく、しかしそれゆえに社会進歩の発条である自然と人間、人間と人間の強い対立に欠けたのである。この対立の不明確さこそ、わが歴史を低次の調和で偽装しながら、日本の風土に諸大陸とはちがう残酷の特殊な陰影を強いることになった。この残酷さは、不幸を不便と受けとる日本人の日常生活の心理の底に、あらかじめ失敗を予期したたえまないつまずきとして、隙間をくぐる水のように沈澱した。他者との対立に欠けていたから自然であれ社会であれ、自己の中に他者の侵入を容易に許容した。すなわち日本における残酷さは、非日常的な特殊な事件としてではなく、差出人の名のない贈物として、つねに日常的な姿勢のもとに、下部民衆層に受けとられたのである。ここに『日本残酷物語』がそのまま日本の最底辺の歴史へと通じる地下回廊がある。ただ日本の為政者およびそれにつながるすべての人たちが、すべての瞬間に、同胞人民の抑圧収奪を企画したということはできない。問題は彼らが、善行をほどこすのには詫びながらしなければならぬという一詩人の痛烈な言葉を忘れたことにある。かくて小さき者たちは、政治を忘れることなく、しかも抗議の言葉をもたず、歴史の潮騒の彼方に消えた。

『日本残酷物語』はさきに刊行した『風土記日本』とおなじく「小さき者」を主題にした企画である。小さき者たちの世界は、入口こそ目にとまらない位だが、中はほとんど巨人に見まごうばかりのエネルギーと、多種多様な表現に色どられている事実をできるだけ発掘したいと念願する。

（全五巻・現代篇二、平凡社）

「太陽」創刊のことば＊

全国の家庭のみなさん！

どの家庭にも、ひとつの太陽が要るように、ひとつの雑誌が要ります。その雑誌こそ、今月から欠かさずみなさんの家庭におとどけする「太陽」です。

戦後二十年、民主化はすすみ、経済は高度に成長しました。しかし日本には、家庭に持ち帰り、一家こぞって楽しめる雑誌がまったくありませんでした。

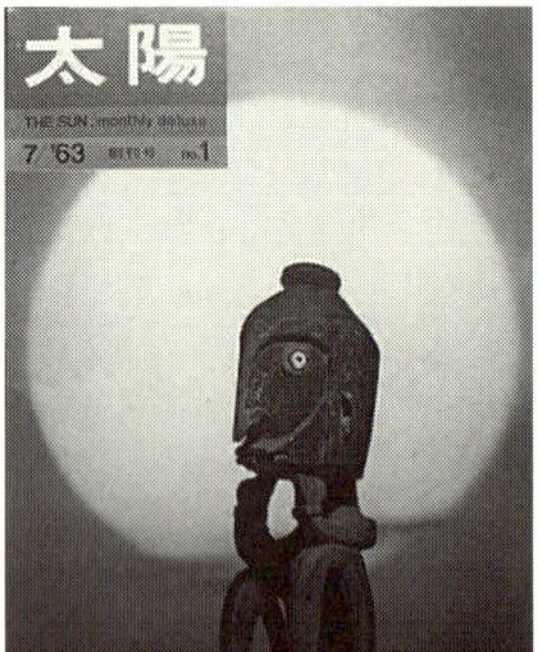

「太陽」創刊号表紙

わたしどもは、こうしたふしぎがふしぎと思われない日本文化のあり方に、根本的な疑いをいだきました。その疑いがもえあがった日こそ、新しい雑誌太陽の創造にむかって、ともづながとかれた日です。

それから創刊の今日まで、まる一年間、わたしどもは、コロンブスの航海のようにむずかしい仕事をつづけてまいりました。夜昼なしの編集会議を、おそらくは数百回くりかえしたでしょう。

卑しい心にこびる雑誌であってはいけない。スケールが大きく、意表をつき、しかも清潔な雑誌を。知識のおしつけや思いあがったお説教をまったく禁じた雑誌、そして豊かさと美しさだけが至上命令である雑誌を……。

こうしてついに「太陽」が創造されました。

全国の家庭のみなさん！

雑誌太陽は「きりのない百科事典」であると同時に「目で見る詞華集」でもあります。

雑誌太陽は、創刊号につづく第二号、第三号と巻を追い月を重ねるごとに、比類のない美しさで、みなさんを圧倒し魅了することをお約束します。わたしどもは、知識の太陽系を創造しようという野心にそって、もっとも厳密な計算をたてているからです。

「太陽」は、日本の代表的な雑誌にふさわしく見て楽しめる雑誌の有利さをもっています。

「太陽」のテスト版は、チューリヒやパリに送られ、パリマッチやレアリテなど、世界一流誌の編集長の親切な助言や感覚を聞くことができました。それだけでも「太陽」が、日本の代表誌としての資格を国際的にもつ、といえるのです。文字だけの雑誌では、それはまず不可能とあきらめねばなりません。

全国の家庭のみなさん！

もっともありふれたところに、もっとも夢創的な泉を掘ろうとする「太陽」を見守り、そだて、はげましてください。日本民衆の未来のために、日本文化の健全さを立証するために。「太陽」編集部の三十五名を代表しまして一言お願いを申し上げます。

編集長　谷川　健一

（創刊号所収　一九六三年六月一二日）

『ドキュメント日本人』

無告の民（抄）

無告の民——とは自分の苦しみを告げ知らせるところのない人たちのことである。ものいわぬ民衆のことであり、訴えるすべを知らぬよるべない小民のことを指す。

無告の民とそれ以外の人々とをわけるもっともはっきりした特徴は、それらの人たちが生命の危険をおかして働かねばならぬという条件の下にあることだろう。整形外科の病院や整骨院の門をくぐってみると交通事故は例外として、そこにかよう患者のほとんどが労働者であるという事実に直面する。

ここで無告の民が底辺の民衆とそのままおなじでないことを注意しておきたい。どんなにまずしくとも山間や離島の住民を底辺の民衆と呼ぶことはできない。底辺の民衆とは釜ガ崎や山谷や筑豊の失業地帯にみるように、日常生活のなかに崩壊感覚をもった者たちである。無告の民は、まだ日常のサイクルを放棄しない人たちであり、自分に課した束縛で常民としての資格を手ばなさない者たちである。だから出稼ぎの人夫は無告の民である。しかし出稼ぎから帰らなくなった者、そして家郷の音信が絶え都会の底に沈澱し、あるいは飯場を渡り歩く者は底辺の民衆である。また東北や信州などにみられる「あんにゃ」とか「おじぼうず」奄美大島の「ヒダ」とよばれる奴隷たちは、共同体のなかで疎外され底辺を形作ると考えることができる。非日常性への離脱にともなう眩暈《めまい》と嘔吐は、底辺の民衆だけの経験するところである。したがって無告の民にはまだ守るに価する日常があり、かりにそれが価しなくとも、それに耐える姿勢をくずすことはない。

表現の手段をもった知識人や権力をにぎった支配者と、それ以外の人たちの間には越えられぬ断層がある。とくに義務教育が実施されぬ明治以前には、文字を知るのは消費者層にかぎられており、直接生産者層のほとんどは文字を知らずに生きた。彼らが生み出したのは、文字とは縁のない伝承文化であった。日本民俗学の使用する常民という概念がこれにあたる。

常民の文化は、自分のよろこびや苦しみを相手にむかって押しつける文化ではない。あくまで内輪同士で受けつぎ語りつぐ文化であって、外側にたいして誇示することを目的としたものでない。

文字もなければ力ももたない無告の民が、対外的に自己を表現する方法は、捨て身の愁訴か対立しかなかった。それは百姓一揆の首謀者たちの要求がとおっても、その成功は死と引き換えにあがなわれるのがふつうであったことで証明される。この哀訴、強訴、越訴などを旨とした前近代の民衆の伝達手段は、我が国の特徴である陳情政治として今日でも引きつがれている。

かつて、支配の道具であった観念の独立性という特質は、被支配者層がその観念をうばい、自己の権利を主張するための武器に作りかえるのに役立った。しかしそれは観念を倒立させることによって位相の転移をはかったものであったから、観念のもつ抽象的普遍性をもって被支配者層を組織することはできても、それによって民衆の心情と論理を十分説得することはむずかしかった。

というのは、民衆の世界では、生活と遊離して自律する善悪の観念は存在しないからである。生活者である民衆にとっては、自分の生活を守るのに有利なものは善であり、不利なものは悪である。これは民衆には自明の理である。善悪を判定するこの単純明白な基準は、歴史以前から今日まで民衆のなかに、一貫して不変である。

民衆は観念の世界ときっぱり手を切って生きる生活者である。生活と遊離した観念ほど民衆と無縁なものはない。善悪の普遍的な観念で生活をさばくのでなく、生活の基軸にしたがって善悪を判定していくという考えは、知識人の社会通念からはまったく倒錯している。

たとえば、小繋《こつなぎ》事件の記録に見るように、部落の共有林というものは部落の生活にとって必須のものであり、それを使用することは、アプリオリに正当なことであった。したがってその使用を禁ずる法律は悪である。どこまでもたたかわねばならぬ悪魔の規制である。生活者の当然の権利が法律をさばく。それは所有権が誰に移ろうと関係がない。どぶろくの密造についても同様なことがいえる。酒づくりは自然発酵からはじまっているのだから、人類の発生とともにその起源がふるいことはうたがえない。自分の収穫した稲米で、自分の家や部落の祭りのための酒をつくることは、まったく自然なことである。南九州では芋焼酎をダレヤミと呼んでいる。つまり一日の疲れをいやすものという意味であるが、これは陽が出て働き日がくれて眠る勤労者の、疲労を回復させればそれでみちたりる寡欲を伝えてあますところがない。「一日の労苦は一日にて足れり」という言葉がユダヤの大工職の子の口から発せられたのは、意味のあることである。しかも自家製の酒はいわゆる豊熟の歓喜につながるものであった。南島では、神前に供する祭りの酒は、清純な未通女《おとめ》が醸《か》んだものでなければならなかった。

このように日々の用をはたすための共有林の使用と日々の疲れをいやすためのどぶろくの製造は、民衆生活とは不可分をなすものであり、あらためて、権利などをふりかざすに価しないものにちがいなかった。なぜならそれは民衆の共同体がはじまってこのかた誰も疑う者のなかった当然至極の慣行であり、共同の作業をいとなみ、共同の祭りをおこなうための最小限の要求でもあったからである。帝王神権説にたいして、人民神権説とも呼ぶべきものを、民衆は意識するとしないとにかかわらず信じ、したがってこの慣行を侵すものにたいしては、国家権力であろうと法律であろうと、徹底して反抗する「抵抗権」の存在することも自明のものとして疑わなかったのである。

しかし明治政府の手によって濁酒の自家製造は禁止され、部落共有地の多くは国有林に編入されるかまたは個人の私有地に切り換えられた。部落の慣行を無視したこのような措置にたいして、部落民がどれだけ執拗に抵抗してきたか。

たとえば旧部落林に足をふみ入れることが盗伐者と見做《みな》されるということになると、部落民はあらかじめクジを引き、発見されたとき責任者として名乗り出、逮捕される者を順番にきめておくことにした。また密造酒が発見されたら、どの家庭でも老婆が名乗り出ることにしていた。戸主が投獄されたら、一家は中心になる働き手を失い窮迫するからである。仙台税務局の役人は、東北の牢獄という牢獄がそうした老婆たちでいっぱいだと、視察報告しているくらいである（『東北六県酒類密造矯正沿革誌』）。

しかしひるがえって考えるならば、牢獄に収容される老婆は、家族のために体罰を受けることを自分の当然の役割と考え、家族の者も無用の感傷を介在させる余地はなかったのかも知れぬ。すべては生活者の配分の倫理にしたがって、あたりまえのこととして受けとっていたのかも知れぬ。鉱石が一定の方向線にそって割れるように、生活者の倫理もまた一定の方向をもち、逸脱することはあり得ない。

木の杓子は美しいが、しかしそれを実用に使用している民衆は美しさを意識しない。その美しさは単純な構造にみられるきびしい必然性から生まれているのであって、機能の要請を無視して美を論じることは、民衆自身には何の意味もない。

一例をあげると、かつては結婚式はふだん着のまま身内だけでひっそりおこない、葬式のときに裾模様の晴れ着を着る習慣をもっていたところがある。結婚してもすぐに杓子（主婦権の象徴である）が渡してもらえるとはかぎらないが、葬式はそこの嫁が杓子権を得て主婦となる資格を得たことを示す晴れの場なのだ。死者への悲しみの情を示すために黒衣を着るよりは裾模様の晴れ着によってこれから一家を切りまわしていく責任者としての表明を示すことのほうが重大なのである。つまり民衆にとっては、生活と遊離した美もなければ悲喜の感情も観念も存在しない。生活者のもつ生活の倫理のきびしさはそこにいささかの過不足があってもならぬのである。

それは何故か？　民衆が自分の生活だけにしか関心を抱かないところから生じる。彼らは生活にかかわりあるものだけに関心をよせ、ないものには無関心であるという原則をふみはずすことがない。その姿勢は生活を守ることに腐心し、あくまで反政治的であって、それが不可能になったばあいにのみ、彼らは政治権力と抵触する行動へと転化する。しかし民衆は、おのれの生活を基軸にして善悪を判断するのだから、生活が危殆に瀕するとみると、とどまるところを知らぬ過激さを発揮する。民衆は敵対する権力にむかって突進し、指導者であるはずの前衛さえ畏怖せしめて爆発する。

蜂起という言葉のイメージがよくあらわしているように、道徳や観念の世界を超えて、自然的存在に還元した人間の爆発の閃光があるのみである。歴史をひもとけばただちにわかることだが、革命はこうした民衆の手のつけられない行動によってはじめて成功するのだ。

民衆の行動には、適度という一定の尺量は存在しない。ゆきすぎるか、ゆきすぎないかどちらかである。したがって民衆の日頃の行動をおくれたものとして咎める者は、同時に民衆の革命的な行動のゆきすぎをも咎めねばならなくなる、という矛盾におちいる。

日頃は小心翼々として政治に背をむけ、生活を守ることに精一杯な民衆が、前衛をのりこえて歴史をうごかす。鼠が獅子になり、猫が虎になる。このような生活者の行動倫理のダイナミズムは、彼らが過不足のない日常生活をいとなんでいるからこそ生じる「不足と過度」の力学なのである。知識人は普遍的倫理の尺度をもって民衆の日常生活を律し、良識の計器で民衆の行動を測定する。しかし知識人は、彼らの影響を受けた組織労働者や市民主義者とは程とおいもう一つの民衆の顔にとまどう。知識人の世界と倒立して成立している民衆の世界——そこにこそ民衆の原像がある——がこれまで知識人にとって近づきがたい存在であった理由の一つが、ここにあったのだとわたしは考える。

（全十巻、學藝書林）

『日本庶民生活史料集成』

近代文化と庶民生活

日本では文学の古典の集成や思想の古典の集成はなんどもくりかえされているが、民衆生活の実体を伝えるのに、古典と呼ぶにふさわしい史料の編纂はおこなわれたことがなかった。近代日本の文化は、庶民の生活のなかから文学と思想の源泉を汲みあげようとしたことがすくなかった。庶民の生活はそれがどのような形をとるものであれ、文学や思想とは無縁のものとみなされあやしまれなかったのである。このことが日本近代の文化の体質を脆弱なものにしていることの反省も十分にはおこなわれなかった。

日本の庶民生活のスタイルが基本的に確立したのは江戸時代であり、それは明治も二十年代になってようやく変容のきざしをみせるのであるが、日本の庶民について考察をめぐらすばあい、この間の庶民生活の実体を知り、それを土台にふまえて思想を構築するのとそうでないのとでは、効率はまったくちがう。日本の知識人の庶民論議が不毛に終わりがちなのは、こうした史料をおさえた上での発言ではないからである。郷土史料や民俗資料はおびただしく出ているが、庶民の本質を的確に表現したものをえらび出す努力が意外にすくなかったことは、まぎれもない事実である。

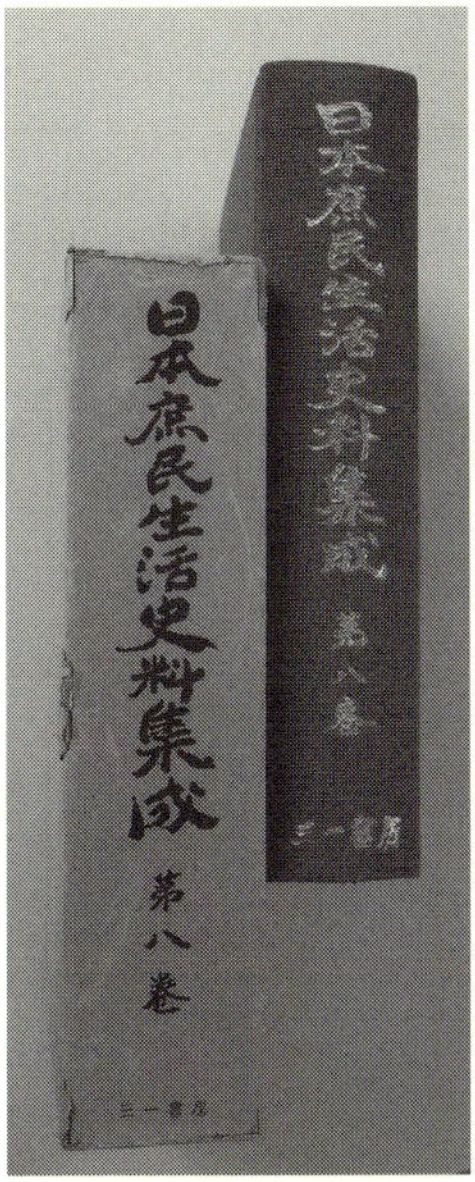

『日本庶民生活史料集成』
（三一書房刊　1968〜84年）

庶民生活の歴史に目を注ぐべき歴史学と民俗学は、踏襲する理念の枠のなかでしか庶民の生活の実体を捉えようとはせず、庶民の放射する鮮烈な体験を自分の養分とすることに熱心ではなかった。民俗学においては、歴史学への対抗意識から書かれた史料にたいする軽視がつよく、歴史学は非権力者の日常生活を歴史の学問範疇から追い出してしまった。双方とも、真実の記録のなかから思想性を引き出し、それを根底に発言することがよわかったと思う。

わたしは『日本庶民生活史料集成』（三一書房刊）を企画するにあたって、すくなくとも半世紀は腐らない「民衆の古典」を作ろうと考えていた。それは日本の庶民にたいするわたしの願望の裏返しとして、近代文化にたいする不満を過去形で表わすことにほかならなかった。

民衆の生活の情念は、体系化された知識、整序された思想の埒外にあるが、これを記録として対象化し、結晶化させることで、知識の領域を拡大し、思想を深化させることをわたしは考えたのである。本叢書が、専門の歴史学畑や民俗学畑にとどまらず、各方面から評価を受けているのは、事実の思想性と文学性とを追求する記録の集成となり得たからであろう。今日ようやくにして、そうした機運が醸成されてきたともいえる。

たとえば漂流は歴史学や民俗学の対象にはならない。明治に石井研堂が漂流文学を提唱したことがあったが、しかし近代日本に農民文学は誕生しても、ついに海洋文学はそだたなかった。井伏鱒二や中野重治や井上靖がその作品で、鶴見俊輔や杉浦明平がその評論で、漂流に関心をよせたにすぎない。この漂流にたいする学者の不当な無関心が、今日のおびただしい漁民の海難事故にたいする無関心さに一脈通じあうものであることを知るときに、それはたんなる過去の記録や物語といってすまされなくなるだろう。

飢饉についても同様なことがいえる。柳田国男は幼時に飢饉を目撃したことが、後年民俗学に関心をよせる原体験になったと自伝でもらしているが、彼の創成した日本民俗学は、飢饉を主対象として扱ってはいない。しかし日本の農村は慢性の飢餓状態にさらされてきたのであり、飢餓の夢魔は農民の胸を去ることがなかった。古古米や古米の処理になやむ今日からみれば信じがたいことであるが、わずか三十七年前の昭和九年には、東北の天地には六十万人から百万人におよぶ飢えた農民が、県当局の食べ方の指導を受けて、草根木皮や木の実をかじって命をつないでいた。幾万という娘たちが、身売りのために東北の寒村から出ていった。この東北大飢饉こそが、二・二六事件の首謀者の心情の起爆剤となったことは知られている。安藤昌益や高野長英、啄木や賢治もあいつぐ東北の飢饉を自分の思想のかくれた主題とした人たちであった。このことを考えると飢饉も漂流も、農漁民の日常生活がはらんでいたものであり、それをたんなる極限状況として、庶民の日常意識から追放することは正しくないであろう。

漂流が文学の主題となり得、飢饉が思想の主題となり得ることはそこに日常性の危機が顕在化する人間の普遍性が見いだされるからにほかならない。

こうして『日本庶民生活史料集成』には、漂流や飢饉、悪疫、一揆、騒擾などが登場して、それに積極的な意味が与えられることになった。このほか、北辺の蝦夷から南島にわたる探検・紀行・地誌の埋もれた代表的名著を発掘して、庶民の風土の特異性を浮かび上がらせることにした。都会や地方の生活風景や世相・風俗の特色ある見聞記を収録するとともに、庶民の内奥の感情の表白として民間宗教や民間芸能、古謡のたぐいに力を注いだ。わたしはこの叢書を庶民の外面生活から内面の情念へとわけいる結晶体と考えようとしたのであった。

つまり各巻はそれぞれが結晶体の一面をあらわし、第一期十巻、第二期十巻、合計二十巻で、それはまとまった統一体を形成するのである。現在は十三冊が刊行されているが、全巻完結のあかつきには、その意図の全貌は、いっそうあきらかになるだろう。この叢書は、庶民の生活についてなにがしかの疑問が起こったばあい、それにかならず答えてくれるものを備えているはずである。

わたしが沖縄のなかでも先島《さきしま》と呼ばれる宮古・八重山群島をなんどか旅行して痛感するのは庶民の生活の底しれぬ深さと多様さであり、それにくらべて史料記録の乏しさである。『日本庶民生活史料集成』の一つに収めた「大波之時各村之形行書」は明和年間に八重山・宮古両群島をおそった大津波の記録であるが、このとき八重山にのこされていた史料は根こそぎ消滅した。しかし比較的に被害のすくなかった宮古にもめぼしい史料がのこっていないところからみると、明和の大津波がなかったとしても、大きな期待はできなかっただろう。

この意味で『集成』のなかの一巻にくわえることにした「南島古謡」は庶民生活の闇に光芒を放つものであることはまちがいない。その収録の範囲は奄美の島々から与那国島まで琉球弧の全域にわたり、編者とその協力者二十数名は、離島のすみずみまでめぐって、数百にのぼるふるい民謡の残留をあらたに採集した。一六二三年（元和九年）の『おもろさうし』結集以来の画期的な仕事だとわたしは考えている。『おもろさうし』には宮古・八重山など先島の古謡は入っていないだけになおさらである。「南島古謡」のなかには神歌《ニーリ》とよばれるものがまじっている。沖縄の離島で神の祭りのときに神女《ツカサ》がうたうものだが、その神秘的な歌も今回あきらかにされる。

庶民生活は空白のページで作られた一冊の本にひとしい。庶民はその生活記録を文字にのこすことはしなかった。とはいえ、その伝承を大切に守ってきた。それを文字化しなかったのは、庶民が文字を知らなかったという消極的な理由からだけではけっしてない。今挙げた沖縄の神歌がそうであるように、外部にもれることをつとめて防ぐ必要があったからだ。したがって記憶は今日よりもはるかに重要視された。『集成』の「民間宗教」の巻におさめる潜伏キリシタンの「天地始之事」や「オラショ」、霧島山麓の「カヤカベ」教のお伝えなどは、こうした口伝として数百年をたえぬいた。それを文字にのこしたら弾圧と迫害のアラシをよぶことは必定であり、そのためにも沈黙よりもきびしい緊張のなかでの口伝を守りつづけるほかなかった。

庶民生活は空白にみちており、わたしたちはそのひとしずくの歴史記録で過去を推量するほかない。このことは庶民の生活の事実への畏敬をともなわずにはすまない。『日本庶民生活史料集成』が強調するのは、それが民衆の生活を知るための最小限不可欠の史料であるということである。すなわち、記録知識をつみ重ねたら、それで過去の庶民生活の手がかりが得られるという知識偏重にたいする反措定として、これらの史料は自己の存在理由を確保する。

この『集成』を編集してみて感慨にさそわれるのは、庶民自身の書きのこした記録の非常にすくないことである。庶民生活について書きのこしたのは、学者や武士や僧侶や医師や富裕な商人などであり、しかもその数もきわめてかぎられている。庶民自体が生活記録をのこすことを念頭におかなかったくらいだから、非庶民である有識階級は庶民生活に関心をもたないほうがむしろあたりまえであった。

この伝統はそのまま明治以後も引きつがれて日本近代知識人の定型となるのであるが、だからこそ庶民生活にふれて書きのこした知識人には、はっきりと意識的な姿勢がみられる。その意識的態度は、庶民にたいする格別の好意を前提とするものでなければならなかった。その好意は、道中の旅日記や役人の視察報告のようなものをのぞけば、無私の旅人としてあるいは遠島の自発的な流人として、ながく庶民に接触する機会から生まれ出たものである。

『集成』に収めた松浦武四郎の『近世蝦夷人物誌』、近藤富蔵の『八丈実記』(抄)、名越左源太の『南島雑話』、岩崎卓爾の『ひるぎの一葉』、笹森儀助の『南島探験』や『拾島状況録』の例を見てもわかるように、庶民生活の実体を書きとめようという意志は、庶民に好意をよせねばできにくいことだったのである。庶民生活の記録史料の大部分が、庶民に好意をもった人びとの手でのこされたという事実は重要である。これからもそうであろう。文字のない民のことにかまう知識人はいつの世にも少数者でしかない。

人はあるいはいうであろう。民俗学者の採訪記録があると。しかし柳田国男や宮本常一や瀬川清子の採訪記録を例外として、民俗学者の文章が一般につまらないのは、無告の民へのわきあがる愛をおさえることのできなかった人々が、親しく接した庶民のなかから問題意識を引き出し、それをもって臨んだ文章ではないからである。

わたしがこの『集成』を企画するにあたって、たんなる記録・史料の類を極力避けたのは、思想に昇華できず、情念を解放できない知識にたいする警戒心がつよく働いたからだ。知識偏重への懐疑心がないかぎり、庶民に関する知識をつみあげようと、庶民生活の本質に肉迫することはできない。生活人である庶民は知識人とは対照的に生きていることを忘れると、庶民を対象とした学問も、庶民からはなれとおざかる危険がある。わたしは今、沖縄でこの文章を書いているのだが、庶民の原形質と呼ぶにふさわしい生活が、辺境の島々の広大な時間と空間のなかに今もって生きていることを感じる。それにくらべれば、いわゆる沖縄学の成果はけっして十分とはいえない。

『日本庶民生活史料集成』のような企画が、戦後二十何年かたって出版されたことのおそさを市井三郎はなげいている(「展望」二月号「出版時評」)。それは戦後文化の欠陥の一面を言い当てた言葉である。とはいえ、それぞれ地道な研究活動をつづけてきた人びとの努力の蓄積の上に、はじめて日本の庶民生活の伝統をとらえ直すこのような仕事が生まれたことを考えると、それだけの時間は必要だったのである。

(全三十巻・別巻一、三一書房)

『叢書　わが沖縄』

わが沖縄（抄）

私はこの文章を書くにあたって、できるだけ白紙の状態でありたいと思う。私は沖縄について、いくらかの知識を持っているから、自分が完全に白紙であり得ることは望めない。けれども私がこれまで書物をとおして得た沖縄に関する知識にもとづいて発言することを拒みたいと思うのは、それなりの理由を持っている。

沖縄に関する学問、いわゆる沖縄学が一種の系統樹の観を呈して、沖縄の学問を前進させてきたことは今は常識となっている。しかし私たちが、彼ら諸先学の求めたところを求めないで、その結論だけに固執したならば、沖縄学は訓詁学とひとしいものになってしまう。

たとえば柳田国男が『海上の道』で宮古を宝貝の産地と述べているのをみると、それを鵜呑みにするだけで、彼の言うシプレア・モネタが現実に宮古のどの海岸に産出するかを探ねてみようとする者はいたってすくない。私は宮古本島の古い部落である狩俣《かりまた》や砂川《うるか》の海岸に降り立ってみたことはあるが、そこであざやかな黄線のはいった宝貝を見付け出すことはできなかった。『海上の道』には宮古の属島である池間島の近くの八重干瀬《やえびし》や、伊良部島の佐良浜附近がその産地であるように述べてあるが、私の宮古島滞在中は、海が荒れてついにゆく機会を得なかった。しかし学問にとっては、あれこれの結論よりも、関心の持続のほうがはるかに重大であることを教えているのが、ほかならぬ柳田国男である。柳田が沖縄の宮古・八重山に旅行をしたのは大正十年の一月末であったが、二月一日発行の旬刊紙「八重山新報」第一号に、「あらはまのまさごにまじるたから貝　むなしき名さえなほうもれつつ」という彼の歌がのっている。じつに柳田はこのとき宝貝に着目していたのである。それから彼は『海上の道』を完成させるまでの四十年間、宝貝の問題を追求した。おどろくべき執念と言わねばならぬ。

発見は何物でもない、問題はそれを成熟させ血肉化させることだと言い放った西欧の一詩人に倣って、私たちは、結論は何物でもない、問題はそれにいたるまでの関心の持続だ——と置き換えて言うことができる。そうしてこのことは、柳田や折口をはじめ日本の知識人がなぜ沖縄に終生関心を絶やさなかったかという根源的な問いに私たちをみちびく。更にそうした問いを前提としてはじめて成立する沖縄学とはそもそも何か、というあらたな問いを引き出すのである。

まず、沖縄学という言葉からして、考えてみれば特別なひびきを持つ。日本の地方名を冠した学問には、水戸学とか土佐の南学とかの例はあるけれども、それは地域を対象とする学問ではない。その意味で、沖縄学は唯一の例と呼んで差し支えない。こうした呼称に反発して、沖縄史を地方史に解消しようとする考えがあるけれども、私はそれには与しない。また、沖縄学は史学だけではない。

沖縄学が成立する条件は、沖縄が日本の中でも最も日本的な原型を含有していると同時に、特殊な歴史風土であるからだ。しかしそれだけでは充分ではない。すなわち沖縄では、歴史と民俗、言語と文学を明瞭に区別することがむずかしく、政治と宗教の組織、信仰と村落とは、かつて不可分に結合し、情念と論理とは密接に抱き合って存在しているという現象がある。一口に言えば、沖縄ではすべてが未分化であり、沖縄の歴史社会は多面体の結晶のようにさまざまな角度に光を反射している。沖縄は全体として把握することのできる社会であり、また全体として把握する以外に不可能なところである。その端的な例として、沖縄の戦後の闘争が島ぐるみと呼ばれ、本土のような形で系列化しにくい事実を考えるだけで充分である。沖縄の社会に私たちが発見する全体性は、島という限られた空間性によって保障されている。同時に、本土と偏差を持つ隔絶した時間性によって守られてきた。底ぬけに明るい南島の風物の中に、苦渋の陰影がまじるのを防げないのは、孤島苦と差別されたものの苦悩が今なお引きつづいているからであるが、しかもその苦悩が沖縄の社会を分裂させなかったのは稀有のことに属する。それを皮肉に、強制された共同体と呼ぶこともできよう。

しかし沖縄の全体性はそれだけであろうか。私は沖縄を旅行したとき、鋭い角を持った石が眼のまえを横ぎってとぶように、自分の存在を、明確化した意識をもって、とらえた体験を持っている。それは一体何であったろうか。沖縄が「私」の中に存在する普遍性、もしくは全体性への欲望を顕在化させたからであるのか。

私たちが沖縄にとくべつの関心を抱くのは、私たちが沖縄と関わりあうことで、自分の全体性の回復に目ざめることが可能だからではないか。それにしても、それはヨーロッパの知識人がアフリカの原始的な大地で、ある種の回心に似た体験をするのと同一ではない。なぜなら沖縄は洗練された文化を独自にそだててきた社会であり、停滞した状態のままの社会とはまるでちがう。また、日本人旅行者がヨーロッパ社会に触れて、異質な文化の中に人類共通の普遍性を発見するのともちがっている。沖縄はなによりも日本の一部である。すなわち沖縄における全体性の発見には、沖縄の社会が本土よりもいっそう日本の原型を保ち得ているという事実がある。沖縄では日本人は自分が日本人であることを、換言すれば自己との同一化体験を意識する。それと同時に、本土と異質のものを沖縄に発見し、折り合いの悪さを持つことも否定できない。けれども沖縄で私たちが感じる折り合いの悪さ、すなわち異質感は、ヨーロッパ文化にたいするようなものではけっしてない。

沖縄の社会が本土日本人の眼にいかに異質に映ろうとも、それは個人的な「私」が民族的な「私」へとはるかに回帰していく過程としての異質性である。多くの人が沖縄に旅行するたびにその印象が変化するというのも、それは触目したもののの意味が変わり、それが無限の彼方の民族的「私」とゆるやかに合体する道程をたどっているからにちがいない。私たちの個人的な沖縄体験には、蓄積された日本人の総体験が、「私」を媒介として噴出したというようなものがある。私たちが沖縄の碧緑の海の色をはじめて見て、それをかつてどこかでみたことがあると考えたとしたならば、私たちはそれを体験するまえに、すでに知っていたのである。沖縄の異質性は、折口信夫が言うように、エキゾチシズム（異国趣味）ではなくアタイズム（間歇遺伝）の面が非常につよい。折口は、私たちが沖縄でめぐりあう異質性は、南方からはるかな昔、海坂をこえてやってきた日本人の祖先が、かつて体験したものの意識の痕跡であるとする。彼は「古代日本文学に於ける南方要素」で、フカをワニとよぶのは古代日本人がワニに執着したからだということを、以上の論理にもとづいて解明しようとしている。折口によれば、ワニに関する物語は、日本人の祖先の一部の人びとが南方からたずさえてきたというのであるが、これに類することは多かったにちがいあるまい。沖縄では、一つの単語が歴史空間の全領域を想起させることもけっしてめずらしくない。

しかし、本土の日本人が沖縄の異質性に引かれるのは、間歇遺伝とか民族的心性の無意識の領域の再発見だけではないと私は思う。沖縄の社会は、もともと本土と始原の体験を共有する民族が、歴史的に隔離され、空間的に遮断されたばあい、どのような経過をたどったかということの、稀有な実験例である。歴史においては「もし」という語を使用することは禁じられているけれども、沖縄の社会は、「もし」という語を発することなしに、それを実際上にみ得るのである。沖縄は直接法現在であると同時に、日本民族にとって仮定法過去形の社会である。私たちが沖縄のなかで、ある自由を感じるのは、過去の可能性を追求するときのよろこびに似たものがある。たとえ沖縄の置かれている現実がどのように痛苦にみちたものであろうとも、ある種の自由さを沖縄社会が所有する、と本土日本人の目にみえるものは、その実、日本民族がちがった道をえらぶことができるという推論の投影であるばあいがすくなくない。

これまでひとわたりみてきた沖縄社会のもつ全体性は、当然のことながら沖縄学にも反映している。私たちが沖縄に関心を抱く理由と沖縄「学」に関心を抱く理由とは、さしてちがったものではない。これはあたりまえのことのようでありながら、学問分野の細分化と研究の進歩とは、それをしだいにわからなくさせているのである。全体性の回復が見失われてくるとき、沖縄学は危機に差しかかったということができる。

柳田の沖縄学に対する態度は「南島研究の現状」において明瞭である。柳田の自叙伝である『故郷七十年』をみると、柳田が上野の美術学校の講堂に招かれてこの講演をしたときは、上原勇作をはじめ鹿児島出身の陸軍のお歴々の大将などをまえにして、なかば抗議のような形で琉球のために弁じたと述べている。だからこそ、その講演の内容は、薩摩藩とそれにつづく鹿児島出身の役人や商人の非を鳴らすことからはじまっている。

「沖縄最近の窮状の、主たる原因は社会経済上の失敗である。誤り又は故意に巧んだ人間の行為が、積り積つて此痼疾を為したことは事実である。しかも其誤りを敢てした者は、現に今最も多く苦しみ悩んで居る人で無いのみならず、彼等の親たちや友人ですらも無かつたのである。」

鹿児島出身の名士たちがどのような思いでこの講演を聞いたか想像できるほどの激越な調子がそこに籠められている。この講演は大正十三年になされ、あくる十四年に啓明会講演記録集として出版された。

柳田がこの講演の末尾で吐いた言葉、すなわち「国家万年の大計の為に、民族結合の急務を説こうとする人々は、無識であつてはならぬ。且つ手前勝手であつてはならぬ。其過失を免がれたいばかりに、我々は新たに斯ういふ学問の興隆を切望して居るのである」という沖縄学の基本的な考えを、伊《い》波《は》普《ふ》猷《ゆう》は、沖縄人の立場から追求しつづけた。その一例が「南島人の精神分析」と題する小文である。この論文の変わっているところは、沖縄人に郷土研究をすすめ、沖縄の人びとの性格がどのような歴史的原因によって形成されたかを知ることで、その不安定な情緒を除去する手段に役立てようと考える点である。伊波によれば、南島人の中にみられるヒステリー症状は薩摩藩の抑圧や収奪から受けた痛ましい心的傷害が内攻し潜在した結果にほかならぬ。ヒステリー患者にその苦悶の原因を自由にさらけ出させて宿痾《しゅくあ》を根治する方法を、沖縄の社会に適用しようと考えるこの着想は一見奇抜であるが、沖縄の受けた社会的傷痕が、ほとんど精神障害の域まで達していることを指摘した点で重要であると思う。

そして伊波普猷のとりあげた問題のはるか延長上に、フランツ・ファノンの歩いている姿を想定することはさほど不自然ではない。ファノン——このマルチニック島生まれの精神病理学者は、その専門をメスにして、自己の属する民族の意識の深部をあえて切開したのである。沖縄の社会的傷痕と民衆の不幸を、情熱をこめて冷静に分析する一人のファノンが今日ほど待たれることはない。

（全六巻、木耳社）

『日本の神々　神社と聖地』

編者のことば

＊

戦後の日本人が神々のことをかえりみなくなった頃、私は民俗学を通して、日本人の信仰の原型を追い求めることをはじめた。私はここ二十年近く、日本各地を旅行しているが、その大半は、歴史的な由緒ある古社を訪ね歩くことに費やしている。

戦時中の狂熱的な神がかりを最も嫌悪し忌避していた私が、戦後になって神社に重要な価値があることを発見したというのは、まさに時代と逆行しているように見えるかも知れない。しかしそれは私にとって必然的な道程であった。私の戦後史は、一日本人が日本に再接近しようとして模索をつづけた、たどたどしい軌跡である。日本人とは何か、日本人の根底にはどのような世界観や死生観が横たわっているか、それを解くことなしには私は一歩も進めなかった。

結局、この根本問題と取り組むために私は民俗学の道を歩むようになり、やがて民俗学を「神と人間と自然の交渉の学」と定義するに至った。

時局の先棒を担ぎ、国策の尻馬に乗った国家神道が、日本の神々の本来あるべき姿でなかったことは、敗戦の手痛い教訓がこれを証明している。戦後に私が日本人の心の再建を目指して追い求めてきたのは、国家と等身大の神ではなく、幾多の風雪に耐えて日本の歴史や古い文化を今日に伝えてきた古社の神々と、農山村・漁村の片隅や陋巷《ろうこう》に息づく神、すなわち細部にやどる小さな神々である。

今回とりあげる神々は主として前者であるが、そのなかには先史時代までさかのぼると思われるものもまじっている。最も古く最も変わりない日本の伝統文化の担い手、それは神社と地名である。戦後の生活革命のなかで古い慣習や伝統が一掃されようとする今日、日本人の意識の伝導体の役目を果たしている神社と地名は、その学問的価値をいちじるしく増大させている。

神社を政治の次元で捉えるのではなく、あくまで学問研究の対象として扱うとき、祭神の系図を中心とした研究のせまい枠をぬけ出て、「祀《まつ》られるもの」から「祀るもの」へと視座を移す必要がある。神社の立地条件、歴史環境、祭祀の内容、縁起、祭祀氏族、周辺の地名等々を、歴史学、民俗学、考古学などと関連づけて検討しなおさねばならない。

本シリーズ十三巻はそのささやかな試みであり、『延喜式』神名帳などに載る古社の神々を中心とすることはもちろんであるが、同時に各地の代表的な民俗神をもとりあげ、さらに最終の一巻を南島の聖地信仰にあてた。それらが神道の原初形態をうかがい知るのに、すこぶる有効と信ずるからである。

最後に、御多忙にもかかわらず貴重なお時間をさいてくださった執筆者の皆様と、企画全般にわたって並々ならぬ御協力と配慮を賜わった大和岩雄氏に、深い謝意を表する。なお白水社編集部の関川幹郎氏の熱意を多とするものである。

（全十三巻、白水社）

災害と地名*

『地名は警告する』序

地震を古語でナイというが、この語は今でも奄美や沖縄で使われている。伊波普猷は『古琉球』で、ナイなどの古語は、琉球人の先祖が大和民族と袂を別って、南方に移住したころにもっていた言葉の遺物である、という。伊波は日本文化が南島に波及したという説の持ち主であるから、そのような考え方になるのはとうぜんである。

宮古島でも地震をナイと呼んでいる。『宮古島旧記』に載せられている伊良部島のヨナタマの伝承は本書でも川島秀一氏が紹介しているが、「人面魚体でよく物を言う魚」であるヨナタマは人魚になぞらえられるジュゴンのことである。柳田国男はヨナは海をあらわす古語でヨナタマは海霊をあらわす、と述べている。伊良部島で聞いたところでは、ヨナタマはヨナイタマと呼んでいる。ヨナイタマはヨナ・ナイ・タマが短縮されたもので、ヨナ・ナイは津波を指す。ヨナイタマのナイは、宮古島では地震にかぎらず、物が揺れることである。

宮良當壮の『八重山語彙』によると、八重山でも地震をナイと呼んでいる。八重山では昔から「アマナイ」「ピデリナイ」という言葉がある。アマナイは雨を予告する地震、ピデリナイは旱魃を予告する地震のこととされている。これは地震のあとに大雨や旱魃に見舞われることがあったとき、ふりかえってそう思うにすぎない、と牧野清はいっている。

大正のはじめごろ、幼少時代を八重山ですごした牧野清は、地震があると、父親が家の柱を両手で支えながら「ツカツカツカツカ」と唱えている光景をおぼえているという。

沖縄本島の浦添では、一五三二年に日秀上人が経塚を建立したとき、金剛経の経文を一字ずつ小石に書いて地面に埋めたので、それまで出没していた妖怪は出なくなったという。そこで地震のときも「チョウヌチカチカ（キョウノツカツカ）」という言葉を唱えて地震を鎮めたという。地震も悪霊の一つと見立てたわけである。奄美群島の徳之島や沖永良部島でも地震のとき「キョウチカ」という。八重山の「ツカツカ」もキョウが省略されたものにちがいない。『宮崎県史（民俗編）』によると、宮崎市の近くの清武《きよたけ》町でも地震のとき「キョウヅカ　キョウヅカ」と唱えるというから、このまじない言葉は、本土から奄美を経て沖縄の果てまで伝わったと推測される。

本書で、太宰幸子氏が宮城県南三陸町水戸辺《みとべ》の「経塚」のことを紹介している。それによると、「津波が押し寄せてきたとき、一人のお坊さんが、あまりに強く高い津波が鎮まるようにとお経を唱え続けた。すると、その高台の和尚さんのいる目の前で津波が止まった」という。そして今回の東日本大震災でも津波が押し寄せたが、経塚という地名のある場所はあやうく難をのがれたという。

太宰氏によれば、この話が伝える地震とは、慶長十六年の津波より古い時代であったらしく、もしかすると貞観《じょうがん》の津波ではないか、とする地元の人の説があるという。

今回の大震災では、宮城県名取市閖上《ゆりあげ》も津波の被害を受け、七百五十名にのぼる甚大な犠牲者を出したところである。「揺《ゆ》る」は風波が海底の砂を淘《ゆ》りあげて岸に押し寄せることで、閖上はそれにふさわしい地名であった。

また神奈川県の相模灘に面した大磯町、二宮町、平塚市のあたりは、万葉集巻十四に、「相模路のよろぎの浜」と詠まれているところである。「よろぎ」も「ゆる」に由来する。大正十二年の関東大震災のときには、鎌倉市の海岸や大磯町にも津波が押し寄せて、死者を出した。

沖縄では海から寄り物がやってくる浜をヨリアゲという。寄り物はイルカやスクであり、ときには流木である。流木を寄り木という。これらの寄り物で生計をたてている集落を『琉球国由来記』はヨリアゲマキウと記している。マキウは本土のマキ、すなわち同族集団が作った集落である。本土のユリ、ユリアゲの地名も、風波が海の砂を運んでくる海岸ではあるが、それだけではなく、海の幸の寄り物を期待する心根がこめられていると考えられる。

日本列島は狭小な土地柄で山地がいきなり海に接して平野が少ない。急峻な河川が大部分であり、四周は海にかこまれている。こうして自然災害に侵される危険な地形にみちており、おまけに地震列島なので、当然のことながら、地名もまたその危険を予知するものが少なくない。それらの地名は、ここは危険な地域だから、ふだんから警戒を怠らぬようにと予告しているのである。それは地震や洪水や津波に対する警告にとどまらない。人間が大自然の中の存在であることを忘れないようにとの警告でもある。こうした地名の警告に真摯に耳を傾けることは、われわれが自然的存在であることを確認することにほかならない。自然は人間にとって、恩恵にみちた相手である一方では、ときには抗し難い暴力で襲いかかる脅威を兼ねた存在である。このことをあらかじめ知っておくことは、自然に対する人間の驕慢を防ぎ、人間を謙虚にするのに役立つであろう。

二〇一三年二月

（冨山房インターナショナル）

II　民俗のこころ

「小さき者」に寄す＊

一

「小さき者」というのは、私が青年期に出会った新約聖書の中の言葉である。

イエスは云う。「私を信じているこれらの小さき者の一人を躓《つまず》かせるくらいならば、大きな石臼に首を懸けて、深い海に沈められる方が、まだましだ」（「マタイ伝」十八章）。

イエスは更に云う。「小さき群よ、おそれるな、天国はよろこんでお前たちを迎え入れる」（「ルカ伝」十二章）。

この小さき者とはイエスを信じ、イエスに従ってどこまでも歩く浮浪の徒や漁夫や娼婦や徴税人のことで、彼らは当時のユダヤの社会ではいやしめられ、軽んじられる存在であった。

私が若年期の信仰と訣別し、彷徨のすえに、民俗学の世界に足を踏み入れたときはまだ、聖書の「小さき者」の面影が残像のように心にとどまっていた。

私は民俗学が「小さき者」の世界を相手にする学問であることに共感し、聖書の「小さき者」のイメージの素地に常民や庶民という言葉を重ね合わせていた。そうして民俗学の最初の探訪地に沖縄本島から三〇〇キロの海をへだてた宮古島とその南に連なる八重山《やえやま》を選んだのは、妥当であった。

宮古・八重山は一括して先島《さきしま》と呼ばれている。日本の中でも最も南に位置し、権力や権威から最も遠い先島には、貧しいけれども、屈託のない人びとがくらしを営んでいた。

自分の中の余剰物を取り除きたい衝動をもって先島にはじめて触れたとき、私には今までにない喜びが心に湧くのをおぼえた。沖縄が日本に復帰する前の一九六九年のことであるが、そのときの感想をノートの切れ端に書きつけたことがある。

（私は小さな者たちが好きだ）
（海と空と、大地に生きるもっとも単純ないとなみがあれば充分だ）
（どんな苛酷な環境でも、人間は自分の喜びを求めることはやめない）

これは南の島々ではじめて得た感想である。

八重山の離島のひとつに新城《あらぐすく》という島がある。海の上にムカデのように浮かんでいる平べったい島で、上地《かみじ》と下地《しもじ》の二つの小島から成り立っている。上地島と下地島の間は潮がひくと海中の砂州があらわれるので、歩いて渡ることができる。西表《いりおもて》島にむかう船窓からも見える島である。石垣港から

以前、上地島には十数軒の家があった。下地島には初老の男がひとり住んでいた。彼がそこにとどまっているのは、毎年おこなわれる島の祭をとりしきるためだった。彼は用ができたり、だれかと話をしたいときは、引き潮を見計らって上地島に渡ったが、いつもは一頭の犬と下地島でくらしていた。犬は相手の心を読みとって、しかも従順であるという、長く付き合うには、結構な動物である。

その前半生がどのようなものであったか私は知らない。その過去はともかく、海抜数メートルしかない離れ島で、できうるかぎりの単純な生活を送っている彼がうらやましかった。神と人間と動物の共存のもっとも素朴な姿がそこにあった。一頭の犬を連れ、「生まれ島」の神を信じてくらしている彼が旧約聖書の「大洪水」のあとの生き残りの人間のように見えた。

やがて彼は死んだ。その魂は水平線の彼方のニールスク、つまり常世に運ばれた。無人島になった下地島は資本家が牛の放牧場にした。

私の最初の先島旅行のとき、上地島の方は二軒残っていた。さきの話はそのとき二軒の住民から聞いた話である。

新城島は、海が荒れると幾日も外界から孤絶するのが常であった。たちまち不足するのがもっぱら天水（雨水）に頼っている飲料水で、近所の家と水を一升、二升と貸し借りして凌《しの》いだという。もちろん食べ物もすぐ底をついた。

玉置和夫は昭和五十三（一九七八）年に不慮の死をとげたが、植物民俗学者の彼は、新城島の上地島を調査し、島民が植物の方言名をよく知っていることにおどろいている。それは植物が島民の生活に深く入り込んでいることを示すものである。玉置の調査によると、二〇一種の島の植物のうち、何らかの形で利用されてきた植物はなんと九七種にものぼる。玉置はなかでも島民が植物分類と命名に特異な方法を用いていることに着目した。それは植物を、人間や家畜の食べられるものと食べられないものとに二分する方法であった。木の葉や草は、人間が食べられるか、あるいは牛や馬や山羊が食べるか食べないか、それも喜んで食べるか仕方なく食べるか、という判断がもっとも大切であり、それに必要な知識を島民は欠乏に備えて日頃から貯えてきたのであった。

与那国島《よなぐにじま》で聞いたところでは、島の岩盤は無類に固く、井

戸を掘るのに一日に二升の石屑が出れば結構だったという。これは新城島や黒島も同様で、畑仕事をするにも鍬や鋤が使えない。かたい岩盤の上の表土があまりにも薄いからである。先土掘りの農作業に用いるのは、万葉集の古語を思わせる、先島で金《かな》フグシと呼ばれる金属製のヘラであった。私は日本本土で鍬や鋤が使えなくてヘラでおこなうしかない農業を聞いたことがない。

こうした痩せた島の土であったから、台風がくれば潮害にひとたまりもなかった。また雨の降らない日が少しつづくと、たちまち作物は枯れた。八重山の黒島には雨乞い歌が残されている。その一節に、

我《ば》黒島《がふしま》や干島《からしま》やりば
さふ島　石島《いしじま》やりば
五日旱魃《いしかべーり》芋のはざ枯《はり》なん
七日旱魃《なんかべーり》豆《まみ》のはざ切《きし》るん

歌の大意は、自分の住んでいる黒島は水のない、ごつごつした石だらけの島であるから、五日日照りがつづくと、芋蔓が枯れ、七日日照りがつづくと豆蔓も枯れる、というのである。

人頭税時代は米一粒もとれず、芋や豆を植え辛うじて飢えを凌いでいるこれら鳩間島《はとま》、新城島、黒島、武富島に米の供出が命じられた。人頭税は、寛永十四（一六三七）年から明治三十六（一九〇三）まで、宮古・八重山の両群島にだけ実施され、先島の民を苦悩のどん底に陥れた悪法である。自分の島で稲作の不可能な離島の民は、西表島に耕地を開き、島を離れて半年間もその出作り小屋で起居する生活を強いられた。明治二十六年夏、宮古・八重山の島々をまわって先島の人民の苦難をつぶさに見聞した笹森儀助は、人頭税がいかに不条理な悪法であり、人びとを苦しめているかを島民にかわって告発した。もし笹森が『南島探験』という先島の旅の記録をのこさなかったとしたら離島の民の苦しみは後世に伝えられることはなかったろう。

二

眼を南島から転じると、北辺にはアイヌ民族がいた。彼らは長い間文字をもたない小さき民として過してきた。とはいえ文明社会よりはるかに人間的な心遣いの持主であった。弱者への虐待、無視は現代日本の社会では日常茶飯事であるが、アイヌ社会ではまったく正反対であった。それは子どもや老人に対する扱いに見ることができる。たとえば赤ん坊が訳の分からないことを独りで呟いているのを見ると、赤ん坊は神の国からやってきたばかりで、まだ人間の言葉が使えないので、回らない口で神の言葉を話しているのだという。また老人がつじつまの合わない言葉を喋っていると、そろそろ人間界の生活が終りかけ、神の国に近くなっているので、神の言葉を習い始めているという（藤村久和『アイヌ、神々と生きる人々』）。

ところで、アイヌの子どもが外出できるまで生長すると、まず親が男の子にしつけるのは、川に小便をしてはいけない、ということである。川の魚たちは水のきれいな処を棲処とし、そこに産卵する。そこで小便で川の水を濁して魚の邪魔をすることはよくない、と教える。

女の子には、熱いお湯を地面にこぼしてはいけない。地面に生きている多くの虫たちが死ぬことになるから、と教える。

これが子どもへのしつけの始めであるということを、私はアイヌの古老から聞いたことがある。このような深い叡智に裏打ちされた言葉を、今の日本では家庭や学校で耳にすることは、まずないと言ってよい。アイヌにとっては神はすべての生物に宿っていると信じられた。したがって自然の生物と共存するためのルールを守ることは何よりも必要なことであった。アイヌの子どもの遊びも、都会の子どもの遊びとちがって、自然の中で生きる生活技術の習得というのに近かった。「アイヌの子どもにとって、猫柳は仔犬である。また一人の子どもが腰にゆわえた長い縄の先に、枯草や木の皮などをしばったのを曳きずって走っていく。それは海の中を逃げるカジキマグロである。それをもう一人の子どもが追いかけ、先を尖らした棒を投げつけ、うまく突き刺さると、走っていた子どもは砂の上にころぶ。これはやがて荒波を越えて海の獲物を求めていく日のための手練の練習である。ヤマブドウの蔓を円く輪にしたものをころがし、それを手頃の棒で突く遊びもまた、大魚や海獣を仕留めるための練習であった。またアイヌの女の子たちは砂浜に文様を描いては消し、描いては消して遊んだ。それにはやがて娘となり、主婦となって美しい刺繡をする日のための準備がかくされていた」（更科源蔵『コタンの童戯』）。

自然を相手とし、自然と共に生きるアイヌはもともと文字を知らない小さな民であり、アイヌの語部による伝承はすぐれた文芸作品ではあったが、文字による表現ではなかった。アイヌの歴史は、それを代弁する者がいなければ、彼方に消えて、痕跡を残すことはなかった。それは南の先島の場合と同様である。

笹森儀助が先島の民の苦悩の代弁者であったと同様に、江戸末期の北海道の探検者であった松浦武四郎もアイヌの苛酷な労役を目のあたりにして和人の横暴を告発した人間である。明治に入ってからはアイヌの同胞の中から代弁者が現われた。知里幸恵とバチェラー八重子はその文芸作品を通じて、悲境におかれたアイヌの叫びを世人に訴えた。

三

柳田国男もまた庶民へのまなざしを学問の上で失わなかった人である。知識人に対しては、挑戦するように庶民への同情をむき出しにした。『郷土誌論』の中で彼は云う。

「実際多数の平民の記録は粗末に取扱はれて来ました。絵本太閤記などの絵を見ても、旗持の後や馬の蔭などに、無数のへの字が積み重なつて居るのは、あれが所謂雑兵の陣笠であります。（中略）併し戦争は腕力で番附を作るから是もまだ仕方が無いとしても、平和時代の名所図会などに、或は両国の川開きとか、祇園天満の祭礼の図とかを見ると、小さな円の中に眼と口とだけを書いて之を見物と名け、其又後には無数の丸薬のやうなものを一面に並べて、之を群集など丶謂ふのであります。殆ど人格をも人情をも無視した態度ではありませんか。」

柳田は関東大震災のあと、それは当時の日本人が奢侈《しゃし》に流れたので天罰を受けたのだという議論が起ったとき、本所深川あたりの狭苦しい町裏に住んで、被服廠《しょう》に逃げこんで死んだ者の大部分は、むしろ平生から放縦な生活をすることができなかった人びとではないか、彼らが他の碌でもない市民に代って、この惨酷な制裁を受けねばならぬ理由はどこにあるか、と烈しく抗議した

柳田はおなじく『郷土誌論』の中で云う。

「日本などは農の歴史でも税の歴史でも、鎌倉室町の五六百年間を、ぴょいと跨いで来たまゝに抛つて置きながら、おまへの村の由来は不明だ、平民は要するに無名だと、乞食が金を借りに来た時のやうな挨拶を為し、そしてわきを向いて大いに国民性を論ずるなどは感心しないではありませんか。」

日本の学問は久しく支配階級の学問であった。明治に入って泰西の学問が輸入された。しかし柳田は外国文化崇拝がそのまま日本の生活文化の蔑視とつながっていることを指摘した。『海上の道』の冒頭では「よその国の学問の現状を熟知し、それを同胞の間に伝へることを以て、学者の本務の極限とするやうな、あはれな俗解」ときめつけ、また『故郷七十年』では「単に外国の文献を翻訳して、それをそのまま日本にあてはめて、日本もかうでなくてはならないといふ風な割り切り方をする学者のあり方に私は激しい怒りを覚えずにはゐられない」と云った。

これで分かるように、庶民の日常生活を研究することは、当時真の学問の名に価するとは思われなかったが、柳田は庶民と真向から取り組み、蔭にかくれた子どもと女性の生活誌にとくに留意した。

四

明治以前をさかのぼるほど庶民が書き残したものはとぼしくなる。その量も意外と思うほど少ない。例外なのは、肥前地方の潜伏キリシタンが書き残した『天地始之事《てんちはじまりのこと》』である。これは潜伏信徒のあいだでひそかに口伝され、江戸末期に片仮名混じりの文章として写されたものである。『天地始之事』は庶民の創作で、荒唐な筋書ではあるが、そのたどたどしい語りの中に、眼がさめるような美しい日本語の文章がまじっている。長崎県の東シナ海の波が洗う寒村に住む潜伏信徒の農夫や漁夫が、このような見事な表現をなし得たということは、私には奇蹟のように思える。かくれキリシタンの秘められた願望が昇化して、きらきらと輝いているのを見ると、人間はどんな環境に置かれても、喜びをともなうもっとも強い

願いを希求する存在であると思わないわけにはいかない。

これは先島の島民についても言える。どん底の生活をしていた離島社会の共同体を支えたのは、古くから守られ伝えられてきた祭であった。その祭で心身を頂点に達するまでに燃焼したいために、島民は一年を、そして生涯を生きてきたとさえ言えるのであった。

また常の日も、月の明るい夜は若い男女が浜辺で三絃をひき、歌をうたってすごす島が奄美から沖縄にかけて多かった。それがあらゆる便利さから見放された島の人びとに生きる力をもたらしたのである。

私が八重山で聞いた話であるが、かつて糸満漁夫に買われて海底にもぐり貝や魚をとる作業に酷使された少年と、カマボコ製造小屋で働かされた少女があいびきするとき、彼らはもとより時計をもっていないので、「明日の夜は月が東の海の水平線から二寸あがった時刻にここで会おう」とか「一週間後は月の出が遅くなるから、水平線に出たころ会おう」とか打ち合わせて、月夜の浜辺で会ったという。

それだけが、日々現実の絶望に直面していた年端もゆかない若者たちの生き甲斐であった。

これもまた「心にひびく小さき民のことば」の一つである
(『心にひびく小さき民のことば』)

目一つの神の由来(抄)*

ふりかえってみれば、弥生時代とそれに先行する縄文時代を区別する二つの大きな指標は、稲作の開始と金属器の登場であった。

この二つは密接な関係をもっている。鉄製の農具が日本の稲作を飛躍させ、その蓄積のもとに、国家の原始的な萌芽が形成された。原始国家は稲作による富の増大を背景にして勢力を伸した。金属器は殺傷の利器のまえに、呪器として珍重され、日本人の信仰の儀礼に欠かせないものであった。稲作文化と金属器文化は弥生以降の二大支柱として、支配層はいうまでもなく、民間社会の中にも根を下ろしていた。しかし時代を経るにしたがって、日本国家の支配層が稲作に依存する率は絶大となり、金属精錬に従事する人々は、特殊な技術者であるがゆえに、かつて神としてあがめられた存在から一転して社会から疎外されて生きることを強いられた。かくして支配階級の作為にとどまらず、日本の常民の意識も徐々に変化し、農民の心情をもって一般の常民の心情とすることが怪しまれもせず通用する時代が訪れた。こうしたことから日本の常民の信仰――それは農民の信仰でもあるが――を信仰一般として取り扱ったという点にも問題がある。

柳田国男は祖霊と稲作のむすびつきに固執するあまり、職業が異なるにつれて、それぞれ信奉する神もちがうということを深く配慮することがなく、また金属のもつ呪力にも思いを致すことが足りなかった。かくして柳田の民俗学は稲作一元論と言われるような偏向を犯す結果を生んだのである。

大阪府柏原市の雁多尾畑《かりんどおばた》の近くに金山彦《かなやまびこ》と金山比咩《かなやまひめ》の二神が祀られている。雁多尾畑の「雁」は朝鮮語のカル、すなわち刃物を意味する語であり、「多尾」はタワ、すなわち峠を意味する。このように金属に縁由のある語が、地名とそこに鎮座する神社名として残されている。

ところで山本博は『古代の製鉄』の中で、龍田神社の西の山なみにつながるこの雁多尾畑の近く二ヵ所で鉄滓《かなくそ》を発見したと記している。そこは嶽山の北側にあるが、そのさらに北にある御座峰から吹きつける自然風を利用して、製鉄がおこなわれていた。御座峰は古くから龍田神、すなわち風の神の降臨する聖地とされていて、今もって毎年四月四日の龍田神社の例祭の日、神官が登山して祭祀をつづけている。また、嶽山の頂上に金山比咩と金山彦の二神が祀られていたのが、現在地の雁多尾畑の位置に下りたのだと山本は推定している。御座峰の風神も天武朝になって現在地の大和国に移したとする。『日本書紀』の天武帝の条に、広瀬、龍田の神を祀ったという記事が一度ならず出てくるが、こうしてみるとき、その底には野だたらで鉄を吹いていた人たちの信仰がよこたわっていたことは明らかである。大和の龍田は、飛鳥や三輪山麓から見て西北の方角にあたる。西北から吹く悪い風を防ぐという思想から、ここに風神の社が祀られた。このことについて山本は「この風神は天武朝以前から龍田山の各所で製鉄をおこなった金山神一族が祀っていたのである。いわば製鉄技術者の守護神である風神が、農耕守護神として大和朝廷に横取りされたわけである」と極言している。私もまた山本と同じように、記紀の編纂された時期に、鍛冶氏族の奉じた風神が農耕神へと移行したと考えている。

そうした「すりかえ」は八世紀初頭にはすでに見られる。したがって、日本民俗学が八世紀以来の風神の観念をそのまま受けついだとしても、別におどろくことはない。この切り換えは支配階級の作為にとどまらず、日本の常民の意識がその頃から変化したことを物語っている。つまり農民の心情をもって一般の常民の心情とすることが、あやしまれもせずに通用する時代になったのである。

こうして日本民俗学は、「藁の文化」すなわち稲作文化のみに固執し、金属文化に注意を払わなかった。それは柳田国男のひきいる民俗学が、日本の常民の信仰を信仰一般として取り扱ったという点にも問題がある。柳田は職業が異なるにつれてそれぞれ信奉する神もちがうということを深く配慮せず、信仰一般をあまりに強調しすぎた。いずれにしても、日本民俗学の稲作文化偏重が金属器の主題をおろそかにしたのは、否定できないと思う。

柳田国男にひきいられる日本民俗学は、稲作慣習の調査には力を尽くしたが、金属に関わる伝承を研究の対象とするのに熱心ではなかった。したがって、金属伝承の核心を理解することができなかった。稲に魂（アニマ）を見出し、一定の土地に定住し、季節の推移を生活のリズムとしてきた稲作民の対極にあるのが、金属を精錬する人たちであった。金・銀・銅・水銀などの鉱物には、動植物に内在する霊魂《アニマ》を認めることができない。また金属精錬に従事する人たちの生活には、農民、漁民、山民の生活のように、季節をめぐる一定のリズムがない。さらには、彼らは漂泊者の心情を多分にもち、定住性に乏しい、ということなどが考えられる。その数も定住民に比べて遥かに少なく、それゆえに農漁民や山民が大部分を占める社会では例外的な存在とみなされた。こうしたことから彼らは日本民俗学の視野の埒外に置かれてきた。

たとえば柳田監修の『民俗学辞典』では「風祭」の項に次のように記されている。

> 作物を風害から守るために祈願する祭をいう。群馬県利根郡片品村では、二百十日前のある日、各戸から若干の金を出し法印様に御幣を切って貰い、鎮守の風の神に供え、後で酒を飲む風習がある。富山県下にはふかぬ堂とも称する風神堂が十数箇所ある。おそらく大風が吹かぬように願う意から出たものであろう。各地の例祭日を月別に見ると旧六月が最も多い。新暦ではおよそ七月に当り、そろそろ颱風襲来の時期である。

これらはすべて農民の側から眺めたものである。つまり風の神と言えば、風を鎮《しず》める神とみなされている。

また同辞典の「稲荷信仰」の項の説明を見ると、田の神の信仰、田の神の使いとしての狐の信仰、また田の神から引き出されるミケツ神、すなわち食物の神の信仰というふうに規定してある。京都伏見の稲荷神社にも触れてあるが、右の規定の中での説明に終始している。しかし一方、稲荷を鍛冶の守り神とする信仰も古くから見られるのは事実である。旧十一月八日のふいご祭の日は、稲荷の祭日とも重なりあう。伏見の稲荷神社の御火焚の祭もこの日におこなわれる。稲荷と鍛冶とのむすびつきは『民俗学辞典』の定義では律しきれないものをもっている。

製鉄業者にとっては風は炉の火を燃やすのに不可欠なものである。製鉄業者に風が歓迎されたことは、兵庫県の『多可郡誌』が伝える次の記事でも明らかである。この神社は兵庫県西脇市の大木《おおぎ》町にあって天目一箇神を祀るが、今日、別の場所に移転している。

> （かつて神社のあったところには）田圃の中に不規則ながら大なる礎石が多く残っている。此石は耕作に頗る邪魔物であるに拘らず取って除かないのは祟りがあると恐れているからである。此礎石のあるあたりには古墳土器の破片が多く散乱している。これは恐らく古代神社の祭器の遺物であろ

う。ことにおどろいたのは此田圃の中に夥しく銕を溶解した金属や炭が多く散乱していた事実はこれこそ大問題の証拠物件である。どうしてもこの古代祭器の類と共に溶解鉄が出るとすれば、鍛冶の祖神を祀られた地ということは寸毫も否認する余地はないのである。それのみならず地方の人の話を聞くと、近い頃まで陰暦十一月八日は此神社のフイゴ祭と云うので、但馬、丹波、和泉の遠方、近くは三木、姫路あたりから鍛冶職の人が盛んに参詣したものだ。そうして此祭日は必ず天候が暴れる。雪とか風とかで天候が悪ければ悪い程参詣人が恐悦する。快晴であると頗る心配する。それでもし祭日に天候が暴れると其年はよく火が立つと云って喜んだものだ。（傍点―引用者）

風に対する観念は鍛冶屋や鋳物師と農民とでは、このようにちがうのである。

　金属精錬に従事する者は、山野河海に偏在する神とはちがって、職業的な神を信奉していた。天目一箇神や金山彦命は古代から信奉されているが、今日で代表的な神は金屋子《かなやご》神である。この神は農民や漁民の礼拝する神ではなかった。しかも金屋子神の呪力は絶大であり、八丈島の末吉《すえよし》という集落で聞いた話だか、盗まれた品物が見つからないとき、金屋子神にお伺いを立てると言い触らせば、いつの間にか盗品が出てきたという。奄美大島では、小学校で鍛冶屋の子とは喧嘩をするな、あとでたたられるから、と恐れられた。事実、鍛冶屋の中には、ある特定の呪文を唱えて相手を呪詛する者がいたという話を、私は薩摩半島の南端の秋目《あきめ》で聞いたことがある。秋目はせまい地域に鍛冶屋の多いところであった。これらの話はすべて金属の威力を物語るものにほかならぬ。それを証拠だてるように、鍛冶の神は総身鉄でできているという話が、遠く八重山諸島まで伝わっている。

（『柳田民俗学存疑』）

山人と平地人
――ある挫折と転向

一

大正四年の京都の御大典の時は、諸国から出て来た拝観人で、街道も宿屋も一杯になつた。十一月七日の車駕御到着の日などは、雲も無い青空に日がよく照つて、御苑も大通りも早天から、人を以て埋めてしまつたのに、尚遠く若王子の山の松林の中腹を望むと、一筋二筋の白い煙が細々と立つていた。はゝあサンカが話をしているなと思うやうであつた。勿論彼等はわざとさうするのでは無かつた。

　これは柳田国男の『山の人生』の一節である。私はこの箇所をよむたびに柳田のとらわれない眼というものを感じる。

この御大典のときには柳田は十月三十一日から十一月三十日まで京都で奉仕し、ついで伊勢御親祭に随伴し、畝傍での祭事にも奉仕したと、『定本柳田國男集』の年譜に出ている。また戦後、柳田の喜寿記念として出版された『後狩詞記』の覆刻版の口絵写真には大正四年十二月、大嘗祭奉仕記念という題詞のある写真一葉が掲載されている。それを見ると冠をかぶり、弓をとり矢を背負い、平安朝の宮廷に奉仕する官人の服装をした柳田の姿がある。当時彼は四十一歳で貴族院書記官長の職にあった。そこで即位式としての大嘗祭に参加奉仕したのは別にめずらしいことではないが、鞠躬《きっきゅうじょ》如としているかに見える彼は、眼をあげて一筋の煙の立ち上るのを見落とさなかったのである。

宮中のもっとも重要な大嘗祭とサンカの煙との奇妙なとりあわせ。このふたつを同時に自分の頭の中に併存させ、双眼にとらえ得る人物、それが柳田国男であった。社会の秩序の頂点にある宮廷行事と、社会秩序の外におかれた山林放浪の民とは、けっして相容れるものではない。サンカの煙は大嘗祭の執行者である天皇とはまったく無縁な生業のあることを示している。しかし柳田は「ははあサンカが話をしているなと思うようであつた」とその煙を好意の眼差しをもって眺めている。柳田はこのような眼差しをどこから獲得したのか。

大阪のアベノ橋の下のサンカの群に投じた体験を記した『大地に生きる』という書物の中で、清水精一はサンカから「天皇とはチャン（父）のようなものか」と聞かれたと告白しているが、サンカにとって社会の複雑な体制を把握することは、きわめて困難であったに違いない。ということは天皇というものの存在を如何様に説明しようと、それを理解することのできない人びとが日本の中にいたことを意味する。それは存在として天皇制を相対化するのがサンカであったという意味でもある。

明治以来、天皇制に対する告発や批判はなされてきた。しかし、それを無化するような試みはあまりなされてこなかった。ではエリートとしての人生のコースを歩みながら、柳田がそれを相対化する眼差しをもち得たのは何故であろうか。

南方熊楠は寺石玉路宛の手紙（大正六年二月十五日）の中で、次のように柳田の主宰する「郷土研究」を批判している。

二月号六五七頁八行（片目魚のことに付き）、柳田なる本名をもって柳田氏自分の偽名なる尾芝の説を駁しおる。（外にもこんなこと多し。）精神病者のひどいやつになると、自分の一つの脳中に二三四五の別人が出来来たり、互いに相嫉視嫌悪する。（狐つき犬つきなども、一つの脳にその人の精神と犬の精神ともいうべきものと分立するなり。）あまりに出まかせに物をいうと、しまいには自分で自分の説を撃つようことが起こる。

これは批判というよりは柳田の仕打ちにかねがね腹に据えかねていた南方熊楠の八つ当たりであるから、むしろ愛敬と思って聞き流す体のものであるが、柳田の人格の一筋縄でいかぬことだけはよく伝えている。だがしかし、もっとも厳重な即位式の最中にあり、自分もそれに忠実かつ熱心に参与しながら、他方ではサンカの煙が青空に溶けこむのをじっと眺める余裕を柳田がもったということは、彼のふくざつな人格や異常な直観力だけに帰せられるべき問題ではない。彼はそれまで十年近くもサンカを含む山人に対する関心を持続させてきていたからである。たとえばすでに『遠野物語』の序文には次の言葉が見付かる。

国内の山村にして遠野より更に物深き所には又無数の山神山人の伝説あるべし。願はくは之を語りて平地人を戦慄せしめよ。

書き上げたばかりの自著に批判を加えるというのは並々ならぬ自信がなくてはできないことであり、昨日の自分を明日の自分によって撃つというやり方の中にたえず自分を相対化する柳田特有の志向を見出すのであるが、私の言いたいことはその先にある。この序文では山人と平地人とが対立的に取り扱われている。ふつうの読み方では平地人とは、平野に住み田畑をたがやす農夫、あるいは都会に暮らす人びとと解される。しかし柳田が「平地人」という言葉にこめたのには特別な意味があった。それを知ることができるのは、「山人外伝資料」における柳田の文章である。それは次のようにしてはじめられている。

拙者の信ずる所では、山人は此島国に昔繁栄して居た先住民の子孫である。其文明は大に退歩した。古今三千年の間彼等の為に記された一冊の歴史も無い。それを彼等の種族が殆と絶滅したかと思ふ今日に於て、彼等の不倶戴天の敵の片割たる拙者の手に由つて企てるのである。

この文章において、柳田の言わんとするところは明らかであり、むしろ露骨すぎるほどである。そこには柳田の烈しい気負いすら感じられる。すなわち、山人というのは日本人でなく、列島に住んでいた先住民の子孫だというのである。これは大正二年に「郷土研究」一巻一号に載ったものである。これと呼応するように大正六年の講演手稿である「山人考」においても、柳田はその冒頭において次のように発言している。

現在の我々日本国民が、数多の種族の混成だと云ふことは、実はまだ完全には立証せられたわけでも無いやうでありますが、私の研究はそれを既に動かぬ通説となったものとして、乃ち此を発足点と致します。

我が大御門の御祖先が、始めて此島へ御到着なされた時には、国内には既に幾多の先住民がいたと伝へられます。古代の記録に於ては、此等を名づけて国つ神と申して居るのであります。

これを見てわかることは、柳田は山人は国つ神の子孫であり、国つ神は天孫民族の到来する前にわが列島の山野に存在していたという想定をなしている。しかも、柳田はこれを日本人とみなしてはいない。「山人外伝資料」には、

山人の国は次第に荒れ且つ狭くなつた。新来の日本民族の方では是を開発と名づけて慶賀している。

山人とは我々の祖先に入り込んだ前住民の末である。彼等の生活は平地を占拠して居た時代にも至つて粗野なものであつたが、多くの便宜を侵入民族に奪はるゝに及んで更に退歩した。

これに対して「平地人」という語はどのように使用されているか。

山人の多くは鬼と言はれながらやはり帰化土着した。山に残る頑冥派は愈々孤居寂寞の者となり、最早平地人と戦ふの勇気もなく、僅に姿を見せることはあつても人を畏れて直に隠れた。

殊に内外の圧迫が漂泊を余儀なくさせた為に、彼等（山人）は邑落群居の幸福を奪はれ、智力啓発のあらゆる手段を失つた。而も配偶の要求は天性である故に、時には無理な方法をも用ゐて平地人と雑婚し屢々優等人種の感化を受けて潜かに敵国に帰化したものもあつて、愈々つまらぬ者ばかりが元の状態に遺ることになつた。其為に平地の人から往々野獣乃至は怪物と誤らるゝ場合が多かつた。

まだ／＼深山は山人の領土であつて、深夜雨雪の折は元よりのこと、必要があればいつでも平地人を畏嚇して逐ひ退けることが出来たものが、舶来のが大踏鞴《おほたゝら》を持込んで来て山の金銀を鎔す時節となつては、騒がしく眩くして最早其沢には住まれず、ましてやかの真黒な毒煙には非情の草木すら枯れる。（傍点引用者）

このように柳田は「平地人」は山人とは異種族であることを明らかに意識している。つまり、柳田は「平地人」と日本人とを同義語として使用しているのである。換言すれば稲を作る民族なのである。それに対して山人はそうでなかった。そうして山人を「日本人に滅された又日本人となりすました彼ら」と呼び、「将に出んとする山人外伝は一敵人の筆に成るものである」と自らを山人の敵と呼んでいる。山人の敵である平地人としての自分が、山人のためにその歴史を叙するというのが、柳田の『遠野物語』から『山の人生』にいたるまでの基本的態度であったと私は思う。「願はくは之を語り

て平地人を戦慄せしめよ」という柳田の言葉には万感がこもっている。

支那は昔から史料編纂官を優遇した国である。孔丘董狐《こうきうとうこ》等の筆を神の如く尊敬した国である。世が治れば蛮夷戎狄が八荒の果から其都に集つた。此程豊なる見聞を備へながら、山海経を始として歴朝の所謂職方《しきはう》の記録は如何であつたか。鶴に食はれるやうな小な人、腹に眼があり穴があると云ふ人間、不精密も亦甚しいでは無いか。是皆民族としての同情が足らぬからである。初から五感四肢自分の類では無いと考へ掛つたのが誤の本である。

自分は敢て山人は人であると云ふ仮定を承認して下されとは言はぬ。唯願はくは少し此仮定に同情をして貰ひ申したい。せめては自分が山人に与へて居る同情の七分の一ぐらゐの同情が望ましい。

ここにおいて柳田が即位式の只中にサンカの煙に眼をとめた意味が明瞭になる。それはたんに常民生活への関心とか、注意力の問題ではなかったのである。

二

柳田の山人研究は以上見たように最初から明らかな意図をもってはじめられた。単一民族で単一の言語を話す日本国民の中に、日本人とは種族が違い言語も通じない先住民の残存を柳田は想定した。そしてそれら山人をあたかも禽獣のごとく扱ってきた日本人の通念とたたかおうというのが彼の志であった。これをやや図式的に誇張していうならば、柳田は当時において、日本列島を単一民族の国家と考えず、複合民族の国家とみなしたのであった。そうして少数民族のために万丈の気を吐こうとした。それは柳田が「山人外伝資料」を大正二年三月の「郷土研究」一巻一号よりはじめて二号（同年四月）六号（八月）七号（九月）と書きついでいることでもわかる。だが、それからはふっつり切れて、その最後は大正六年二月（四巻十一号）と年代が飛んでいる。大正二年と大正六年の間に、大正四年の御大典がはさまるのであるから、山人のひとつの流れであるサンカへの関心を持続していることははっきりみとめられるが、それにしても「山人外伝資料」をどうして三年半もの間放って置いたのだろうか。そうしていよいよ「郷土研究」を休刊にしようというときになって、それを書いたのだろうか。

率直によめば、この「山人外伝資料」の文章は私には竜頭蛇尾の感じが否めない。末尾の文章もなんだか申し訳のようにしめくくりをつけたのではないかと思われる。何かが彼の気負った意図を打ち砕いたのだ。そうして彼は中途において最初の仮説に対する自信を喪失した。すなわち山人＝先住民族、平地人＝天孫民族（日本人）と規定し、両者の闘争の結果、山人は平地人に敗退し駆逐されたが、その末裔は退化した形でわずかに山地に今も存するという彼の仮説の前に立ちふさがって遮ったものは何であったか。

今日から考えてみればもとよりのこと、当時の先史学の常識からみても柳田の所論にはかならずしも精緻と思われない点が含まれていた。すなわち一口に言って弥生文化人とそれに先行する縄文文化人の関係をどうみるかということがある。縄文人を先住民とし弥生人を後来民と考えて、両者の角逐をもって日本列島の先史時代のドラマと柳田が考えていたとすれば、それはもはや通用することのない説である。縄文人のかわりにアイヌまたは蝦夷を置き代えてみても同様である。

もちろん柳田は先住民と平地人との混血を重くみている。そこで平地人の中に前住民の血が入っており、そこからしてとうぜん前住民の文化を後来の平地人が継承することもあり得る。すなわち文化の連続性というものは両者の婚姻によって保障される。

しかし両者を異人種と仮定する柳田の発想はそれでもなお無理がある。まるで善玉悪玉にふり分けてその闘争軋轢《あつれき》の上にわが列島の先史が成立していると考えるのは、すこぶる実情に合わないのである。このようにして柳田の説は不日揚棄されるべきものに違いなかった。柳田が肩入れしたほどには山人を先住民の末裔とする証跡が見当たらなかった。柳田の筆が次第に勢いをよわめたのは当然であった。はじめは「拙者の山男談は二回や三回で種の尽きるほど不景気なものでは無い。唯天孫人種の昔話であまり賑かである故に、山男風に暫く退嬰して居たのだ。又そろそろと御意を得たいものである」と豪語している。それが後段になると次のように変化する。

私は力めて外側から見た山人の生活誌を多く羅列しようとしたが、今に及んで切に感ずるのは、将来此類の話が手元に集まつて来る速力よりは、彼種族の性情境遇の変遷の方が、一層急激では無からうかと云ふ虞である。語を換へて申すならば、確実に近しと見ゆる史料のみに由つて、今日の歴史家が書くやうな山人の歴史を書き得る時代は、いつに成つても到来しさうには思はれぬ。即ちこの勇壮にして昔風なる民族の生活の跡は、僅かに我々の如き気紛れ者の夢物語に由つて辿るの外は無いのである。如何にも気の毒な話と言はねばならぬ。

柳田の筆を失速させたのにはもうひとつの理由があった。それは南方熊楠の批判であった。それはすでに『南方熊楠全集』第八巻の解説で私が述べたところであるので、いまは省略する。要するに熊楠の所論は、柳田の言う山人というのは平地人が何らかの事情で山に入りこみ、世間と交渉を断って暮らしている程度のものであって、先住民族の末裔とか原始人類とかいうような仰々しいものではないことを指摘したものであった。これに対して柳田も駁論しているが（大正五年十二月二十七日の南方熊楠への返書）、熊楠の批判を一蹴するだけの力をもたなかったことは明らかである。

大正六年の「山人考」にはなお自説を反復しているが、そこで彼のあげている先住民とは国櫟《くず》や土蜘蛛、あるいはまた佐伯や穴師の山人などである。これらを見てもそれを直ちに異民族であると断定することはできぬ。また柳田は天狗の示す山の怪異とか、発狂した女が神かくしにあって山に入りこんだ例などをあげ「物憑き物狂ひがいつも引寄せられるやうに、山へ山へと入つていく暗示には、千年以前からの潜んだ威圧が、尚働いているものと見ることが出来」ると言っている。この天狗や物狂いの女は、彼が山人を先住民の末裔とする仮説を捨てたのちにもなお関心を持続させたものであり、それは大正十五年の『山の人生』の主題へと受けつがれ発展していく。「山人外伝資料」と「山人考」とを比べてみると「山人考」においては彼は「山人即ち日本の先住民は、最早絶滅したと云ふ通説には、私も大抵は同意してよいと思つて居りますが、彼等を我々の謂ふ絶滅に導いた道筋に付てのみ、若干の異なる見解を抱く」という地点まで後退している。柳田はまたこの「山人考」の中で次のようにも述べている。

山人といふ語は、此通り起原の年久しいものであります。自分の推測としては、上古史上の国津神が末二つに分れ、大半は里に下つて常民に混同し、残りは山に入り又は山に留まつて、山人と呼ばれたと見るのですが、後世に至つては次第に此名称を、用ゐる者が無くなつて、却つて仙という字をヤマビトと訓ませて居るのであります。

ここには「常民」という語が山人と対立して使用されている。すなわち山人＝先住民＝非日本人に対して常民＝平地人＝日本人という等式が柳田の頭の中で成立していたことを物語る。柳田はこれまで見たように、山人に対する同情と畏敬を失わなかった類まれな人間であった。「平地人を戦慄せしめよ」と山人の側に立って叫び、大嘗祭に供奉しながら、サンカの煙に親しげな視線を送った人間であった。彼は南方熊楠宛の手紙では、山男に関する見聞談を百三十ぐらいもあつめていて、二百ぐらいにたまったら出版したいと意気込んでいた（明治四十四年四月十六日）。それは『遠野物語』を世に問うた一年後のことであったから、柳田はそれを可能と考えていた。しかし山人＝先住民の仮説を立証するには、素材が不足していることがやがて柳田にもわかった。山男に関する資料は「山人外伝資料」という雑誌発表の文章にとどまって、ついに陽の目を見ることなく終わった。

たしかに山人への関心はその後も持続され、その関心の延長上に『山の人生』が結実した（大正十四年）。しかし、そこでは山人を先住民のなれの果てと見るあからさまな主張は影をひそめてしまっている。山の神秘はもっぱら山民の生活と宗教とにかぎられている。『後狩詞記』や『遠野物語』にはじまる山への関心が、『山の人生』へと移行する過程で、柳田は山人＝先住民の主張を目立たぬようになしくずしにしてしまった。それ以来、柳田は日本列島の歴史民俗社会を異質の複合文化として見る視点を捨てたと見ることができる。それは柳田の民俗学、ひいては日本民俗学にとっては大きな転回であった。

山人への関心の変質が彼を沖縄へ眼を向けさせる原因となったと考えるのは、付会にすぎるかも知れないが、大正十年の沖縄旅行によって、柳田の南島への関心は決定的なものとなったことはたしかである。柳田は日本と沖縄の文化の同質性を強調した。南島もまた日本文化の一環であり、むしろ原郷であることを証明することによって、疎外された南島民への深い同情を示した。

山人への関心は、平地人＝日本人とは異質の種族文化への傾斜であり「非・常民」への理解であった。それが沖縄に対しては、南島民が常民＝日本人であることを主張してやまぬものとなった。国家と社会から見捨てられた小さき民に対する柳田の同情と義憤とに変わりはなかったが、山人に対するのと、南島民に対するのとでは、その主張の根拠は正反対になっている。

柳田の民俗学はそののち常民＝日本人の文化を強調することで、非・常民＝非・天孫民族への文化の関心を捨てた。山中を漂泊する民とそれにつながる底辺の人びとは彼の民俗学から一掃された。それの原因は、これまで述べたとおり、山人＝先住民説を柳田が証明できなかったことによるひそやかな挫折感であると私は思う。

（『古代史と民俗学』）

成熟へのひとしずく

どういう風の吹きまわしか民俗学に深入りすることになってしまった。もとより民俗学の専門家から見れば私などはろくろくフィールドなどをやったこともないアマチュアにすぎないことはよく心得ている。けれども他人から見てそう思われるのと、自分が深入りしたという気持ちとはかならずしも一致しない。私はもともと宗教に関心のつよい人間であるので、カトリシズムを一生のテーマにしようと考えたことはあるが、そうした気持ちは戦争中にすっかりなくしてしまった。一つは、日本のカトリックが戦争に協力する姿勢に失望したからであり、他はカトリックが普遍的宗教と称して、実は西ヨーロッパの宗教としての色彩があまりに強いのにイヤ気がさしたからである。戦時中のことであるが、私はミサ典書をひろげてながめていた。すると、ゴート族が攻め入ったときのイタリア人民のなげきかなしみが、ミサの中の言葉にとり入れられてあるのを見て不快になった。日本のカトリックが古代のローマ帝国民のなげきを追体験しなければならぬ法はないと思ったからだ。その一方では、カトリックの雑誌「声」の表紙にはミカエルが破邪の剣をふるっているすがたが描いてあった。あきらかに戦争に阿諛《あゆ》協力することを表現したものであった。カトリックの聖者といわれる岩下壮一なども外地の宣撫に飛んだりした。つまり西欧思想の持つ擬似的普遍性と、それがいかにしてナショナリズムを消化できず、日本に土着し得ないかということを痛感する数年間を経過したのち、私はすっかり西欧種の思想や文化に対して、アレルギーをおぼえるようになった。私は戦争中の攘夷の時代にヨーロッパ思想と取り組もうと考え、戦後の開化時代がおとずれたとき、今度は、村上一郎の言葉を借りると、「思想の義和団」としてのゆき方をとるというふうに、時流と逆にうごいてきた自分を見出す。カトリシズムに対する反動もあって、私は戦後マルクシズムの風靡した時代に、マルクシストにならなかった。イデオロギーのおそろしさ、それから抜け出ることの苦しさは身に沁みていた。戦後の数年間は、トルストイばかり読んで暮らした。私が手許において耽読したのは、春秋社版のトルストイ全集であった。そのころの書物はすべて売り払ったのでたしかめるすべはないが、英語からの重訳もまじっていたような気がする。私がトルストイの中でとりわけ親しんだのは、晩年の宗教論集であった。ロシア正教批判はくりかえし読んだ。パスカルやシェークスピアやフランスの象徴主義の詩に対する批評もきわめてするどいと思った。私が好きなのは初期の作品であった。『セバストポリ』や『コザック』の比類のないうつくしさを忘れることはできない。

私はこれらの作品が日本であまり紹介もされず、また問題にもされないのをいかにも残念に思っている。私はトルストイの徹底した宗教批判に触れることによってカトリシズムのドグマを破壊してしまった。しかし明治期のトルストイアンが社会主義者になったようには、私はならなかった。つまり私はスコラ哲学的な神は否定したが、宗教そのものを否定しなかったからだ。神の存在は否定しても、神への衝動は人間にいつまでも残るというのが私の考えである。

それは社会主義の世の中になりかわってもおなじである。「神」の内容は変化しても、人間の心の奥底の叫びは変わらない、という一点において私はふみとどまった。ところで神とは何か、という質問に、トルストイは「彼」という言葉が一番妥当だろうと答えている。私はといえば、「善悪のまだ分かれないもっとも暗黒な意識の部分」を漠然と神と考える習慣がついている。「意識の意識」と呼んだのはたしか河上肇だったか。そのことを今、ここで論ずるつもりはない。

私はただ、人間のたましいの問題が依然として自分の手中に残されたことを言いたいのである。それと同時に、カトリシズムからまなんだ苦い省察の果実、つまり外来のイデオロギーはいかにして日本に根づくことができるか、という問いを私は自分でいやでも解決しなくてはならなくなった。カトリシズムの聖者伝説や行事でさえもが、ヨーロッパのフォークロアの集大成であることは、ここに述べるまでもないが、私がプロテスタントよりはカトリックに牽かれた理由の一つは、そうした民間伝承を捨てないところであった。だから私がカトリシズムの思想には絶望しても、その土台となる民衆の民俗的な習俗への関心は残った。フォークロアの視点からながめるとカトリシズムの教義でも異なった照明が当てられて諒解されることが多かった。たとえば「父と子と聖霊とは、ペルソナは三つであるが本質は一つである」と説かれている。これは不合理であるが、それにもかかわらず、いやそれゆえに信じなければならぬドグマとされている。しかしフレーザーの『金枝篇』をひもとけば神と司祭といけにえとが、その職能こそ別であるが一者であるという事実の例証はいたるところに見つかる。そして司祭としての王が殺されるのが、のちには乞食や罪人がその身代わりとなり、王の代理となって殺されるというのはドレウスの説に待つまでもなくイエスの役割を彷彿させる。そこでカトリシズムがその神学の中に昇華させ結晶させたものを、もとの初原のすがたに還元させ解晶させてゆこうとする方向を私はえらんだのであった。私はカトリシズムの中の民俗的関心を日本へ移した。前にも述べたように、敗戦と同時にひどいヨーロッパぎらいになってしまっていた私は、外来の思想を根づかせるための日本の土壌を知りたいと思ったが、それはどうして探ったらよいか、見当がつかなかった。そうして敗戦後の十年間はいつの間にか過ぎていた。

私は沖の白帆のように動かぬ自分を見出した。それは気が遠くなるような体験だった。私にできることといえば、「待つ」こと以外にはなかった。そうしたある日、晴れた空の下を私は歩いていたのだったが、ふと首筋にひとしずくの雨滴のようなものがひやりとかかるのをおぼえておもわず、その箇所に手をやった。空を見上げたが、雨雲らしいものはまったくない。そこで私は、「成熟」の最初のひとしずくが、待ちに待ったあげくやっと自分におとずれたことを知った。私はすでに三十四歳であった。だが私の中で何が熟れ始めたのだったろうか?

私がふと手にした本が、カナの水甕を酒に変え始めたのだった。それは拙著『常民への照射』のあとがきにも記したように、柳田国男の『桃太郎の誕生』との出会いであった。それまで私は戦後思想のある側面にどうしてもついてゆけないものを感じていた。それを一口にいうとなれば、民衆啓蒙思想ということができる。マルクシズムにせよ、西欧型民主主義にせよ、私にはそれがやり切れない。近頃は大分少なくなったが、作家の書く社会論ふうの人生論にもそれは、残っている。この啓蒙思想のいちばんイヤなところは人民を持ちあげたり、君と僕とはおなじ人間だと猫なで声でいいながら、民衆を見下していることである。しかもそれに本人は気がついていない。その原因は本人がいつも人民とか市民とかを抽象的に考えてものをいっているからだ。普遍的な人間の認識であるかのようにいいながら、その実、ヨーロッパ中心主義やヨーロッパ第一主義を克服できないイデオロギーに対する私の不信感は、人民や市民という言葉をふりまわす連中への不信とつながりあっていた。そうした戦後思想への不信と空虚感は、柳田の『桃太郎の誕生』を読むときに、春の淡雪のように消えていた。
私がまず感動したのは、日本の庶民の独創的な可塑性であった。庶民の生き生きした発想がそこに具体的に展開されているのを見ることができた。権力を持った支配階級や知識層がおしつけるお伽噺の陳腐な型は痛快にうちやぶられていた。それを延長すれば密造酒をつくっている部落がそれを摘発する役人たちと渡りあうときの、奇想天外な発想にまで思いを及ぼすことができる。

いずれにしても、不当におとしめられていた庶民は、柳田のこの著書によって、私の中に復権した。私の受けた衝撃は、柳田が前近代から近代へ、あるいは庶民から市民または人民へという戦後思想の主軸となった進歩観念を打ち砕いてみせたことであった。柳田の民俗学は、生な形では主張していないが、時代によって価値観が異なり、意味が違うということを前提としないかぎり、それらを一緒に並べて論ずることは間違っているということを豊富な実証によって明らかにしている。

『桃太郎の誕生』の読後感は私にとって決定的だった。その後、私は柳田の他の著書をひもとくことはあっても、その本だけは一度も開いたことがなかった。触れれば火傷するような思い出がその本にあったからである。もとより、これは私的体験で、それ以外のものでないことを断わっておく。この稿を書くために『柳田國男集』に収められた『桃大郎の誕生』をはじめて開いてみた。柳田の自序はつぎの文章で始まっている。

今からちやうど十年前の、春の或日の明るい午前に、私はフィレンツェの画廊を行き廻って、あの有名なボティチェリの、海の姫神の絵の前に立つて居た。さうして何れの時か我が日の本の故国に於ても、「桃太郎の誕生」が新たなる一つの問題として回顧せられるであらうことを考へて独り快い真昼の夢を見たのであつた。

これで見ると、柳田は桃太郎の誕生に特別の意味をこめていることが感じられる。私は『桃太郎の誕生』を読んで日本人の幸福への自信といったものをはじめておぼえたのだった。「成熟」とは何よりもまず「甘さ」によって見分けられる。わずかであったが、柳田の著書によって「甘さ」の意識を自分の中に私は持つことができたのであった。もう一つ『桃太郎の誕生』からまなんだのは、日本の昔話の類型がシンデレラの話をはじめ世界中に分布していることであった。ナショナルなものの追求は意外にその底にインターナショナルな課題と通じていることを知った。特殊から普遍への道こそ真の普遍性を獲得する方法であることを私はまなんだ。

柳田の民俗学は、日本人の、という限定はあるが、たましい、あるいは神の問題を忘れていなかった。そして日本に思想が根づくためにはどうした方法をとればよいかを示唆していた。しかも市民とか人民とかいう言葉を軽々しく口にすることなく、そうした人たちの日々の生活の実体を徹底して追求していた。私はカトリシズムやマルクシズムの重大な欠陥と思われているものが、柳田の民俗学でおぎなわれるこころよさを体験した。人生や人間を抽象的にながめず、できるだけ具体的なものとしてながめようとする学問の姿勢は、当時中年にさしかかっていた私にとって、自分の身に適したものであることを自覚した。

　こうしたわけで、一冊の本が私の中に民俗学への関心を誕生させた。そのことに感謝するために、私は未知の柳田に向かって手紙を書いた。あとにもさきにも、こうした手紙を書いたのは一度きりしかない。

（「春秋」）

熱い心と冷たい目

　日本の知識人が思想や政治信条や芸術の宗主国を、海外のどこかの国に求めるという傾向は今に始まったことでなく、記紀万葉の昔からつづいてきた。いわば日本知識人の宿命とも呼ぶべきものである。攘夷を呼号していた戦時中でさえ、ナチスドイツに対して忠誠心をかくそうとせず、ナチスの文化政策の尻馬にのって、小学校を国民学校に変えてみたり、日本に直接影響のないユダヤ人排斥のお先棒をかつぐ者もでてきた。ところが当のナチスドイツは日本など眼中になかった。こうしたことが見抜けなかった日本知識人のあまさを過去のものとして笑うわけにはいかない。戦後三十年たった今日でも、依然として政治や文化の世界は「尻馬」や「お先棒」の図式を引きずっている。

　私は戦時中は文化の鎖国を心情的に肯定できない人間のひとりであったが、戦後にその反動として到来した第二の開国の状況にも同調できず、ながく違和感を抱いてすごした。私の目から見れば、戦前の鎖国状況も戦後の外国文化崇拝の風潮も、日本人の自信のなさを告げる裏表の現象にすぎないと思われた。といってその自信の証明を具体的に何に求めるかということについて、見通しがあったわけではなく、五里霧中のまま手さぐりするだけであった。

　私の中にささやかな自信の核のようなものが形成されたのは、戦後十年経った頃に、柳田国男の『桃太郎の誕生』に偶然触れたのが最初の契機となっている。そのとき私はひさしぶりに幸福な読書をあじわった。充実感が身体のすみずみに快感をもってひろがっていくのをおぼえた。もし柳田との出会いがなかったとしたら、私は周囲に対してあき足りない思いのままに、自分の進むべき道を発見できずに一生を終わったに違いない。好みは千の嫌悪から成る、という西欧の詩人の警句があるが、千の嫌悪があってもひとつの好みが発見できない場合もある。私はつくづく幸運だったというほかはない。迷路の中をさまよって餓死する人間を私は笑う気にはなれない。そしてこれは私一個の問題ではなく、日本全体の問題であると今は思っている。

もし柳田学が存在しなかったらどうであろうか。日本人は日本についてどれだけのことを知り得たであろうか。いつまでたっても日本の常民はみじめで、因循で、非人間的で、それゆえに解放されねばならぬ存在として、いやしめられつづけたのではなかろうか。人びとは日本について書いた文章に、充実した幸福感をもち得ず、その過去は暗く、さびしく、とるに足りないものとしか考えなかったろう。

そもそも常民に固有の文化と英知があるという事実などは、知識人の念頭を横切ることもなかったに違いない。文献にだけしばられて常民の生態に接することのない者は、かえって真理から遠ざかるという大胆な提唱が柳田国男以外の誰からなされたと期待できるであろうか。

柳田は常民の過去を省略したり捨象したりせずに近代の意味を問おうとした。それは過去の衣装を脱ぎ捨てていった果てに近代があるとする世上の通説に対する真っ向からの挑戦であった。常民という小さい者たちが精いっぱい火花を散らして生きてきた条痕は、自己自身を歴史の終着駅とする日本人の総体験の中に含まれている。私たちの意識や無意識の言動の中にもその条痕はみとめられるはずである。自己自身を探ることによってその条痕を当時のままの状態に還元すること、それが柳田の言う内省の意味であったと私は思う。ということは近代を起点とし、近代の価値の尺度で過去を測るのではなく、過去には過去なりの価値の尺度によって計られる意味があったことを柳田は言おうとしたのであった。ではなぜ彼はそのことに生涯の努力を傾けたかといえば、柳田は過去に対する社会決定論の中から常民を救い出そうとしたのであったと私は考える。

しかし柳田は熱い心をもっていたとはいえ一方では冷たい目を失うことはなかった。彼は政治史のようなものも、のちには精確な社会人類学の一章に要約される時代がくるかもしれない、と洩らしているが、柳田のそのような態度こそは、彼が民俗学に向かうときにも終始つらぬかれていたと私は思う。私の考えでは民俗誌は博物誌の一章なのである。博物誌とはすなわち自然史（ナチュラル・ヒストリー）のことである。人間は自然の一員であり、自然的人間である常民の生活誌が自然誌または博物誌に含まれるのはとうぜんである。一揆や暴動は蜂起にほかならず、逃散は蜂の分封にひとしい行為である。政敵を処刑することは、蜂が自分の邪魔になる相手を刺殺するのとどこが違うのであろうか。このように自然の一員である人間の行為から発する無慈悲な閃光こそは、大きくいえば政治史に、小さくいえば観念に左右されない常民の生活にもっとも端的に見出される。柳田の民俗学をたんなる懐古の学たらしめず、排他的な国学と区別するものはここにあると私は思う。

柳田から汲み上げることのできる教訓と恩恵は無限である。しかし今日の民俗学ブームと呼ばれるものの中には危険な要素が含まれている。柳田は『海上の道』の中で「よその国の学問の現状を熟知し、それを同胞の間に伝へることを以て、学者の本務の極限とするやうな、あはれな俗解」を痛烈に批判しているが、これはそのまま柳田民俗学にもあてはまることではないだろうか。柳田の一言半句を聖化してう呑みにする訓詁学がはじまっている。だが柳田民俗学が時代の要求にこたえるためには、これまでのように柳田の思想や文章をなぞっていれば、それですむというわけにもいくまい。柳田民俗学はこれからいよいよ正念場にさしかかるというのが私のいつわらぬ感想である。

（『古代史と民俗学』）

文人の文体

柳田国男の著作はそのほとんどすべてが文人の文体で書かれている。民俗学の記述でも、あからさまに論理の筋道を浮き立たせるのを第一義とするのではなく、迂回をいとわぬ螺旋的な文体である。柳田の情理兼ね備えた文章は、当今の民俗学者の文章と懸けはなれている。このことから、彼が民俗学からはみ出したものをもっていたことは疑い得ない。日本民俗学を創始した柳田は近代日本の病弊をするどく衝いた思想家でもあったが、それを包みこむ呼称として「大いなる文人」とでも呼ぶよりほか仕方がない、と思うことがある。このばあいの文人は南方熊楠の言うリテラリー・マンの考えに近い。そうした意味では、柳田だけでなく、南方も、折口も文人であったろう。

柳田に関わる論考や評伝は今なお引きも切らないが、民俗学者としての柳田、思想家としての柳田、文学者としての柳田をそれぞれの立場からばらばらに論ずるものが大半であって、それらを綜合した視点から把握しようとする積極的な試みはまだなされていない。

柳田は『木綿以前の事』のなかで「白木の椀はひづみゆがみ、使ひ初めた日からもう汚れて居て、水で滌ぐのも気安めに過ぎなかつた。小家の侘しい物の香も、源を辿れば、この木の御器《ごき》のなげきであつた」と述べている。柳田はわずか数行の文章で、薄暗い光のさしこむ勝手で黙々と食器を洗う女たちのなげきを描き切っている。私の生まれ育ったころは木器はなく、陶磁器の食器であったが。それでも私の母や家に働いていた女中たちの侘しい後ろ姿が彷彿としてくる。柳田は日本の衣食の歴史を叙するにも、それを民俗資料として扱うのでなく、女たちの感官の内奥まで踏みこんで、論を展開している。彼女らのなかには、「御器のなげき」のほかにもう一つの詠歎が生きつづけていることを示したのも柳田であった。

柳田は「芭蕉の恋の句」と題する小論を、昭和二十三年十二月に書いているが、そのなかでつぎの連句をあげ、それに評釈をほどこしている。

黒木ふすべる谷かげの小屋　北鯤
誰がよめと身をやまかせん物おもひ　芭蕉
あら野の百合に涙かけつゝ　嵐蘭

前句はたゞ一通りの山村の景なのを、一挙にしてそこに住む一人の淋しい娘の、心の奥底へ焦点を移して見たのであります。山の一つ屋で年頃になつた女などは、折々は斯ういふ寂しい晩方を持つたにちがひないのですが、それに心を留めた俳人は今までに無く、まして此様な形を以て、この境涯を描かうとする試みなどは、後にも先にも是がたゞ一つです。

柳田はもう一つの例をあげている。

のた打つ猪《しゝ》のかへる芋畑　曾良
賤の子が待恋習ふ秋の風　芭蕉
あかね染干す窓のおも影　路通

柳田はこの芭蕉の句について「賤の子であり又いはゆる客観の句であります為に、いぢらしさが身に沁みるやうに感じられます」と述べている。

柳田は芭蕉に傾倒し、とくにその艶麗な恋の句を称揚した。これには折口信夫の証言もある。折口は「恋の座」という彼の論文のなかで、

きぬ〴〵や　あまりかぼそく、あてやかに　芭蕉
かぜひきたまふ声の　うつくし　越人

芭蕉一代でも有数な附け合ひである。私の師匠柳田柳叟先生、常に口誦して吝《ヲシ》むが如き様を示される所の物である。

と述べている。これは上流社会の雰囲気の恋であるが、一方、芭蕉は谷かげの小屋に住む娘の恋のなやみを取りあげることを忘れてはいない。そこで底辺の娘のあわれを題材としたのは、俳人としては前にも後にも芭蕉一人だと柳田は讃歎しているのである。

無名の女たちのもののあわれはすでに『万葉集』巻十四の東歌のなかにかず多く見ることができる。読み人知らずのその哀切な歌は、千年の時空をへだてて、今なお息づかい荒く迫ってくる。しかもそこにはどことなく民謡の匂いがあり、共同体の歌であったことを思わせるが、この大らかで、烈しく、もの悲しい土の匂いのする歌の伝統は、日本和歌史のなかでふっつり切れてしまう。それを芭蕉が門人たちとの連句のなかで再発見したともいえるのである。柳田が芭蕉の恋の句にただならぬ共感を示したのは、芭蕉がもののあわれを上流社会の独占物にしなかったことが大きいと思う。話を一歩進めると、柳田は民俗研究を通じて、庶民のもののあわれを探ろうとしたといえるのではないか。

花やかな女性史からこぼれ落ちた「もののあわれ」がある。その「あわれ」は「あわれ」を一度も意識したり、口に出したりすることのない、ありふれた女たちのなかにこそある、と私は思ってきた。そうした思いは柳田の著書のなかで満たされる。

宣長によれば「あわれ」は感動の発語であって、かならずしも悲哀の情にかぎらないというが、『源氏物語』に代表される文学の領域と思われるこの「あわれ」を庶民層に及ぼしたのが芭蕉とその一門の連句であり、民俗学のなかで描いてみせたのが柳田であった。柳田が一貫して文人の文体を用いたのは、彼一箇の趣味に発するものではなく、必然的ともいえる深い理由があるのである。

こうしてみれば、柳田が若年にして文学を捨てた、というのはまぎらわしい神話にすぎないことがわかる。彼は文学から民俗学に転向したのではなく、彼が詩作を廃したというのも、民俗学のなかに、幾千年とつづいてきた「共同体の詩」を発見しようと目指したからであった。その詩の核心にはありふれた日本人の「あわれ」があった。それを描こうとする柳田が文人の文体を用いたのはまことに納得のいく事柄である。

（『柳田國男全集』月報）

畏き人

世界のどの民族でも、思想や文学的な感情の臍帯はつねに伝統的世界の母胎とつながっている。そこでその深みに降りてゆこうとすれば、いきおい伝統的な共同体の世界に下降するほかない。そこは日本の知識人がかつて関心の埒外に置いた分野であった。明治の知識人の多くは、近代以前からもちこされた伝承的で非個性的な世界に縛られることに甘んぜず、自分の感情を自在に吐露できる世界として、海外から輸入した思想や文学を選んだ。柳田も一時はそうであった。しかし柳田はしばらくするとそうした知識人の世界を、自分の思想や感情を表現するには窮屈なものと感じはじめた。そうして明治の知識人が脱け出そうとしている伝承の古めかしい世界へむかって進んでいった。これは柳田の友人の文学者たちには時代に逆行するものと受け取られたに違いない。しかし、西欧直輸入の思想や二番煎じの文学理論にあき足りなかった柳田にとってはそうではなかった。彼はそうした伝承的な常民の世界が、よりいっそう自分の思想や感情を充足させることができるものであることを発見した。柳田にとっては民俗的世界は思想や文学的感情の母胎であり、原酒であり、岩盤であった。つまりそれは青春期の詩の世界から、壮年期の散文の世界への転身というばかりではなかったのである。しかし民俗的世界が彼の文学的感情を吸引する力をもっていたところで、彼は民俗学の領域で文学をやるつもりはなかった。文学の世界から足を洗って民俗学へ赴いたことは彼にとっては、ひとつの大きな決断であって、民俗学から文学へと逆行するようなことは一度も考えたことはなかった。にもかかわらず、文学的感情は民俗学を志向する柳田の中に残留した。とすれば、文学の心をもって民俗の世界をさぐったとはいえないだろうか。つまり彼の文学の心を充足させるものが民俗の世界にあったからである。ひと口に言えば民俗世界の中に柳田は「共同体の詩」を見たのである。

新世紀を迎えた日本は今日かつてないほどの閉塞状況に陥っており、日本人としての誇りをどこに求めるべきか、模索がつづいている。そこで、排外的な国粋主義と欧米追随主義の双方とも日本人としての真の自信のなさから発していることを見抜き、「日本人とは何か」という問いを解くべく、ひたすら常民の伝承世界を追い求めていった柳田国男の精神がよみがえるときがきたと私は考えている。

柳田がこの世を去って四十年が経ったが、その著作は多くの人々によまれている。刺戟的な書物がいちはやく忘れられていくのに比べて、悠々たる筆に載せた柳田の著作が、時間の腐蝕に耐えているのは、日本人にとっての共有財産と見られている証拠であるが、その価値は彼の現代性にあると私は考える。

もとよりこの間には柳田に対する批判の書も少なからず刊行されている。それは当然のことながら表現者の甘受しなければならない運命である。中には、柳田の官僚性や明治の植民地政策に協力したという非難もまじっている。それらには確固とした証拠があるわけでもない。宣長のイデオロギーを批判しても『古事記伝』の価値がそれで落ちるということがないとおなじように、柳田のイデオロギーを批判しても、常民の世界を転向不能の地点まで下降して、柳田の開いて見せた民族の貴重な富が、それで減少することはない。また民俗学者の一部からは柳田の一国民俗学の限界性が指摘されている。しかし一国民俗学は両刃の剣である。それは功罪相半ばするものであって、日本民俗学が「日本人の内省の学」という立場を捨てて、海外の民俗学との安易な妥協に走ることはかえってその本意を見失わせる危険がある。

柳田の核心部分は民俗学である。それを衝《つ》かない外在的批判は真の柳田批判にはなり得ない。その内在的批判も、相手に敬意をもつことなしには無効であるというのが、この半世紀近く柳田にしたがって民俗学の道をあるいた私の感懐である。保田与重郎は最晩年の柳田について記した感想文の題を「畏き人」とした。私にとっても柳田はそう呼ぶのがもっともふさわしい。

（『柳田国男の民俗学』）

地名が持つ魅力と美しさ

――日本人の共同感情を培う土地の魂

一

人間の生活は石器時代から始まっているが、社会生活のあるところ、地名はかならず存在した。人間どうしがお互いに場所を認識するためには言葉による標識が必要であり、地名は他者との間で、場所を弁別し諒解するのに是非ともなくてはならないものであった。このように地名は人間の社会生活と起源を同じくするものであり、日常の社会生活をいとなむのに不可欠な言葉の道具であった。

　したがって今日の地名の中にも縄文や弥生の時代からの地名が混在して残存しているとみるのは一向にふしぎではない。三世紀の中国の史書である「魏志倭人伝」に記された倭国の地名、対馬、壱岐、末盧国《まつら》（松浦）、伊都国《いと》（糸島半島）、奴国（福岡市那の津）などの地名は今日でも日常に使われている。もとよりこれは一例にすぎないであろう。それにしても地名の息の長さには驚嘆のほかはない。弥生時代の倭国の人々の使っていた地名を、二十一世紀に生きる私ども日本人が使っているのである。これに反して縄文時代の石鏃《せきぞく》や弥生時代の壺は当時の社会生活を知る上で貴重であるが、それは今日では博物館で見ることができるだけで、日用の道具として使用されているのではない。鎌倉時代の鎧や室町時代の陶器も美術館に陳列されているにすぎない。しかし地名は太古から始まる地名を今でも毎日使っている。これは一見あたり前のようでありながら、地名のおどろくべき持続性を示すものにほかならない。それこそは地名のもつ比類のない特色なのである。それゆえに、地名は日本人の共同感情を培う基盤となり得たのである。共同感情を籠めた地名は、過去をさかのぼるほど、重い意味を荷っていた。

　地名は土地に付けられた名前であるが、古代人は土地にも魂があると考えていた。それは国魂《くにたま》と呼ばれていた。国魂を祀る神社がある。東京都府中市にある大国魂神社はその一つである。長野県上田市の生島足島《いくしまたるしま》神社の本殿には何の御神体も置かれていない。土間があるだけである。ということは土間、つまり土地が御神体だということである。生島足島という名は島が生命をもち、魂をもっているということである。『古事記』にはイザナギ、イザナミ二神の国生みが記されているが、その国にはことごとく名前がつけられている。たとえば、伊予の国は愛比売《えひめ》とある。愛比売はいまは愛媛と書くが、これはもともと国名ではなく、伊予の国につけられた人名であった。愛媛は兄媛《えひめ》で乙媛《おとひめ》に対していう。姉が兄で、妹が乙である。土地は魂や人格をもち、その名前が地名であった。

　このように地霊もしくは土地の精霊に対する古代人の信仰があり、地名には地霊もしくは土地の精霊が宿るものと考えられていた。私どもが地名に触れて共同感情が喚起するのをおぼえるのは、地名を長く使用してきたからであるが、さらにその根底に土地への信仰があるからである。歴史的な背景をもつ地名が、今日一部の人々が考えるような場所の認識のための符合にとどまらないのはとうぜんである。

日本人の姓名の七、八割は土地の名に由来していると考えられている。土地の名が土地の魂につけられた名前であるからには、私ども日本人の姓は土地の精霊の名を背負っているということになる。そこで地名が安易に改変されたり、抹消されたりしたとき、あたかも自分の存在が抹殺されたような憤りをおぼえる。たとえば新潟県の上越市は一九七一年（昭和四十六）にもとの高田市と直江津市が合併して成立した市であるが、双方とも由緒ある地名であり、とくに直江津は古代の越後国府の所在地に比定されているところで、港市として栄えた。説経節「山椒太夫」の舞台ともなり、東国船と西国船の分岐点であった。上越市という味気ない地名を押しつけられたとき、高田や直江津の人々はつよく反発したが、それは無理もないことである。地名改変は一九六二年に施行された住居表示法によって促進され、市や町の中心部の地名が整理統合させられた。当時金沢市内には九百三十三の町名があった。そのうち住居表示法の対象となる区域には七百五十三の町名があったが、整理統合されて二百十四となり、五百三十九の町名が消滅した。加賀百万石の城下町にあった貴重な町名があとかたもなく消え去った。その旧町名をわずかながら復活させる試みが市当局によってなされているが、市民の共同感情の手がかりが奪われたことで失われたものはあまりに大きい。

二

日本の地名の特徴はその多様性にある。地名の大部分は地形地名で地理学の分野であるが、それだけではなく、歴史学、民俗学、考古学などさまざまな分野の研究にも役立つ。その一例を次に示す。

今となっては日本の空を飛ぶトキの優美な姿を見ることは不可能になったが、かつては湖沼や湿地では多く見られた。その痕跡が地名として残されている。

石川県石川郡尾口村の鴇ヶ谷《ときがたに》はその集落の大半がダム建設のために水没したが、地名はトキのいたことを告げている。山形県長井郡時庭《ときにわ》は、かつての鴇谷郷に比定される。また同県東置賜《おきたま》郡川西町時田《ときだ》は、鴇田郷のあととされる。鴇《とき》は古代にはツキと呼ばれ、またトウともいった。千葉県の東金《とうがね》市には、鴇ヶ根《とうがね》城がある。東金の地名もそれに由来する。千葉県には長生郡長柄《ながら》町に鴇谷《とうや》がある。トウは東北や北陸ではドゥと呼ばれるところもあった。新潟県は佐渡島をはじめとして、トキの最後の棲息地で、トキの飛来した地方である。ドゥに因《ちな》んだ地名として、新潟県白根市に道潟《どうがた》がある。このように地名は文書に残っていない貴重な記録をとどめているばあいが少なくない。文書だけが歴史記録ではなく、先人の足跡を印した地名も過去の生活を知るための重要な記録である。

　海人の移動の痕跡も地名によってたどれる。石川県羽咋郡志賀町の高浜は、寛永九年（一六三二）に福井県大飯郡高浜町の漁民が移住したところからつけられた地名である。志賀町には安津見《あづみ》の地名がある。これは古代の海人族である安曇《あずみ》氏に由縁の地名である。そこに式内社の奈豆美比咩《なずみひめ》神社が鎮座する。奈は安の誤りである。安曇氏の祀る海神の娘の豊玉姫が安豆美比咩であり、この神は桃の木船に乗って桃の浦（志賀町百浦《ももうら》）に着き、川をさかのぼってきたという伝説を持っている。

　安曇氏の本拠は遠くはなれた『和名抄』にいう筑前国糟屋郡阿曇郷で、博多湾の志賀島である。アズミは安曇、阿曇、厚見、厚海、渥美、阿積などと表記されていて、その足跡は瀬戸《ど》内海を経由して各地に及んでいる。琵琶湖の西側には安《あ》曇川の地名があり、また太平洋側は愛知県の渥美半島がその移入路で、『和名抄』に、渥美《あうみ》郡渥美（安久美）郷がある。

　日本海では『和名抄』に伯耆国会見郡安曇郷（米子市安曇《あずま》）がある。信濃国安曇郡は糸魚川から南下した安曇一族が開拓したと伝えられ、式内社の穂高神社は安曇氏の祖神と仰がれる穂高見命を祀っている。

　海人族の足跡を示すものに、海岸べりに点々と青の名を冠した地名がある。

　沖縄本島とその属島には奥武《おう》という名のつく地名が七つある。奥武はオウと訓むが、もとは青（オウ）であったと推定される。奥武島（青の島）は昔、死体を運んで葬った島であった。沖縄では以前は死体を火葬や土葬にすることなく、そのまま洞窟の中に風葬した。外からさしこむ日の光のために洞窟の中の死者の世界はうすぼんやりとした黄色であり、そこに死者は永遠に眠っていた。ところで沖縄では近代に入っても黄色という呼称はなく、黄色をアオまたはオウと呼んでいた。このように青は死者の世界にちなむ色であるが、日本本土でも青のつく地名が海岸にある。それは海人族の埋葬地や聖地との関連が考えられる地名である。

　これを日本海岸、とくに北陸地方に限ってみると、金沢市粟崎町の粟崎は古くは青崎または阿尾ヶ崎と記されていた。海運業でさかえたところである。そこを北上すると、能登一の宮気多大社のある羽咋市粟生《あお》町にいたる。この粟生ももともと青であったとみてよい。なお能登半島の東側では七尾市鵜浦《うのうら》町に阿於《あお》谷がある。鵜浦は気多大社の鵜祭に使う荒鵜を捕るところであるが、阿於谷に祀られている櫛八玉神は、水門の神の子孫である。また氷見市の阿尾《あお》がある。そこは定置網漁のさかんな所として知られている。そこには青網の地名もある。粟崎、粟生、阿尾の地名はすべて青に由来すると考えられる。

　さらに東へ進むと富山県境に隣接して新潟県西頸城《くびき》郡青海《おうみ》町がある。青海町青海に青海神社があり、祭神は青海首《おうみのおびと》の祖神の椎根津彦《しいねつひこ》命とされている。しかしこれはあとで付加したもので、もとは海人族がワダツミの神を祀ったのであったろう。青海神社は越後国蒲原郡にもあり、今日では新潟市長嶺町にある蒲原神社に合祀されている。また新潟県の加茂市加茂にも青海神社がある。眼を西に転ずると、福井県大飯郡高浜町にも青海神社がある。またさらに西には、下関市に属する六連島《むつれじま》にも鎮座する。したがって六連島にいた海人たちが東へと海の道をたどって、ゆく先々に自分たちの神を祀る社を建てていった姿が想定されるのである。青海神社はもと青に在《いま》す海《わたつみ》の神社と呼ぶべきものであったと考えられる。このばあいの青は地名である。

このように海人の活躍し移動した足跡は地名によって辿ることができる。海人は海部《あまべ》、海士《あま》などの地名を残しているが、輪島市海士町もその一つである。筑前鐘崎（福岡県玄海町）の海人が舳倉《へぐら》島でアワビやワカメを採っていた時の根拠地で、近世初期に定住するようになった。新潟県三島《さんとう》郡出雲崎の尼瀬ももとは海士瀬と称したと思われる。

ここに出雲崎の名があるのは、越の国（福井、石川、富山、新潟の各県）と出雲の国との間に交流があったことを証するものであろう。『古事記』に大国主命（八千矛の神）がはるばると越の国までやってきて沼河比売に求婚した物語がある。『和名抄』に越後国頸城郡沼川郷が見える。沼川は『万葉集』には、渟《ぬ》名《な》川とある。渟名川は瓊《に》の川の意である。糸魚川市の西で日本海に注ぐ姫川の支流の小滝川をさかのぼると、ヒスイの原石の出るところがある。沼河比売は、瓊の川姫、すなわち、ヒスイのシンボルの人格化にほかならなかった。出雲大社の摂社の命主社《いのちぬし》の境内から江戸時代の寛文年間に、弥生後期とみられる銅戈と一緒にヒスイの勾玉が出土したという事実もある。これは姫川の支流からとれるヒスイを材料にしたものであると考えられている。

越と出雲とのあいだに古くから交渉のあったことは、『出雲国風土記』の中でしばしば語られている。まず国引きによってもってきたのが越の珠洲《すず》（都々《つつ》）の崎ということがある。それが島根半島の東部の美保の崎にあたるのだが、そこに鎮座する御穂須須美命《みほすすみ》は大国主命が越の沼河比売と婚を通じて生んだ子と記されている。ススミはノロシの古語である。珠洲崎の近くに狼煙《のろし》という地名がある。ノロシに狼煙という字を宛てたのは、狼の糞は硬く、乾燥した糞に火をつけると空高く煙がのぼっていくので、狼の多いモンゴルの草原地帯では、狼の糞はノロシにもっとも適しているとされたからである。そこで珠洲崎の近くに狼煙台があり、のろしをススミと呼んだことから御穂須須美命の神名も生まれたかも分からない。珠洲の地名についてもススミに由来するという説があり、またスズ竹という細い竹を意味するともいう。

さらに『出雲国風土記』の神門《かんど》郡の古志《こし》の郷の条では、越のくにの人びとがやってきて、池の堤防を築造するために、宿営したから古志という、とある。現在でも神戸《かんど》川の流域に古志という地名が残っている。このように地名は古代から日本海沿岸に広範囲に交流のおこなわれたことを歴然と示しているのである。

石川県は加賀、能登の二国から成り立っている。能登国は四面を海に囲まれていて、その先端が珠洲の岬であることから、能登はアィヌ語で岬をあらわすノッ「not」に由来するという説がある。しかし、吉田東伍の『地名辞書』では、昔の能登郡は今の鹿島郡で、能登の海は七尾湾のあたりを指したから、能登がアィヌ語の岬を意味する、という説は当たらないと述べている。七尾湾は咽喉《のど》のような形をしている。咽喉は「飲《の》み門《ど》」の略であって、門は水門《みなと》（港）のように物の入る所をいう。『能登志徴』も能登の語源について、潮を呑みこむ海門の義としている。

越の国はかつて東北、北陸の日本海沿岸を一括する膨大な地域であったが、八世紀はじめに出羽国が分立し、越前の一部も加賀と能登として分立した。越の名の起こりは、越後国古志郡に由来すると考えられている。小地域の地名が拡大して大地名になる例は多い。むしろそのほうが普通である。越後は大和政権にとっては未開拓の領域であり、今日、新潟県中頸城郡三和村に美守《ひだもり》の地名が残っている。そこは『和名抄』にいう越後国頸城郡夷守《ひなもり》郷であり、大和政権に抵抗する異族の蝦夷を防いだ拠点であった。佐渡島にも相川町に北狄《きたえびす》の地名をとどめている。相川と反対の海岸の両津市には夷《えびす》町がある。これは異族とは関係がなく、漁の神の蛭子《えびす》を祀ったことに由来する。

相川町の北狄は蝦夷に対する地名ではなく、日本海を越えてやってくる異族を念頭に置いた地名である。珠洲岬の近くの狼煙もそうであるが、北狄は異国船の来襲の警戒を示す地名であると推定される。

渤海の使者の船が着いたとされる珠洲郡内浦町の小木《おぎ》は、佐渡から能登への船がまず立ち寄る港で、佐渡の小木と海を隔てて向き合っており、両者に深い交流があったことは地名の一致が物語っている。

能登半島の西側にある羽咋郡富来《とぎ》町の福浦《ふくら》も渤海国の使者が休養した所と伝えられている。北前船と呼ばれる大型帆船が日本海を航行した江戸時代には、小木や福浦はその風待ちの港として栄え、海上の気象を観測する日和山が設けられた。福浦では日和山のふもとに多くの船宿があった。福浦は古代に福良津と称した。フクラ・フクロは屈曲した場所に付けられる地名で、とくに海岸に多い。

帆船時代は風を頼りにしたが、風は味方であるとともに、ときには敵であった。北陸では東風《こち》をアイと呼び、船はアイの向かい風を受けると西から東へは進まない。それどころか沈没する恐れがある。富来町の相神《あいかみ》は深くえぐれた湾の奥にあり、古くは鮎神《あゆかみ》と称した。アイの風上にある土地という意味で、アイを避ける泊地であったと思われる。

北陸地方の地名の特色は湿地帯や潟地名の多いことである。富山県の滑川《なめりかわ》のナメはなめることで、低湿地をあらわすという説がある。新湊市には久々湊《くぐみなと》ならびに久々江《くぐえ》という地名がある。クグはクグイすなわち水辺に集まる白鳥のことである。そこは放生津《ほうじょうつ》潟と呼ばれていた。石川県には羽咋市の北東に邑知潟《おうち》がある。潟のつく地名は新潟県にも数多くある。新潟はもちろんのこと、紫雲寺潟《しうんじ》、福島潟、鳥屋野潟《とやの》、鎧潟《よろい》、大潟、犀潟、野潟、佐潟、丸潟、鍋潟など、である。こうした潟は冬期の季節風によって運ばれた海砂が堆積し、川口がふさがり、潟湖を形成するものであり、潟湖が海上交通に重要な役割をもつ時代があった。こうした大小の潟は近世以来の干拓で姿を消していって、新潟県では今では渡り鳥の集まる福島潟や新潟市内の鳥屋野潟などわずかになったが、かつては地域の住民がそこで魚や鳥を取り、水草を刈る生活の場所であった。さきにあげた富山県の放生津潟もその一つで、古代から白鳥や渡り鳥を捕るのに鷹を使うこともおこなわれたことは、大伴家持の『万葉集』の歌から分かる。富山県射水《いみず》郡大島町にある鳥取の地名は、古代の鳥取部が居住し、狩猟に従事していたことを示す地名である。家持の歌に「鳥網《となみ》」という言葉が出てくる。これは網を仕掛けて鳥を待ち伏せして捕る方法で、砺波《となみ》山と礪波《となみ》郡のトナミはそれに由来するという説がある。

石川県でも沼沢地に集まる鳥は多かったと思われる。鹿島郡鳥屋町には、一青《ひとと》、黒氏という変わった地名がある。ヒトトはシトトの訛言である。シトトもクロジもホオジロのたぐいである。鳥屋町には鳥屋比古神社が祀られている。一青または黒氏の地名と関連がある神社であることは疑いない。

このように地名からさまざまなことが明らかになるが、地名は地下に埋もれた遺跡遺物をも暗示することがある。そのもっとも典型的な例が『出雲国風土記』にある大原郡神原《かむはら》の里の記述である。そこは大国主命が財宝を積んで置いたところなので、昔は神財《かむたから》の里といったが、今は神原というようになった、とある。その伝承にちなんで神原《かんばら》神社があるが、その境内の古墳を発掘したところ、邪馬台国のあった頃にあたる中国の景初三年の銘のある三角縁神獣鏡やそのほか鉄剣なども出てきた。そこを神財の里といったという伝承が架空のものでなかったことが証明された。

また簸川《ひかわ》郡斐川《ひかわ》町神庭にある荒神谷《こうじんだに》遺跡から一九八〇年代の半ば頃、大量の銅剣や銅鐸と銅矛が発見された。これもまた神庭（神祭りをする場所）と荒神谷という地名が暗示している。明治時代、平城京の発掘にあたって大極殿跡を掘りあてたのは、住民が大黒の芝と呼んでいた地名を手がかりにしたからであった。また古代の伊福部という氏族（福は吹くで、銅を吹く、とか鉄を吹くとか、銅や鉄の精錬をいう）が居住したと思われる。伊福という地名の数ヵ所から銅鐸が出土している。こうした例は枚挙に暇がない。

地名から古い過去の姿が焙り出されてくる。その姿はさまざまで、一様ではなく、それゆえに謎ときの興味を掻き立てる。一つの地名でさまざまな解釈が成り立つものがある。たとえば耳取《みみとり》という地名が南九州の薩摩半島にも、また東北地方にもある。耳がちぎれるほどの烈風が吹く場所であるとか、捕虜の耳を削《そ》いで埋めた所とか、または台地の縁というふうに解釈する向きもあるが、決め手はない。それにしてもふしぎなのは、耳取のように珍しい地名が日本列島の南北にあるという事実である。これは偶然の一致なのか、それとも伝播された地名なのか、今もって不明である。

地名は諸学問の研究に役立つことができる。また諸学問を総合する力をもっている。それゆえ学際的な分野でもっとも威力を発揮する。大地を百科事典とすれば、地名はその索引（インデックス）に相当する。それをもとにして実体に迫ることができる。

地名はさまざまに解釈されることがある。耳取という地名はその一例である。それで地名を調べることは、謎ときのおもしろさがある。地名は多面体の結晶のようにいくつもの角度から考察される。

日本人にとって地名は共同感情のみなもとである。私どもは地名に触れてなつかしい過去のイメージを喚び起こす。また地名は日本人の美意識をつよく刺激する。地名を並べただけで、その魅力にとらわれる。地名の美しさは日本人に共通するものもあれば、各自まちまちのばあいもある。それは地名に関わる程度にも関係する。いずれにしても地名から発せられる美しさは、骨董品の美しさとはちがう。多くの時代の人々の足に踏まれた敷石が、磨かれて光沢を帯びるときの美しさに似ていて、万人に開かれている。しかしそれゆえに地名をありふれたものとして、大切にしないという風潮もある。それは日本にあっては飲用水をありがたがらないのと同様である。外国では生水を飲用水とすることは危険をともなう。しかし一日たりとも飲用水なしでは過ごせない。地名もまた私どもの日常生活には不可欠な存在である。その地名は日用の言葉の道具としての効用以外にもさまざまな形で私どもの精神生活の深部に喰いこんでいる。そのことに気付くならば日本人が地名をおろそかにするいわれはまったくないのである。

（『谷川健一全集』第十五巻、書下ろし）

地名は大地に刻まれた歴史の索引＊

地名は大地に刻まれた人間の過去の索引です。その索引をひくことによって私たちは、はるかな祖先の営為の跡を知ることができます。地名に接するとき、私たちは自己の中の伝統的な感情を喚びさまし、過去とのつながりをあらためて確認するのです。それは指輪をこすることで亡霊を呼び出す外国の民話とよく似ています。地名に触れた途端、地霊が現われて、立ちふさがります。それは国に国魂《くにたま》があり、土地に精霊のあることを信じた昔の人たちの心根を、現代人の私たちもまた追体験することにほかなりません。日本人は長い間、枕詞や歌枕を愛用してきましたが、それらは古人の心を自分の心とし、居ながらにして旅情をあじわうのに、きわめて有効な方法でした。地名のこうした歴史的役割を考えるならば、それを記号として取扱うことがいかに軽率で愚かな行為であるかよく分かります。

人間の共同生活のあるところには場所の指標が必要であり、したがって地名があります。日本列島においてもすでに石器時代に地名があり、それは大地の母斑のように消え残っています。まして歴史時代に入れば、私たちが日常に使用しているのとおなじ地名を使っていたのです。地名はもっとも古く、もっとも新しい日本人の遺産です。文化財と呼ぶにはもっと身近なものであり、その意味では日本人の伝統の中核に位置するものです。しかもそれがもっともながく持続しながら今も生きているとなれば、それをおろそかにあつかういかなる理由も見付かりません。地名は持続する歴史の伝導体です。この伝導体は日本人の過去と未来とをつなぐ役割を果します。こうした地名の重要さを今日力説しすぎることはありません。何故ならば、すべてが画一化された現代の生活風景の中で、刻々と変貌する風俗に耐え得るものは、もはや地名しか残されていないからです。どの都市にいっても似たような景観があります。この紛わしい都市の貌を辨別する方法は、一つしかない。それは地名なのです。地名の役割は時代が進み、生活が文明化するほど、大きなものとなっています。それぞれの地方、それぞれの都市、それぞれの人びとが民族的な伝統との同一化をはかろうとするならば、すなわち当世風の言葉でアイデンティティを求めようとするならば、地名を抜きにすることはできません。

地名は固有の土地とむすびついています。しかし全国各地に分布している同一地名を分析することによって、その土地の共通な性格を発見することができます。つまり地名は固有名詞でありながら、また普通名詞としての性格をもつという二重性をそなえています。地名は土地という対象物の性質を表現すると同時に、その土地に関わりをもつ人たちの、固有の感情や考えをも表現しています。つまり、土地に付せられた名前でありながら、土地との関わりをもつ人間の意識でもあるという性質をもっています。地名は物に付属するたんなる名辞ではなく、人間と土地との関係を物語る媒介物であります。地名には物と名、土地と人間、具象と抽象、個と普遍という相反する対立物が微妙に共存しています。これこそは他にみることのできない地名の特色であり、地名の魅力でもあります。

このような地名の性質は歴史学、地理学、民俗学、国語学など、さまざまな学問分野の研究に役立てることができます。まさに地名は学際的な学問の広場を提供するものです。それは風土を対象とし、風土を媒介とする諸学問の協力と綜合、仮りに「風土学」と呼ぶところの新しい学問の誕生を予測させます。この地名が現在消滅の危機に瀕しています。全国の大字およそ十三万、小字をかぞえれば百万を越える地名が、嬰児よりも無力に抹殺されていっています。明治維新のときの廃仏棄釈にも匹敵すべき暴挙が平然とおこなわれています。これに対して心ある人びとの中から痛切な叫び声があがっています。地名消滅の危機は、地名へのつよい関心を喚び起しました。こうした世論を背景にして、最近、地名変更の動きはいちじるしく緩慢かつ慎重になっています。これは時代の潮の流れが変りつつあることを告げるものです。国民の希求するところを察知し、時代の動向を予見する洞察力こそは、一般市民にも、ジャーナリストにも、知識人学者にも、行政当局にも課せられた任務だと思います。

(『日本地名研究所の歩み』)

青の伝承

青といえば未熟さの形容詞と思われるが、そればかりではない。ノバーリスの『青い花』、ロープシンの『蒼ざめた馬』、上田秋成の『雨月物語』の中の「青頭巾」とならべると、この「青」の形容詞が憂鬱《ゆううつ》でロマンチックなものの象徴であることに気がつく。すなわち、それは終局として、青年期にあり勝ちな死への憧憬《どうけい》とつながっている。

青は青年の色であるばかりでなく、死の色でもある。蒼ざめた馬に乗るものは死であると黙示録にあるように、生者が死者に投影した色である。死者の国の青衣の美女に会う話が、中国の志怪小説集である『続捜神記』には載っている。二月堂縁起に出てくる有名な青衣の女人は、自分の名前が過去帳によみあげられないのを怨《えん》じて、すがたをあらわす。小栗判官と照手姫の物語では、藤沢の上人の夢に、冥府《めいふ》の使者と称する青衣の官人がやってきて書状をわたす。

死者の衣を青色で表現するのは中国渡来の考えの模倣かというと、かならずしもそうとはいえないふしがある。

沖縄では奥武（おー）と呼ばれる地先の島が七つある。これは、もと古い葬所となっていたと推定される島だ、と沖縄の地理学者、仲松弥秀氏はいう。仲松氏によると、この「おー」は青から由来するものである。古代の沖縄では、赤、白、青、黒の四色のことばで表現するほかなかった。このなかで青ということばの領域に黄色もふくまれる。冥府の色は、うすぼんやりした明かるさを示す黄色であり、黄色を青ということばで呼んだのだ、と仲松氏は指摘する。この説の当否はともかくとして、青の島が死者の島を意味するものならば、それは本土でも適用されはしないものか。

もし、本土の海岸や河川の流域に「青」を冠した地名があって、一つには埋葬地と関係があり、二つには海人族とつながりがあるならば、それはなにがしか民族移動の痕跡をたしかめる手がかりともなろう。

若狭には青という地名が残っている。ここは、もと青の郷と呼ばれた地域の一部である。地元の考古学研究者、大森宏氏によると、平城宮出土の若狭関係の木簡は二十六点ある。若狭湾は名だかい古代製塩遺跡のあるところだから、その二十三点までが貢進物として塩を記載してある。残る三点はタイすしと貽貝《いがい》といわしの塩干物で、これらがいずれも青の郷の貢進物となっているのがふしぎである。すなわち贄《にえ》ものをささげた「青」の地域は他所とはちがった生活習俗をもつところであったはずである。ちなみに、この付近の山腹や稜線には後期古墳が群集している。

小浜市の青井は八百比丘尼の神像をまつった神明神社のあるところだが、その近くにもとは火葬場があった。そしてこの青井には現在も市営火葬場がある。これは郷土史研究家、小畑昭八郎氏から聞いたのだが、若狭湾の国道ぞいに見える蒼島という小島には、熱帯樹がしげり、昔から島の木を切るとケガをするといわれている。若狭一帯は古くから南方と関係がふかいとみなされているが、この蒼島もどうやら神聖ないわれを、その植物の実と一緒にはこんできているところらしい。

鳥取市の西方に湖山《こやま》池という小さな湖があって、その南方に青島という小島がある。ここからは縄文、弥生、古墳期の遺物が出土している。この湖山池のさらに西の東郷池の近くではもと水葬であったが、のち火葬に変わったというのは、亡くなった民俗学者、田中新次郎の推定である。この東郷池の北端の浅津地方の数百戸は火葬だけで墓地はなく、灰は池に流したという。さらにとおく出雲地方では、出雲大社の祭祀を司る国造《こくぞう》が亡くなると、小さい門から赤い牛にのせてはこび出し、杵築の東南にある菱根《ひしね》の池に水葬することになっていた。私はこれら一連の事実を民俗学者の五来重氏の教示によって知ったのだが、前記の湖山池の青島もあるいは水葬と関係があるのではないかと想像する。それが証拠には、この池は江戸時代に水葬が禁止された事実があると、現地で聞いた。出雲美保神社の青柴垣《あおふしがき》の神事はコトシロヌシの水葬儀礼だといわれているが、山陰地方に水葬の痕跡があることは注目してよいだろう。

さらに西にいくと、対馬に青海《おおめ》と呼ぶ部落がある。この海岸は両墓制のステバカに相当するもので、だれ彼なしの死体を埋めた場所であり、荒涼とした風景を呈していると伝えられる。

はじめにのべた小栗判官と照手姫の物語の中で、照手姫は美濃の青墓《おーはか》の長者の家で酷使されるというくだりがある。この青墓は美濃の中でも古墳の集中する地域であり、古事記にいう美濃の喪山の候補地の一つに比定されている。ところで、この青墓はくぐつ女のたまり場で、後白河院に今様を教えた乙前などの遊女が出たところだ。くぐつ女と海人族の関係は密接であり、青墓のとなりの赤坂港口には明治の中ごろには五百そうもの帆船がおり、揖斐川を通って伊勢湾とのあいだを往来した。青墓はかならずしも山中にふさわしい名ではなかったかも知れぬ。

大波加島という小島が隠岐にある。この大は青であろう。壱岐には渡良村の鹿の辻に青波加《あおはか》明神がまつってある。漁民の尊崇のあつい神で、鹿の辻は数十の古墳が存在するところである。私は最近、沖縄本島の東海岸にある阿部《あぶ》オール島という地元の小島があることに気がついて、現地に問合せをしてみた。すると、オールははたして沖縄の方言で青を意味し、このオール島は洞窟に人骨が葬られている神聖な島だという返事が返ってきた。しかも阿部《あぶ》は海人の活躍する村である。本土でも阿部は海部と関係のある言葉とされて、徳島県の阿《あ》部《ぶ》には今も、もぐりの海女が働いている。これを考えると阿部の地先の青島《オール》は日本の各地の地名とつながっているかも知れない。

　私は青という地名にすべてこうした意味がある、と言っているのでないことをことわっておく。しかし、折口信夫が古代において、青は喪の服の色であり、また物忌みの色であったとしていることを自分でも注意してみたいとおもう。たんに地名の問題にとどまらず、日本文化の根底にある文化の概念がすでに沖縄にあり、日本人の意識はそれに規定されていることを実証することができると考えるからである。

（『古代史と民俗学』）

民俗学から見た人と渚とのかかわり

　民俗学から渚をどう見るかということは、いかにも現代性に乏しい迂遠な問題のようでありますが、多少なりとも民俗学に関心をもちつづけている私にとりましては、けっして遠い世界のことのようには感じられません。

　民俗学の定義はいろいろありますが、私自身が作った定義によれば、民俗学とは神と人間と自然の三者の交渉の学です。自然のなかには動物、植物、あるいは無生物も含まれます。人間と動物のかかわりあい、あるいは神と人間のかかわりあいは、日本だけでなく外国においても見られてきた歴史であり、べつに珍しいことではありません。しかし、それをヨーロッパについて考えますと、神と人間との間には大きな断絶がある。また、人間と動物の間にも秩序があり、階層を思わせる自然のヒエラルキーがあるわけですが、日本では、神と人間と動物の三者は平等な立場に立ってコミュニケーションを相互に結んでいる。たとえば、人間と神とが結婚する場合もあります（神人結婚）。あるいは人間と獣の結婚もあります（人獣結婚）。こうしたかたちで、自然は人間のただ単なる受け手としての風土ではなく、お互いに発信をおこない、また信号を送り返す場である、と私は考えます。

　渚の問題は、神と人間と自然の交渉の学と定義した私の民俗学の中核に存在するものです。日本は世界でも有数のながい海岸線を持っている。日本は、台湾島のようなものでなく、大小何百・何千という島の連なりのなかに構成されており、複雑な海岸線を所有し、それが非常にながく、かつ南北に連なるという独特な島国であって、そこには四季の変化もあれば、いろいろな風土的なちがい、生活や考え方のちがいもある。じつに多種多様なものを形成している。それが海岸線によって保証されているところに、日本の島国としての特徴があると思います。たとえば、ジャワの大スンダ、小スンダのように温度の平均する島々が東西にながくのびているのではなく、南北に、斜めに、いわば袈裟《けさ》懸けにのびている列島というのは、日本独特のものなのです。

その海岸線は、もはや私たちがここであらためて論ずる必要もないぐらいに重大なものです。たとえば、海岸線を封鎖された場合は、いったいどうなるか。また、海岸線が大企業によって買われた場合はどうなるか。これは想像に余るものがあり、私はそれを皮膚の呼吸にたとえてみたことがあります。海岸が企業に買われれば皮膚呼吸ができなくなる。そうした自然の条件のなかに生存しているのが日本人ではないでしょうか。大火傷をした場合には皮膚呼吸ができなくなり、人間は死に至ります。それと同様なかたちで、いま、大きな企業が土地買い占めをやり海岸線を封鎖した場合、そのなかに閉じ込められた住民の生活は、ほとんど死に至らざるをえないようなところに追い込まれます。いわば一種の陸封魚としての生活の変容がおこなわれ、その海洋的な性格は変わらざるを得ない。そういうかたちが現在、私たちのまえに展開しているわけです。

神と人間と自然という場合の人間とはいったい何か。人間は他の動物とほとんど共通した性格をもっていますが、ただ一点ちがうのは、人間は他界＝死後の世界を考える動物である。民俗学的に人間をそう定義することができると思います。古代の日本人は、海の向こうに死者の行く島があると考えました。これは現実の島ではなく海上他界といって共同幻想の島で、それを「常世」と呼びます。南島では、「ニーラ」とか「ニライ」とか「ニールスク」と呼びます。海の向こうに死者の魂の行く世界があるとなると、渚はいったいどういう意味をもつか。それは、現世と他界との中心線なのです。

漁村ではほとんど海岸に墓地が設けられています。それは海の向こうに死者の魂が行く場所であるからです。

越前の立石半島の海岸部には産小屋がまだいくつも残っています（その建物は現在では物置きに使用されていることが多いのですが）。その産小屋は波打ち際のすぐ近くに設けられています。ということは、現世から他界へ送り出された魂が、他界から現世へ帰ってくる場所に産小屋が設けられているということです。産小屋のなかには、海のほうにだけ小さな窓が開いています。産小屋でお産をして二十一日あるいはそれ以上の日数が経つと、産婦は自分の実家へ帰るまえに、海のほうに行って波で自分のからだを清める。波でからだを清めるという意味は、ただ身を清浄にするというだけでなく、常世の神の祝福を受けて自分の家へ帰るという意味をもっているわけです。ですから、雪の降る厳冬でも、お産を終えて日数の経たない産婦が、渚で波を被ることで常世波を受けるのです。

沖縄では、三月三日に海岸に行かれない病人のために瓶を持って海に行き、それに潮水を詰めて病人のために家に持ち帰るという風習があります。それは、年中でいちばん潮の引く大潮の日の三月三日に、渚にニライカナイの波が押しよせると考えられているからです。

そうしたことをみても、渚は、いわば現世と他界の接点であるといえると思います。

沖縄の海岸では、海の向こうの神に向かって拝むという習慣が毎日のように見られます。船乗りをやっている自分の夫が無事であるように、あるいは、入学試験に行く子どもが事故にあわないように、といろんな願いが込められます。渚は海の神に向かって祈願し感謝の念を捧げる場所です。先ほどの皮膚呼吸にたとえてみると、海に向かっての願望が吐く息であるとすれば、吸う息というのは海の神からの恩恵を受ける行為といえます。こうしたことから渚が、民俗学的に重要な意味をもつということが、いえると思います。

渚は海の向こうからやってくる何ものかに対する人間の期待と恐れが表現されている場所で、その期待の感情は、地中海地方と日本列島を比べた場合に非常なちがいがあります。地中海は、ギリシア文明の揺籃の地であり、計画的にいろんなものを育むことのできる場所です。日本列島は、黒潮が日本の近海をまわっていますが、風の強さや方向、あるいは潮の流れの速さや遅さが不規則な場合が多いわけで、何月何日に何が訪れるということがはっきりいえない。そうすると、どうしても期待の感情が激しくならざるを得ない。そこに渚に対する日本人独特の感情が育まれたのではないでしょうか。

そうした不安をこめた期待の感情があるからこそ神の送り届けたものとして、流木や藻、貝殻、ときにはイルカや寄り鯨のような海の動物など寄物《よりもの》に対してたえず感謝の念をもってきました。

その一例として、北九州や山口県の弥生時代の遺跡から出たゴホウラという貝があげられます。その貝は南海産でありますが、北九州や山口県の弥生時代の遺跡からも出土します。奄美大島から南のほうの海でとれるのですが、奄美大島ではゴホウラのことを「テルコニャ」といいます。「テルコ」とは太陽のこと、「ニャ」とは貝のことですから、「太陽の貝」という意味です。南海の海に生息する貝を「太陽の貝」と呼んだ土地の人びとの気持ちは、彼方の海の底にキラキラしい世界がある、生活の光源があるという意味だろうと思います。

また、沖縄本島の金武《きん》湾ではテダハニスクという小魚が寄ってきます。「テダ」というのは南島語の太陽です。「太陽の羽（ハニ）」という名前のスクが海神祭のおこなわれる旧六月ごろに寄ってくるのを地元の漁師たちは海の神の贈り物だと考えているのです。テルコニャの「テルコ」、テダハニスクの「テダ」はいずれも常世の太陽と考えられます。われわれの民俗学でいう「もとつくに」（常世）は海の彼方にあり、それを受け取る場所は海岸である。ですから、海岸は単に現実的な場所ではなく、また単に信仰上の場所だけでもなく、現実と信仰上の感情が交叉した場所でもあったわけです。

民俗学的にみれば、もともと常民の世界観はたえず循環的なものをもっています。知識人であれば、自分の一生は自分の死とともに終わるという、いわば死ねば死にきりという考え方ですが、常民の世界観はけっしてそうではなく、死んだ者はやがて再生するという時間的な循環性をもっています。また、空間的にも循環性があり、神は空の上から降りて井戸、あるいは泉のなかに入って地底を通り、水平線の向こうに出て、また天空に昇っていく、ちょうど水蒸気の循環原理のようなものを神の原理として考えているのです。

この循環的な世界が常民の基本的な世界観の構図であると思いますが、渚は、その循環的な世界観の中心部分に位置しています。したがって渚がなくなることは、循環的（円環的）世界観を切断することにもなります。

海と陸さえあればいいではないか、渚なんかいらないじゃないかという考え方がテトラ・ポットや堤防で表されているとも思いますが、二重性をもった場所がないと人間の生活は健全ではないのではないか。昼と夜のあわいの夕暮れは都会ではなくなっています。それと同様に地方を回っても海岸が急速に失われている。そういうことが自然の一員である人間を非常に不健全にしていることは否めません。

渚は、平等性を確保される場所です。漁師たちが地曳き網をするとき、小さな容れ物を持ってそこへ行くと、漁師たちは同じように分けてくれます。これは、労働の平等性と同時に分配の平等性にも従っているわけです。渚の漁撈に加わった者に対する平等感覚が、昔から伝統的にあったのです。海岸だけでなく、山でも狩猟に居合わせた者にも分配します。このように、狩猟にしろ、漁業にしろ、平等性をもった行為がおこなわれていて、そこには階層的な秩序や力の強弱はありません。しかし、こうした人間の平等性、神のまえに一人の価値はだれでも同じものだという考え方はいまや急速になくなってきています。

私はこうした考えから、幾千年もつづいてきた人と渚のかかわりあいの歴史を踏まえて、渚の破壊が日本人の未来にとって、とりかえしのつかない喪失であることの意味を本書で訴えたいと思います。

ここにその一例として九十九里浜のことを提示することにします。

九十九里浜は、千葉県の飯岡町の刑部岬《ぎょうぶ》から岬町の太東崎まで、約六十六キロにおよぶ弓なりの浜で、日本でも代表的な砂浜の一つです。九十九里の名の由来は、古くは六町を一里としたところから、名付けられたと、慶長年間の古記録に見えています。

その九十九里浜は現在ではまったく昔日の面影を失っています。昔日といってもたかだか三十年まえのことにすぎません。今日、刑部岬から海岸道路を南下するにしたがって、波の浸蝕を受け、いたるところに護岸工事のおこなわれているところが、見受けられます。砂浜は寸断され、なかには砂浜が消滅してしまっているところも少なくありません。そしてどの浜も、よそからきた若者たちが大勢、波乗りして楽しんでいるすがたを見掛けます。若者たちが自然と戯れるのをとやかくいうわけではありませんが、そこに漁業にたずさわる地元の漁民が見当たらないことに――浜の主役はなんといっても漁民ですから――なにか疎《うと》ましくそらぞらしい感じを否むことができません。

いまでは夢のまた夢となってしまいましたが、一九六〇年代までの九十九里浜には、すばらしく活気をもった世界が展開していました。良い港に乏しい九十九里浜では、使用しない船はいつも砂浜に置かれていました。漁のために船を海に出すとき、また漁から帰ってくる船を砂浜に引き上げるとき、すべては人力に頼らざるを得ませんでしたので、地元の漁民は、フナガタと呼ばれる男たちやオッペシと呼ばれる女たち（漁民の母、妻、娘など）が、それこそ腰や胸まで波に浸かって、船を押し出し、曳き綱を持って船を引き上げたのでした。渚は全力をふりしぼって挑む漁民の壮絶な裸の戦場となりました。男たちは、誰も彼も文字通り素っ裸で、身体のまえの部分を、ミゴワラで申し訳程度にしばっているだけでした。フンドシやパンツは水を含むと身体にベタつくという理由からです。オッペシの女たちも、肌着をつけず、胸乳をまる出しにしているのが、ふつうのことでした。

こうした浜の光景は、地元の写真家小関与四郎の写真集『九十九里浜』（春風社）に収められています。小関の写真の息を呑むような迫力のある光景を見ると、照りつける砂浜の太陽のもと、波しぶきとたたかいながら、全力を出しつくす裸形の人間群像ほど、美しいものがあるだろうか、と思わず嘆息を洩らしたくなります。しかしこの光景は九十九里浜から永久に去ってしまったのです。

それでもわずかに九十九里浜の人びとの心意気をいまに残しているのは、上総一宮の裸祭です。

私は今年（二〇〇四年）九月十三日の大祭をつぶさに見ることができました。地元の若者たちに担がれた二基の神輿は、玉前《たまさき》神社から七キロ離れた東浪見《とらみ》の釣ヶ崎の海岸で、海上渡御の神事をおこないます。観客にまじり海岸の砂浜に立って見ているとフンドシ一つの若者たちが、波をかぶりながら烈しく揉みあう頭上に、秋の陽を受けた神輿は踊るかのようにキラキラかがやいています。若者のなかには、胸を白いサラシで巻いた少女たちの群れもまじっています。

彼らはまぎれもなく、フナガタと呼ばれる漁師やオッペシと呼ばれる女たちの後裔か、さもなくば地縁の若者たちです。ここには、九十九里浜の伝統が、まだ絶えてしまっているわけでないことが示されています。眩しく躍動する裸の若者の祭典は、渚が神と人間と自然の交流しあうかけがえのない場所であることを、はっきり告げていたのです。

（『渚の思想』序）

神・人間・動物＊

民俗学とは常民の学問である、ということはすでに申しましたが、常民とは何かということになりますと、私の考えでは自然的人間である。

しからば、自然的人間とは何かといいますと、これは自然界の生物の一員としての人間である。民俗学は人間を自然界のメンバーの一員として見ていくという考え方が根底にあります。人間とほかの生物の間に優劣をつけません。

ただ一つ違うところは、すでに「常民とは何か」のところで申しましたが、人間は死後を考えうる動物である。死後の世界を夢見ることもできれば、恐れることも可能である。あるいは、死後の世界を観念することができる。その観念のうえに、壮麗な哲学や神学を打ち立ててきた、という点です。

人間はほかの生物とまったくおなじである。誕生から死まで他の動物と同じような過程を通っていく。しかしながら、我々はさまざまな想像を死後の世界に加える。とくに自分の最期が近づくにつれて、死後の世界をあれこれと思うことが多くなります。死後の世界を夢見る動物としての人間が自然的な人間であり、常民であるというのが私の考えです。

人間がほかの生物と手を切って、人間の生活を営み始めた何万年も前から、人間はすでに死後の観念を持っていただろうと思います。ネアンデルタール人の頭骸骨のかたわらに朱の塊が置いてあるのが発見されたことがありますが、この朱の塊は魔除けだと思います。

日本の石棺なども朱で内部を塗った場合がありますが、これもおそらく赤い色が魔除けに使われたのだと思います。ネアンデルタールの時代から死者を葬るときには、悪霊が死後の生活を脅かさないようにという配慮がなされていた、と思われます。

先ほど自然的な人間はほかの動物と優劣がないと申し上げましたが、それはとりもなおさず、人間とほかの動物とは共存可能であるということを意味します。ヨーロッパのキリスト教神学では、神・人間・動物というはっきりした区分がありまして、そこには越えがたい一線があることは、すでにご存じだと思います。それに比べまして、日本の常民の世界では動物と人間との間に越えがたい一線はない。また、上下の関係もない。さらには、人間と神の間でも上下の関係、越えがたい一線がない。日本の神は、人間の生死を司る絶対的で普遍的な全能の神ではないということになるのです。

そうした神と人間と動物の三者の関係が一つの世界を構成するのですが、その三者の交渉の学が民俗学であるといえると思います。「民俗学とは何か」といいますと、神と自然的人間と動物のコミュニケーションの学問であるといえるだろうと思います。

民俗学はいろいろな定義が可能で、たとえば残存文化を研究する学問であるとも定義できます。『民俗学辞典』などにはそのように定義されております。しかし私は「民俗学とは神と人間と自然との交渉の学である」と思っております。

自然界のさまざまな生態を見れば、私の定義の裏づけとなるような現象が起こっていることが理解していただけると思います。

たとえば、遠野の早池峰《はやちね》の麓を流れる荒川にはモリアオガエルが棲んでおります。モリアオガエルは樹上に棲んでおりまして、産卵のときに、四十個か五十個の卵塊を渓流の中に流します。卵塊の中には、たくさんのカエルの卵がいるのですが、その卵からは四匹か五匹ぐらいしか生き残らない。というのは、その渓流に棲んでいるイモリが卵を食べてしまう。イモリが卵を食べなければ、モリアオガエルはたくさん繁殖できるのですが、モリアオガエルが無制限に繁殖いたしますと、こんどは周囲の物を食べつくして、急速に絶滅に向かいます。それでは、モリアオガエルの卵をパクパク食べているイモリが増えるかといいますと、そうはいかない。同じ渓流には山椒魚がいてイモリの卵を食べてしまいます。つまりモリアオガエルもイモリも山椒魚もお互いに相手を食べることによって、共存のバランスをとっていくという循環的な原理が働いていて、これが一つの自然の摂理として考えられているのです。

昔は北海道にはエゾオオカミがたくさんいたのですが、明治の十年代に十勝平野が豪雪に見舞われまして、食べ物を失った鹿が絶滅いたしました。そうしますと、鹿を食べていたエゾオオカミがこんどは絶滅に瀕していった。これは共存のバランスが崩れてしまった例です。

自然の生物の間には種の絶滅防止のためのさまざまな抑止力が働いていています。それゆえに自然の生物は弱肉強食という右まわりの循環の回路を持っていると同時に、その底に共存共生という左まわりの回路を持っている。民俗学は、相手を侵しながらもどこかでまたほかのものから侵されて、バランスを保っていくという自然界の法則の中で、食物連鎖に見られる敵対関係ではなく、生物相互の共存共生の面、つまり自然界に働いている「親和力」を民俗現象に置き換えたものである、と考えることができます。

そのようなことから、民俗学は「神と人間と自然との交渉の学である」という定義は、「神と人間と自然との親和関係を追求する学問である」と言いかえることも可能です。

（『私の民俗学』）

タマスという言葉

私は南九州の漁村で生まれ育った。そこには白い砂浜の海があり、子どものころ、夏はよく泳いだ。その砂浜では地曳き網もおこなわれたので、夜明けに家を出て、それを見にいったこともある。弁当箱のような容器を持っていくと、漁師たちは地曳き網でとれた小魚を分けてくれた。そのときの思い出はながく私の記憶にとどまった。南九州から南島にかけて狩猟や漁のとき獲物の配分を示す語をタマスと呼んでいる。ヒトタマスといえば一人分に相当する分け前を指す。これは

「賜う」「賜わす物」に関係ある語であるが、柳田国男は霊魂のタマとも根本は一つであると言っている（「食物と心臓」）。

タマスは当事者だけの権利ではない。その狩りや漁の現場に居合わせた者にも「ミダマス」が与えられる。幼い私が分け与えられたのもミダマスであったのだ。

昔はその場に居合わせなくても、たとえば家で眠っている赤ん坊にも、またゆきずりの旅人にも一人分のタマスが与えられた。そこには神のまえの平等の原則が貫かれていた。神のまえで獲物が多いことを祈願し、獲物がとれたときには、その一部を神にささげて感謝する、という古来の風習を前提とした平等な分配であった。私にはこうした体験があるので、以前、兵庫県の高砂市で高崎裕士たちの入浜権運動が起こったとき、いち早く共鳴した。それは私の共鳴というよりは、私のなかに刻みこまれたあるものの共鳴、すなわち幼時に浜辺で教えられた平等の精神の共鳴であった。

九州の椎葉《しいば》の山中で聞いた話であるが、猪のとどめを刺した者には、打ちダマスといって前足が与えられる。それは猪肉総量の五分の一にあたる。打ちダマスをのぞいた残りの部分は、仕止めた者をも含む全員に対して平等に与えられる。この場合、猟犬一匹も一人前のタマスを受ける。とりわけ働きをする犬には、胆嚢をつける。胆嚢はユとよばれている。猪狩りには猟犬を使う。猪を仕止めると猟師はすかさず猪の心臓にヤマカラシ（短刀）をつき刺す。心臓の鼓動につれて、たぎった血が噴き出す。塩気の利いたその血を飯盒《はんごう》のふたに受けて、犬たちにあるだけ飲ませる。犬が猪の血をほしがるのは、烈しい戦闘で身体がやけるからだ。年老いた犬ほど疲労が烈しいので、年齢の順に犬に与える。このとき猟師もまた血を飲むのである。「血を分けた兄弟」という言葉はまさしく、古くから猟師と猟犬の間柄を示すにふさわしい語であった。

猪の腑分《ふわ》けがすむと、持参した御幣に猪の心臓の血を塗りつけたものをかかげ、また心臓を七切れに刻んだものをはさんで、山の神に感謝をささげる。猪の心臓はコウザキともマルとも呼ばれている。早川孝太郎は、猪の心臓の血を白地の紙にまるく塗りつけるのは、日の丸の旗の起源ではないか、と言っているが、それはともかくとしても、分け前をタマスと呼ぶことと思い合わせて、ここに古代の信仰にもとづく分配の形式をうかがうことができる。

秋田マタギは、仕止めた熊や羚羊《かもしか》を山中で解体したあと、その肉を串に刺して焼き、山の神に供え、人びとも分けて食べるが、肉にはかならずサンベ（心臓）を入れる。これをモチグシ（持串）の作法という。心臓を入れるのは神人共餐のもっとも原初的な形態である。

獲物の初物を神にささげるのは漁業の場合もまったく同じである。宮古島では旧七月にイムザニッと呼ばれる年中行事がある。イムは海のことであり、ザニッは三日《サニツ》、つまり潮干狩りに適した日を指すのであろう。その日村の人はみな海に漁にゆき、とった魚はすべて御嶽の神のまえに供えてから、そのあとで各戸へ公平に分配する。伊豆南崎では漁があるとまず神にささげるのをハツオアゲ（初魚上げ）と称している。またその際、村中へ幾切れかの魚を配ることをオニアイと呼んでいる。ニアイはニイアエすなわち新餐・新嘗の儀で、本来は神が初魚を食し給う意であったと倉田一郎は述べている（『経済と民間伝承』）。

八重山ではタマスをタマシとかタマシイと呼んでいる。石垣市の漁師から「ザンダマシ」という言葉があると聞いたことがある。ザン（ジュゴン）の肉はとても美味なので、その肉を分配するにはつとめて不公平にならないようにしなければならない。そこで平等に分けることを「ザンダマシ」と呼ぶという。八重山で分け前を意味するタマシが、霊魂を指す語でもあるというのは両者の関係を暗示するものである。

私はこの小文の冒頭で、神のまえの平等といったが、この平等が分配の平等であることにとくに注目するのである。それを可能にするのは何かといえば、狩猟にせよ漁撈にせよ、神に祈願し感謝することが前提になっているという事実である。これらの獲物が山の神あるいは海の神の授かりものであるという考えは、タマスという言葉の由来からも推察できる。だからこそ神人共餐ののちには、居合わせたものには例外なく、また家にいる病人や赤ん坊、さては旅人にまで惜しみなく獲物を分配した。それも、役割、年齢、働き、地位などによる差別なく、平等に分かつことができたのである。

以上のことから、神を抜きにして、分配の平等がおこなわれるかという問いもまた成り立つのである。ここで思い出すのは、私の学生時代に下宿していた家の未亡人の話である。その未亡人の夫は、武者小路実篤が大正七年に宮崎県の山間に「新しき村」を建設したとき、共鳴して全国から参加した四十余名のなかの一人であった。彼らはトルストイの人道主義にもとづいた平等を目指したが、実際の生活はその逆であった。「あの家はコーヒーに入れる砂糖の量が多すぎる」ということまで非難し悪口を言い合ったというのである。平等な生活を心がけるあまり、そのような些細な事柄まで干渉し合うというのは、滑稽というほかはないが、ここには神の賜物としての分け前を万人に惜し気もなく与えるという豊かさが欠如していることは明らかである。それを可能にした狩りや漁の神は生活に密着した神であって、生活と遊離した観念的な神ではない。ここに観念の世界ではけっして生まれることのない生活者の思想、言い換えれば民俗の思想がある。

（『渚の思想』）

うぶすな

うぶすなが産小屋の内部に敷いた砂を指すことは私はたびたび書いている。それにもかかわらず、民俗学者のなかからそれについての意見がまったく表明されない。はたしてそれに賛同しているのか、それとも故意の沈黙を守っているのか私にはわからない。宮城県の考古学研究家が従来狩猟のための銛とされていたのを海獣をとる漁猟用の離頭銛として自説を発表したときも、その説が考古学界にみとめられるのに十数年を要したというから、私もそういそがないでいきたいと思う。

私がうぶすなとは産小屋の砂のことを指すという話を聞いたのは敦賀市の常宮に住む河端亀次郎からである。私は一度聞いたが、それでもあきたりず、それから半年経ってからもう一度たずねていって、それを確かめた。

河端老人は明治三十七年生まれであるが、自分の若いときに聞いた話に、この常宮の北の白木という部落では、産小屋を昔は焼いていたということがあったという。常宮では砂を敷いた上にワラを敷き、その上にさらにムシロや布団を置く。そこでお産が終わると産小屋の砂の一部をとりかえ、敷きワラを出して焼いたが、白木では産小屋ごと焼いたからもっと衛生的であるという話を聞いたことがあるという。常宮の場合は共同の産小屋であるが、白木では出産ごとに個人の小屋が建てられたものであったろう。現在では白木には共同の産小屋が残っているが、それを焼いたという話はもう誰も知らなかった。しかし隣の部落の丹生では、明治の終わりごろまで、一坪ぐらいのワラ葺きの屋根や壁の小屋を建てて産んだ。そうして子どもを産むと、小屋をくずしてもやし、海に流したという話を私は確かめた。ただ柱はつぎの出産者のためにとっておいたようである。

このように、『記紀』のコノハナサクヤヒメが産小屋に火をかけて産んだという話と同じ習俗が日本海の海村に残っているのにおどろかされる。産小屋の内部の盛り砂を安産のお守りとするところがあることは、高取正男の『宗教以前』にも書かれている。そこは京都府天田郡三和町の大原という部落である。私もこのたびそこを訪れてみたが、産屋がまだ大切に保存されていた。それはまったくの天地根元造りで、ワラ屋根が地面まで垂れ下がっており、出入り口の壁もワラで編んである。ここで私は百歳近い片山トメという老女に話を聞くことができた。その話では、この産小屋はまえにはカヤブキであって、明治末までは産小屋で子どもを産み、そのたびに産屋を建てかえたと聞いていると言った。またそのつどヤネをふきかえた。あとでは家の土間にワラを敷いてそこでお産をすると、翌朝すぐにこの産小屋に行き、三日三夜こもったという。もちろん、この一坪半のせまい産小屋には川砂を敷き、その上にワラを敷いて床は張らなかった。床を張ったら難産、床をとったら安産といわれたという。

青森県のむつ小川原では、自宅のネベヤを産室にする風習があったが、もとは畳をとって灰をまき、ワラシベを敷いた上に坐って産んだという。なぜにわざわざネベヤの畳をはがし、灰をまいてその上にワラシベを重ねたか。それは常宮で見られたように砂の上にワラシベをおくという習慣を、その理由もわからず、しかし忠実に模倣しているのである。これでみると産小屋の砂がいかに重大な意味をもつかがうかがわれる。

産室をスと呼んでいるところは多い。人間も動物のスの真似をする必要があったのかも知れぬ。むつ小川原では難産のときに熊の腸を乾燥したものや、小石をなかにくわえこんだ子持ち石を産婦の腹帯にしまいこむ風習もある。

このように私の知見だけでも、従来の民俗学に付け加えるいくらかのものを確実にもっている。民俗学の新しい地平とは日本人の世界観や死生観を明確にすることにほかならぬ。それが民俗学の究極の課題であると私は考える。

（『私の民俗学』）

ひさごとたまご

一

神社と墳墓とは一見相容れない存在のようにみえるが、もとは一つであったという考えは、近来私の胸に頻繁に去来する。このことについてはすでに大場磐雄が、昭和十八年十二月に刊行した『神道考古学論攷』に述べている。大場はその中の「古墳と神社」という一章で「我国上代の神社が墳墓から起こったとする考察、及びこれに関連して上代の墓と社並に葬と祭とが同一であるとの意見を有した先輩は、決して少なくない」と言い、江戸時代の谷川士清、藤井貞幹、明治の栗田寛、現代では山本信哉、太田亮、加藤玄智、中山太郎、山口鋭之助、後藤守一などの名をあげている。その論拠は紹介されていないが、古墳と神社とが同一地にあるものの数は、全国にわたってすこぶる多いと言っている。私もまたこの数年、地方の由緒ある神社を訪れて、古墳の上に神社の建てられているのをしばしば確認している。

それではなぜに神社と墓とがおなじ場所にあるのか、といえば、一つには祖先の霊を祀るのが神社の起こりだと答えることができる。もともと祖先の霊の所在地である埋葬域が、やがてその記憶が忘れ去られたのちも崇敬の場所となったとする考えである。私もこうした神社起源説に異論はない。金達寿は神社の形はもともと朝鮮における祖霊廟に起こったとする。また仲松弥秀は、沖縄においては神を祀る御嶽《うたき》はもと人骨の埋まったところであるという仮説を立てている。この仮説はそれに反論できにくいところから、大方の支持を得ている。

こうした事実からすれば、神社と祖霊の祭場とは不可分であって、その前提として、そこにはかつて祖先の骨、あるいは村落の有力者や地方の豪族、さては祭祀者の骨が葬られているというのは、まずあやまりのないところである。沖縄や奄美の例でみられるように、最初は神社という建造物をまったくもたないものであったにちがいない。

日本本土のばあい、山のふもとに拝殿はおいても本殿をおかない例は三輪山をはじめ少なくはない。このことは、はじめは拝殿さえもなく、山を対象として礼拝していたことを示すものである。こうした御神体としての山を、日本では神なび山と呼ぶばあいがある。神南とも甘南備《かんなび》あるいは燗鍋とも記されている。この語源については諸説がある。神のかくれこもるところとする「神なばり（隠）」説（武田祐吉、加藤義成、上田正昭、大場磐雄）のほかには神蛇の住む山の「神なび（蛇）」説（高崎正秀）。また「かむ・な・び」と分けて「な」は「の」であり「び」は「もり」「やま」とする「神の森、神の山」説（真淵、折口信夫、池田弥三郎）がある。さらに「なび」は「なば」「なめ」など霊石を意味する「神霊石」説（堀内民一）がある。

この神なび山は出雲国の意宇郡にも神名樋山があり、肥前にも甘南備山がある。山城国綴喜郡にも甘南備神社がある。これはいずれも山の形が円錐形または笠の形をしている、と大場磐雄は指摘している。

神なび山はまた、みむろ（御諸、三諸、三室）ともいう。みむろの山は大和の三輪山だけではない。「神なびの三諸《みむろ》のやまに……」と『万葉集』にあるところから、三室と神南備《かんなび》とは同一物を指していると考えられる。大場によると、信濃国の木曽福島町の西南に大字御室と称する地があり、木曽川にのぞむ平地に大円墳状の隆起がある。同国北安曇郡にも小室と称する地があり、諏訪神社が建てられているが、その背後には三角形の独立丘がある。やはり信濃国の北佐久郡小諸町の在には大諸と称する所があって、大円墳状の独立丘がみとめられる。この大場の報告の中に、みむろの山をいずれも円墳状と形容しているのは注目すべきである。

つまり三室は神聖な岩屋であり、室《むろ》のようなこもった場所にちがいない。とすれば、それは神なびとおなじ意味をもつと考えても差し支えない。大場磐雄は御神体山、神なび山、みむろ山は山容が秀麗だから「何人も思わず崇高の念を抱き、あるいは親愛の意を有するに至る」と言っている。これがこれまでの通説といってよいだろう。

だが果たしてそうだろうか。神社と古墳とがもともとおなじものだとすれば、そして神社の建物がはじめは存在しなかったとすれば、この山こそは祖先の骨を埋めた墳墓の地ではなかったか。古代人が円錐形の山にとくに眼をつけた理由は、もとよりその山の形にある。しかしそれは山容が美しいからではない。それが死者を葬るにふさわしく、またじっさい祖先の霊をそうした山に葬ったからにほかならぬ、と私は考える。

二

神なびという語は、たしかに隠妻《なびづま》というように、神がかくれている意味にも解釈される。神とは祖霊神にほかならぬとすれば、祖霊のかくりますところという意味で、神なびとしたのであったろう。しかし、また「神なび」は「神鍋」ともみられるのである。その山容が鍋を伏せたかっこうだからである。鍋神というのを転倒して神鍋と記したと考えてもよい。この鍋のかっこうをした山はとくべつの意味をもっていたと私は思う。

　というのも、朝鮮においては新羅の王陵をはじめ、王陵はほとんど円墳であって、鍋を伏せたような感じだからである。これは今日も庶民の伝統につらぬかれている。すなわち、朝鮮の墳墓はすべて土まんじゅうで、その上を芝草が蔽っている。つまり朝鮮半島の墳墓の形式は円墳を原型とする。これが日本に伝わらなかったはずはない。考古学的な文物が大陸から流入し、しかも大陸からおびただしい人びとが渡来し、支配者層に組み入れられたとき、その墳墓の形式も伝来したと考えるのは自然である。この古墳の原型はそのまま神なび山への信仰に移行していったのだろう。祖先の骨が埋められ、その魂のやどるところが崇敬の対象とみなされたのは、とくに大和盆地の周辺に住む人たちにとっては日常のことであった、と解釈するのには異論はない。だが、神なび山を成立させた大陸渡来の円墳には、また別の意味がこめられていた、と私は考えるのである。

『三国遺事』を見ると、新羅始祖の赫居世《かくきよせい》王の条に卵生説話が記されている。白馬がひざまずいているのでたずねてみると紫色の卵が一つあり、そこから男の子が生まれたとある。またひさごのような卵から男が生まれたともある。これは「駕洛《から》国記《こつき》」の条にある。また高句麗の始祖伝説にも卵から生まれる話がのっている。こうした卵生説話は朝鮮の神話伝説の特徴である。

　韓国の学者でシャーマニズム研究家の徐廷範は卵が天から降りてきたという共通性をもっているのは、生命の母体が天（ハヌル）だという観念があるからだとする。ハヌルはハナルともいうが、ハナルはハン（大）とアル（卵）の複合語だと、徐廷範は言っている。徐はかつて私に、王陵や庶民の墓が円墳であるのは、卵の形を摸したものであって、卵から再生するという意味がそこにこめられているにちがいない、と語ったことがある。朝鮮の始祖がすべて卵生説話をもっているとすれば、この説はきわめて重要なものであることが分かる。

　この推定を実証するものとして、慶州の一五五号という円墳を最近発掘したところ、石室の土製の壺の中におさめられた卵のからが約二十個出てきたことを、森浩一は報告している。それに馬の鞍のうしろに真白い天馬が描かれているのが発見されたという。これは新羅の赫居世の誕生を記すのに白い馬がひざまずいていたので、その場所をたずねると紫色の卵があったという記事をそのまま思わせる。すなわちそこに葬られた王族は、この神話のように再生することを願ったのである。

　このようにしてみれば、もともと朝鮮の古墳が卵を模して、再生への欲望を秘めたものであったことが分かる。これが、大陸からの渡来人によってもちこまれ、日本の古墳の形式である円墳ともなったことはだれしも納得しよう。

前方後円墳についていえば、円墳のまえが祭壇であることは、私が新羅王陵をおとずれたとき、円墳のまえの四角い敷石に足を踏み入れたところ、そこは神聖な場所だと守衛から咎め立てされたことからも推定できる。しかし、それと同時にもう一つの解釈も成り立つ。前方後円墳は横から見せるものだというのは、三品彰英説であり、松本清張説である。その説にしたがって横からみて見ると、その姿はひょうたんをたてに割ったいわゆる「瓢塚」の形なのである。

三

ここでまた『三国遺事』を見ると、新羅の始祖説話の条に、卵から生まれるが、その卵はまるで瓠《ひさご》のようであったとある。朝鮮に多い朴姓は瓠という意味だとも述べてある。そこでひさご（ひょうたん）が卵とおなじように再生の器であり、しかも天空はひさごの形をしていたと信じていたことが推測される。『万葉集』に「天」の枕詞として使われている「ひさかたの」ということばは、もともと「ひさご形の」という意味であると解釈する向きもある。「ひさ」というのは古語でひさご（ひょうたん）をあらわしているからである。丹後峯山町にのこる羽衣伝説を今も伝えている家で私が直接に聞いたところでは、天女は干瓢の蔓をたよりにして天空にのぼっていくのである。このようにしてひさごはそのまるく中空のかっこうが天空をかたどり、また卵のように再生する道具と思われていた。前方後円墳はじつにこの「ひさご」を摸した形だと私は思うのである。

すでに前方後円墳は韓国においても数基発見されていると聞く。これによって日本独自をほこる古墳ではないことは明らかになった。今後韓国ではさらに発見されていくにちがいない。無土器時代の石器などは戦前に考えられなかったが、岩宿で発見されると、今や百を越す遺跡が確認されている。

こうした例をみても前方後円墳の増加する確率はきわめて高い。そうして韓国において円墳が卵の形をあらわしたのであるとすれば、前方後円墳が、そのもっとも古い信仰にしたがってひさごの形をあらわしたと考えてならぬことは、どこにもないのである。

日本においてもひさごは魂を入れる容器と考えられており、盆に墓まいりするときにひさごをもっていって祖霊をそれに入れてくるという習俗もある。

さて、このようにして円墳に葬られた主は祖霊として祭祀されるようになった。神なび山は、鍋の形をした神体山であり、その鍋はもともと卵をあらわしたものであったと私は思う。この私の推測をもう一つ裏付けるのは、「かむなびは、出雲系統の神を祀った所であるらしい」という折口信夫の説を受けて展開している池田弥三郎の論文である。池田は大和の葛城の鴨の社が、鴨の社を中心に、鴨神をいつきまつって移住し定着した出雲人の居住の地であると推定している。大和におけるかむなびは「出雲国造《くにのみやつこ》神賀詞《かむよごと》」によると四ヵ所あって、一つは三輪のかむなび山、二つは葛城の鴨のかむなび、三つは宇奈提のかむなび、四つは飛鳥のかむなびとなっており、オオモノヌシ、クシミカタマ、アジスキタカヒコネ、コトシロヌシ、カヤナルミを、それぞれ祭神とするとされている。このうちオオモノヌシ、アジスキタカヒコネ、コトシロヌシは出雲系の神とみなしてよい。

かむなび山は、もともと円墳という発想にもとづくとするとき、朝鮮半島からの有力な渡来地である出雲にまずそれが生まれ、やがて大和にも伝わったと考えることができるのである。かむなびの形については、大場磐雄は孤峰説であり、堀内民一は、山頂がゆるやかな鞍部をもって、でこぼこがある山というのがその特色であると主張していることを、池田は紹介している。孤峰説にしたがえば卵を思わせ、二峰対立説にしたがえばひさごの形を思わせる。

しかし、また神なびにはもう一つの意味があると私は思わざるを得ない。神なびという語は「神なみ」でもある。「なみ」は蛇を意味している。三輪山に蛇にまつわる伝承が伝わっているのは有名である。それは蛇神のとどまる山であると理解することもできる。みむろの山の大蛇を捕らえるという話かあるが、このみむろと大蛇とは不可分であり、神なび山と推定される雷丘もまたそうである。雷は大蛇を指す語でもある。アジスキタカヒコネはこれまた大蛇神といわれている。

この三輪山説話とおなじ語が『三国遺事』にのっている。しかし、それは蛇ではなくて、大みみずとなっている。

そしてそれが一方では沖縄の宮古島の漲水《はりみず》御嶽にも伝承としてのこっている。娘のところに夜な夜な通ってくる若者の正体を知ろうとして、麻糸をころもにつけておき、あくる朝それをたどっていってみると、蛇が片目を麻糸の針にさされて苦しんでいた、という話である。

八重山ではナビンドウというところから赤マタ黒マタという二神が出現する。この赤マタという語は沖縄では蛇を指す日用語である。そしてナビンドウはナベ底のような窪地であるが、その一方では蛇の出現する洞穴とみなされないことはない。

卵とひさごと蛇と。これに共通なものは何か。それは再生の観念である。卵生説話は日本本土にはまったくなく、琉球弧の宮古島に数例がのこされているばかりである。ただ八重山では井戸を掘ったときや地鎮祭のときに卵を供える。これもまた再生への願望を秘めているともいうべきであろうか。いずれにしても朝鮮半島と琉球と日本本土との関係はじつに密接であり、それを一体としてとらえる視野の確立が急がれる。

四

神なび山がその秀麗な姿をもって神体山と称せられたのではなく、かつて祖先の葬地であったがゆえに崇拝されたことを推測させる有力な論文が柳田国男の『山宮考』である。それによると、伊勢の内宮の禰宜を独占していた荒木田氏、外宮の禰宜家の度会氏の氏神はいずれもアマテラス大神ではなく、彼らは別に氏神をもちその祭りをおこなってきた。ところで毎年二度の氏神祭、次には年一回の山宮神事を終えた度会姓の人たちは帰りにかならず服忌路をとおった。服忌路というのは、物忌に服する人の忌みの路という意味であって、氏神祭山宮神事を触穢とみなしていたことがこれで分かる。また氏神祭に参列した本宮奉仕の禰宜は三日の潔斎をしないと神前に出ることを許されなかった。また山宮祭のばあいに度会氏の一族では、まず参列者一同が祭りの仮屋で共同の飲食を終えて、そうして谷川の水で口をすすぎ手を洗ってから山宮祭にとりかかる。これは葬式のばあいの食い別れとも見るべきものであって、神人共食のいわゆる直会《なおらい》というものではない。直会は祭りがすんでしまってからおこなうものであるが、これは祭りの直前におこなうものである。

では氏神祭と山宮祭の関係はどうかというのに、荒木田氏はもと氏神祭場から一里余の川上にある外城田《ときだ》の積良《つむら》谷で山宮祭をおこなっていた。『神都名勝誌』には積良谷の山宮祭場を荒木田氏祖先の墳墓なりと記してある。つまり山宮祭場は葬地であり、山宮祭と氏神祭とは関連があることがこれによって推測される。

柳田はこうした山宮祭場がオキツスタへとかオクツキとかいう語で表現された祖先の葬地にはじまると推論している。そこは祖霊の隠れ宮であり、常の日の居場所にほかならなかった。それが一定の期日を約して山を降り、後裔の生存の基礎であるものを安全にするために、稲の生育に注意を傾けて、毎年かならず田のいとなみの始めと終わりに故郷の土を見舞うと信じ切っていた時代があった、それが山の神と田の神の関係だと柳田は考える。

「曾ては我々はこの現世の終りに、小闇く寂かなる谷の奥に送られて、そこであらゆる汚濁と別れ去り、冉々《ぜんぜん》として高く昇つて行くものと考へられたらしいのである。我々の祖霊は既に清まはって、青雲たなびく嶺の上に休らひ、遠く国原を眺め見おろして居るやうに、以前の人たちは想像して居た。それが氏神の祭に先だつて、まづ山宮の行事を営まうとした、最初の趣旨であつたやうに私には思はれるのである」

このように柳田が書いている文章は要するに上世の葬法が死体を山奥に葬送し埋めることであったことを告げていることにほかならぬ。

したがって神社と古墳とが同居していてももとはあやしむに足りなかった。ただ断っておかねばならぬのは、柳田も『山宮考』で指摘しているように、大和の三輪神社などは、その祭主の大神氏は神の苗裔として知られているにもかかわらず、「なお奈良の率川《いざかわ》神社を以て大神氏の氏の神なりとする説が行われていた」という事実をみても、そのまつる主神と家筋の氏神とを別にして考えてみる必要がある。

ちなみに柳田の『山宮考』は昭和二十二年六月、小山書店より、新国学談の第二冊として刊行された。おそらく柳田はこの主題をながくあたためており、その結論をつとに見透していたのであろう。だが、戦前戦中にあってはこのようなことを公表するのをはばかっていたのではなかったか。

さて前川明久は『日本のなかの朝鮮文化』(第二十二号所収論文「伊勢神宮と新羅の祭祀制」)の中で大略次のように言っている。五世紀には神をまつる祭祀行為と死人を葬る葬礼行為とが分化したといわれている。

「五世紀末には前方後円墳の規模はいちじるしく縮小される。六世紀になると天皇の権威の象徴は古墳から神殿へと移行する。伊勢神宮の呼称が神祠から神宮に移行するのは六世紀後半においてである。六世紀後半といえば古墳の編年からみても後期古墳の時期に属する。このように、祭祀形態が秩序化され、神殿が洗練されたものになるのは、五、六世紀において天皇陵を中心とする前方後円墳の築造の盛行や衰退と無関係ではなさそうである——」云々。

さらに前川は次のように述べる。

「伊勢神宮が神祠から神宮の称号を付するようになった転化の契機は、六世紀後半における新羅と日本との関係にあって、新羅の祭祀制の影響によるものではなかったかと考えられ、神宮の称号の起源は新羅の神宮に由来したものと思うのである」

この前川の指摘と柳田の『山宮考』とをつきあわせてみると、古墳が縮小し消滅する以前の祭祀の形態がおぼろげに浮かびあがってくる。すなわち、前川の言うように「古墳の副葬品を通して祭祀形態の変化をみると、四世紀末までは石製品や鏡・剣・玉などの祭祀関係の実用品が多く、鎮魂呪術的な色彩が濃厚であったが、五世紀になると滑石・臘石などの小形の粗製模造品を中心として供献的な祭祀に整備される」。こうして、死者と神とは分離されていく。

ところで三品彰英は『古代祭政と穀霊信仰』の「前方後円墳」についての論文で次のような見解を披瀝した。三品は古代には壺や甕を地中に埋めるという習俗のあることから「神霊の容器であるところの壺を横にして半ばを大地に埋め(これが即ち前方後円墳そのものである)、しかもその周囲にも更に壺(土師器の壺やそれの発展形態であるハニワ)を埋める、というのが古代人の神霊観念にもとづく実際的葬法であったろう」と推測する。さらに三品は「丘尾切断説」とか「前方部祭壇説」とかいうような理窟っぽい合理的な説明よりは少しでも古代人の考えに添うて説明することの必要を強調している。

前方後円墳についての諸説の中で、私の考えは三品彰英の考えにもっとも近い。しかし、壺・甕説と卵・瓢説とを比べてみたばあいに、双方ともに神霊の容器であることは共通しておりながら、壺・甕には欠けている観念がある。それは再生の観念である。すなわち卵・瓢からはたましいが生まれ出るという観念がある。壺・甕に穴があけてあることを三品は注目する。なるほどその穴からたましいは出入りするが、再生することはない。卵や瓢は死者を埋葬するための容器であると同時に、再生のための容器でもある。しかも卵・瓢は中国南部から朝鮮にかけての古代神話において人類の始祖や一国の始祖が生まれ出るのに不可欠なものであった。ということからみても三品の言うように、「古代人の考えに添うて説明する」には卵・瓢説がもっともふさわしい解釈であるといわねばならぬ。三品の壺・甕説から私の卵・瓢説へは一歩であるが、その一歩の差は大きく開いている。（『古代史ノオト』）

日本人の信仰の原点

日本民俗学の二人の巨人、柳田国男、折口信夫が生涯をついやして追求したのは、日本人の信仰であり、その原点としての「常世」であった。常世こそが日本人の血にもっとも深くくい入る意識であって、それにくらべると、他の問題はすべて派生的な枝葉にすぎないことを柳田も折口も告げているように私には思われる。常世という言葉を口にするとき、幾千年かにわたる時間はとつぜん切りさかれて、私たちは歴史の川床が一瞬にして見えるような気がする。常世の問題は理性だけではなく、魂のもっとも奥深い部分が共鳴しないではすまない全存在にかかわる問題として、私もまた私なりに関心を抱いて今日にいたっている。

常世は他界という点からみれば他民族とも共通の主題である。しかし、一方ではきわめて日本的な主題でもある。というのも、他界を海の彼方に求める民族はかぎられているからである。海上他界を信ずる民族の中にあっても常世はなお特殊である。常世に対する郷愁ともいえるほどのつよい係恋《あこがれ》が、他民族の海上他界観にもみられるからうたがわしい。

常世は実に日本人の信仰の原点であるばかりでなく、日本人の文学意識の原点でもあった。イザナギはイザナミをヨミの国にたずねて追い返され、スサノオはアマテラスのために追放されて泣きながら根の国に下りていった。トヨタマヒメはお産をしている光景をヒコホホデミにのぞき見されたというので、怒って海神宮に去っていった。この三つの神話とも、男のほうがタブーをおかしたかどで、男女の間に葛藤が生まれ、疎外と隔絶が引き起こされるという内容のものだが、それはまた現世と常世との対立とみることもできる。

常世は「ヨミの国」であるとともに「根の国」であり、また「海神宮」ともみなされている、そのもっとも感動的な表現が「妣《はは》の国」という語であろう。妣の国とは、去っていった自分の母親のいるところ、または祖霊の住む場所のことであり、常世の別名にほかならぬのであるが、失われた楽園へのなげきをあらわすのにもっとも適切な語ではないか。それだけに常世は一種のエディプス・コンプレックスとして、日本人の意識の中にくり返し、ひそかな旋律をかなでるのである。かくして日本における「悲劇の誕生」はそれまで往来可能であった現世と他界との断絶から始まるということができる。日本の古代人が、国生みのすぐあとにこのような不幸な意識の裂け目を経験し、それに先立つ世界への郷愁に身をまかせていることに、私は注目する。その郷愁の名残は、今日、若者もまじっておこなう三月の雛流しや盆行事の灯籠流しにもまだ見ることができる。

ではエディプスとは誰か。『古事記』や『書紀』が編纂されたときは、強大な父権にたとえることのできる古代専制君主が出現していた。その祖型はすでに雄略帝にまでさかのぼることができるが、雄略帝のころを境目として、常世の権威と現世の権力が均衡をくずしていく。世俗の権力をにぎる帝王の地位が増大する結果、祖霊である常世神の持つ神聖な権威ははぎ取られて、世俗の権力者である帝王の衣としてまといつけられる。

かくして古代の帝王は権力と権威を一身にあわせ持つことになる。現世と他界との均衡の上にきずかれた二元的世界観は破たんし、現世にだけ関心が集中するとき、血で血をあらう権力闘争は不可避である。天武・持統帝の時代から奈良時代にかけて、そのもっとも集約された激烈なすがたが見られる。それはまた現代社会における他界意識の欠如ともつながっている。眼に見えるきらきらしい世界にのみ心をうばわれ、眼に見えない世界へ心をひそめることはなくなった。こうして私たちは今、日本における伝統的な世界観の危機に立ち会う。

常世は古代にだけあるのか。そうではない。常世になぞらえられる信仰が南島ではニライカナイへの信仰として今日までつづいている。奄美の海村では稲魂（穀霊）をニライカナイから引きよせる行事があるし、沖縄の八重山では祖霊神がニライカナイからやってきて豊作をもたらすという祭りがある。

日本人は本土と南島とを問わず、海の彼方へきき耳をたて、あこがれ、期待なしでは生きられない歴史を持っている。とすれば常世は日本人にとって宿命的な幻影として、これからも消滅することはない。それはまさしく「日本人の条件」なのである。しかも死者は忘れられ、常世あるいはニライへの思慕をひめた海はけがされている。日本の国土の破壊は日本のもっとも根源的な世界観の破壊につながる。そしてその逆もまた然りである。

柳田国男と折口信夫は、民俗学の課題を追求するにあたって、心の奥ふかくそのことを感じていたのであったろう。でなければ八十幾歳の老齢で、柳田が『海上の道』に取り組み、折口が死の前年「民族史観における他界観念」を弟子に口述筆記させたという事実の説明がつかなくなる。そして柳田が死んでから十年、折口が死んでから二十年、彼らの投げかけた常世の問題はその光芒をひろげていくかに私には見える。

私もまた常世の問題は日本人の信仰を明らかにするための最重要な課題であるという認識の上に立って、全国各地をあるき、私なりの手さぐりを始めている。柳田と折口の学才によっても常世がすべて解明されたわけはない。その証拠には柳田と折口は常世のイメージについてもっともするどい対立を示しているのである。人はあるいは言うであろう。他界と死者の復権を目指すことはナショナリズムへの危険とつながるのではないかと。だが常世については、そのような懸念は無用である。なぜなら常世は開かれた世界観に向かうものだからである。

（『古代史と民俗学』）

〈ヤポネシア〉とは何か

私は日本に対するさまざまな起伏をもった体験のはてに、日本の彼方にヤポネシアという歴史空間の幻をみるようになったようである。しかし私にとってヤポネシアとは、日本人に特有な水平願望を意味するものではない。昨日も今日も明日も、飲み食い、騒ぎ、そしてそれ以上にかくべつ野心をもたない人びとの渦まく日本列島社会そのものである。島尾敏雄の造ったヤポネシアという言葉に私がひかれるようになったその裏がわには、日本列島社会を「日本」と同じものと考えたくない心情がある。私にとって日本というイメージは手垢によごれすぎた。そのイメージを洗うものは、日本よりももっと古い歴史空間か、日本よりもっと生きのびる、つまり若い歴史空間かのどちらかでしかない。日本よりも古くかつ新しい歴史空間、それが私にとってのヤポネシアだ。

「日本」は、単系列の時間につながる歴史空間であるけれども、ヤポネシアは、多系列の時間を総合的に所有する空間概念である。つまり、日本の外にあることとヤポネシアの内にあることとは、けっして矛盾しない。なぜなら、ヤポネシアは「日本」の中にあって「日本」を相対化するからだ。

私たちは、ナショナリズムを脱しインターナショナルな視点をもとうとすれば、単系列の時間につながる歴史空間であるところの「日本」を否定するしかなく、「日本」を肯定するとなれば、単系列の時間の中に組みこまれるほかない道を歩まされてきた。「日本」に埋められるか「脱日本」のどちらかしかない二者択一の道をえらばされた。けれどもヤポネシアは、日本脱出も日本埋没をも拒否する第三の道として登場する。日本にあって、しかもインターナショナルな視点をとることが可能なのは、外国直輸人の思想を手段とすることによってではない。ナショナルなものの中にナショナリズムを破裂させる因子を発見することである。それはどうして可能か。日本列島社会に対する認識を、同質均等の歴史空間である日本から、異質不均等の歴史空間であるヤポネシアへと転換させることによって、つまり「日本」をヤポネシア化することで、それは可能なのだ。

ヤポネシアの成立する理由のひとつとして、日本列島社会が、世界の国ぐにの中でも面積の割にはもっとも長い緯度のあいだに散在していることがあげられる。チリのように陸つづきでなく、島嶼として存在することで、いっそう文化の同質均等化から免かれているところに特徴がある。ヤポネシアの概念が成立する理由の第二は、日本列島社会に古いものと新しいものとの混在が幾重層にもみられることだ。いちいち例証をあげることはぶくが、日本の近代に中世や古代が雑居している現象をみることは、けっしてめずらしいことではない。そしてこうした現象は、儒教やキリスト教でローラーをかけられた国では例外に属する事柄なのである。支配者の統一原理としての文化概念が極度に不寛容な形で貫徹されるということは、日本列島社会には存在しなかった。すなわち、支配者の統一原理がときには神道であり、仏教であり、儒教でありして、しかもそれらが他を全面否定することはなかった。

以上の理由からして、多系列で異質の歴史空間が日本列島社会では展開可能であるという事実が、ヤポネシアという概念を成立させる根拠なのだ。

日本の列島社会を単系列の時間ではかるほど不当なことはないにもかかわらず、日本ほどそれを無反省に濫用し、強行した国家も少なくない。日本人のこうした傾向は、ヨーロッパやアメリカの意識の尺度で日本をはかる態度に拍車をかけた。すなわち、日本人の意識はつねに「ポリ」ネシアのかわりに「モノ」ネシアが、また「ミクロ」ネシアのかわりに「マクロ」ネシアが存在したのである。モノカルチュアのマクロな世界とは、要するに大陸国家の特徴なのであるが、「ネシア」に育った日本人には、つねに大陸とか大国とかへのあこがれを捨てることができず、今日でもふっきれないでいる。この「モノ」や「マクロ」な意識の尺度は、多系列の時間と意識とが複合的に重層化している日本列島社会をはかるのに、もっとも実状にそぐわない方法なのだ。

「モノ」や「マクロ」へのあこがれほど「ネシア」の意識に固有な特質はない、ということもできないわけではない。しかしひるがえって考えるならば、それが「ポリ」や「ミクロ」の意識空間である「ネシア」の人びとの無自覚から出発しているところに日本の悲劇と喜劇があったのであり、日本がついに「日本」を破ることのできない原因がそこにあったことを考えるならば、私たちがヤポネシアの概念を持ち出す当然の権利を誰しも否定することはできないのである。

日本人はイギリス人ほどにも「ネシア」意識に徹底しないままでいる。しかしそのイギリス人もヨーロッパ全体の嫡子であるという正当性を頑固なまでに持ちつづけている自己矛盾をあえて意識しない。タスマニア島の歴史はブリテン島の歴史に劣る価値を持つとは言えないというのは、たしかレヴィ＝ストロースがヨーロッパ偏重の価値基準にむかって吐き出した痛烈な批判であるが、これと同様な対比が「日本」とヤポネシアの関係についてもいわれよう。

そのまえに断わっておきたいが、私は「ポリ」や「ミクロ」をたんに空間的に考えているのではない。大陸文化の圧倒的な流入のもとにさらされながら、征服されず自分にひきつけて消化した、いわば複合文化体をそれは意味すると同時に、また日本列島内部の諸空間の意識の重層性を意味するのであり、さらには日本の資本主義の跛行《はこうてき》的な進行がもたらした現象をも含めているのである。そこには他の「ネシア」社会とはちがうヤポネシアの独特の位置づけがあるのだ。また「ミクロ」とは、日本における空間意識の精密さを指している。たとえば封建的とか封建時代とか言っても、その実体が私たちにはどれほどわかっているか知れたものではない。それはマクロな世界の封建制の概念で、すなわち中国やヨーロッパ風の範疇で封建という言葉の内容を論ずることがあまりに多いからだ。もしミクロな封建社会の実体構造をつかみたいと思ったら、『石見日原村聞書』や、中村吉治の『日本の村落共同体』に触れる必要があり、また沖縄と日本との対比において奥野彦六郎や崎浜秀明の研究による沖縄の間切（村）の内法（慣習法）を知る必要がある。少なくとも私はこれらの諸書に触れて、歴史概説書の粗大な説明とはちがった日本の封建社会のきめこまかい、微視的なイメージを得ることができたのである。

こうした「ポリ」でしかも「ミクロ」な特質をもったヤポネシア社会は、日本という国家の成立以前から存在し、日本列島に住民の生活があるかぎり存続する。それは日本という国家の命運いかんにかかわらないのである。同じ日本列島社会をあらわすヤポネシアと日本との、このような微妙な、しかし決定的な相違こそは、ヤポネシアの存在が、日本を超えた重要さを持つものであることを告げるものだ。

このことを本能的に察知しているのが知識人でなく常民と呼ばれる人たちであることは皮肉である。無自覚な形であるにせよ、常民が漠然とそれに気がついて生活しており、「市民」または「人民」という言葉をやたらとふりまわす知識人が、かえってその感覚に鈍感であるという事実は、私をひとつの感慨にさそいこむ。

歴史の彼方から存在する常民は、国家意識の枠組みの中にあるばあいでも、それの規制とは異なった次元に自分の意識の中心核を従属させる。こうした常民の意識の前提に立って日本民俗学は成立した。しかし明治官僚であった柳田国男も、近畿の風土に生まれた折口信夫も、ヤポネシアの意識を方法論にとりいれることで日本を相対化する論理を構成するには、あまりにも単系列の時間の近くに自分を置いたのである。時間の垂直軸に対する信仰の否定を一歩すすめて、多系列の時間とそれにつながる空間意識の重層化を肯定したものとして、柳田の「山の人生」と折口の「異郷意識の進展」をもつことはせめてものなぐさめであるけれども、ヤポネシアはこの線をさらにいっそう強化していかねばならぬ。

おそらくこれまでの日本人の自己認識はあまりにも通時的であって、共時的なものへの追求が不足していたと言い得る。

それは空間的把握力が弱かったということであり、この欠陥は日本列島社会をその意識空間の構造において分析することがなかったことにつながっていく。一口にいえば通時的な「日本」にくらべてヤポネシアは共時的であり、また時間の垂直軸に貫かれた「日本」にくらべてヤポネシアは空間の水平軸を志向するものと言えよう。だからと言って、一部の人たちのように未来信仰にまどわされて、日本列島社会を恣意的で単一な空間とは考えない。なぜなら人間集団の生活があるところに、意識と切りはなされた空間があるはずはなく、空間と言っても、それはあくまで意識空間にほかならぬからだ。

日本の各地方の歴史がそれなりの全体性をもって相対的独立性を持つことを主張することが、まぎれもないヤポネシアの成立与件であるとすれば、その一方では多系列で異質な時間を単系列の時間という一本の糸に撚り合わせていったのが「日本」であり、そのために支配層が腐心し、ときによっては糊塗と偽造をもあえて辞さなかったのが「日本」の歴史である。したがって、撚り合わせた糸をもう一度撚りもどす作業、つまり「ヤポネシアの日本化」を「日本のヤポネシア化」へと還元していく努力が要請される。

吉本隆明が「異族の論理」（『文芸』一九六九年十二月号）で示唆しているように、時間の無限遡行のための努力が払われなくてはならぬ。そのはてにあらわれるヤポネシアの幻こそ未来へ投影できるものであり、それのためには、下降するエスカレーターの階段を逆に上っていくにひとしい苛酷な苦行を自己に課さなくてはならないことだけはまちがいない。

（『沖縄　辺境の時間と空間』）

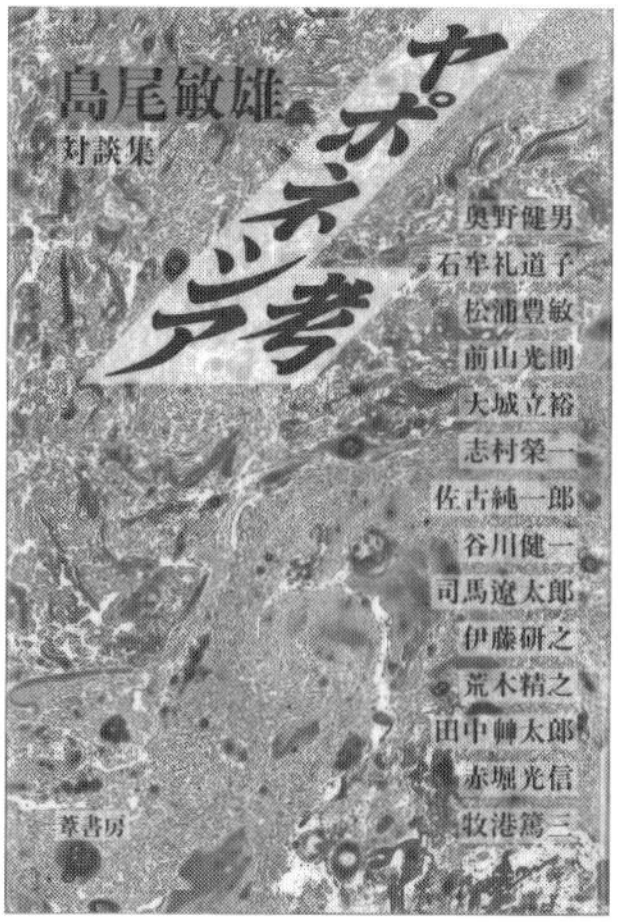

『ヤポネシア考』（葦書房刊、新装版、1991年）

国境を超えて飛ぶ

短い韓国旅行から帰ってきた。韓国に滞在しているときの一つの疑問は、なぜ柳田国男が朝鮮の民俗学に手をつけなかったのだろうか、ということだった。柳田が一国民俗学に終始した事情は推測できないわけではない。民俗学の学問的領域を確立することを目指した彼は、日本国内の常民の伝承をもって、史学や民族学とたたかう必要があった。

民族学と民俗学のちがいは、石田英一郎の文章が一つのサンプルであるが、前者にはパースペクティブがないということだ。つまり日本人の意識を原点とした遠近法をもたない学問に対する反発が、柳田にはまぎれもなくあった。

古いニウギニヤ南岸航海誌に、岸上を見れば数多の土人、打集まつて踊り戯れて居る。試みに銃を以て之を射るにばた〳〵と斃れ死んだとある。(『青年と学問』)

こうした白人たちの採集文献から出発したエスノロジーへの警戒が柳田にあったことは神島二郎の指摘するとおりである。だが、以上の理由があるにしてもなお、柳田自身の遠近法は日本国内にとじこめられて、近隣諸国にも及び得ないものだったろうか。

たとえば、大阪府の弥生遺跡から発掘された木製の鳥、それは今でも韓国の村の入り口に見ることのできる鳥竿であることはまぎれもない。実際、私もそうした鳥竿をある村で見てきた。また韓国の農村でおこなわれる農楽隊のシンボルとなっている農旗のいただきには、雉の羽を束ねてさしてある。この雉はシャーマニズムの神話では神と人間、天と地を媒介する能力を与えられたものである、と金両基は言う。

ここで直ちに思い起こすことは『記紀』の神話のなかで天つ神から天若日子のもとにつかわせる雉のことだ。天若日子の妻の下照姫をシャーマンと考えると、天若日子の神話も従来の解釈とちがった意外な相貌をもつ。この二つの例を見ただけでも、日本と朝鮮との信仰や習俗の交流が『記紀』はおろか弥生時代までさかのぼって確認されるのである。柳田の烱眼がなぜこうした緊密な関係を見落としたのか、という問いに私は旅行中苦しめられていた。柳田は比較民俗学の必要を感じなかったのか。とすれば日本民俗学こそは遠近法をもたない学問と逆に責められても仕方がないではないか。

『故郷七十年』を読むと、柳田は大正十三年に「南島研究の現状」という講演をおこない、上原勇作をはじめ鹿児島出身の歴々の大将をまえにして、南島疲弊の責任が琉球自身にはなく、琉球を収奪した薩摩藩とそれにつづく鹿児島藩にあることを指摘したという。柳田はもう一度は「眼前の異人種問題」という講演のなかで、北海道、樺太のアイヌのために、世に訴えた。そのころ、異人種問題への声が高かったので、手近いところにいるアイヌをどうするか、という問題を説いたのであった。「両方とも今から思へばずゐぶん間違つたことをいつてゐる点もあらうと思ふが、私としては熱意をこめて世の識者と当局者とに訴へたつもりであつた」と柳田は言っている。

「眼前の異人種問題」という講演は残っていないが「南島研究の現状」の大筋は『青年と学問』に収められて見ることができる。調べがたかく激越なものである。そのまえ、大正六年に柳田は台湾に旅行した。台北で開かれた柳田の歓迎会の席上で、彼は型破りの挨拶をした。はじめ序文と称して太平楽な演説をながながとして、本文は歌を六首吟じた。傍若無人なやり方であった。第一首は生藩が叛乱して大量殺害された街にいって、柳田は非常に強い印象を受けて、折があったらその悲しみを話したいと思っていたので「大君はかみにしませば民草のかかる嘆きも知ろしめすらし」と吟じた。一座はしいーんとなったが、柳田としては、実はそれが目的だったのである。柳田は、東京にいたので大正天皇がそうしたことをまるで承知していないことをよく知っていた。それで反語として、右の歌をわざと詠みあげたのであった。「私も若く意気軒昂としてゐたのであらう」と柳田は『故郷七十年』でのべている。こうしてみると、大正時代をつうじて、柳田の同情は琉球、アイヌ、台湾の被圧迫民衆にそそがれていたことはたしかである。

それにもかかわらず彼はなぜ、琉球にだけ関心を集中させ、他地域を放棄したのか。フォークロアとエスノロジーとのやむを得ぬ混同をおそれたのか。あるいはまた日本の政治の方向が、彼の学問の外への関心を困難ならしめたのか。この問題はさらに追求すべきであるが、いずれにしても民俗学を追求することによって近接諸地域の人たちの不幸や貧乏の原因を照らし出すという柳田の願望は挫折に終わるより仕方がなかったのである。そうして柳田民俗学が朝鮮やアイヌなどの諸民族についての関心を後退させたことが、民俗学のみならず、その周辺の学問をもまずしくさせた。民俗学の視点の欠如とは、学問における同郷人の意識の欠如である。

たとえば私のしらべたところでは白鳥を神とする熱烈な信仰が明治二十年代までは東北地方に分布していたが、それはじっさいにはオオハクチョウの飛来と関係があり、とうぜん白鳥神の子孫というアイヌの説話ともむすびつくのである。下北半島の田名部の僧は、寛永十九年に京都でアイヌの「鶴の舞」を演じて貴族の賞讃を得た、という記事が残っている。アイヌに「鶴の舞」があるのは、北海道にタンチョウヅルが渡来するからである。百合若の説話が壱岐や宮古群島の水納島に残っているのは、それらの島がサシバという小さな鷹の渡り路にあたっているためであるのと同然である。

日本では北九州の西がわだけに棲息するカササギがなぜ平安京の人たちの文学に親しまれてきたのか。それはカササギが朝鮮の国鳥であり、そして平安貴族には朝鮮系の血がまじっているからではないか。

地上に引かれた人為の画定線である国境をこえて鳥たちは自在に飛来する。また黒潮に乗って回遊魚はきまったすがたをあらわす。こうしたとき、これらの渡り鳥もしくは回遊魚に対する民間信仰や習俗や意識は、国境をこえて類似の現象を呈し、つながりをみせる。人びとは渡り鳥や回遊魚を神鳥もしくは神魚とみなして、その来訪を待望したのであったが、こうしたとき一国民俗学はどれほどに効果をもち得るかという疑問が私には湧く。

たとえばアイヌがフクロウをコタンの守り神としている。それはフクロウが川を遡行する鮭の目玉をついばみ、鮭は視覚をうしなって陸にはねあがり、その鮭を拾いあげてアイヌは自分の食料とすることができるからである。

また、鳩沢佐美夫は『若きアイヌの魂』のなかでアイヌの始祖オキクルミが空飛ぶ円盤に乗って飛来してきた、という根も葉もない俗説が流布されたのに対抗するために、金田一京助に助けを求めたとき、金田一は沈黙したと憤激している。おそらく鳩沢が執拗に突いているのは、金田一が空から飛んでくるものに対して的確に反応するアイヌの生活の本質に、鈍感だということなのである。アイヌがオキクルミの乗り物を空飛ぶ円盤と考えなかったことは明らかである。もし考えようとすれば、それはアイヌにとって太陽は西から出て、その形は三角形だ、ということをむりやりに承認させられるときのような痛苦をともなわずにすまない。

鳩沢はアイヌ学者の第一人者である金田一が、それを黙過して平気なのかと責めているのである。だからアイヌに同情してアイヌ問題をあつかう小説を書いても、こうした生活者としての視点、アイヌの自然児としての痛覚が欠落すると、その作品は勇敢なインディアンの反乱をあつかった西部劇映画のようなものになりやすい。だがこんど三好文夫の書いた『シャクシャインが哭く』はそうした危険な穽を克服した好作品である。文章は抑制が利いており、アイヌのひとりびとりに作者の感情は滲透している（ただし、砂金探しの幕切れはいただけない）。

私はこの小説に鷹待というのがでてきたのが印象的であった。

昔はアイヌが鷹をとらえるのには、鷹巣といって昼のうちに鷹の巣を見ておき、適当な時期に月夜を利用してその雛をとらえ、鷹匠につけて鷹狩りの練習をさせた。また鶏を棒につないでおき、鷹がきて捕らえようとするとき、網でふせて捕ったという。こうした捕獲方法は日常のこまかい観察の上にはじめて成立するものであり、自然児のアイヌにしかできない業であった。だから和人（シサム）の鷹待といっても、鷹をとらえる仕事はじっさいにはアイヌにやらせた。こうして捕らえた鷹を松前藩は将軍家に献上したりした。包囲され、殺されたシャクシャインはアイヌの鷹なのであった。

（「日本読書新聞」）

南への衝動、北への衝動

私が沖縄通いをはじめたころ、私は奄美に立ち寄って島尾敏雄によく会った。後年、私との対談のとき島尾は「あのころは毎年渡り鳥のようにやって来ましたね」と言った。たしかに私は冬のころ沖縄通いをすることがつづいた。それはまるで本土の寒さを避ける渡り鳥のように見えたのかも知れなかった。

北陸の白山の山系に棲むサシバ（ワシタカ科の小形のタカ）は、毎年陰暦十月のはじめころになると、大隅半島の尖端の佐多岬付近を通過し、道の島と呼ばれる奄美の島々ぞいに南下し、宮古、八重山の空が真っ黒く見えるほどの大群をなして、フィリピン諸島方面に向かう。このサシバのような本能が私の身体の奥のどこかで働いているのであろうか。いまもって南の島々への強い衝動のやむときがない。

　本土に近い奄美よりも沖縄の島々に南島の特徴は明確にあらわれている。たとえば沖縄にやってきたことを真っ先に実感するのは、島を取り巻く、珊瑚礁の暗礁に白い波が打ちよせている風景であるが、沖縄でヒシ（干瀬）と呼ばれる暗礁は奄美ではあまり発達していない。島尾は奄美を去ったあとは、沖縄に住むことを欲していたようだ。しかし家族の事情でそれが果たせず、奄美から神奈川県の茅ヶ崎に移り、さらに鹿児島に転住した。島尾が二十年近い奄美生活ののち沖縄で過ごすことができたら、本人も満足であったろうし、また彼の文学と人生もいっそう完結した輝きを見せたにちがいないと、私はひそかに残念に思っている。

『南島文学発生論』（思潮社刊、1991年）

　その私ですら、一切の条件が許せば沖縄で自分の生を終えたいと思いながら、現実はどうしようもないのだから、島尾を責めるわけにはゆかない。島尾は沖縄本島、それも首里付近が好きだったようだが、私はむしろ先島が好きだ。このような思いは私だけではないらしい。数年まえのことだが、フランス文学者の岡谷公二と話をしたとき、岡谷も繫縛《けいばく》がなければすぐにでも沖縄に行くと言って、私も即座に同感したのであった。先日、拙著『南島文学発生論』を銚子市在住の作家常世田《とこよだ》令子に送ったが、その返礼の手紙に「南島と聞くだに胸が震えてしまう私です」と書いてよこした。

　このような現象を沖縄病とか島恋いと呼んでも差し支えない。しかし島尾、岡谷、常世田の諸氏にせよ、かくいう私にせよ、「若き犬の病」をわずらう年頃ではない。南島の風景がどのように美しくとも、島の人情がどれだけふかくとも、それに溺れてしまうにはあまりにも多くのことを体験しすぎている。この世に絵で描いたような楽園のあるはずもないことは充分知っている。それにもかかわらず、胸の奥底から突きあげる「南への衝動」とはいったい何か。何が私たちを突き動かすのか。

　それは柳田国男や折口信夫の研究を通してうかがうことができるように、日本列島に国家の萌芽もなかった時代の民族の記憶が、南島に触れて蘇ってくるからではないだろうか。

日本の権力社会の中心からもっとも遠く離れた南の島の渚に立つとき、日常の垢に蔽《おお》われた自己がまるで借り物の衣裳のように脱ぎ捨てられ、真性の民族的自己が現れるのを自覚するからではないだろうか。南島では、生まれかわりまたは脱皮をスデルと呼んでいる。少なくとも私が南島で体験するのはこのスデルという感覚であるといってよい。

だが、このような体験は南島においてだけ味わうものではない。白河関を越えて東北に足を踏み入れたとき、そこに展開する風土と自然の営みに、どこか北方大陸とつながっているようなふしぎな感情を味わう。シベリアから飛来する白鳥は秋の彼岸ごろには東北の大地を訪れ、また春の彼岸ごろには北へ帰っていく。

かつて白鳥を神として信仰し、命をかけて白鳥を守った人びとが東北にいた。そして同様の熱烈な白鳥信仰がシベリア、バイカル湖畔のブリヤート族と呼ばれる少数民族にも存在することを知ったとき、私は奇異の感に捉われたことを告白する。おそらく北方大陸の狩猟文化の波はわが縄文時代にも押し寄せていたにちがいない。その末端が東北地方であったのではあるまいか。

これまで日本人の北への感覚は、鎖国時代はもちろんのこと、明治、大正、昭和の三代にも一度も開かれたことがなかった。国家の政策が日本国民に北方への感覚を閉ざし、したがって、「北への衝動」は封じられたままであった。もし彼我の交流が自由になったら、いままで抑圧されていた北への衝動が奔出することはまちがいない。かくして、私たちは国境という人為の画定線を超えた民族感覚の全方位にわたる開放を体験することが可能になろう。

南への衝動も北への衝動も、日本人の意識のもっとも奥深い底によこたわる民族感覚の、渡り鳥のように正確な本能の働きかも知れないのである。

（「読売新聞」）

遥かな過去への遡行

私が明らかにしたい社会というのは紀元一世紀ごろから数世紀間の日本列島の社会である。まだ倭の五王も出現しなかった時代、かりに出現したとしても絶対的な権力を手に入れることがまだむずかしかった時代の社会である。

『日本書紀』には神武天皇の条に、「遼邈《とほくはるか》なる地、猶未《なほいま》だ王沢《みうつくしび》に霑《うるほ》はず。遂《つひ》に邑《むら》に君《きみ》有《あ》り、村に長《ひとごのかみ》有りて、各自《おのおの》疆《さかひ》を分《わか》ちて、用《も》て相凌《あひしの》ぎ躒《きしろ》はしむ」とある。村が一つの宇宙であり、国《くに》であった時代、そうして村国にそれぞれの酋長がいて、たがいに闘争をくりかえしていた時代である。それは『漢書』「地理志」にいう倭人の国が百余国に分かれていた時代に相当する。

それはまた『播磨国風土記』の賀毛《かも》郡臭江《くさえ》の条に「播磨の

国の田《た》の村君《むらぎみ》、百八十《ももやそ》の村君ありて、己《おの》が村別《むらごと》に相闘《あいたたか》ひし時、天皇《すめらみこと》、勅《みことのり》して、此《こ》の村に追ひ聚《あつ》めて、悉皆《ことごと》に斬《き》り死《ころ》したまひき」とある時代である。ここにある天皇はホムタワケすなわち応仁天皇のことと『風土記』は記しているが、それは後世の付会で、村が国であった時代、それぞれの村に君と呼ばれる酋長のいた時代のことである。

ここで私は、『記紀』の中から、大王《おおきみ》とその勢威を争った例をあげて、そこに共通して多鈕細文鏡《たちゅうさいもんきょう》、あるいは銅鐸がからまっている事実を指摘しておきたい。

第一例。『古事記』の雄略帝の条には次のようにある。

「天皇《すめらみこと》 葛城山《かづらきのやま》に登り幸《い》でましし時、百官《もものつかさ》の人等《ひとたち》、悉《ことごと》に紅《あか》き紐著《ひもつ》けし青摺《あをずり》の衣服《きもの》を給《たま》はりき。彼《そ》の時其《そ》の向へる山の尾《を》より、山の上に登る人有《あ》りき。既《すで》に天皇の鹵簿《みゆきのつら》に等しく、亦《また》其の装束《よそひ》の状《さま》、及人衆《またひとかず》、相似《あひに》て傾《かたよ》らざりき。爾《ここ》に天皇望《みさ》けまして、問はしめて曰《の》りたまひしく、『茲《ここ》の倭国《やまとのくに》に、吾《あれ》を除《お》きて亦王《きみ》は無きを、今誰《たれ》しの人ぞ如此《かく》て行く』とのりたまへば、即《すなは》ち答へて曰《まを》す状《さま》も亦天皇の命《みこと》の如《ごと》くなりき。是《ここ》に天皇大《いた》く忿《いか》りて矢刺《やざ》したまひ、百官《もものつかさ》の人等《たち》悉に矢刺しき。爾に其の人等《ども》も亦皆矢刺しき。故《かれ》、天皇亦問ひて曰《の》りたまひしく、『然《しか》らば其の名を告《の》れ。爾に 各《おのもおのも》 名を告りて矢弾《はな》たむ』とのりたまひき。是に答へて曰《まを》しけらく、『吾《あれ》先《さき》に問はえき。故《かれ》、吾先に名告りを為《せ》む。吾《あ》は悪事《まがごと》も一言《ひとこと》、善事《よごと》も一言、言ひ離《はな》つ神、葛城の一言主大神《ひとことぬしのおほかみ》ぞ』とまをしき。天皇是《ここ》に惶畏《かしこ》みて白《まを》したまひしく、『恐《かしこ》し、我が大神、宇都志意美《うつしおみ》有らむとは（宇より下の五字は音を以ゐよ）、覚《さと》らざりき』と白して、大御《おほみ》刀及《たちまた》弓矢を始めて、百官の人等の服《け》せる衣服《きもの》を脱がしめて、拝《をろが》みて献《たてまつ》りたまひき」

この葛城の一言主《ひとことぬし》命を祀る神社は奈良県御所《ごせ》市の高宮のほとりにある。このあたりは葛城襲津彦《かづらきのそつひこ》の居地ともみられ、また伊福部氏に関係のある尾張氏の根拠地の高尾張《たかおはり》もある。そして、一言主神社のすぐ近くの御所市名柄《ながら》から小型の銅鐸と一緒に多鈕細文鏡が出ている。

この多鈕細文鏡は凹面鏡であり、鏡の背景には紐をとおす穴のあるつまみの部分、つまり鈕《ちゅう》が二つまたは三つあることからそう呼んだ。これを首からかけて巫女などが太陽の光を反射させて人びとを畏服させたという説がある。日本で明確に出土地が分かっている多鈕細文鏡は四例しかない。ともかくきわめつきの貴重な宝器であったことはまちがいない。外国では朝鮮から遼寧省やシベリアにかけてわずかに出土しているが、日本では弥生時代における宗教的な実力者のシンボルとしてとりあつかわれたものであったろう。ということから、多鈕細文鏡の出土した場所にそれぞれ大きな首長の存在していたことが充分に想定される。

さきの「雄略記」の記事では、一言主命は天皇の行列と酷似する行列をひきつれている。したがって、葛城の王とみなすことができよう。実際は神が人間の姿をとってあらわれたというのであって、雄略帝の敬拝を受けているが、そこには天皇以外にも大王を名乗る者のいることが暗示されているのである。一言主命を祀る神社の近傍から王権のシンボルとして多鈕細文鏡が出土したのは、この間の消息を伝えるものではないだろうか。

第二例。雄略帝の皇后が河内国河内郡日下《くさか》（現在東大阪市日下町、生駒《いこま》山の西のふもと）にいたとき、雄略帝は大和から暗《くらがり》峠を越えて河内に出た。そのときのことを『古事記』は次のように伝える。

「初め大后《おほきさき》、日下《くさか》に坐《いま》しし時、日下の直越《ただごえ》の道より、河内《かふち》に幸行《い》でましき。爾《ここ》に山の上に登りて国の内を望《みさ》けたまへば、堅魚《かつを》を上げて舎屋《や》を作れる家有《あ》りき。天皇《すめらみこと》其の家を問はしめて云《の》りたまひしく、「其の堅魚を上げて舎《や》を作れるは誰《た》が家ぞ』とのりたまへば、答へて白《まを》ししく、『志幾《しき》の大県主《おおあがたぬし》の家ぞ』とまをしき。爾に天皇詔《の》りたまひしく、『奴《やっこ》や、己《おの》が家を天皇の御舎《みあらか》に似せて造れり』とのりたまひて、即ち人を遣はして其の家を焼かしめたまふ時に、其の大県主懼《お》ぢ畏《かしこ》みて、稽首《のみ》白ししく、『奴に有れば、奴随《なが》らに覚らずて、過《あやま》ち作りしは甚畏《いとかしこ》し。故《かれ》、能美《のみ》の御幣《みまひ》の物を献らむ（能美の二字は音を以ゐよ）』とまをして、布を白き犬に繋《か》け、鈴を著《つ》けて、己が族名《うがらな》は腰佩《こしはき》と謂《い》ふ人に、犬の縄《なは》を取らしめて献《たてまつ》上りき。故、其の火を著くることを止《や》めしめたまひき」

この志幾大県主というのは、『新撰姓氏録』によると、多《おお》朝臣と同祖の神八《かむや》井《い》耳《みみ》命の後であると記されている。つまり多氏の同族が天皇の宮殿にもならぶくらいの大きな家を作って住んでいたのである。そこは雁多尾《かりんどお》畑《ばた》や高尾山の西側で、現在関西本線の志紀という駅の付近である。そのすぐ近くの大阪府柏原市の大県《おおあがた》遺跡から多鈕細文鏡が出土している。またその二キロ北方にある恩智から銅鐸が出土している。

第三例。垂仁帝の御代に、朝鮮からツヌガアラシトが日本にやってきて、穴門《あなと》国、つまり山口県の下関に立ち寄ったとき、イツツヒコという人物が「臣《やつかれ》に謂《かた》りて曰《い》はく、『吾《われ》は是《こ》の国の王《きみ》なり。吾を除《お》きて復二《またふたり》の王無《きみあらず》。故《かれ》、他処《あたしところ》にな往《い》にそ』といふ。然れども臣《やつかれ》、究《つらつら》其の為人《ひととなり》を見るに、必ず王《きみ》に非《あら》じといふことを知りぬ。即ち更還《またまか》りぬ」という記事が『日本書紀』に出ている。ツヌガアラシトは天日槍と同一の人物と目《もく》されている。天日槍は前述のように、銅や鉄ともっとも関連の深い人物である。ところで、下関市富任梶栗浜《とみとうかじくりはま》の遺跡から、組合せ箱式石棺の中に納められた多鈕細文鏡と細形銅剣とが発見された。これは穴門の国王あるいは国王に仕える巫女の持ち物だったのかも知れない。

第四例。『魏志』「倭人伝」に「又渡一海手余里、末盧《まつろ》国に至る。四千余戸有り、浜山海居、草木茂盛し、行くに前人を見ず、魚鰒《ぎょふく》を捕るを好み、水深浅無し、皆沈没して之を取る」とあり、末盧国の名が出てくるが、その中心部分は佐賀県唐《から》津《つ》市と考えられている。その唐津市鏡宇木汲田《かがみうきくんでん》の遺跡の甕棺《かめかん》墓《ぼ》から、細形銅剣とともに多鈕細文鏡が発見された。これも末盧国と関連をもつものと推定される。

以上四つの例のうち、二例は銅鐸が伴出し、他の二例は細形銅剣が伴出していることに注意したい。つまり銅鐸文化圏と銅剣文化圏のちがいがそこにあらわされているからだ。多鈕細文鏡の出土した時期を弥生後期の紀元後三世紀のころとすると、雄略帝のころを五世紀末として、すでに二世紀の開きがある。『記紀』の編纂された時期からすれば五世紀の時代差がみられる。したがって、八世紀初頭の史書に反映された伝承をもって、弥生時代の中・後期の遺物とむすびつけるのは危険であるという批判があるだろう。しかし私は、すでに『記紀』の中の古伝承が、かならずしも新しい時代の創作だけでないことを縷々《るる》説明してきた。この多鈕細文鏡が、大王と権勢をきそう挿話のある土地にかぎって出土していることは、けっして偶然ではない、と私は考える。

＊＊

民間では鍛冶屋が呪術をもつと信じられていた時代はながく、その地域はひろかった。「鍛冶屋はシャーマンの巣」ということわざがブリヤート族にあるというが、奄美大島でも鍛冶屋の子供と喧嘩をするとたたられるといって、誰も手向かいはしなかった話を、大山麟五郎《りんごろう》は伝えている。八丈島では金山彦を金山様と呼ぶが、金山神の威力は絶大である。落とし物があった場合でも、金山様の託宣を聞くことにすると集落中に触れて歩くと、それはいつのまにか落とし主の手にかえってくる。こうしたことはなぜ起こったのだろうか。私の考えでは、鍛冶屋は農民や漁民にはぜったいに真似のできない技術をもっていたがゆえに、神に近い存在としておそれられた。それは時代をさかのぼるほど強烈であった。

山の傾斜面などを利用した野だたらで銅や鉄を吹いていた時代、そうした仕事にたずさわる人たちは、炎のために目を傷つけ一眼となることが多かったから、目一つの神と称せられた。鍛冶氏族の特徴はその目にあった。このようにして天《あめ》目一箇神《のまひとつ》の名前が「記紀」に登場する。また、足で踏むふいご、つまり、たたらを踏むことで、足の疾患もとうぜん起こったにちがいない。

もちろん独眼隻脚《どくがんせききゃく》の神の信仰はわが国だけに存在するものではない。銅鉄の鋳造にたずさわる職業の者がかならず目をやられるという事実は、洋の東西を問わず共通していた。わが国よりもはるかにはやく金属器文明をつくりあげていた諸外国では、目一つ足一つの神の信仰や伝説は親しいものであった。それは日本列島が石器時代から脱却し得ないときに、はやくもアジア大陸の東外縁部にまで波及していた。したがって、日本に渡来した鍛冶技術者たちが、この信仰をあわせもちこんだと考えることができる。

しかし外国では、鍛冶神が跛であるという例の方が多く、隻眼《せきがん》の神の例はむしろ日本の方に多いと思われる。おそらく、銅や鉄を吹く人たちが眇《すがめ》であるという事実は、金属器を呪物として崇拝するわが国の人びとにとって強烈な印象を与えたにちがいない。そこでこれらの技術集団は、深い畏敬の念をこめて目一つの神の名をたてまつられたのであったと私は考える。それは時代でいえば弥生期と古墳前期までであり、それ以降、海を越えて鍛冶師たちが引きつづき渡来してくることになると、あたらしく登場した政治集団は、そうした人たちを自己の権力の下に掌握し隷属させていった。

政治権力のなかでも倭の大王から天皇につながる集団は、彼らの神聖な出自を裏付けるためのあらたな神統譜を作成した。「目」を代表するタカミムスビ系と、「耳」を代表するアマテラス系の結婚、そして、目から耳への移行の過程が、その神統譜にうかがわれる。

かくして金属技術者たちが神と呼ばれて尊ばれていた時代の古い神々は追放され、山野を彷徨《ほうこう》し漂泊することになった。天目一箇神もそうした神々の一つであった。そのなれの果てが柳田国男の言うように一つ目小僧のお化けである。

だが注意深くみるとき、まったく消え去ったかにみえた「青銅の神」の足跡は、かすかな輪廓をのこしていた。それをたどるとき、まだ古代天皇制がにぎにぎしく登場しなかった歴史時代のかなたの地点に、私たちはみちびかれる。日本列島に点在した弥生時代の原始国家、すなわち村国を知るための手がかりがそこに見出される。古代天皇制以前の社会で神としてあがめられた人びとが、天皇制が確立した以後の社会では一つ目小僧とあざけられ、一本たたらとおそれられて、国家社会に組み入れられた神々の体制から逐《お》われ、山野を放浪しなければならなかった。本書はそのことへの私なりの挽歌でもある。

古代の銅鐸や鉄製品をめぐる探究は今なお途上にある。したがって私が結論めいたことを述べるのは尚早である。しかし、その探索は先史・古代に関する総合的な知識の協力を必要とする。これまで古代の銅や鉄については考古学の分野で論じられることが慣例であった。しかし、考古学だけでは不充分であることは明らかである。なぜなら物の形態や形質の分析だけでは、その物のもつ本質的な意味、それに対する人間の意識や信仰までもつきとめることはむずかしいからである。すなわち民族学や民俗学、あるいは地名や神社研究などをめぐる古代史の蓄積がくわわらなければ、その物を総合的にとらえることはできない。もし本書にとるべきところがあるとすれば、まずしいながら私が独力でそれを試みたということである。邪馬台国については、諸学の学際的研究がおこなわれ、それなりの成果をあげている。しかるに邪馬台国と同時代に存在した銅鐸については、その研究を考古学者だけにゆだねているということは奇妙なことである。

古代の世界は黙示にみちている。それが文字として記録されようと、伝承として民間に保持されようと、物として地中にのころうと、これらのものの意味は、現代人が日常的な慣習として理解するものではない。したがってその意味を解読するには独特の方法が必要とされる。実証主義的な学問はおそらくこのことを理解しなかった。古代の記録はそれをそのまま事実として受け取ってはいけないと同時に、伝承世界の表現であってもなにがしかの事実をかくしている。事実と詩の双方にゆれうごく世界が古代世界である。

私は民間伝承や由緒ある神社や古い地名や古代の氏族名の探求をとおして、これらが弥生時代までさかのぼり得ることをたしかめた。弥生時代と古墳時代の間に、それらの断絶はない。支配層の交替はあっても、いわゆる常民の生活は一貫して持続をたもっている。このことは銅や鉄に対する技術の授受についても言い得る。たしかに銅の精錬と鉄の精錬の技術はおなじではない。しかし、その技術は受けつがれ発展され得るものである。もちろん銅の技術と鉄の技術をもたらしたものが別々の系統であったことは考えられる。鉄の技術についてもそこに鍛造と鋳造の区別があったことは、倭鍛冶《やまとかぬち》と韓鍛冶《からかぬち》の名称が暗示している。これらの技術は別々の流派、あるいは国人によってもちこまれた公算は大きい。しかしこれらの技術がいったん受け入れられた場合には、また事情は異なってくる。つまり製銅の技術をもつ集団の中に製鉄技術が取り入れられていったとみることが可能である。技術の授受についてのこうした考え方はけっして不自然ではない。たとえば、塩飽《しわく》諸島の船乗りたちは明治になると咸臨丸《かんりんまる》をあやつる水夫となった。帆船から汽船への大きな飛躍があったにせよ、その技術の習得は、漁民以外の人たちに比較すれば、はるかにたやすかったのである。金属精錬の技術も、農民や漁民があらたにまなぶことには困難さがある。やはり製銅の技術をもった氏族集団が、製鉄技術を受けついだとみる方が無理がない。まして日本列島には弥生時代の初頭、銅と鉄とはほとんど同時に流入してきている。両者に時代差はない。したがって、銅と鉄の主題とをまったく別の問題としてとりあつかうことは歴史的にみてかならずしも正しくない。信仰のような見えないものも、技術のように見えるものも、ともに現代のわれわれが考えるよりはるかにながい時間、一定の集団の中に持続してきた。それらを手がかりに遡行《そこう》することによって、はるかな過去にたどりつくことも不可能ではないことを、私は本書によって訴えたいと思う。（『青銅の神の足跡』）

III 移動と漂泊

隼人海人の移動

折口信夫は、「隼人といふのは、最初の意味は海部であつた」と述べ、

「隼人は九州の南端に止《とどま》つてゐたが、其《それ》以外にずうつと全国に拡《ひろが》つてゐる同種族のものがあつて、其《それ》が即《すなわち》、海部である。だから海部物語の最初は、どうしても其処《そこ》へ持つて行かねばならぬと思ふ」

と述べている（『日本文学史ノートI』）。

『和名抄』に記載された海部《あまべ》郷、海間《あま》郷、海田《あまた》郷、海《あま》郷などは、信濃（長野県）の場合を例外として海岸部に展開している。とくに黒潮が太平洋岸と日本海岸の二手に分かれて東進し北上する海辺に沿っていることは、第一章に述べたとおりである。海部に属する古代の海人たちは、まず九州の地から黒潮を利用して東へ移動し、漂泊をつづけたことが推定されるのである。九州における海人の根拠地として、私はとくに隼人の蟠踞《ばんきょ》していた地域を重視したい。

北九州のアマベは最初、阿曇連《あずみのむらじ》の管理下に置かれたと推測される。五島列島の海人も阿曇連が支配していたが、『肥前国風土記』松浦《まつら》郡の条に「五島の福江島の白水郎《あま》は、容貌が隼人に似て、つねに騎射を好み、その土地の方言とはちがった言葉を話す」と記されているところから、五島の海人と、甑《こしき》島および薩摩半島の隼人との間に、ひんぱんに交流がおこなわれていたことが分かる。

漢の武帝が南越を征したあと、飽くなき漢人の誅求《ちゅうきゅう》をのがれた百越（中国南部に住んでいた民族の総称）の民は、黒潮に乗って九州西海岸の南と北へ渡ってきた。黒潮は屋久島の沖で二つに分かれ、その一つが北上して対馬海峡に向かっている

ので、南・北九州に着くのはほとんど同時である。その北九州に着いたものが阿曇族であり、南九州に着いたものが隼人族ではないか、と滝川政次郎は言う。納得できる推論である。

中国の江南地方は漁業の色彩の濃厚な海浜であるが、他方では、中国で金属文化がもっともはやく開けたところでもある。そこの海人が東シナ海を横断して九州の西海岸にたどりついた。そのとき彼らは金属技術と水稲耕作をもたらした。また犬祖《けんそ》伝説をもち、竜蛇をトーテムとする文身の習俗をはこんだ。さらには鵜飼いの技術ももちこんだ、と推測される。それらが日本古代の海人として定着したのが、古代のアマベの前身である隼人であった。

南漸する日本文化の運び手は九州の海人たちであったろう。羽原又吉《はばらゆうきち》は、九州の海人族を宗像《むなかた》系、阿曇族系、隼人系に分けている。そのうちまず南下したのは、おそらく隼人系であったろう。金関丈夫《かなぜきたけお》は形質人類学の立場から、南九州と琉球とが体質の点で一つの圏をなしていると述べている。通訳を介さなければ隼人の言葉を解することができなかったという『旧事記《くじき》』「国造本紀」の記述も、隼人が南方的要素を多分にもった海人集団であったことを裏付ける。『大隅国風土記』逸文に、隼人の言葉では海中の洲《す》をヒシ（必志）と呼ぶとあるが、礁湖のリーフをヒシと呼ぶのは、今日の沖縄では日常にみられる。

隼人系の海人集団が南下して、南島までもその文化圏に含めた時代を特定することはできないが、すでに天平時代、大宰府に貢納したときの「掩美《あまみ》」と記した木簡が発見され、徳之島からは須恵器《すえき》の窯《かま》跡も発見されているので、このころまでには、奄美大島や徳之島が日本本土の政治圏に含まれていたことはたしかである。

『日本書紀』によると、天武六年（六七七）に「多禰嶋人《たねのしまびと》等に飛鳥寺の西の槻《つき》の下《もと》に饗《あへ》たまふ」とあり、天武十一年には、隼人が朝貢し、「多禰人、掖玖《やく》人、阿麻弥《あまみ》人に禄《もの》を賜ふ」とある。さらに『続日本紀』文武三年（六九九）には、「多褹《たね》、夜久《やく》、菴美《あまみ》、度感《とかむ》らの人、朝宰《てうさい》に従ひて来《きた》りて方物《はうぶつ》を貢る」とある。度感は徳之島のことである。このように正史に記載されたはるか以前から、民間の交流はおこなわれていたと思われる。それは、日本の古語が沖縄方言の中にかなり混じっているという事実からも裏付けられる。

服部四郎は、首里方言と京都方言の分岐の年代を三世紀半ばから六世紀初めまでの間と測定した。また琉球方言の本土方言からの分岐を、弥生文化の南漸とともに起きたのではないか、と想定している。

伊波普猷《いはふゆう》は「あまみや考」の中で、奄美大島の北に連なる七島から大隅の口之永良部《くちのえらぶ》島にいたる海上を、俗に奄美海《あまみど》と称した例をあげている。「あまみ」の称が奄美群島以北の九州に近いところに見出されるからには、南島人の発祥地とされている「あまみや」も、そこからは遠くないような気がしてならない、と言っている。

そして、南島人共通の祖神であるアマミキョが奄美大島の東北隅の海見嶽《あまみだけ》（アマンデー）に天降《あも》りしたとあるのは、やがて西南に移動した海部《あまべ》が、最初にこの島にたどりついたことを物語るもので、奄美という島名は、本州に散布する海部（アマあるいはアマベ）集落の名とひとしく、その氏族の称の名残とみていい、と述べている。

アマベがどうしてアマミになったかについては、田部《たべ》からタミ（民）という語が出たのと同じ音韻変化とみて差し支えなかろう、とする。また、アマミ、アマミヤが嶽《うたき》名や嶽神の名となり、あるいは神女の限定詞となったものの分布をみると、沖縄本島の北部および伊平屋島に濃厚で、南にいくにしたがって稀薄になっている。これは最初、沖縄本島の北端に上陸して南漸した経緯をほのめかしているように思われる、とも述べている。

奄美、沖縄に最初に渡ってきたのは、南九州の隼人に代表される海人集団であったと思われる。この「古渡り」のアマミキョに対して、「今来」のアマミキョは、「家船と石鍋」の項で後述するように、鉄器や石鍋をたずさえてきた九州の集団であった。伊波は「古渡り」と「今来」のアマミキョを混同しているが、分けて考えねばならない。

一方、隼人の文化は東進して、伊勢の海人にも受けつがれた。

（『古代海人の世界』）

ヒノモトの移動*

邪馬台国の後身であるヤマト朝廷は屈服した物部氏を厚遇した。三輪山の周辺に根拠地をもつ物部氏の勢力を無視できなかったことによる。ヤマト朝廷の組織の中に組み入れられて宮廷に奉仕する物部を、『古語拾遺』には「饒速日命内物《うちもの》部《のべ》を帥《ひき》ゐて、矛・盾を造り備ふ」とある。「内物部」に対して物部氏の傍流はヤマト政権の中核に奉仕することなく、蝦夷と行動を共にする姿勢を見せた。その体制の外にある物部は、いうなれば「外物部《そとものべ》」と称すべき存在にちがいなかった。この「外物部」は、物部王国の崩壊を契機として、東海地方への進出をはかったことが推定される。それは東海地方の国造がほとんど物部氏によって占められていることからも推測できる。

『先代旧事本紀』の中の「国造本紀」を見ると、美濃、尾張、三河、遠江、駿河、伊豆の国造はいずれも物部氏の流れを汲んでいる。それはヤマト朝廷から派遣されたとばかりは言い切れない性格をもっていた。国造はヤマト政権に必ずしも従順なものばかりでなかったのである。それが物部氏につながるものとすれば、「外物部」の性格をうらなうに足りる。

四世紀初頭、河内、大和地方を彩《いろど》った惨劇ののちも、蝦夷と外物部は、かつて中洲《うちつくに》の大和の中心部に覇を唱えていた頃の栄光を忘れることはできなかった。それは一口にいえばニギハヤヒの栄光であった。彼らはヒノモトもしくは日《ひ》高見《たかみ》の呼称をも東へともちはこんでいった。日高見の呼称は最初は大倭にあり、次に常陸に滞留したが、やがてはヤマト政権の軍事力の埒外にある陸奥国の北上川の流域に定着をみた。それと軌を一にするように、ヒノモトの呼称も河内の日下にはじまり、大和を経て、ついには奥州の別称ともなった。

　奥州安倍氏の流れをひくと称する安東《あんどう》氏や秋田氏に伝えられた系図がある。その系図を見ると、長髄彦《ながすねひこ》の兄の安日《あび》を始祖としている、安日は正史に見えない人物であるが、弟の長髄彦と共に摂津国の胆駒《いこま》山に住んでおり、神武帝が東征して大和に入ったとき、長髄彦は殺され、安日は津軽に放逐されたという伝承をもち、秋田氏も安東氏もその子孫だとするのである。これはまことに奇怪な伝説であるが、それをまともに受けて秋田氏や藤崎氏が自分の先祖に奉戴して系図にも取り入れた心情は尚更不可解といわねばならない。

　喜田貞吉は秋田氏の系図を論じて、ややもすれば中央の貴姓に自己の先祖の出自を結びつけたがる風潮の中で、神武の軍に敵対した人物を先祖と仰いで恥じないとするのは異例なことに属する。それだけにこの系図が一時の粉飾によるものではないことが分かる、と言って、昭和三年に「大阪朝日新聞」に次の挿話を紹介している。

　明治になって、華族に列せられた秋田家では、宮内省に系図の提出を求められた。秋田家の系図では、先祖が長髄彦の兄の安日となっているのを見て、これでは困るのではないかと念を押したところ、当家は神武東征以前の旧家ということを家門の誇りとしていると答えたので、宮内省でも笑って秋田家の系図を納めたという。

　そこで喜田は次のように言う。

「世の多くの地方土着の豪族が、系図を皇裔神胤《しんいん》に仮托し、強いてその祖先の出自を韜晦《とうかい》する事にのみ汲々たる中にあって、ひとり秋田氏が、どこまでも先住土着人の後裔たる系図を標榜しておられるということは、なんという尊むべき事実でありましょう。私共が我が日本民族の成立を論ずる上において、忌憚なくその真相を発表し得る所以のものが、この秋田氏の主張に負うところ甚だ少なからぬのであります」

　私が「秋田系図」でとくに注目するのは、下国安東氏は康《やす》季《すえ》のところに「奥州十《と》三湊《さみなと》日下《ひのもと》将軍」と注記されていることである。安東康季の四代後にあたる尋季《ひろすえ》のところには、「下国安東太郎号ス日下将軍ト、又云フ東海将軍トモ」と注記されている。また『十三湊新城記』によると、そこに城郭をきずいたのは安倍貞季《さだすえ》であるという。貞季は十三湊日下《ひのもと》将軍と号していた。この日下（ヒノモト）の呼称は何に由来するものであるか。さらにさかのぼって「秋田系図」には安東致東《むねはる》なるものが奥州日下将軍を名乗っているが、これも日下とあって日本将軍とは書かれていない。

　奥州を日《ひ》の本《もと》と称したことは、鎌倉時代から江戸時代の半ばにいたるまで、諸書の中に散見する。このことについては、大正三年（一九一四）に金田一京助に「日の本夷の考」という論考があり、ひきつづいて、大正八年に喜田貞吉に「日の本将軍」の考察がある。この二つは、奥州ヒノモトについての古典的な論文であるが、金田一も喜田も奥州をヒノモトと呼ぶのは、けだし東方日出処の叢によると述べているにとどまっている。

家系にとってはもっとも貴重な「秋田系図」や「藤崎系図」に日本将軍と書かずに日下将軍と記されていることには、深い仔細があると思われる。喜田貞吉は当時日本という国号があったからわざと避けて日下と記したと述べているが、そうではあるまい。たとい河内の日下の地名は出てこなくても、生駒山脈の周辺に居住していた先祖安日の末裔という深い自覚は意識下に、濃厚に残りつづけていたと見られる。

「秋田系図」には「寛永の譜、家伝を引《ひき》ていはく、先祖摂津国安倍野伊駒に住し、其後陸奥国に住す。安倍貞任は其族なり。（中略）今の呈譜に、古昔安日王長髄彦兄弟摂津国胆駒岳に住す」とある。

このほか松前藩の編纂による最古の家譜の『新羅《しんら》之《の》記《き》録《ろく》』には武田信広が、伊駒安東太政季朝臣（安日《あべ》政季朝臣）と同心して、蝦夷島（北海道）に渡ったことが述べてある。伊駒といい安日といい、長髄彦の伝承にちなんだ名である。このように、伊駒が出てくるところを見ると、日下将軍もたんなる日本将軍というのではなく、河内の日下を意識してヒノモト将軍と名乗っていたと考えざるを得ない。

蝦夷の末裔を自称する奥州の秋田、安東、藤崎などの諸家が、一様に長髄彦の兄の安日なる人物を先祖にいただき、長髄彦に由縁の伊駒山や日下を一族の姓や称号にとり入れている。しかもそれを宮内省に提出する系図に記して恥じるところがない。

それどころか、誇りに思っているという心情をどう解すればよいか。奥州の一角に連綿とつづいてきたこの自意識にはかならずや、深い根拠をもつものと思わないわけにはいかない。おそらくそれは『日本書紀』に代表される正史の裏側でひそやかに受けつがれ伝承された歴史の暗部を示すものであろう。

物部氏は日本の歴史の上で大きな挫折を二度体験している。一度は「神武東征」つまり東遷した邪馬台国の軍隊によって敗北したことである。

二度目は物部守屋《もりや》の敗死である。『日本書紀』はこの二度の挫折を体験した物部氏を不当に扱っている。しかし勝者によって弾圧を加えられた敗者の思想や情念が、それによって死に絶えることはない。

大阪の四天王寺の境内には目立たぬ片隅に守屋祠がある。敗死した物部守屋の霊を祀る小祠である。崇峻《すしゅん》の即位前紀に、守屋の所有していた奴のなかばを四天王寺に隷属させた。彼らは四天王寺の奴婢となったとあるが、その奴婢が代々四天王寺に仕えて、今日もその子孫が健在であるという信じられないような事実がある。彼らは四天王寺の最大の祭りである四月二十二日の聖霊会に「公人《くにん》」と呼ばれて奉仕している。その一人から親しく話を聞くことができたが、彼らは今でもニギハヤヒを祖神としていただくことに誇りをもち、毎朝守屋祠に詣でてニギハヤヒを礼拝するという。このことを知ったとき、日本歴史の暗部を流れている敗者の情念に触れたような気がした。

（『古代学への招待』）

さまよえる天女

三島由紀夫の最後の著作の題は『天人五衰』である。天人に訪れる衰亡の五つの兆しは、頭上にかざした花がしぼみ、清らかであった肌が垢にまみれ、腋下から汗が流れ、身体は悪臭を放ち、心はどんなことをしても一向に楽しまない、というものである。

おそらく三島は、小説の登場人物に托して、自分が得た世間の名声も栄誉も人生の大いなる疲労に打ち克つことができなかったということを、吐息まじりに告白したのである。天人五衰の題は、三島自身の心境と重ねあわせて見るとき、深長な意味を帯びる。

天人五衰の語は仏典に由来するが、謡曲『羽衣《はごろも》』にも取り入れられている。仏典の原義と離れて見ても、わが国の羽衣伝説に登場する天女がどこか痛ましい面影をやどしているのが、私には長い間気にかかっていた。試みにその一、二例をあげてみる。

『常陸国風土記』によると、香島郡白鳥《しろとり》の郷に残る伝承では、昔、白鳥が毎朝天から降りて乙女のすがたとなり、石を拾っては池の堤をきずいていたが、堤はきずくかたわらから壊れ、幾年たっても完成しなかった。石を包んで運んだ羽衣はむざんに破れ、ぼろぼろになってしまったので、ついにあきらめて天に昇り、白鳥の乙女はふたたび還ってこなかったという。これは天女の善意が人間界で実ることなく、空しい疲労だけが残されたという例である。

『丹後国風土記』逸文に伝えられた丹波郡比治《ひじ》の里の話も同様である。比治の里の比治山の頂上に泉があり、そこに水浴をしに降りてきた天女の一人が羽衣をとられてしまう。とったのは比治山の麓に住む和奈佐《わなさ》の翁と媼であった。天女は仕方なく老夫婦の乞いを容れて、和奈佐の家の娘となった。天女は酒つくりがたいそううまく、その酒を売って十年もすると、家は富みさかえた。そうなると老夫婦はもう天女には用がなく、おまえは自分たちの子ではないから早く出てゆけ、と邪慳にあたる。天女は泣く泣く家を後にしてさまよい歩き、ある村にたどりついたとき、「老夫婦の気持ちを思うと、自分の心は海潮のように波立って、荒塩《あらしお》にひとしい」と歎いた。そこで荒塩という村の名が生まれた。つぎの村では、槻《つき》の木によりすがって泣いた。そこでその村を哭木《なきき》の村と呼んだ。

さらに竹野郡の船木の里にいたったとき、「じぶんの心は和《なぐ》しく（おだやかに）なった」と言って、その村にとどまり、奈具《なぐ》というところの社に祀られた、という。

比治の里の比治山は京都府中郡峰山町にある磯砂山《いさなご》とされている。磯砂山に源を発する竹野川沿いに、荒山、内記《ないき》、船木、奈具などの地名が点々と並んでいる。荒山は荒塩、内記は哭木の地名の変化したものとされている。比治山の麓の和奈佐の家を追い出された天女がたどった村々が、その物語の道順どおりに並んでいる。かくして、さまよえる天女の受難劇が竹野川沿いの流域を舞台に展開されたさまを、じっさいに描くことができる。古代人は羽衣伝説を空想の域だけにとどめておくことはなかったのである。

南島にもひろく分布している羽衣伝説はさらにつよく土地と密着しており、現実味を帯びた伝承となっている。

天女が天から降りてきて水浴びをしたという泉や川が奄美の島々にはあちこちに見られる。奄美では天女のことを「天《あ》降《も》れ乙女《おなぐ》」と呼んでいる。また泉や川をゴーといっている。アムロ（アモロ）ゴーは天降《あも》り川のことで、かならずアモレオナグの伝説とむすびついている。奄美大島の宇検村に阿室《あむろ》、加計呂麻島に西阿室、請島に請阿室、沖永良部島に阿茂留《あもる》がある、これらの地名は天降り（アモリ）に由来する。

アムロゴーは神に仕えるノロやユタが身を清めるための神聖な泉であり、川であった。そのひそやかなすがたをかいま見た純朴な村人の目には、天から降り立った乙女（アモレオナグ）が水浴する清らかな光景とも映ったのである。

奄美大島にはこれとは別に、ややちがったアモレオナグの伝承がある。そのアモレオナグは川上や山間の泉、あるいは峠道にすがたを現すが、目もさめるような美女である。人が近づくと柄杓を差し出すという。その水を飲めばたちまち死にいたると恐れられている。柄杓が神に奉仕する巫女の採り物であることから、このアモレオナグが巫女の要素をもっていることはたしかである。

ただ白風呂敷を背負い胸のところで結んでいるさまが、浮き草生活をつづけている遊女の旅すがたそっくりなのである。ヅレと称する奄美の遊女はそのような格好で村々をまわった。田舎わたらいのヅレが、峠で一息入れるために清水で顔や手足を冷やし休息している光景は、はじめて行き会った村人の目には、どろくさい女たちには見られないなまめかしさがあり、天女と見まがうものがあったにちがいない。和泉式部の伝説が、泉や清水、化粧《けわい》坂などと結びつけられて語られるのと同様である。

ヅレと呼ばれた遊女たちは一年に何度かめぐってくる村の祝事に招かれ、男たちの宴席にはべり、のちには春をひさぐ商売にも身を入れるようになった。それにもかかわらず、巫女の面影を宿したアモレオナグの呼称が遊女にも与えられたのは、両者がもともと別の存在ではなかったことを物語っている。巫女から巫娼《ふしょう》へ、巫娼から娼婦への過程には明確な断絶はなく、緩慢な時代の推移にともなう役割の変化であったことは、日本の中古の社会とおなじである。
巫女は神以外の男を相手にせず、遊女は不特定多数の男性を相手にする。両者に共通するのは、ただ一人の男性に従属していないということである。かくして、歌舞をもって神をよろこばせる「神さかし」の女が、歌舞をもって男をなぐさめる「男さかし」への道をたどるのはけっして不自然ではなかったのである。

悠々たる歩みをつづける奄美の社会に大きな変化が起こったのは、薩摩藩が租税の上納米を黒糖にかえた十八世紀半ばからである。薩摩藩の収奪は徹底しておこなわれ、黒糖を上納できない農夫は、上納糖を肩替わりしてもらうために豪農のもとに身をよせ、農奴となった。世にこれを黒糖奴隷と呼んでいる。その数はおびただしく、村に残された女たちは、結婚する相手の若者を失った。適齢期の女たちの数は男に比していちじるしく過剰になり、村の生活機構からはじき出されて、「余《あま》り者」となった。彼女らは奄美の港町にあつまり、黒糖を積みに往き来する船びとたちを相手とする娼婦になった。アモレオナグ（天降り乙女）がアマレオナグ（余り女）へと転落する道をたどったのである。

奄美の「天降り女人」についてすぐれた考証をおこなった金久正は、そうした境涯の変転にもかかわらず、巫女と遊女のあいだには共通した「流離の美」のみられることを力説している。とすれば、私が古代の羽衣伝説に「さまよえる天女」の痛ましい面影をとらえたのも、けっして根拠のない話ではなかったのである。

（「新潮」）

流されびと

古来、多くの日本人が遠島に処せられたということは、刑法上の問題として、あるいは歴史的な事実として考察に値するが、そこにはきわだって日本的な特色があるように思われる。そもそも日本の刑罰のなかでもっとも中心となるものはハライであった。これは宗教的な意味を含むものである。共同体の掟をおかすものは、邪霊であるから、邪霊の憑いた人間を所払いにするというのが仕来りであった。所払いを受けた最初の人物は、神話上の存在であるスサノオである。スサノオのもつエネルギイは共同体の秩序をおびやかすものであったから、彼は悪霊に憑かれた人間として追放された。スサノオは、折からの烈しい雨風のなかを、青草を束ねてこしらえた笠蓑をまとい、宿を貸してくれる家もなく、苦しみながら放浪の旅に出なければならなかった。流刑者の原像としてのこのスサノオのすがたに、幕末の七卿落ちの光景を重ね合わせてみることも可能であろう。しかしスサノオの猛烈なエネルギイは、悪竜を退治することで他の共同体の救いとなった。つまり追放された者には、正負のどちらにもかたむくエネルギイがあったことを認めねばならない。

スサノオとおなじようなエネルギイの所有者に、西郷隆盛がいる。彼はまず奄美大島に潜居を命じられ、二度目は徳之島、三度目は沖永良部島に移された。このように空間的距離の遠近にもとづいて島流しの罪の軽重をきめるという考えの底には、日本の古いハライの観念がひそんでいる。他方、西郷はどの島でも若者をあつめて読み書きを教え、彼に接触した島民に大きな感化を与えた。

つまり、流されびとの活力が、島の文化を高めるのに大きな役割を果たしたことを見のがすことはできない。

さて沖永良部島の和泊の例だが、明治まえまでは、つぎのような村内法があった。遠島の罪人に対して不正な行為をした者には、村民が熟議の上、与人《ゆんちゅ》または横目などの役人に通告することもあるが、集落によっては、その不正を働いた者の両手と膝を地面につかせて、腹這ったかっこうにさせ、くつわを口に食《は》ませ、その上に元気のよい男ざかりの者を乗せて、走らせて苦しめたというのである。

このユーモラスな懲罰の方法は支配者の作ったものではなく、集落の慣習法にしたがったものであり、むしろ、遠島人に対して、沖永良部の島民が非人間的な扱いをしていなかったことを物語っている。奄美の島々における西郷の人気は高いが、しかしそれは西郷の徳にだけ帰せられる筋合いのものではなく、西郷を受け入れた島民の側のことも見ないと片手落ちになる。

有名なお由羅《ゆら》騒動に連座して、嘉永三年（一八五〇）に奄美大島に遠島の刑に処せられた名越左源太は、赦免された安政二年（一八五五）までの五年間を、大島の名瀬で流人の生活を送った薩摩藩士である。西郷はそれから数年して奄美大島の竜郷村に潜居したのだから、二人は入れちがいになっている。ところでこの名越左源太も西郷に劣らず、大島の文化に力をつくした。彼はわざわざ鹿児島から飯炊きにとつれてきた従僕の助次郎をも帰し、読み書きを教える村童を相手に、みずから家事万端を切り盛りした。そのかたわら、日常の見聞をもとにして奄美大島の民俗誌である『南島雑話』を著して、不朽の記録を残した。その克明な観察記録は、流された島に対する愛着がなければできることではない。当時大島で流行った歌に、

　名越さまには初めて会うた
　会うて見たればよか御仁

という歌詞のものがあったという。それほど島民も名越左源太になついた。

いったいに、島民の外来者に対する感情はふくざつである。他所者《よそもの》を警戒する念は、日本本土でも僻地ほど烈しくなるが、南島のばあいもその例に洩れない。沖縄の明治初期の村内法を見ると、他村でハライをされた者を村のなかにとどめておくことはならないとか、素性の知れない者には、家を貸したり、また家を建ててやったりしてはならぬ、というきつい取

りきめが申し合わされている。しかし物にも文化にも不自由な島では、他方では、島外からおとずれる者には期待をかけた。外来者は島にないものをもたらすがゆえに客人神《まろうど》として歓迎された。警戒と期待と、正反する二つの心理の間に島民はいつもゆれうごいてきた。流人に対しても、その意識は例外ではない。

『南島雑話』は流人を二通りに分けている。よい流人というのは、子どもに手習いや素読を教え、また金持ちの島民の手紙の代筆をしてやったり、砂糖の取引の計算を手伝ったりしてやる。そこで島民も流人に米塩を与え、空き家も貸してやる。あとでは流人は自分の力で家作をこしらえ、すこし貯えもできるようになる。すると日本本土にいた時分のまずしい生活よりもかえってよい生活状態になる。これは不幸中の幸いである。それに対して悪い流人というのは、焼酎をしたたか飲んで喧嘩するような連中であり、また昔の花やかな生活を思い出しては、食事のことばかり愚痴を言う輩であると、こき下ろしている。

名越左源太の二つの意見は、島民の立場に立っての判断である。ここで沖永良部島の人口を見てみると、たとえば天保九年（一八三八）の人口調査では、島の人口は九千七百六十八人で、ざっと一万であるが、遠島人は百人となっているから、百人に一人は流人だったわけである。この比率は奄美大島でもほぼ変わらない。『南島雑話』は、文化二年（一八〇五）の大島の人口を三万五千四百七十人、遠島人を三百五十六人と記述している。奄美大島で百人に一人が流人であった。ということは、一世帯をかりに五人家族として、二十世帯のなかに一人の流人がまじり合って暮らしたという勘定である。これは島民にとって大きな負担ではなかったろうか。それと同時に、せまい島のなかでは流人を自分たちと別のグループのものとして、交際しないでいることもできなかったことを物語ってはいないか。

島にはしばしば飢餓が訪れた。奄美でも蘇鉄地獄という言葉が残っている。『南島雑話』には、両親に早く死に別れた二人の幼な子が、飢饉で食べるものがなく、イチゴやアダンの実をさがしあるいたすえに飢え死にしたが、今でもイチゴやアダンの実の熟するころには、その幼な子の声らしく、「あだんもて呉《くれ》ちょ、いちび（イチゴ）もて呉ちょ」という歌が聞こえるという哀話を記している。私は数年まえ、奄美大島に旅行したとき、台風などで十日間、島外との交通が遮断されたとしたら、卵の値段が倍にはね上ると聞かされたことがあったが、今日でも島の経済はそのように底が浅い。流人の生活の面倒をみる島民の感情の背景に、そうした島のきびしい事情があることを知らなければ、遠島人のことを語ることはできない。

政治の抗争のまきぞえをくらって遠島の刑に処せられた薩藩の上士は、名越左源太にかぎらない。彼らはいずれもすぐれた教養人であったから、配流の島に文化の種子をまいた。その種子は明治になってから育ち、島の文化の礎石となった。

昇曙夢は奄美大島の出身でその雰囲気をよく知っているが、彼の『大奄美史』ではつぎのように述べている。

大島の島民が、どんなに貧しい家庭でも子弟教育にかけては何処にも見られない熱意を持つてゐるのも、一つは斯うした奇篤な国事犯人達の刺激がその因を為してゐるのではないかと思はれる。この点からすれば、薩藩が大島諸島を罪人の流刑地として、永く未開蒙昧の域に押込めんとした植民地的政策は、却て逆効果を来したとも言はれよう。

しかしまた『大奄美史』によると、つぎのような話も残っている。大島には旧藩のころに家人《やんちゅ》制度と呼ばれるものがあった。苛酷な黒糖上納の負担を果たし得なかった貧しい農民は富裕な農家に身を売って、一生農奴同然にこきつかわれた。これが家人である。明治になって四民平等の時代がおとずれたとき、大島各地をまわってその家人制度の廃止に奔走したた鹿児島の伊知地清左衛門は、かつて遠島人として大島に流謫された旧薩藩士であった。伊知地をして大島の農奴解放に挺身させた原動力とは何か。おそらく彼は流人生活のときに触れた南島の下層民のやさしさが忘れられなかったのではないだろうか。

このことは西郷のばあいも同然であって、彼の武断的な性格や士族中心の考え方の底に、農民や漁民などへの思いやりがあったとすれば、それは彼の流謫中の島民との触れあいから学びとったものではなかったか、と推測される。

私は奄美の島々に限定して話をすすめてきたが、それは伊豆七島とて、いやすべての流刑の島とても、変わりはなかった。八丈島で六十年の流人生活をすごした近藤富蔵の『八丈実記』は、名越左源太の『南島雑話』と並び称せられ、日本の地誌、民俗誌のなかでもっともすぐれた価値をもっている。この不滅の記録が二つともに、赦免花のいつ咲くかわからない流人の手になったということは、意味深い。

流人でなければ島の歴史や風物誌を書く人は島内にいなかったのである。知識のある者がいたとしても、ことさらに自分の生活のまわりを見渡してそれを記録保存する考えはなかったろう。それを思うとき私は一つの感慨にさそわれる。日本人が太古からもっていたマレビトへの期待。それと裏はらの貴種は流離するという考え。この二つはスサノオの伝説に結合されているが、それらが流されびとに対する島民の意識の底深くよこたわっている。日本各地の海辺や島々には「流され王」の伝説があるが、隠岐や佐渡に配流された帝王たちはいうまでもなく、とりたてて血すじをひけらかすことのない流されびとにもまた、島民は無関心ではいられなかったのである。

（『青と白の幻想』）

永久歩行者

折口信夫の『日本芸能史ノート』は次の言葉からはじまっている。

> 日本の国家組織に先立って、芸能者には団体があった。その歴史をしらべると日本の奴隷階級の起源、変化、固定のさまがよくわかる。日本には良民と浮浪民とがある。そのうかれ人が芸人なのである。

これは驚くべき発言である。日本の国家組織がまだ充分に整わない以前に、芸能者の団体がすでにあり、彼らは良民と異なる浮浪人《うかれびと》であった、と折口は言うのである。国家に先行する芸能者の集団があった。彼らを浮浪人というからには、各地をさまよい歩く漂泊の徒であったろう。良民と賤民とに腑分けされる以前の日本列島社会で、はやくも定住者と漂泊者の二つの異質の流れが存在したことを折口は認めているのである。

> 先住民の落ちこぼれで、生活の基調を異神の信仰に置いた其団体が、週期を以て、各地を訪れ渡つて居る中に、駅・津の発達と共に、陸路・海路の喉頸《ノドクビ》の地に定住する事になつた。女性の為事なる芸能（歌舞と偶人劇）と売色を表商売とする様になつて、宿宿の長、又は長者と言ふ事になつたと言はれて居る。私は、此同化せなかつた民族の後なるうかれびとの外に、自ら跳ね出して、無籍者になつた亡命民がまじつて居さうに考へる。つまり其がほかひゞとである事は、前に述べた積りである。（『国文学の発生・第二稿』）

折口は、歌舞を職業とする「遊行女婦」（うかれ女《め》）や、偶人劇を演じながら漂泊するクグツのほかに「ほかひ人《びと》」（乞食者）を念頭に置いている。彼らが、先住民の落ちこぼれで、生活の基調を異神の信仰に置いたアウトローの団体であることを強調しているのである。

柳田国男もまた、遊女を「アソビ女」というが、この遊びは単に漂泊を意味した、と言っている。遊女は古くは遊行女婦といった。これはウカレメと訓んだと思われると柳田は言い、ウカレは「天智紀」に浮浪人をウカレビトとあるから、遊行女婦の遊行は一定の目的地があるわけでなく旅行そのものを生涯とするという意味であるという趣旨のことを述べている。

折口と同じく柳田もまた生涯歩きつづけた信仰者や芸能人に注目している。その間の消息を伝える柳田の一文がある。

> 福島県の海に面した村里には、名ある旧家でシンメ様を祀

つて居る者が尠なくない。シンメ様といふのは仙台附近でトウデ様、南部領でオシラ様といふのもほゞ同じで、通例木を彫つてこしらへた人形の神である。此神を持伝へた家では、現在は皆困つて居るさうである。それは屢〻其家の女の夢枕に立つて、旅に出ようと促して已まぬからで、其御告げに従はぬと病気になる。それを遁れようとすれば少なくとも年に一度、そつと此神を背に負うて、顔を知られぬ土地を巡歴して来なければならぬ。是が何よりも迷惑なことに、今日ではなつて居るのである。説明は多分精神病理の側からでも付くのであらうが、兎に角に以前尋常の家庭から離脱して、此種の漂泊生活に入つて行つた女性には、何か拒むことの出来ない背後の暗示が、働いて居た場合が多いやうである。能の物狂ひの色々の曲にも見える様に、是が他郷の未だ信ぜざる者の間に、新たに自分の立場を見出さうといふことになると、自然に物を語り又歌舞せざるを得なかつたものと思はれる。所謂神気《かみけ》の副うた女人は、昔も今も常に饒舌で、又屢〻身の耻は省みずに、自分しか知らなかつたやうな神秘なる真実を説かうとして居る。それを神々が多数の俗衆に聴かせんが為に、特に或る一個の清く美しい者を選んで狂はしめられるのだとも、昔の人たちには考へられたのである。故にこの一つの宗教的動機とも名づくべきものが、将来もう少し明らかに判つて来るならば、歌と物語とが単なる初期の業体であつたといふに止らず、更に遊女をして斯くの如く、弘く国内を漂泊せしむるに至つた、元の力であると言ひ得ることにならうも知れぬ。少なくとも今一つの人に賤しまるゝ職分の如きは、是に比べるとずつと小さな偶然だつたと、認め得る時が来ようかと思ふ。

（「遊行女婦のこと」）

長い引用になったが、柳田はここで神の命ずるままに家を出て巡歴する主婦の例を挙げ、そこには「何か拒むことの出来ない背後の暗示」が働いていることを認めている。さらには能の物狂いなども宗教的な動機によるばあいが多いことを明らかにしているだけでなく、それに伴う歌と物語が、遊女（うかれ女）をして、ひろく国内を漂泊せしめる背後の動機でもあったと言っているのである。そしてそれに比べると、売色などはずっと小さな偶然でしかなかったと言い切っている。

『梁塵秘抄』巻二には、

わが子は十余になりぬらん　巫《かうなぎ》してこそ歩くなれ　田子の浦に潮踏むと　いかに海人《あまびと》集ふらん　正《まさ》しとて　問ひみ問はずみなぶるらん　いとほしや　（三六四）

という有名な歌がある。大意は、今は十余歳になっているだろう自分の娘が、歩き巫女《みこ》となって諸国をめぐり、田子の浦に集っている漁師から、娘の占いが当たっているとか、当たっていないとか言われて、さんざんなぶられているだろうことを思い、かわいそうでならない——というものである。

「あるき巫女」は神と共にさすらい歩く「漂泊の巫女」である。

「大乗院寺社雑事記」に「七道者」として「猿楽、アルキ白拍子、アルキ御子、金タタキ、鉢タタキ、アルキ横行、猿飼」とある。金タタキ、鉢タタキは空也の徒である。アルキ横行は不明とされているが、ともかく、ここにアルキ白拍子、アルキ御子、アルキ横行など、アルキを付した職名が三つも挙げられているのは注目に値する。アルキ白拍子はまさに古代の「遊行女婦」の面影を伝えている漂泊の巫娼である。「アルキ白拍子」「アルキ御子」はどこかの目的地や終着点を目指すものではない。「歩く」こと自体が目的であった、といっても差し支えない。それは柳田が述べた尋常な家庭の主婦たちから、山林放浪の優婆塞やヒジリに至るまで含まれる。

終りなき旅の漂泊者たちは、人間を駆り立てるもっとも深い欲望に促され、旅に生き、旅に死んだのではなかったか。それをもっとも徹底して実行したのが宗教者の群れであった。

空也は山野荒原に捨てられた屍体の始末という、おどろくべき低い目線で賤民の役を買って出た。一遍上人は廻国の砌《みぎり》、丹波国に半月ばかり滞在したが、獣や魚の殺生を業とした異類異形の人びとが念仏札を受けにくることを少しも拒まなかったという。ここで、仏の道にそむく生活をいとなみながら、大悲大慈にすがるほか救いのない卑賤な境遇の人びとに心を寄せ、みずからを「屠沽《とこ》の類」と称した親鸞を思い出す。「屠」は屠者で猟師のこと、「沽」は商人を指す。親鸞は「某閉眼せば賀茂河に入れて魚にあたふべし」と言い、一遍は「葬礼の儀式をととのふべからず。野にすてて獣にほどこすべし」と遺言した。空也、一遍、親鸞に共通するのは、彼らがつねに下層の民衆の地平と共に、漂泊の生涯を送ったことである。

彼らは、土地や主従関係に縛りつけられた定住者の小さな安定よりも、襲いかかる寒さと飢え、盗賊と野獣の危険に満ちた旅の苦難のほうを選んだ。流動こそ生であり、停滞こそ死であるという確信を捨てず、昨日も今日も明日も歩きつづける一所不住の漂泊者を、私は畏敬をこめて永久歩行者と呼ぶ。ここに「歩く」ことのもっとも深遠な意味が鮮明になる。

これら異端の永久歩行者は、世の落伍者とさげすまれ、賤民とあざけられながら、自らの生涯を通して、庶民信仰や民間芸能を開花させ、保持し、後世に伝えた。その一端は本書においても感得できるものと信じる。（『賤民の異神と芸能』序章）

Ⅳ　南島　その空間と時間

編集・民俗・思想［論考・エッセイ］

八重干瀬にて

晩年の柳田国男に『海上の道』という書物のあることは知られている。その書物のなかで柳田は日本に稲作がどのような経路でつたわってきたかを追求して、独特な仮説を提出している。彼によると、古代中国で財宝として珍重された宝貝は沖縄列島に産し、とりわけ宮古島の北方にある池間島のさらに北の海中にひらけた八重干瀬《やえびし》（現地ではヤビシと呼ぶ）は、宝貝のもっとも豊富な産地であるところから、宝貝を求めて八重干瀬を目指し渡来した中国古代の人たちが、はじめて稲の種をもたらしたのではないか、というのである。

　私は三年まえに池間島をおとずれたときに、この八重干瀬が宮古島に匹敵するほどの広大なもので、その付近一帯は沖縄本島や中国と往来する船の航路にあたっているだけでなく、池間の漁民にとって不可欠な漁場であることを知らされた。そこで私は池間島の最北端に立っている無人灯台の施設の屋根にのぼって、島の北がわの海を望見した。すると彼方の水平線まぎわに、二つの大きな環礁が見えた。環礁のまわりをとりかこむ白波の輪は折からの夕日に染まって、柳田の注目する宝貝の一種、すなわち黄線の入ったシプレア・モネタのように光っていた。

　この八重干瀬はふだんは二メートル足らずの水底にかくされている暗礁であるが、干満の差のはげしい大潮《おおしお》のときには、干潮時に海の表面に現れる。とくに旧三月三日のサニツと呼ばれる浜下りの日に、池間島の人びとは老若男女こぞって八重干瀬に出かけて魚介をとり、弁当をたべ、楽しく遊ぶと聞いていた。

　今年（一九七三年）、私は宮古島の友人からサニツの日にヤビシにゆかないか、とさそわれた。あの神秘的な八重干瀬の遠景を忘れかねていた私はさっそく応じることにした。

　サニツにあたる四月五日、池間島から船は出た。三、四十人も乗り込んだ船だが、出港してやっと一時間経ったときに、池間島からもっとも遠い胴干瀬《どうびし》という名の干瀬に着いた。干瀬の表面はすべて茶褐色のサンゴ礁におおわれている。大海のまっただなかで、それを足で踏むのは奇妙な感じであった。イカダに乗って海に浮かんでいるような気になる。

　このドゥビシは八重干瀬のなかでもずば抜けてひろく、海図を見ると、宮古群島の池間島と来間《くりま》島を合わせたよりも大きい。にもかかわらず、それは四時間のちにはふたたび海中に没する束の間の陸地であった。大潮の日の干潮時には池間の人びとを集め、満潮になれば、その姿は消えて、まるい白波の輪が人びとの夢を無限にさそう海神宮に変わる場所であった。

　同船した池間の古老に聞くと、この八重干瀬にはドゥビシを含めて、百ぐらいもの干瀬があり、その一つ一つに名がつけられている。池間の漁師はこの干瀬の所在をすべてそらんじている。そうでなければ危険にみちた暗礁のことだ。たちまち船は難破するという。なるほど、ドゥビシの上にはこわれた甕の破片のようなものが、いたるところにちらばっている。それはかつて山原船やマーフン船と呼ばれる帆船の積荷だったかも知れない。嵐のあとには、この付近の海底に埋没した難破船がゆさぶられて、南蛮甕がぐゎらぐゎらと出ることがあると聞いたが、それほど外国船の沈没した数も多かった。

　八重干瀬の北は真っ黒い海で、引きこまれそうなくらいに、白い波が大きくあがっている。それに引きかえて干瀬の南がわは碧玉色の浅瀬で、コバルト・スズメが引き潮の水たまりに泳いでいる。魚介やウミガメをとっている人たちにまじって私は宝貝をさがした。しかし、柳田国男の雄大な構想の土台になる宝貝はわずかしか見当たらず、あてがはずれた。もしかしたら取りつくされたのかも知れないとおもって、漁師に聞くと、宝貝のいるのは別の干瀬で、宝貝は浅瀬の海藻のような苔のついた石のあいだに好んでいるという。

　八重干瀬に立って、真南風《まはえ》に吹かれながら、私は宝貝を求めてやってきた人たちは、どこに稲の種をまいたかを考えてみた。その場所は当然、八重干瀬にもっとも近い池間島と大神島が想定される。ところで、私の聞いた話では、池間島では最近まで赤米を作っていたといい、また池間のとなりの大神島でも戦前までは赤米で、たくとまるで赤飯のように赤くなったという。大神島の創世神話では、その始祖である兄妹の両親は西の浜で赤米を作っているところを海賊におそわれた。柳田説をなぞってみれば、季節風を利用して大陸からやってきた人びとが、南方系の赤米の種を池間島や大神島にまいた。そのはるかな伝承にさかのぼれるものが、いまもそうした創世神話に残っていると私は想像をたくましくする。

　宮古島では死んだ人のたましいは北の池間島に集まるという伝承がある。その池間島では、人が死んだらイーにゆくという。イーとは池間島の北端の無人灯台付近を指す。その灯台のさらに北に八重干瀬がひらけている。宮古の人びとの意識のなかに明白にみとめられる北への指向性は何を物語るか。それを延長すれば、雲煙とみまがう海波のかなた、中国大陸にむかう。古代中国の人びとが宝貝を求めて八重干瀬にやってきたとする柳田の主張も、荒唐な仮説としてすますわけにはゆかないことを私は感じた。

しばらくすると潮がみちてきたので、私たちは再び船に乗った。八重干瀬のむこう、中国大陸にむかって南風は吹く。その南風のなかを船はつきすすんだ。ふりかえると、八重干瀬はすでに海中に没していた。

（『黒潮の民俗学』）

青と白の幻想

青の島

久米島仲里村のイフの海岸は、春の大潮の時分には沖合まで干瀬《ひし》があらわになる。東シナ海から渡ってくる微風に吹かれながら、この砂州の上をどこまでもあるいていくと、これほどぜいたくな旅はなさそうにおもえてくる。左手に東奥武《あがりおう》と西奥武《にしおう》の二つの島が見える。干瀬の尖端が波にあらわれるところで海藻をとっている村の女たちにまじって、どこからやってきたのか、学生風の若い女が二人連れで、傍にある舟のなかの男にかけあっている。

「おじさん、あの島までいってくれない」

「いいよ、往復五百円でいくよ。島にあがって十五分ぐらいは待っていてあげる」

「四百円にならないかなあ」

漁師が返事をしないでいるので、二人はすたすたといってしまった。イフビーチと呼ばれるこの海岸は、私の知るかぎり沖縄でももっともうつくしい砂浜の一つである。そこに目をつけて全日空がぬかりなく、一泊一万円もする新婚むきのホテルを建てている。そのホテルが干瀬から見えているだけに、百円を懸命にねぎる会話にはちぐはぐなおかしさがあった。

私もその奥武島にいこうとしている。しかし女子学生風情とはちがった目的をもってである。奥武島はもと青の島と呼ばれた。そこは死者を風葬した島であった。はるか古代には、南島では人が死ぬと死体を舟ではこんで地先の小島にほうむった。風葬墓にあてた洞穴に外光が入りこんで、死者の世界をぼんやり照らしだすと、そこは「ようどれ」、つまり沖縄語でいう夕凪のようなおだやかな黄色い光にひたされる。この黄色い死者の世界を「青」と呼んだのだと沖縄の学者の仲松弥秀は言う。古代には、色の呼称は赤、黒、白、青の四つしかなかった。黄は青の呼称のなかに入れられていた。眼のまえにある黄色な手ぬぐいを、「青い手ぬぐい」と呼ぶ習慣は、沖縄ではつい先頃まで見かけられた。

青の島は死者が歯がみする暗黒の地獄ではない。そこは「明るい冥府」である。私はそれがほしいばかりに、ここ十年近くも沖縄に旅をし、いまもまた、イフの海岸の珊瑚礁の砂に踝《くるぶし》を埋めている。イフというのは、川下の海岸に砂がたまった場所をさす語である。仲里村の奥武島はもともと無人島であった。明治になって糸満漁夫が住みつき、一時は五、六十戸にもふえたが、いまは数戸しか残っていない。『仲里村誌』にはこの島ではむかしから不浄を忌み、死者が出ると海を渡って対岸に葬るならわしであると書かれている。かつての死者の島が、いつしか神聖な島とみなされ、そこの島に埋葬を禁ずるという逆転した習俗が生まれることがあるのは、安芸の厳島の例などからも理解できる。

『琉球国由来記』によると、ここには「アフ御嶽、神名カヤウサノ御イベ」がある。琉球最古の歌謡集である『おもろさうし』には、

かさす若てだよ
御み神酒《しやく》　ぬきあげは
又　真物《まもん》　若てだよ
又　奥武《あお》の　浜崎に
又　奥武《あお》の　いふ崎に

という歌がある。

冒頭の「かさす若てだ」というのは、久米島を一時支配していた伊敷索按司《いしきなわあんじ》の三男の笠末《かさす》若按司のことである。その若按司はみめうるわしく、しかも才能のある若者であったので、てだ（太陽）のように、また、まもん（真物）つまり、神のようにすぐれているとうたいはやされた。「御み神酒　ぬきあげは」というのは神酒を差し上げようという意味である。奥武島の浜でこの若按司に神酒をたてまつるのはだれか。それはこの歌詞からは汲みとることはできないが、『琉球国由来記』を見ると、君真物《きみまもん》が出現したとき、この君真物は伊敷索按司よりはその子の笠末若按司に心をよせたとあることから、君真物という神であったことが類推される。君真物は海神であって、まず奥武島を足がかりとして、本土に上陸した。「琉球神道記」を見ると、君真物は毎月出現して託宣し、各地の拝所の森で神あそびをし、カヤの葉を手にして神歌をうたう、と説明されている。久米島の君真物もまた、若按司におもいをもやしたと推量される「おもろ」が残っている。君真物の役は若い神女が演じていると私はおもう。

愛《まぐ》し鳴響《とよ》た主《しよ》よ
心切《うらき》らしや　見欲《みほ》しや
離《はな》れ　居《お》る
吾《あん》は

世間に知れわたった方に、逢いたさ見たさで切ないおもいをしている。離れ島にいる私は——という意である。この離れ島はいうまでもなく奥武島のことである。『球陽』にも、

海神はかならず奥に出現すると述べている。奥は奥武の島のことであり、青《おう》の島をさしている。沖縄本島とその周辺の島々には奥武と名のつく場所が五ヵ所以上ある。その一つに島尻郡玉城村の奥武島がある。むかし玉城　城《たまぐすくじょう》でいくさがおこなわれたとき、戦死者の死体は奥武島まではこんで捨てたという話を私は現地で聞いたことがある。もちろんこれは伝承にすぎないが、そこには青の島の性格がよみとれる。

　ではなぜ海神はいったん青の島を足がかりとして、そこに足とめたうえで本土に上陸したのであろうか。そのことを『球陽』の記事が強調しているのはなぜか。それは青の島が死者を葬った島だからと考えるよりほかない。つまり青の島こそはかつては祖霊のとどまるところであり、ニライカナイに相当する常世でもあった。しかし後代になると人びとは海の彼方に祖霊の島をおもい描くようになる。遠来の祖霊神は、時を定めて訪れ、子孫に祝福を与える。そのばあい、かつての葬所であった青の島にかならず立ち寄るということはいかにも納得できる事柄である。

　今日でも沖縄本島の大宜味村では、祝女《のろ》や根神などのとむらいのときに、青の神を送る歌がうたわれる。

えいえい　まやぬ神送《う》くやびら
えいえい　青ぬ神送くやびら

「まやぬ神」は真世の神であって、ニライの神とおなじ。このニライの神はまた「青の神」とも呼ばれていたことがこれでわかる。「送くやびら」というのはお送りしましょうという意である。

　私はまわり一里の奥武島にしばらく時をすごし、待たせていた小舟でイフの海岸にまた引き返した。むき出しになっていた干瀬にむかってゆるやかに潮は満ちはじめていた。その潮がしらは沖合から真珠母のような「ようどれ（夕凪）」をはこんできた。

シラサの浜

　古宇利島に渡るために、名護から本部山地をつっきって運《うん》天《てん》港に車でいそぐとき、すごい驟雨に出合った。嘉津宇《かつう》嶽のふもとではフロントガラスを叩きつける雨足のために先が見えない。車ごと雨のためにどこかへもっていかれそうな気になる。私は『おもろさうし』のなかの歌をおもいだしていた。

運天着けて　小港着けて
嘉津宇嶽《かつうだけ》下がる
雨《あま》ぐれ　降ろちへ
鎧　濡らちへ

　これは運天港についたヤマトからの軍隊の鎧を、嘉津宇嶽から降る雨ぐれが濡らして——という意であるが、雨ぐれのぐれはしぐれのぐれとおなじだ。私はこの「雨ぐれ」という言葉が好きだ。夕立にせよ、それは大粒の雨滴を重く含んでいる感じがよく出ている。

車が運天港に到着すると、もう沖のほうは晴れあがっていた。ときおりあわい通り雨があるが、それが陽にかがやいてまぶしく光っている。いままでの土砂降りが嘘のようだ。

古宇利島は運天港口を船で出ると指呼の間に見える。そこには「創世記」のアダムとイブの伝説に酷似した話がつたわっている。

むかし、男の子と女の子がその島に出現したが、二人は裸体でも恥じる心を知らず、毎日天から降ってくる餅をたべて、無邪気にくらしていた。餅の食べ残しを貯えるという分別が出てくると、いつしか餅の供給はとまってしまった。二人は食うために働かねばならず、朝夕、海浜で貝をあさって、いのちをつないだ。あるとき海馬（ザンの魚《いお》）が交尾するのを見て、男女の道を知った。そこでようやく裸体を恥ずかしいとおもうようになり、クバの葉で恥部をかくした。沖縄三十六島の住民はこの二人の子孫である。

古宇利島ではこの話は生きている。海神祭のとき、天から降ってくる餅をながい竿の先で突いて取る行事がいまもっておこなわれている。これがかりに明治以降、キリスト教の伝来とともに輸入された説話であるならば、こうした海神祭の行事のなかの所作にまで組み入れられたはずはない。天から餅が降ってこなくなったので兄妹はかなしんで、

とうとめえ、さい
大餅、やとう餅
お賜《た》べめしよれ
うまぐる拾《ひ》りてい
押しやぎやびら

と訴えたという。大意は、お月さま（とうとめえ）、大きな餅をおくれ、赤螺の貝（うまぐる）を拾ってあげようというもので、古宇利島の子どもたちが月の夜にうたう童謡としてながく残った。古宇利島の創世説話につながる兄妹相姦の模擬行事は以前は海神祭の日の行事の最後におこなわれた。きまった家のうみき（男）とうみなり（女）がゴザをかぶり顔をかくして村人のまえで演じた。そこで「恋の始まりや古宇利島」といって、島びとは古宇利島はもと「恋島（くい島）」ではなかったかといっている。しかしこれは俗説の匂いが濃い。

古宇利島の港の左手につき出した岩がある。海神祭のときにはこの岩の上で神女たちが並び海の神を送る、そこをシラサと呼んでいる。このシラサという言葉が私の関心を引いた。島びとに聞くと、ヘソの緒を切ったカミソリと茶碗をもって、この浜に出かける。そして茶碗に水を汲み、その上にカミソリをおく。またシラサの浜の石を拾ってもってかえる。この石はヘソの緒と一緒に保存しておく。茶碗に入れた潮水で赤ん坊と母親の額を三回塗る。それは洗礼に相当する、水撫で（うびーなで）の儀礼である。赤ん坊が生まれて一週間目に、

赤ん坊を抱いた母親は、東を向き、松明（とぼし）に火をつけて三回ふる。それは東方にのぼる太陽に対して呼応する行事である。

　シラサは南島語のシラに縁由のある語とおもわれる。刈りとった稲を穂のまま積んでおくのがシラであり、産室の炉にもやす火をシラビという。つまりシラは生まれることを意味する言葉である。

　宮古島の狩俣部落の背後には原生林がよこたわる。そこは大森《ふんむい》と呼ばれて、神女たちが山ごもりをして苦行をおこなったのち、ふたたび部落に出てくる場所である。神女たちは山ごもりしているとき、とつぜん眼前に真っ白い壁のある家を見ることがあるという。狩俣でうたわれる神歌にも、

根島《にすま》から降《う》りんな
シラスから降《う》りんな

という対句が出てくる。そこは山ごもりした神女が再生するところだからシラスと呼ばれた。

　古宇利島のシラサの浜もそれと関連があるにちがいない。それにふさわしくこの浜も真っ白い砂で敷きつめられている。そして太陽が照るとき、白砂はまぶしくかがやき、海は明るい青を燃えたたせる。青と白のこの原色はしかし、南島ではたんなる色以上の深い意味をもっているのだ。人は死ぬと青の島にいく。そこは暗黒の地獄ではない。夕方のような光の射す明るい冥府である。そこではこの世に生まれかえる、つまりシラへの希望をもつことができる。青から白へ、白から青へ、それは蝶の脱皮となんらことなることがない

　私はシラサの浜に降り立った。風がつよく耳が吹きちぎれそうだ。青と白との炎がそそり立って私をつつむなかで、私はつぶやいた。

耳が鳴る　死の島に
今ぞ舞う　巫女ひとり
綾蝶《あやはびら》　奇蝶《くせはびら》
耳が鳴る　生《す》で島に
脱ぎ捨てし　蝶の亡骸《なきがら》
真白ら砂《ご》の　浜辺の真昼

（『青と白の幻想』）

明るい冥府＊

一

　一九六九年、はじめて沖縄通いを始めたとき、私は海岸の風景に心を奪われた。真白い珊瑚礁の砂にくるぶしを埋めながら白波のあがる干瀬《ひし》の風景を眺めるのが好きだった。きら

きらと太陽のかがやく青い空は、急にくもって驟雨《しゅうう》が訪れる。それも一瞬で、再び明るい空に戻る。生は白で、死は青だ。それが一日の間に目まぐるしく交替する。そこには死者を永久に閉じこめる息の詰まる世界はない。

私は戦時中、西欧思想とくにカトリシズムに深く傾斜した。その動機の一つには、時局の先棒を担ぎ、国策の尻馬に乗った国家神道への嫌悪があったことは紛れもないが、やがて、カトリシズムが日本の伝統的な思想風土との間に埋めがたい異和感があることに気がついた。そこで、戦後になって私はカトリシズムに興味を失ってしまったが、それでもなお、たとえばダンテの『神曲』の地獄篇に描かれたような、陰惨な冥界の風景は、長いあいだ残像となって、心の底にこびりついていた。それが沖縄通いをくりかえしていくうちに、いつの間にか消え去っていく快さをおぼえていた。

沖縄の島々はまわりを暗礁でとりかこまれている。この暗礁は満潮時には波間に没するが、潮が引くと姿をあらわし、まわりに白波があがっている。この暗礁を沖縄本島ではヒシ（干瀬）、宮古ではピシ、八重山ではピーと呼称を異にしている。ヒシの内側は潮が引くと底が見えるほど浅いが、太陽の光線が海底の砂に反射すると、目もさめるような碧玉色にきらきらとかがやく。島民は干潮時を見計って魚貝をとり、流木を拾う。これに対してヒシの外側の外洋は急に深くなり、青黒い浪がうねっている。昔は島民も行かない他界であった。沖縄の海はヒシを境にして現世と他界の二重になっている。

死者たちはヒシの彼方の世界で、生の苦患から解放され、しばらく休息しているが、やがてこの世に再生する。死者の世界は薄暮のひかりにひたされていて、暗黒ではない。「明るい冥府」である。

沖縄の死者の世界には高級宗教の発明した他界のように何ら人を恐怖と惑乱においこむものはなかった。というのも、もっとも古い時代には、現世の延長としての来世が存在するばかりであった。もとは葬式や洗骨が海の引潮にあわせて、また嫁入りが夜の満潮時を見計らっておこなわれたように、生と死のちがいは満潮と干潮のちがいくらいのものであったろう。そして、潮の干満がくりかえされるように、死者はまた生者となって再生し、転生することをうたがわなかった。

男の赤ん坊の童名（わらび名）に父方の祖父の童名をつけるのも、転生の思想のあらわれである。「三十三回忌をすぎると、魂は祖先の天にいる。毎朝、草には空から露がおり、家畜はその草をたべる。人は家畜をたべる。このようにして魂は再生する」と述べた糸満の古老のはなしをシャルル・アグノエルは書いている。また、生前に喘息もちだった人の中に、死んで洗骨の儀式のときには「自分はかめの中に入れられるのは苦しいからしないでくれ」と頼む人が池間島にあったことを野口武徳はつたえている。これらは仏教の輪廻思想というよりはもっと古い原始的な再生または転生の思想である。この再生または転生にむけての願望の投影として、いつまでもニライカナイ（常世）の島は存在するであろう。

二

明治の初め頃までの宮古島では、長寿の老人の家では「拝み塩」の儀式がおこなわれていた。正月元日の朝はやく一家の老人は上りがまちや縁側に威儀を正して端座し、村の女や子どもたちを待ち受けた。老人の前には、盆の上に丸く盛った塩が置かれていた。それを「黄金塩《くがにまーす》」と呼んだ。「まーす」は塩を指す南島方言である。老人は拝みにきた女子どもの口にその塩をひとつまみずつ入れてやった。その所作はローマ法王が信者の口に一切れのパンを入れてやって祝福するのと何の変りもなかった。

古代日本では長寿を保った老人は「とこよびと」と呼ばれた。長生きして自然死をまっとうすることをもって、最も望ましいとする考えは、沖縄もおなじであった。沖縄芝居では幕が揚って最初に口上を述べる翁は「ニライの大主《うふしゅ》」であり、また竹富島の種とりの行事のとき、祭の開始にあたって、種子のはいった籠を腰に下げて祝福する翁は、海をわたってきた祖霊とおもわれていた。ここには生者も長寿の老人となれば、他界の住人と同じであるという考えが背後にある。生と死の境目は今日ほど截然としたものではなく、人が死ぬことは、ユングの考え方を借りるならば、はかり知れないほどの厖大な無意識の記憶の堆積に一つを積み重ねることであり、長寿の老人はその顕現とも化身ともおもわれたのである。

沖縄で長寿の自然死が最も理想とされ、尊ばれたのは次の事実からも分かる。

宮古の池間島や大神島などでは、一年足らずで死んだ幼児をアクマと呼び、水死人や自殺者などの事故死者をキガズン（怪我死）と呼んで、もっともきらう。海浜の砂にうめたり、先祖の墓とは異なった洞穴に投げ入れておく。宮古の多良間島や伊良部島の佐良浜では、七十歳以上の老人が死んだときだけ（池間島では五十歳以上）、豚を殺して会葬者にふるまう。これから考えると、これといった病の果ての死でもなく、不慮の死でもなく、老衰に近い自然死を死んだ長寿者だけが時を定めて村にかえってきて、現世の人びとに祝福を与える資格をもつとみなされていたことは察しがつく。

三

『日本書紀』によると、神武東征の軍が熊野灘にさしかかると、暴風が起って、危く船が沈みそうになった。神武の兄の稲飯《いなひの》命は、自分の母は海神なのに、どうして自分をこんなに苦しめるのか、と言って剣を抜き海に入って鋤持神＝鰐になった。また神武の兄の三毛《みけ》入野《いりの》命は、自分の母や叔母は海神なのに、どうして大きな波浪を起して、自分を溺れさせるのかと恨み、浪の穂を踏んで常世郷《とこよのくに》に往《い》った、とある。『古事記』では「御毛沼《みけぬ》の命は波の穂を跳《ふ》みて、常世の国に渡り来し、稲氷の命は妣の国として海原に入りましき」となっている。

このうち神武紀にみられる熊野灘の神話の根底には古代の水葬の習俗があり、それが常世の国の幻影を海彼《かいひ》に描き出し、後世の補陀落渡海《ふだらくとかい》につながったと考えられるのである。

水葬の習俗はもとより仏教渡来以前から日本列島にあったにちがいなく、それが神話的な表現として、死者の魂の赴く常世と名づけたとおもわれるのである。古代人の理想郷である常世が、仏教渡来以後、観音の浄土である補陀落と重なりあうのは、むしろ自然であったのではあるまいか。

ここに仏教以前の思想が仏教に薫染された観念が生まれたあとも一本の道としてつながるという独特の構図がみられる。すなわち常世の思想は、後代に補陀落渡海の行為として再現したともいえるのである。

補陀落渡海は補陀落寺のある那智勝浦がもっとも有名である。補陀落寺の千手堂には、補陀落渡海のために屋形船《やかたぶね》を作ったときの、その屋形の板が本堂の壁板として使用されている。補陀落渡海の僧はこの寺の住職が多かったようである。那智駅のホームのすぐ近くには、補陀落渡海の船の出発した錦浦がある。しかし、補陀落渡海は熊野以外にもあった。高知県や鳥取県のほかに、大阪の天王寺の海にもあり、また熊本県にもあったことが知られている。

卑近な例であるが、漁師たちは海で水死人が流れているのに出会うと、「今日は大漁に出会う」と喜んで、丁重に屍体をあつかった。これは水葬に処せられた者が、常世の島の人である、という考えが根底にあると察せられると折口信夫はいっている。

四

補陀落信仰は南島にも中国から波及していたとおもわれる。『琉球年代記』によると一二六五年には、首里の近くの古都浦添に補陀落山極楽寺を建てて、宋の僧禅鑑《ぜんかん》禅師が住んだとあり、また、はるか下って尚寧王《しょうねいおう》（一五六四〜一六二〇）のときに補陀落山龍福寺を再興したともある。

『三国名勝図会』をみると、大隅国に正八幡宮を再建し、のちに同国桑原郡浅井村に金峰山神照寺三光院を開いた日秀《にっしゅう》上人は、願心をおこして舟山島《しゅうざんとう》の普陀《ふだ》山（中国浙江省）に到って観音を拝し、帰途、舟が琉球についたので、琉球では真言を伝えた。日秀上人のことは『中山伝信録』や琉球の読書にもその名前が出ている。

このように補陀落は遠く天竺にあるが、近くは中国の舟山島の普陀山とおもわれていた。その観音の浄土に渡航し参詣することは、わが国の宗教者にとって無上の光栄と信じられていた。

ここに興味があるのは中国の史書『史記』が伝える呉王の最期である。越王は呉の首都の蘇州を包囲してこれを陥落させた。越王勾践《こうせん》は呉王夫差《ふさ》を甬東《ようとう》の地に移して、百戸の采邑《さいゆう》を与えて居住させようとした。夫差はこれを謝絶して自殺をとげた。甬とは浙江省の寧波《にんぽう》の付近を指す。その東とあるから、甬東はまさしく舟山列島の中にある。そこが呉王夫差の終焉の地として与えられようとしたということは、みのがしがたい挿話であると私は考える。

倭は呉の太伯の後裔なりと自称したということが中国の『魏略』に出ているが、また『魏志』東夷伝には、倭国は中国の浙江省紹興県にある会稽《かいけい》や福建省閩侯《びんこう》県の付近の東冶《とうや》の東にあるとされており、倭国が揚子江の付近から南部の地方とふかい関係にあったことが示唆されている。このように呉国とつながりのある舟山列島は、日本列島に渡来した海洋性のつよい文化の根拠地の一つと称すべきところであった。

その舟山列島には、五島列島から男女群島をへて一直線にむかう海の道が開けていた。かつての遣唐使船も、五島の福江島の西端にある三井楽《みいらく》の柏港で飲料水を積み込むと、あとはびょうびょうたる東シナ海の荒波に身をまかせたのであった。

そこは舟山列島付近にいる古代中国の海人族、越族が日本列島に渡来する海上の道であった。

穀物や果実が常に熟していると描かれた常世を舟山列島付近に想定することは一向に不思議ではない。いわばそこは倭の原郷として、理想化されたところであった。その舟山列島が観音の浄土とみなされて、日本人の憧憬の地となった。このことは、常世思想の再生とみなしても差支えないのである。

五

日本の神話は、国生みの直後から常世と現世との間の意識の分裂を伝えている。たとえば、イザナキの命はイザナミの命が死ぬと黄泉の国に自分の妻をたずね、その死屍を盗見したばかりに追いかけられ、イザナミから絶縁を言い渡される。またスサノオ命はアマテラスのために罪を犯したかどで追放され、妣の国にいきたいと泣きわめきながら根の国に下りていく。さらにトヨタマヒメは、夫のヒコホホデミが自分のお産をしている産屋をのぞきみしたことを憤って、わだつみの国の海神宮に帰ってしまう。

ここで注目すべきは、禁忌を犯したかどで拒否されるのがすべて男であるということだ。すなわち、イザナキ、スサノオ、ヒコホホデミの男性の三人はイザナミ、アマテラス、トヨタマヒメの女性の怒りを買い、両者の間に葛藤が引きおこされ、疎外と断絶がおとずれる。

この対立葛藤を黄泉の国、根の国、妣の国、わだつみの国、海神宮などの他界と天つ神の支配する現世との対立とみることができる。

常世の観念には、現世から他界をのぞみ、その分裂をいたましく思い、それだけその合一への係恋《あこがれ》に身をまかせる感情がこめられている。だがしかし、ニライカナイには現世と他界との分裂や対立はみられず、相互の信頼のきずなは失われてはいない。そこはむしろ神の住む島から現世をながめる視座が含められている。ニライの大主《うふしゅ》が祝福を与える儀礼が沖縄では現在も行事化していることは前に述べた。

常世が現世から他界へのまなざしであるとすれば、ニライカナイは他界から現世へのまなざしである。一方には求めて得られない翹望があり、他方には慈愛にみちた庇護の感情がある。

　日本における悲劇の誕生が、英雄時代と称せられる神人分離の時代、すなわちヤマトタケルの時代にはじまるというのは、ギリシャ神話などをモデルにした所説である。そうではなく、日本ではすでにイザナキ、イザナミの二神の破局から、かつて往来可能であった現世と他界との断絶がはじまるのだ。失われた楽園へのなげきが日本神話の神代の巻をつらぬくライトモチーフである。この点では創世記に似ているが、ヘブライ神話が父なる神を求めているのに対して妣の国への身をこがす思慕が記紀をつらぬいているところに特色がある。それだけに妣の国の別の表現でもある常世は、日本人の意識の中に、くりかえし、ひそかな係恋と哀愁の旋律を奏でるのである。

（『日本人の魂のゆくえ』終章）

火にかけた鍋

　沖縄の表情はふくざつである。すくなくとも私の眼にはそう見えた。私は自分の沖縄観を修正せざるを得なかった。古代の日本の信仰形態の原型が沖縄にあると今まで信じていたし、今でも信じている。また沖縄の復帰運動やB52撤去闘争が、もっとも純粋な国民運動であると考えていたし、今でもその純粋性に疑いをもってはいない。しかし古代の純粋さと現代の純粋さとをつなげて、沖縄に出かけていった私は自分の考えがやはり単純であったことを反省している。私の考えの中には、日本人の発想にみられる純粋性への志向が欠陥として内在していたことをみとめざるを得ない。たとえば日本本土では純粋性の象徴として白色が使用される。白は神聖な色であり、白い動物は神聖なものであった。神社の御幣が白である。ところが沖縄には白い色が乏しい。リーフ（珊瑚礁）に打ちよせる波の色とそれから豆腐くらいだとたしか『海南小記』（柳田国男著）にあったとおもうが、その豆腐だって、東京の食卓にみるようなものでない。もっと色がついていて、固い。だから、沖縄から外に出たことのない人たちは、風物の中に白を連想することがむずかしい。私が見た沖縄芝居の中では、北海道の白兎が送られてきた、というくだりがあった。白兎をはるばる贈物にするということ自体奇異な感じをもつが、私のまわりに坐っている人たちは、何のふしぎな顔もせずにそれを眺めている。つまり北海道も白兎も、沖縄の人たちには白いもの、あるいは白さの象徴なので、沖縄に白さが乏しいだけ、それだけ貴重なあこがれに値するものなのである。

　当然のことであるが、雪を見たことのない沖縄人は多い。一度雪を見たい、というあこがれを誰しもかくさない。雪はたとえば、みぞれ（夏のかき氷）みたいなものですか、と聞いた石垣島のタクシーの運転手がいた。困惑の表情がその横顔にあった。だから内地にいって、スキーをしたことがあるという飲屋の若い女の子は、その話をくりかえすことをもって、同僚の女たちを羨望させ、だまらせることを心得ていた。

沖縄の現実の風物にすべてを反射する白色が見あたらない、ということは、沖縄の人たちの生活の中に、そうした観念が存在しないことを意味している。本土の伊勢神宮に代表される神社の清浄さと沖縄の聖域である御嶽《うたき》のきよらかさはちがう。本土の神社はやはり純粋さを意識してめざし、単純化の方向に洗練されている。しかし御嶽には人為的な観念の操作は何もない。現実に存在するあるがままの自然さが純粋さを示している。白を基調とした単純な形式美といったものは存在しない。むしろ色彩は豊富であるが透明である、と呼ぶにふさわしい。その透明さには甘い色どりがある。

沖縄に白い色が乏しいということが、白い色のもつ単純さや純粋性へのあこがれをかきたてるように、沖縄の人たちは、本土の均一で同質の文化へあこがれる、ということがありはしないか。ないものへのあこがれであり、ないということにたいするおそれである。たとえば太平洋戦争末期の沖縄の人たちの悲壮な戦争協力や、戦後、沖縄の教職員会を中心とした本土復帰運動の一途なところは、どうみても本土の戦争協力の姿勢や戦後民主主義よりは純粋である。本土の人たちより日本人的である。それは美点であってけっして欠点ではあり得ない。しかしそれにともなう意識の単純化には、たとえば現実に存在しない白色へのあこがれのようなものを生み出している危険を私は感じる。どこか無理な姿勢があり、あこがれたものに裏切られたときのことを勘定に入れていない脆さがあるとおもう。

しかし私がいいたいのは、そういうことではない。沖縄の人たちが白い色にあこがれ、純粋化を単純化とあえて混同しているところがあるということを知らない本土の人たちの沖縄観が問題なのである。冒頭に述べたように、私は沖縄にいってはじめてそのことに気がついたのであった。

なるほど沖縄本島を考えてみたばあい、北部の農村、中部の基地、南部の戦跡といった三つに分ければ、それから抽出される沖縄の人たちの主題は、古代からの御嶽信仰であり、つぎには多大の犠牲を払った戦争体験と、戦後の復帰運動の三つである。いずれも日本人としての証たるにふさわしい。しかし本土を志向する沖縄住民の姿勢を本土に見られる純粋性をもって律することは、どこかズレがあると私はおもう。本土の純粋性の理念を沖縄にそのままあてはめることはまちがいなのだ。たとえば健児の塔を白虎隊とむすびつけると、それで理解できたとおもいこむ本土の人たちが少なからずいる。しかし、両者の心情はかならずしも同一ではない。同質の部分を含みながら、その心情は微妙なところでちがいをみせている。それは日本の神社と沖縄の御嶽が基本的にはおなじでありながら、やはり現実にはちがっているのと変わりはない。

この微妙な差異は、思ったより重大なことである。これに目をつぶる沖縄論には、私は信用できなくなった。つまり本土日本人の志向するのは、つねに「あれかこれか」の二者択一である。しかし沖縄の日本人たちには「あれもこれも」また「あれでもないこれでもない」という思考の原型がある。本土人の思考と行動の様式は直線的であり、沖縄人のそれは旋回的である。この旋回的であるのは、沖縄について語った島尾敏雄や大城立裕の文章が、それをよくつたえている。この二人は、歯切れがわるく煮え切らないような表現で、沖縄を語っている。しかしそれは、旋回的で微妙にふくざつな沖縄の人たちの意識と生活を正確に表現しようとする努力のあらわれである。

　大江健三郎の講演や文章はそれにとぼしい。それは沖縄の人たちの本土志向に応えようとする配慮があるからであるが、どちらかといえば、私は島尾や大城の眼が島の現実を正確に見据えているとおもう。

　だから、本土一体化論と沖縄独立論のどちらをとるかといった論議は二者択一を好む本土人の気質に合ってはいるけれども、およそ沖縄の現実の中では不毛の論議である。沖縄の人たちの欲望を否定形で表現すれば、本土一体化、沖縄独立どちらもごめんだし、それを肯定形で表現すれば、本土一体化と沖縄独立の双方ともが成立することを望んでいる。おそらく沖縄の人たちは、二者択一――つまりあれかこれかの道をえらぶときかならず誤りを犯すというにがい過去の体験がいまや本能化しているといって差し支えない。その本能を押し殺してすすめられている運動にたいする反作用も今出かかっているが、そうした旋回運動を見すごして、単純な形の中に沖縄の命運をはめこもうとする本土の保守・革新を問わぬ考え方に私は疑問をもたざるを得ない。

　沖縄に関するあらゆる論調に「差別」とか「被害者」とかの言葉が使用される。それはそれなりに正当なものであるが、しかし私は今「差別」の底にながれる憤怒や本土との一体化の願望よりも「差違」すなわち本土とは等質ではない沖縄の文化や沖縄人の生活意識について考えておきたいのである。沖縄人の発想が旋回的であるのは、政治的には日本と中国への両属政策から二重意識が生まれた結果であるが、琉球弧が地理的にも日本と中国との間にはさまれていることが沖縄人の生活文化に大きく影響しているのを見のがすことはできない。

　八重山群島の最尖端にある与那国島からは晴れた日に台湾がみえるという。石垣島までいくと、台湾の織物と酷似している織物が現に作られている。彼らの間に先史時代から交流があったのは考古学者や人類学者によって立証ずみのことである。笹森儀助は『南島探験』の中で、明治十六年、岩村県令のとき沖縄の各所に貼られた岩村県令に呈する無記名の文章を紹介している。その中にいわく、

大人《たいじん》静ニ聞ケ。吾ガ中山国、中華ニ進貢スル、前朝ヨリ茲ニ五百年、聯綿トシテ不絶《たえず》。況ンヤ大清ニ至テハ益々親切、

懐柔ノ厚キ、述ベ尽シ難シ。吾琉球ヨリモ赤子ノ父母ヲ慕カ如ク、其大恩寤寐《ごび》反側ノ忘ルル不能ハ、荒野ノ下民吾人ノ童子ト雖モ大清ノ徳化ヲ仰キ思ハサルハナシ。

このような心情の表明が、今日、祖国復帰運動のさ中で使用されていることは注意しておいてよい。というのも私が那覇から東京に帰った直後の「朝日新聞」に、沖縄の文化人が台湾を訪問し、むこうの要人から大歓迎を受けたことが報じられていた。沖縄と台湾との関係は、親子の関係であると沖縄の文化人が述べたことにすっかりよろこんだ台湾の要人たちは、大阪の万国博にも出ししぶっている国宝級の品物を、沖縄で展示することには一も二もなく同意したという。

　江戸時代に島津が沖縄にたいしておこなった飽くなき収奪、それにつづく日本政府の沖縄蔑視を思えば、私は祖国復帰運動の最中におこなわれたこの台湾訪問の沖縄人のことばを、見過ごすことはできにくい。つまり沖縄の人たちにとって自然な心情の傾斜は日本本土にだけあるのではなく、中国にたいしてもあるのである。

　私たちは日本対沖縄の図式で考える。しかしそれは一面的なものにすぎない。沖縄の中にも沖縄本島対先島の図式がある。先島の人びとは首里王府にたいしてなんの忠誠心も郷愁も抱いていない。私が宮古や石垣で得た印象にまちがいなければ、その原因は首里王府が宮古、八重山地方に課した一六三七年（寛永十四年）にはじまって一九〇三年（明治三十六年）に終わる人頭税である。この人頭税がどんなに苛酷なものであったか今日もさまざまな民謡にうたいつがれているが、私の直接見聞したことを述べてみたい。女は十五歳から宮古上布を織って上納することが課せられたというその宮古島で、私は織物工場を見せてもらった。十人ばかりの女たちが織機のまえで働いていた。トランジスターラジオから音楽が流れていたが、女たちの姿勢はおよそリズムからとおいものであった。織機のうえに虫のようにかがまりこんで、絹糸よりほそい麻糸をそろえていた。それは見ているだけで気が狂いそうな辛気《しんき》くさい仕事のひとこまであった。八時間働いてそれにたいする報酬が一月で一万円程度だという。笹森儀助は明治二十六年七月、宮古で織物工場を見たときのことをつぎのようにしるしている。

一反ノ注文アルモ、精巧品ニ至リテハ半年ヲ費サザルヲ得ズト云フ。先ヅ一杼《ちょ》ヲ通シ梭《ひ》ヲ打チ、織婦肉眼ヲ以テ其模様ノ揃ルヤ否ヤヲ見テ、延ビタル糸ハ助手ニ縮メシメ縮マル糸ハ延バササシム。然ラバ則チ機ヲ織ルト謂フト雖ドモ実ハ十指ヲ以テ模様ヲ造ルナリ。余ココニ於テ乎《や》始テ、琉球反布ノ高価ナル、又偶然ニ非ザルヲ知ルナリ。

　私が八重山で会った竹富島の八十四歳の老婆は少女時代、人頭税としての上納の布を織ったことがあるといった。一反を織り上げるのにいく月もかかるので、毎日毎夜時間に追われつづける。そのために何のたのしみもなかったと答えた。結婚してのちは、離島に稲を作りにいった。人頭税は反布の上納だけでなく、水田のない島民にも米を上納することを命じた非合理きわまる悪法であった。結婚後、老婆が他の島へ米を作りにいったのは、人頭税の施行されていた時代の習俗ののつづきであったろう。

しかしその苦労は言語に絶するものだった。サバニと呼ばれる丸木舟に農具や肥料をのせて、夫とともに海をわたっていく。舳のむこうからは、真っ黒い山のような波がおいかぶさってくる。舵をとる船頭は夫である。舵のとり方をまちがえれば、サバニはたちまち転覆する。彼女は私のまえで突如船頭かわいやを歌い出した。必死になって舟を操る夫への愛情を歌ったのが、この歌だと信じこんで疑わないのだった。つまり老婆にとってこの歌は、米作りに他の島へ海をわたっていくときの歌であった。

私は先島の人頭税について聞いてはいたが、それを実感として受けとったのははじめてだった。このような話は、老婆と同齢以上の宮古、八重山の老人ならば、みんな体験している。終戦の時点でいえば、先島の六十歳以上の老人はみなその経験者であったはずである。

それなのに首にまきつけた縄のように先島の民を苦しめた人頭税についての聞き書きが、いまだに誰の手でもなされていない。不幸な体験の持ち主が思い出を苦痛とし、それを忘却するのをのぞむのは理解できる。しかしこの苦痛の思い出を記録して残そうと志すものがないのはどうしたわけか。それが現在の沖縄を物語っていないとでもいうのか。

一口に沖縄といっても、そこには沖縄本島と先島、先島の中では宮古と八重山というようにさまざまな対立と無関心がある。おなじ宮古群島や八重山群島でも宮古や石垣島とその離島のあいだには落差がある。沖縄の背負った歴史の苦悩は、離島へ離島へとシワよせされていっている。こうした社会構造が、沖縄全体に微妙な意識の偏差をかもし出していることは否定できない。意識の縞模様がみられる沖縄列島を、トータルにとらえることのむずかしさがここにある。

私が東京から那覇空港についた夜は、沖縄では数年来という寒さだった。沖縄の宿屋に暖房がないといって苦情をいうこともできないので私はふるえていた。二月六日の夜のことである。翌日、那覇市の目抜き通りである国際通りに出てみた。観光客目あての高級土産物品がずらりと並んでいる。これはどこを向いた顔なのか、この視点の定まらない、表情の不確かな街の通りを私は眩暈に近いものをおぼえながらあいていった。

私の先に赤いたすきがけの肩幅の広い男たちが群れている。そのたすきにはB52撤去という文字が書きつけてある。彼らは、その日の夕方、那覇市の各所でおこなわれる集会に、本土からやってきた労組関係の男たちなのだ。二・四ゼネストが不発に終わったのは、本土の総評の代表者の説得によるところが大きかった由であるが、それにたいして現地の人びとは少なからぬ不満を示していた。そこで今度はゼネストを不発に終わらせた責任を自己批判するために送りこまれたのだった。彼らのすがたにはなんの不安もない。私のように眩暈をおぼえながら、この国籍不明の町をあるいていく単独な旅行者ではない。私は、その確信にみちた足どりをみているうちに、身体の芯まで冷えていくようだった。そこには鉢巻と赤だすきに特有の堕落したすがたがあった。本土の労組関係者は、沖縄にゆかせないほうがいい。革新政党もそうである。有害無益な証拠はいくつもある。たとえば社会党内の事情で、支援がおくれたために、主席選挙には革新派の屋良朝苗《やらちようびよう》は得をした、というのがそれだ。彼らは本土の単純な闘争の図式を沖縄にもちこみ、それによって、沖縄住民の微妙な心情のゆれ高まりをひとつずつ、つぶしていく。もとより本気でやっているのではない。だからいくらでも弁明ができる。しかし今はそのことにこだわることすら私には不快であり苦痛である。

さて映画『沖縄列島』についての感想を求められ、これまでながながと書いてきたのであるが、私のこの映画にたいする不満は大体分かってもらえただろうとおもう。

一つの火山があってその裾野から頂点へ、螺旋状にドライブウェイがついている、という風にこの映画は基底から上がっていかない。いきなりB52の黒い殺し屋がでてきたことをどうのこうのというわけではけっしてない。B52はよくあれだけ撮ったとおもう。撮影禁止の立て札がいたるところにある基地のすがたをみごとに撮ったのには、感心した。私がいいたいのは全体のイメージが収斂《しゆうれん》されていないことである。もし沖縄列島の全体像との格闘がはじめになされているのであったら、そして沖縄の表情がけっして単純なものでなく、かりに単純とみえても、それは本土人の意識の単純性、直接性をとおしてみた裏返しのすがたであって、一種のナルシシズムであるということにはじめから気がついていたら、あの不統一は逆に避けられたろう。映画『沖縄列島』はふくざつな沖縄の表情を捉え切れないで、乱雑に投げ出しているだけである。そこに亜熱帯の寒さがない。ということはどういう歴史的意味をもつか。

沖縄は火にかけた鍋である。その中の水は沖縄本来のものであり、そこにあとから、本土産や中国産の材料が投げこまれたのだ。鍋を焚いている火は、島津であり、日本の政府であり、アメリカの軍政府である。長い年月の間に鍋の中にはふくざつな味のスープができあがった。とろ火にかけられた長い世紀の苦しみが、沖縄の味を独特なものにしている。その独特さは「あれかこれか」の二者択一を超えている。

（『孤島文化論』）

沖縄、その危機と神々

一

沖縄は今日、何を守ることができるか、あるいは何を守らなくてはならないかという最終の課題をつきつけられているようにみえる。わずか日本復帰一年という短期間に、このような課題にとりくまねばならぬと誰が予想したであろうか。日本本土への告発をいままでどおりつづけていくことは必要だが、問題は告発だけで沖縄の社会の内部の崩壊をとどめることができないということである。いわば土砂流が瞬時にして家も人も畑も押しながすのに似て、沖縄の本土化は琉球弧《りゅうきゅうこ》の隅々までひろがっている。今にしておもえば奄美の方はまだしも好運だったといえる。本土経済の高度成長がまだ双葉のときに復帰したために、いちはやく僻地化はしたが、奄美の社会の伝統的部分は残り得たのである。

私が奄美をおとずれたのは昨年（一九七二年）の九月、ちょうど八月踊りのさなかであった。そこでは海角に孤立した村々が、どこへいっても踊りをたのしんでいた。けっしてゆたかではないけれども、その落ち着いた雰囲気は私の心を打った。

だが、沖縄は本土の高度成長が内外の批判にさらされるほどに力をもち得たときに復帰した。そこで超大型台風なみの本土の政治経済の重圧をまともに受けねばならなかった。そのあおりが沖縄の社会の伝統を根こそぎにしはしないかという怖れは、こんどの沖縄旅行中にひしと皮膚に感じた。いつの日か沖縄もまた、奄美ほどに落ち着きをとりもどすことができるかどうか、そのことが私の頭にたえず去来しつづけた。

かつての生き生きと弾《はず》んだ空気は沖縄のどこをみまわしても、見当たらなかった。沖縄の海ですらが私にはよそよそしく、重苦しく映った。自然と私との間に何ものかが介在した。それが何であるのか、はじめは私にはつかめなかったが、それはヤマトがもちこんだ「時間」のせいであることが、やがて分かってきた。数年まえまでの沖縄には、ヤマトと「時差」をもった生活がはっきりあった。

ここで時差とは、時間にたいする観念の差をいう。そしてそれは沖縄の独自の文化につながるものと思われた。沖縄の人たちの無関心な底からほほえみかける生活ぶりが私は好きだった。お互いのあいだの無関心さが、親密さを呼び合うというところがあった。だが、いま沖縄の生活は、すべてヤマトの時間に合わせて動かされはじめた。ということは、沖縄の独自の時間が少なくとも生活の表面から消滅しかけていることを意味する。

いまからわずか十数年まえの話だが、宮古の漲水港《はりみず》を出港して多良間島《たらま》にむかう汽船があった。港を出てから一時間ばかりしたころ、乗客の一人が埠頭《ふとう》に荷物を忘れたことに気がついた。すると汽船は、乗客の荷物をとってやるためにまた港に引き返した。しかし、乗客の誰も文句を言うものはなかったという。沖縄の船は潮の干満にきわめて敏感である。なぜなら、島のまわりが珊瑚礁にとりまかれているので、干瀬《ぴし》にのりあげる危険があるからだ。それを充分知り抜いた上での行為であるだけに、この話はきわめて人間的である。しかしそれは、つぎの話と裏腹になっているものである。

　十七世紀の半ば、人頭税《にんとうぜい》に苦しんだ波照間《はてるま》の島民が島を脱出して南波照間というまぼろしの島に移住しようと決意した。四、五十人の一行が暗夜を利用して船にのりこみ、まさにともづなを解こうとしたときに、ある家の主婦が鍋を忘れたことに気がついて、あわてて家にとりにもどった。そのうち夜は白々と明けはじめた。船上の人たちはその女を待っていたが、とうとう待ち切れずに出発した。女がいそいで海岸にたどりついてみると、船は帆に順風をはらんで沖を走っている。そこで彼女は身悶《みもだ》えして泣き叫び、手にもった鍋で砂をひっ掻いた。そこでナベカキの浜という名前がつけられたという。

　この話は一見残酷なようだが、そうではない。敗戦のどさくさに子どもを置いて外地から引きあげてきた母たちを残酷な仕打ちといって責めることができないように。それはむしろ、南島を日常的に支配している自然の苛酷さを告げているのであって、たとい自然が苛酷《かこく》であっても、それにむきあう人の心は敵対していない。だが、南島人の生活にヤマトの時間がもちこまれたときに、南島の海の青――それにふさわしい思想は、まだ日本では発現されていないように私には思われた――のもつ時間は私から遠のいた。

二

　こんどの沖縄旅行で、私が昔と変わらぬ気持ちのままに向かいあうことのできたのは、御嶽《うたき》と呼ばれる拝所だった。そこをおとずれるときに、重苦しさや苛立《いらだ》ちはいつしか消えていた。いったいこれはなんだろうか、と私は自問自答した。

　これまでいくたびかの沖縄旅行のとき、このような体験がないではなかった。四年前の八重山旅行の際、石垣市のはずれの宮良公園の海岸で水平線と平行して、海にむかうイビの石が五つならべてあり、そのまえで線香を焚《た》いたあとがあるのをみた。それだけの風景が、なんともいえない甘美さをただよわせていて、私をしばらく立ちどまらせた。そこには垂直的ないかめしさはどこにもなかった。風景はあくまでも解放されていた。祈りがあるとすれば、それは密室における祈りではなかった。解放された風景の中で水平線にむかっての祈りなのだった。

　しかし、このように透明で甘美な風景に接しても、沖縄の伝統的な信仰が未発達な自然宗教に属するものであるという印象はまだぬぐえなかった。ところが、こんどはいささかちがっていた。宮古島の島尻《しまじり》村落の神女《つかさ》たちが祖神祭《うやがん》のときに山ごもりする場所の近く、ティラと呼ばれる御嶽に立ったとき、私には宮古島まで二年ぶりにやってきたという感慨がおとずれた。まっすぐな福木の木立にとりかこまれた拝所、その中にはイビ石のかたわらに香炉が置いてあるだけで、ほかには何もない。だが、私はそこに空気のようにゆれうごく聖性の「現存」を感じたのだった。福木の木立がカテドラルの円柱とひとしいものにみえた。その円柱のあいだをとおして海がみえ、そのはてに大神島《おおがみ》がよこたわっていた。福木のまるく、つややかな葉の重なりの隙間をとおして流れこむ陽の光は、聖堂の焼絵玻璃を染める自然光とすこしも変わりなかった。そして、さまざまにみだれとぶ大型の蝶の群は焼絵玻《は》璃《り》の絵模様だった。もし、そこに讃美歌が聞こえてきても、私はすこしもふしぎがるつもりはなかっただろう。

　このあたりの山は島尻の神女たちが祖神祭のときに、神歌をうたいながら跣足《はだし》のまま夜中じゅうあるきまわるところだった。島尻のとなりの狩俣《かりまた》では、やはり祖神祭のときに、神女たちが丘の上にある大きな石の上で、夜ふけに神歌をうたう。その歌が風にのって丘の下にある村まで聞こえてくるという。

　おのぞみとあれば、苦行もあった。祖神祭のとき山ごもりする神女たちは親兄弟や子どもの死に目に会うことがゆるされない。飲まず食わず、原生林の中にもうけられたこもり家の中に、ススキの穂を敷いて寝る。南島とはいえ冬の寒さは、家の中でも火にあたらないとたまらないくらいで、戸外に立ってじっとしているわけにはゆかない。そうした寒い夜でも、神女たちは一晩じゅう御嶽《うたき》の中で神歌をうたってすごす。

高等宗教の誇示する聖性も苦行もそこにある。これを自然宗教と言ってすますのは不当ではないか。そのようなことを思いながら、ティラ御嶽の真白な珊瑚虫《さんごちゅう》の死骸で敷きつめられている地面にうずくまっていると、林の中なのに御嶽の空間自体が真っ白くみえるのだった。島尻の豊年祭で女たちがうたう歌の中にも、

白い所の　美しい所の神よ
浜の岩々にいられる神々

という詩句がある。また狩俣の原生林で山ごもりする神女たちは、とつぜん眼前に真っ白い壁のある世界のひらけるのをみることがあるという。熱帯樹のしげりあうなかに出現する白ずくめの世界。それを苦行者の幻想とよび捨てることはたやすい。むしろ、真っ白い壁のある家、白い馬に乗った神、白い神衣の人のゆきかう世界にまで到達した神女たちのたましいを類推すべきである。純白さえもここにある。

　私はまた大神島にわたったときのことを思い出す。神女たちに神ねがいを依頼するという条件で東の御嶽《うたき》にゆくことをゆるされた私は、神事のときの肝入り役をする男のそばにすわり、そこでささげられる神酒を地べたに土下座して飲んだ。同行した宮古島の友人すら、私のそのような態度は異様にみえたらしく、のちに私にむかってくりかえす語草《かたりぐさ》のひとつとなった。私自身すこしも意識していない自然な動作だったの

だが、そこにいたるまで四分の一世紀が私の中ですぎていた。

宮古島という辺境の一角、島尻のティラ御嶽に立っている私は、けっして気まぐれで一時的な昂揚にとりつかれているのではなかった。戦時中にカトリシズムを抵抗のよりどころにしようとした私は、それが軍国主義にこびているのに失望落胆した。と同時に普遍的宗教と称しながら、その実、西欧的な伝統を押し売りするのにいや気がさした。私は軍国主義に反対であったが、いっぱしの愛国者だったのである。そこで、思想はいかにすれば日本の土壌に根づくことができるかという問いをとくために、私は戦後の自分の時間のすべてをついやさなくてはならなかった。そしていま、未開の自然宗教として軽侮《けいぶ》されるであろう沖縄の御嶽信仰の中に、私は高等宗教とか世界宗教とか呼ばれるものに遜色《そんしょく》のない清らかさを発見する。民俗学者や文化人類学者ならば分類カードに書きこむ事項に対して、私は人間のしるしをみるのである。

たとえば宮古島には、数十年まえまで、正月元日の朝はやく若者や子どもたちが老人を拝みにゆく「年頭拝み《にんつうおがみ》」の習慣があった。村の翁《おきな》は拝みにきた者に対して、盆の上にまるく盛った塩をひとつまみずつ与える。これを「黄金塩《くがにまーす》」とも「拝み塩」ともいうが、村の翁を礼拝してまわる行事は、老人の経験知にたいする畏敬であるとともに、遠《とお》つ祖《おや》とのつながりをたやすまいとする風習であった。これは儒教的な家父長思想のたまものではない。長老主義というだけでも充分ではない、それよりもはるかに古く、祖霊神信仰とつながるものである。なぜなら長命の人びとは祖霊とみなされるからだ。

私はこの話を聞いたときに、琉球弧《りゅうきゅうこ》がいかなるものであるか、眼が開かれた思いがした。

これもまた宮古島の話だが、人が死ぬと、通夜《つや》の伽《とぎ》に、故人の配偶者もしくは母が故人と寝床をならべ、あるいは故人とすこしはなれて添い寝しながら夜をあかす習慣が、まえにあった。それは死者への親愛と、死者のたましいをうかがう悪霊への警戒の双方を兼ねたものであった。ここには民俗的現象と片づけてしまえない全身的表現、かつ全人間的行為があると私はみる。

私はこんど、狩俣《かりまた》でおこなわれる麦プーズ（麦の豊年祭）を見にいった。そこではムトと呼ばれる家で神女《つかさ》たちがならび、筆頭の神女が麻の着物を両手でかかげ、左右にすこし振るようにしながら、神歌をうたう。歌の間にフーシ、フーシというリフレインが挿入されるのは、フーシということばが魂を意味することから、おそらく着物に魂を吹きこむ儀礼であるとおもわれるが、その歌がなんと二時間以上もつづく。私は八十島《やそじま》祭などの宮廷儀礼の原型が辺境の粗末な家で演じられているように思いながらながめていた。たんなる麦の豊年祭というのに、そのような厳格な儀式をくりかえすことが、深い人間的な価値をもった行為に私には思われたのである。

三

宮古島では、張水御《はりみずう》嶽《たき》に詣でる人たちが老人だけでなく若い娘などもまじって引きもきらない。そして海岸では、漲水埠頭《ふとう》のように汽船のつく場所でも、老婆が酒や米や塩をそなえて海神に祈願をしている姿をみかける。そのとき、私は宮古島全体が海にむかって呼吸していることを感じる。すなわち、海神への祈願は吐く息に、そして海神のもたらす幸への感謝は吸う息に相当する。この祈願と感謝とは人間の呼吸とおなじく宮古島のあるかぎりの昔から今にいたるまでつづいてきたと私はおもう。なぜなら竜宮へのねがいには豊漁と海上航行の安全と雨乞《あまごい》とがふくまれているからである。その宮古島でいま、目ぼしい海岸線はすべて土地業者の手に渡ってしまっている。この事実は、宮古を生物有機体にたとえるならば、皮膚の毛穴がまったくふさがれてしまい、皮膚呼吸ができなくなるということにひとしい。私はそれをおもって暗然とした。

　ところが、私の宮古旅行中に一つの事件が起こったのだ。漲水御嶽のすぐ近くに犬川《いんがー》とよばれる井戸がある。川《がー》というのは南島で井戸を指す語である。『宮古島旧記』によると、与那覇《よなは》軍が目黒盛《めぐろもり》軍を攻撃して窮地におとしいれたときに、とつぜん、この井戸の底から犬がとび出してきて与那覇軍をかみころし、目黒盛軍を勝利にみちびいたという。そういう由緒のある井戸なので、宮古じゅうの人たちの産井《うぶかー》となっている。子どもが生まれると、その水を汲み額《ひたい》につけて幼児の長命を念ずるのである。

　ところが私の滞在中に、インガー井戸の上に農協が五階建てか七階建てかの建物をつくりはじめた。それがカンカカリヤと呼ばれる宮古の神事に奉仕する女たちの反対に会った。井戸は地の底をくぐって海の彼方《かなた》の竜宮につうじている。そして竜宮の神は天空から井戸に降りるとする信仰が宮古には昔からある。そこで井戸は天空にむかって開いていなければならない。井戸の上に建物が建つのは、神の降りる口を封じることになる。宮古の人たちの生命をつかさどってきたインガーは神聖な井戸なのに、それをふさぐとは何事ぞ。

　私はこうしたカンカカリヤの女たちの言い分が充分に納得できる。山幸であるヒコホホデミが失われた釣針を求めて竜宮にいったとき、まず身をかくしたのは井戸の傍の木であることを思いおこす。一つの井戸を埋めることは、彼女らが信じてきた伝統的な世界観を切断し、埋め、破壊することを意味する。極言すれば、そうした世界に生きてきた宮古の人びとの息の根をとめることである。私と同行した友人は言った。伊勢の五《い》十鈴《すず》川が埋められたばあい、どういうことになるか。宮古の漲水御嶽のインガーは伊勢の五十鈴川に相当すると。

　こうした言い方が妥当かどうかは別として、私はこのインガーを守るために、ときには狂乱状態になった十数名の老女の気持ちが分かる。こうしたカンカカリヤやユタと呼ぶ巫女の言動が沖縄の近代化を阻害してきたという非難がある。しかし、沖縄の本土化という形での近代化が何をもたらしたかは瞭然である。

　いま、沖縄の近代化が沖縄の破綻《はたん》を早めるだけのことは、かつての近代化促進論者でもみとめないわけにはゆかないことである。沖縄においてすら、近代とは何かという問いがするどく立ちふさがっている。そして近代化を阻害するカンカカリヤやユタの役割が改めて見直されねばならなくなっていることもたしかである。

四

こうしたとき、沖縄旅行中に私は若夏国体の聖火が琉球弧の最南端の波照間《はてるま》島から島づたいにはこばれる光景をテレビの画面でみた。そこで体制に奉仕し、体制に癒着する神女たちのすがたに接して、甘ったるい下剤をかけられたような気持ちになった。ここにおいて「土着文化が、日本文化に貢献させられるのは、せいぜい儀式のかざり花ぐらいのものだ。しかし、犠牲に供される花にとって迷惑この上ないことだ」という儀間比呂志《ぎまひろし》の批判が登場する。五月十五日（一九七三）付の「毎日新聞」紙上で彼はいう。

「その現代版が、沖縄国体だろう。テレビでご覧になった方もあるだろうと思うが、私はあれほど土着文化が現代に先取りされて風化していく姿をみたことがない。まず茶の間にとびこんだ炬火リレーの火起こしをする波照間島のノロたちの秘事に驚き、開会式のレビューを演ずるぶざまなエイサーの若者たちや、琉装の踊子たちにふんがいし、申訳程度の競技をしたあとの日琉選手いりみだれての安里屋《あさとや》ユンタ一や、カチャシー踊りの閉会式には、もう哀れさが先に立ってしまった。」

儀間がまずおどろき、つぎにいかり、さいごには哀れな気持ちになったのとおなじ感情の推移を私もあじわった。

手作りの型染めであるべきはずの紅型《びんがた》が、本土の工場でプリントされて沖縄に逆輸入されて観光店で売られ、また有名な壺屋《つぼや》の陶器も、本土業者に買い占められているという。「沖縄全島の商品化」（豊平良顕）がはじまっている。若夏国体も海洋博もそのための壮大なショーである。ショーが大きく、成功すればするほど、一括買い上げはうまくゆく。つまり、できるだけ文化的な偽装を凝《こ》らしたほうがいいのだ。

沖縄の土着文化の代表とみられていた陶器も紅型も組踊りも、すべてが商品化される。文化は今日、そのローカリティを強調すればするほど高い値《ね》がつく。土着文化を守れというが、商品化される文化は果たして守るに値するかという疑問が湧くのはとうぜんである。「沖縄は土着文化を守れるか」という疑問の段階から「果たして土着文化は沖縄を守れるか」という段階にまでつきすすんでいることを私たちは、いやおうなしに知らされるのである。沖縄の危機は、政治・経済の危機であると同時に、文化の危機であることはだれの目にもあきらかである。

沖縄から帰って私は、偶然、沖縄海洋博の起工式のときのフィルムをテレビでみることがあった。そして大浜信泉《おおはまのぶもと》や屋良《ら》知事などの沖縄の指導者が、神主の服装をした白衣の男から幣帛《へいはく》をもらってはらいを受け、うやうやしく玉串を奉献している光景に接して、まさに驚愕《きょうがく》したのである。

御嶽《うたき》の拝所をつかさどるものがすべて女であることは、沖縄の有史以来の鉄則であり、例外はない。女は沖縄で幼少のときから霊威《せじ》の高いものとみなされて大切にそだてられた。男は御嶽のイビと呼ばれる石の奥には一歩も入ることがゆるされなかった。その御嶽には本来は建物も鳥居も神体すらもなく、あるのは自然が作り出した聖域だけであった。眼に見えるものはすべて神であり、しかもすべて神ではない。その肯定と拒絶の双方の感覚を御嶽ほどあわせもっている場所はない。おそらくこのようなことは、沖縄に生まれそだった人たちが幼少の頃から皮膚にしみついた匂いのようにして知っていることである。ということは、神衣を着た男性というものに、とうぜん拒絶反応が示されることを意味する。それが海洋博の起工式の光景にみられないことに、私はおどろいたのだった。

国家が政治的に自己の統制下におき、経済的に侵略し、文化を吸収したそのあとでおこなうものは宗教の攻撃である。国家神道を押しつけて系列化することは、これまでの例で動かせない証拠がある。

日本政府は明治末年に沖縄神社の設立を意図した。沖縄側は『中山世鑑《ちゅうざんせいかん》』という沖縄最古の史書の冒頭に明記されているアマミク、シニレクを主神にしたいと申し出たが、その希望をしりぞけた。アマミク、シニレクが日本の神典に記載されていないという理由によってである。だが、沖縄の神が日本の神統譜に編入されていることのほうがむしろまやかしなのである。それなのに、為朝《ためとも》が沖縄の運天《うんてん》港に上陸して沖縄最初の舜天《しゅんてん》の父となったという伝承があることをもってさいわいとし、源為朝を主神の座にすえた。エゾに逃亡した源義《よし》経《つね》がアイヌの始祖のオキクルミと同一人物であるとする妄説《もうせつ》とおなじように、この為朝の沖縄入りは歴史の中ではあきらかに虚構とみなされている。それを強引に沖縄がわに押しつけて、脇神に為朝の子の舜天と琉球王府のさいごの王の尚泰《しょうたい》とをまつることによって終止符をうった。だが沖縄神社は太平洋戦争まではほとんど誰も参詣しなかったといわれる。

太平洋戦争のときには出征兵士をおくるのに、これまでのように各村落（各字）の御嶽《うたき》ごとに送っていたのでは盛大な見送りにならないとして、御嶽を統合して各村ごとにいわば村社にあたる御嶽を作り、そこには小さい規模の社殿をもうける計画を本土出身の沖縄県知事がたてた。鳥越憲三郎《とりごえけんざぶろう》によると、神典に記載されない神をまつることはゆるされないので、せめて配神を『琉球国由来記』の御嶽の神からえらぶこと、また各村から一名の神職希望者をつのることが計画されたという。その応募者には女性も、二、三まじっていたというから、ほとんどは男性だったのだろう。

この沖縄の御嶽の改革案は戦火が沖縄に飛火することで、未発に終わったが、もし実行されていたならば慄然《りつぜん》とする結果が生まれたにちがいない。すなわら、本来建物のない御獄に小さいながら建物が立ち、ヤマトの神が主神としてまつられ、それに奉仕するのは女もまじっているが、大半は男であるという、なんとも奇妙な状態が現出したであろうことは想像にかたくない。沖縄に日本の「文化」が氾濫しているように、日本の「神」がひろくまつられ、その祈りの形式はヤマトふうになって男の神主が幣帛《へいはく》ではらいをし、古くからの伝承は忘れられるか改竄《かいざん》されるかのどっちかであったろう。たとい現地の人びとがなお古い御嶽に固執《こしゅう》したところで、教派神道や新興宗教はみのがさなかっただろう。そして信じられることは、すくなくとも沖縄を「守る」自衛隊は、そのような日本ふうの神社に参拝したにちがいないということである。

それをおもえば、海洋博の起工式をたんなる通過儀礼といってすますわけにはゆかないのだ。だからといって、神女が出てくればそれでいいというわけでないことは、前記の若夏国体の例でもたやすく肯定できる。

もともとノロ組織は、琉球王府が自己の体制に奉仕させるのを目的として整備強化していったものである。そこで、ノロにみられる精神的な娼婦性はその組織に付着した。しかし、先島《さきしま》でははちがっていた。琉球王府に無縁な神女やカンカカリヤたちの活動が今日まで活発につづいてきている。若夏国体に八重山群島の波照間《はてるま》の神女を奉仕させることは、歴史的な解釈をまちがえているといわねばならない。

五

かくして、「唐の世《とうのゆ》」でも「アメリカ世《ゆ》」でも守られてきた沖縄の固有の文化の核は、いま「ヤマト世《ゆ》」によって崩壊の危機にさらされている。大国である中国（唐）は沖縄にきわめて寛大であり、物惜しみするふうがなかった。こうした大陸国家の沖縄にたいする間接支配の姿勢は、海洋民のゆったりした生活に適合していた。中国と沖縄と、固有の時間はちがうが、その波長はうまく合っていた。それに沖縄の社会が未発達ということもあった。

これまで幾度か指摘してきたように、沖縄の社会に鉄器が輸入されたのは十三世紀以降である。それは甘藷《かんしょ》の輸入よりもある意味では重大であったと柳田国男は言っている。それでもなお、先島の新城島《あらぐすく》では江戸期の末まで「離島焼《ばなり》」という粗末で原始的な土器をつくり日用の器にあてていた。明治十二年の琉球処分当時、首里城には漏刻門《ろうこくもん》というのがあって、雨天のときは楼上に水を盛った器をおいて時をはかっており、晴天には日時計を用いたという記録がある。このように悠々とした歩みをつづけている琉球弧にヤマトの時間がもちこまれた。しかし、明治大正のヤマトは近代社会としてまだ成熟していなかったために、ヤマトの影響下にあってもなお沖縄の強固な共同体は、それぞれ固有な時間の尺度をもちつづけた。戦後二十七年におよぶながい「アメリカ世」も軍事支配を目的としたために、沖縄の社会の固有の部分に触れることがなかった。沖縄を日本から引きはなしておくために、それを尊重するたてまえをとった。こうして沖縄の共同体は、第二次大戦の甚大な戦禍《せんか》にもかかわらず、またそれにつづく異民族支配の苛烈《かれつ》な統治方式の下にあってもなお、奇蹟的に生きのこった。だが、第二の琉球処分といわれる「ヤマト世」の再来によって、沖縄の共同体はいまや崩壊の危機にさらされている。

沖縄の置かれている極度の困難さは、政治的発想の一切をかなぐり捨てなければどうにもならないものであると私はおもう。政治主義的発想にかぎらない。文化主義的発想でも沖縄の固有性を守ることができない段階にきている。人の目をよろこばせる洗練された土着文化は商品化される。では「眼に見えるもの」はすべて買われる。では「眼に見えないもの」はどうか。それは沖縄の土着文化の中核にあって、その固有性を支える柱である「神」しかない。それも体制に奉仕したり、体制に癒着《ゆちやく》したりしない神である。ただ沖縄の神は密室の神ではない。いうなれば社稷《しやしよく》の神である。社は土地の神、稷は穀物の神を意味する。その土地が買われ、沖縄の主要作物であるキビは立ち枯れのまま、という現状では、沖縄の神のいるところはしだいにせばまっている。島の海岸一帯が買われてしまえば、もはやニライカナイの神に祈ることはできなくなる。このように沖縄の神は超越的な神でなく、風土や人間に内在する神であるところから、ものなくしては生きながらえることができない。つまり風土と一体であり、風土のたましいが神であるとさえいいうる。しかも一切のものものとしての土着文化は潜在的に商品として扱われる。とすればどうなるか。家のなかの神、あるいは人間の良心の中にある神のように安泰にゆかなくなるのはとうぜんではないか。

沖縄の神がその固有性の柱である以上、神をはなれて土着の文化が存続できないことはいうまでもないが、沖縄の自然や生産物をぬきにしては沖縄の神が存在しなくなることも明らかである。これによって、沖縄の自然や土着文化の危機はとりもなおさず神の危機であることが分かるだろう。

今日まで沖縄の村落は、神のいます御嶽《うたき》とそれに抱かれるように展開する人びとの生活から成り立っていた。神のまなざしを背後に受けて村の人びとは毎日をすごしていた。御嶽を守るのは女たちであった。男はそこから疎外される形式をとりながら、祭りのときに女たちに協力した。兄妹の間の性愛はタブーであった。つまり、両性の関係を拒絶する形で、妹は兄の守護神となった。聖と俗、現世と他界、神と人間、男と女、兄と妹、太陽と月、東と西などがたんなる拒絶でもなく、たんなる受容でもなく、截然《せつぜん》とわかれていてしかも精妙な協力関係を形作っているのが沖縄の社会であった。この対極概念があるために、シマ（村）は小さくとも沖縄の世界観は広大であった。

沖縄の神は風土に内在し、人間に滞留する神であるから、その神を宿す神女は祭りの期間が終われば、平凡な家庭の主婦にかえる。そこでさいわいなことには、沖縄には固定した教団や終身の僧尼《そうに》は生まれなかった。宗教的な権威は権力をあわせにぎることがなかった。宗教的な権力が世俗の世界に干渉することはなかった。それが沖縄の社会を平和にした。

しかしいま、沖縄の村落共同体は崩壊の危機にさらされている。ということは、その強固な世界観の消滅する日が迫っているということである。つまり従来の村落の慣行を無視したり修正を加えたりすると、村落の構造の中に内包し、風土に反映している世界観が切断されたり歪曲《わいきょく》されたりすることになるのである。沖縄の神や沖縄の世界観は風土をはなれては存在しないからである。私がノロやツカサやカンカカリヤやユタなど神に仕える女たちにつきあって感じることは、これらの女たちが、ものをうごかしたり、作りかえたりすることに対して、つよい非難をあびせることである。昔ながらでなくてはならぬことの重大な意味が私にはようやく分かりはじめた。作りかえ、動かすことが近代化とされていることへの彼女らのつよい抗議は、けっして時代に逆行しているのではなかったのである。

ガルフの石油会社に自分の村落を売りわたし、村落を移動させ、墓をあたらしく作りかえた平安座《へんざ》島の住民がどうなったか。その見るもおぞましいコンクリートの粗末な墓の羅列《られつ》はいわずもがな、平安座の島民だけでなく、周辺の浜比嘉《はまひが》島や屋慶名《やけな》の人たちが、石油精製所の悪臭のために、夜も眠られないくらいになやまされている。津堅《つけん》島で聞いたところでは、その島の漁民は安田《あだ》や安波《あは》など東海岸の沖合いではえなわ漁をやる。そこに東の風が吹くと西のほうの金武《きん》湾に退避した上で、平安座島と勝連《かつれん》半島のあいだの海峡をわたって、津堅島にかえるのがこれまでの慣例であった。ところが勝連半島の屋慶名と平安座島の間に海中道路がかかって以来、その海峡を横断して自分の島にかえることができなくなった。そこで今は強い東風の吹く東海岸で波にもまれながら、まえより一時間以上もおそく帰島するという。それは時間がかかるというだけではない。沖縄本島の東海岸の海は波があらい。津堅島や久高島の漁師は冬場にほとんど漁に出ることがないくらいである。私も数年まえの冬二月、久高島に渡ってひどい目に会った体験があるからよく知っている。このとき海中道路は何を意味するか。平安座島と沖縄本島との連絡は便利になったが、津堅島の漁師をくるしめ、また平安座島から島抜けするものもふえたという皮肉な結果を生んでいる。ものを動かしたり、作りかえたりすることに原則的に（例外はもちろんある）反対のユタやカンカカリヤの存在は、今日あたらしい眼で見直さなくてはならなくなったのである。

そうした人びとのひとり、八十二歳になる老女川平《かびら》メガの話を宮古島で聞いたことがある。昭和五、六年ごろに宮古のカンカカリヤたちに当局の弾圧がおそいかかった。彼女らは数百名が引き立てられ、入れかわり立ちかわり、警察の留置場にぶちこまれた。川平メガもその一人であった。彼女の家に警官が何度か訪れたのち、メガは引き立てられた。警察ではどのような神願いを、どんな御嶽《うたき》でやったか、としつこく聞かれた。あくる朝、留置場につれてゆかれた。メガはそれを監獄というが、ともかく着がえるようにと、赤い着物をもってきたので、彼女はこんなものは着ないとつっぱねると、こんどは洗いざらしのものをもってきた。

同じ室にはたくさんのカンカカリヤたちが入れられていて、にぎやかだった。みんな背中合わせに坐らされていたが、看守の隙をみて、クイチャーと呼ばれる宮古のおどりをおどったり歌をうたったりして力づけあった。五日目の朝になったら、その日に出されることが分かった。そこで仲間の一人がよろこんで歌をうたっておどり出した。それをみた看守が、そんなに監獄がおもしろいか、それなら出すわけにはゆかないと怒った。あきらめていたら、夕方になって全員釈放された。みんなそろって海にゆき、水を浴び、けがれをきよめて家に帰った。

宮古のカンカカリヤたちが浮説をもって人心をまどわすものとして警察につかまり、牢獄《ろうごく》にぶちこまれても、川平メガたちは神願いをやめなかった。というのも彼女らにはそれを頼む人たちの絶えることがなかったからである。真夜中に遠方から馬で迎えにくることもあった。川平メガたちは馬の背に乗せられ、そっと依頼者の家に出かけていった。そうして家の外には見張りを立て、線香の匂いを洩らさないようにして、神願いをやった。それは宮古の庶民たちの切なる要望に、カンカカリヤたちが身を挺《てい》して答えようとしたすがたにほかならなかった。

こうした不屈のたましいは、今なお宮古の神に奉仕する女たちの間に生きつづけている。大神島《おおがみ》が頑として外来者を拒絶し、神事をつづけていることはいうまでもない。狩俣《かりまた》では土地ブローカーの暗躍があり、区長は軟化したが、神女たちは断乎として土地を売ることに反対した。池間島《いけま》でも土地買いがはいりこんだが村落の決議として、土地を売らないことを申しあわせた。その先頭に立ったのは池間島のツカサたちだった。それにもかかわらず、島尻ではティラ御嶽の近くが買われてしまい、とりかえしがつかなくなった。与那覇《よなは》の御獄は広大な土地買い占めのなかで危機に瀕《ひん》している。

希望的な観測を一切ぬきにしていえば、宮古島の場合も容易ならぬところまで神々は追いつめられている。神を中軸にして成立していたシマのくらしがなかばくずれてしまっている。その多くは経済的理由によってである。しかもなお、沖縄の固有のものを守りぬくという姿勢なしには、もっともラジカルではありえない。近代化と前近代、独立と依存、受容と拒否。すべての面で沖縄の社会はアポリアをかかえこんでいる。それを一気にとくことはできない。そこでいかなる状況にあろうとも、それに耐えてゆくための「神」が必要なのだ。

私たちは個人的な事情で自分の土地を売り渡すものを押しとどめることはできない。土地を売ったら二度と再び手に入らないことを知ってなお、売らねばならない場合もある。だが、「神」を売るなということはできる。沖縄が「神」を売り渡した場合、沖縄の固有の存在理由は音もなくくずれ落ちる。そのとき沖縄は日本を相対化しつづける衝撃力を失って、他の地方とおなじく、日本列島の南のやせた小さな島々のつらなりにすぎなくなるだろう。

（『黒潮の民俗学』）

宮古島の神と森を考える

私は沖縄の本土復帰以前から今日まで、くりかえし沖縄に足を運んでいる。宮古は沖縄本島のように琉球王国の歴史的な記念物にもめぐまれず、また、風景の美しさでは八重山の島々には及ばないが、私をひきつけて離さない。もっとも高い所で標高百メートルそこそこの平べったい島のあちこちに、サトウキビ畑の中を白い道が走っており、刈り入れの時期になると、以前はキビを満載した馬車が、今ではトラックがすれちがうくらいで、何の変哲もない単調な日常風景が展開している。

しかし、私はこの宮古島で、もっとも貴重な南島の民俗の核心部分に触れることができた。宮古の大地と海から汲めども尽きないものを私は学んだ。かけがえのない教師である。宮古島に対する敬愛の念において、私は人後におちないつもりでいる。

今年の五月二十二日、宮古島の平良《ひらら》市に滞在していた私は、地元紙の朝刊のコラム欄にふと眼を落としたが、その内容の記事を読み終わって、強い衝撃を受けた。沖縄県宮古支庁農水課がまとめたところでは、宮古群島の森林面積は、沖縄県が本土復帰した昭和四十七年（一九七二）には七千八百ヘクタールであったものが、ざっと二十年後の一九九三年には三千六百ヘクタールに減少している。つまり半分以下に減っているという記事である。このままで事態が進めば、単純な計算では、さらに二十年後の宮古島には森林はまったくのこらないことになる。

ちなみに日本全国の森林率は六十七パーセント、沖縄県全体の森林率が四十七パーセントである。それに対して宮古島の現在の森林率は、わずか十六・四パーセントである。

宮古群島は渡り鳥の通路になっている。毎年十月十日頃になると、きまってサシバと呼ばれる小型のタカの群れが宮古の空をおおいつくす。

サシバは渥美《あつみ》半島の伊良湖《いらご》岬や大隅《おおすみ》半島の佐多《さた》岬に集合し、道の島と呼ばれる奄美や沖縄の島々を通って南下し、フィリッピン群島で越冬する。沖縄本島と宮古島との間には三百キロメートルに及ぶ島影一つみえない海が横たわる。その海を懸命に横断してきたサシバの群れにとって、宮古群島の森林は、翼をやすめるこの上もない休憩地である。しかし、サシバの数はめっきり減ったという。この愛すべき猛禽《もうきん》に一夜のねぐらを提供する宮古の森が、いちじるしく少なくなっているからだ。もはや宮古の風物詩の一つであったサシバが陽《ひ》をさえぎる大乱舞はみられない。

それに、どういうわけか、以前には宮古島におびただしくいたカラスも、島からすっかり姿を消してしまった。

本土復帰まえの宮古は、辺境といっても差し支えない田舎であった。それが今はみちがえるように変わったが、その二十年間の変化は、森林が半減するという代償と引き替えに得られたのである。宮古島は今年の一月から二月にかけて断水を強いられた。このような長期断水は、宮古島では初めてのことであるという。それは大がかりな開発の結果、緑がさらにはぎとられて、地上と地下の水の循環に異変が起こっていることを示すものである。このために宮古島の雨水の蒸発数量が本土よりも四十パーセント多く、逆に地下浸透量は本土よりも三十六パーセントも少なくなっている。もともと緑の少ない島である宮古に、やがて赤裸の皮膚をさらした小さく平たい島となる未来が待ちかまえていると、私がおそれるのも、けっして大げさなことではない。

宮古島には、いたるところに神が住んでいる。森にも海浜にも干瀬《ぴし》と呼ばれるリーフにも。大規模な資本によって囲まれた海浜や干瀬から神は追放された。宮古島の森にも神の居場所がなくなった。宮古は神高い島である。その神々が住めなくなったとき、宮古島は魂を失った、ぬけがらの島となる。

ここにおいて私は、明治三十九年にはじまった政府の神社合祀政策に反対して、ひとりたたかった南方熊楠《みなかたくまぐす》のことを思い出す。神社の森は神霊のやどるところであり、しかも貴重な生物を保存している場所でもあった。その神社の森が伐採され、あとかたもなくなるという状態が生まれた。熊楠は当局の非を鳴らし、実行者の手先の前に素手《すで》で立ちふさがった。その壮絶なたたかいぶりはいまも語り草となっている。今日、環境問題がさけばれているが、いまから九十年まえ、熊楠ははやくもエコロジイという言葉を使用していた。熊楠の精神は今こそ生かされねばならない。

私が宮古島の地元紙をみて愕然《がくぜん》とした日からちょうど半年目、今月（一九九四年十一月）の二十三日に、私どもは「宮古島の神と森を考える会」を発足することにした。多くの方の賛同と会への参加をお願いする次第である。


（「産経新聞」）

V　時代を撃つ

編集・民俗・思想［論考・エッセイ］

維新変革の虚妄と反乱者たち（抄）

明治維新の変革の一応の帰結点をどこに置くかをめぐってさまざまの議論がなされてきているが、私はそれを自由民権運動の終焉と共に終わったとする服部之総の見解をとりたい。その理由は明治維新変革の精神が幕末以来、自由民権運動まで、人民の内部に断絶の意識なく維持されてきたからである。社会の変革を封建制の脱皮という次元から考えれば、それは廃藩置県に置くことも、西南役に置くことも可能である。しかし日本人の変革への衝動が河となって流れていたのは、自由民権の時期までであって、私は士族反乱をもその総過程の一部として捉えたい。

　年号が明治とあらたまったとき、明治維新変革の主体の胸を去来した共通の情念とは何であろうか。それは維新の変革いまだ成らず――という情念である。維新の変革に幕末から挺身してきた者たちが、明治新政府の誕生直後から、政府の政策に失望を重ねざるを得ず、それがやがて反政府行為となって不満を爆発させてゆく過程は、それをひとからげに過去の旧体制への郷愁と切り捨てることのできない重大な問題を孕んでいる。士族反乱も自由民権運動も、維新がまだ完結しないとする考えでは、両者とも一致しており、その主張を政府にせまって実行させるゆき方でも、もともと両者のあいだに根本的なちがいがあったとは考えられない。

　支配者の法と秩序の規制が暴力装置と見做《みな》されるとき、それに対抗するための武器を暴力とし、言論を非暴力の意志伝達の手段とする考えは今日でも明確な区分をしがたいのであるけれども、明治初年においてはなおさらのことであった。西南役からして戊辰役はわずか十年まえのことである。戊辰役では薩長を主力とする征討軍は錦旗を擁して東北諸藩を兵火の下に蹂躪し、それがなんらの留保もなく称揚されたではないか。その動乱の延長上にあって、士族たちが武力をもって抵抗手段とすることにいささかも矛盾意識をもっていなかったのは、当然である。

では、維新の変革いまだ成らずと彼らをおもわしめたもの、それは何であったろうか。福沢諭吉を勇躍歓喜させた廃藩置県とそれにつづく中央政府への権力集中が、明治百年をむかえた今日、はたして正しい路線であったかということに、私は疑問を抱いている。明治二年六月の版籍奉還から同四年七月の廃藩置県にいたる二年と一ヵ月あまりのこの時期に、日本近代史の路線を決定する重要な選択の問題が胚胎していたと私は考える。この期間を封建の制から郡県制へと移行する過渡期とみなすのが歴史の常識であり、それに異論があるわけではない。廃藩置県そのものに反対であるはずがない。しかしこの過渡期にみられる地方分権と中央集権の二重組織を、もし相互補完の形で継承していったら日本の近代は異なったすがたを示していたと推測することが可能である。

版籍奉還後、藩政府と呼称されて自主的な行政機関であったものが、廃藩置県後、県庁にかわると、たんに中央政府の指示する下請け機関にすぎなくなった。廃藩置県までには全国数十の藩が一院制また二院制の藩議会をもち、庶民層を選挙によってそれに送りこんでいる藩もすくなくなかったことが判沢弘によって指摘されているが(『共同研究明治維新』)、こうした人民自決の萌芽が育成されていったのであったとしたら、日本の近代のもつ欠点は大幅に解消することが可能であったことは疑えない。しかし私たちが見るように廃藩置県後、地方自治は根こそぎに払い去られ、すべての権力は中央に集中する方針がとられた。地方自治が確立しないところに、地方文化は育たず、中央の首都文化しかないところに、真の近代の名に価する文化はあり得ない。現在でもヨーロッパの先進国に根強く見られる地方自治の最初の契機をつぶしたという点では、福沢の手放しのよろこびを、そのまま私たちのよろこびとすることはできない。

開国についても同様なことがいえる。慶応四年から明治元年にかけてはともかく、版籍奉還後も鎖国を主張する攘夷論者が存在したとは考えられない。攘夷論者の憤激は、鎖国から開国へと豹変した新政府の変節であり、政府の屈辱的な外交方針であった。それは主体性を欠いた国民不在の外交としてに心理的な抵抗なしにはすまなかった。この土着的心情を開化主義への反撥と重ねあわせていくとき、維新変革の精神が空洞化し形骸化するのをおぼえずにはすまなかったことが理解されよう。その精神が収斂するとき、反政府行動への契機が生まれることになった。こうして不穏な心情が形成され、暴発への踏み台が作られていったのである。戦後民主主義の虚妄という言葉にならって、明治開化主義の虚妄ということがあるとすれば、それにたいして魂の腐蝕を感じないではいられなかった士族の反乱を、たんに封建的軍事政権を志向する反乱とみなすことはできない。

国権と民権の融合

明治三年の奇兵隊暴動側の掲げた諸要求も行動の上では封建制への郷愁にとどまっていない。復古的な反乱と見做されている神風連もそうであって、政府の政策が彼らに屈辱感を与えたのが蜂起の最大の理由である。神風連にかぎっていえば、彼らは対外膨張論者ではない。大久保の指揮した台湾出兵にも関心を示さない。しかし廃刀令には、断乎として反対し蹶起した。それを武士の特権廃止への悲憤と考えるのは一面しか捉えないことになろう。なぜなら彼らは刀剣を殺傷の利器と考えるよりは、日本人の魂をかたどるものと考えていたのであった。こうした風潮は当時つよく根を張っていた。神風連はそれを極端にまで押しすすめていったにすぎない。

当時の風潮にあっては、言論と武器とは概念として相容れぬものではなかった。士族反乱と自由民権運動は反政府的な情念を共有し、両者は敵対しあうイデオロギーをもっていたわけではなかった。たとえば西南役の風雲をのぞみながら土佐の立志社と古勤王党が提携したのがそれである。

士族反乱と自由民権に共通な情念の核は、中央への早激的な権力集中が、人民から自治の観念をふくむ土着の思想を、強制的に剝離していくことへの抵抗であった。この意味では、当時の守旧士族は、海外征覇の誇大な言辞にもかかわらず、大東亜戦争の侵略の片棒をかついだ反動派とはちがうのである。また自由民権運動は、占領下にはじまった戦後民主主義運動ともおのずから異なったものがあったのである。まして今日の右翼と左翼との相容れぬ対立を前提として「国権―武器―士族反乱」という一つの線と「民権―言論―自由民権」という截然とした線をひいて、前者を反革命の反乱、他方を革命的な運動と規定するだけでこと足れりとするならば、それは整理につごうのよいだけの話であって、明治維新変革の精神を受け継ごうとする後生《こうせい》にとっては、何の役にも立たない分類である。当時は、国家が統一され民族意識が形成されていく過程での熱い混沌があった。「国家」と「民族」はまだ未分化であり、革命、反革命、反反革命と渦まきながらつづく歴史の帰趨は当時の人びとにとって、にわかに断定しがたいものがあった。したがってそれらが分離して一方は国家主義へと上昇し、他方は民衆運動へと下降して凝固する作用は底流としては存在しても、地表に露呈するほどのものではなかった。このように明治初年から二十年代の前半までは、言論と武器、民権と国権についての意識が、集団においても、一箇の人間の内部においても、交換可能であり、相互補完的な概念であったことを念頭に置いておかないと、思想のつぎはぎの衣裳をかぶせるか、生身《なまみ》をばらばらに切りはなしてしまうかのどちらかに終わるのである。

だからこそ宮崎八郎や増田宋太郎のような士族民権者が西南役に参加し、土佐立志社の幹部有志が薩軍に呼応して挙兵を計画するというような士族民権と士族反乱の癒着が生まれたのである。また征韓論者であり、民選議院設立建白に名をつらねた江藤新平がその直後「国権行わるればすなわち民権したがって全《まった》し」の「決戦之議」を草して佐賀の乱の首謀者となったのにたいし、おなじ征韓論者で民選議院設立建白にともに名をつらねた板垣は、土佐立志社をおこして、西南の風雲をのぞみながら自重し、のち自由民権運動の偶像となった。しかし伯爵を授与された板垣と、除族の上梟首《きょうしゅ》された江藤がさほどちがった思想の持ち主だったろうか。江藤が佐賀の乱で暴発を控え、西南役にも満を持していたら、安政三年にすぐれた開国論「図海策」を書いている江藤が、板垣と比肩する自由民権運動の主唱者となり得たと考えるのはすこしもおかしいことではない。反動的な国権論者として断罪された江藤は、短気を起こさないでいさえすれば、りっぱな民権論者として生を完《まっと》うする素地をもっていた。とすれば、江藤は充分の力量をもちながら経綸の半ばにして、斃《たお》れたともいえるのである。革命と反革命とが一個の人間のなかで目まぐるしく変わっていく。そこに個人の節操よりも時代の変転の烈しさを見なければならぬ。ただ変わらぬものは、維新の変革いまだ成らずとする反政府の情念であった。西南役を契機として、国権の主張かならずしも政府の路線変更に役立ち得なかったという挫折感から、民権への傾斜がふかまっていくが、自由民権運動の激派が、政府の弾圧に爆弾をもって立ち向かったはげしさは、士族の武装反乱と同一線上にあったことを意味する。

久留米勤王党の思想的な指導者古松簡二が、広沢真臣暗殺事件に嫌疑をかけられて佃島の牢獄に呻吟しているとき、彼が獄中の孤愁を託したその詩は、自由民権運動が彼の最後ののぞみではなかったかを想像させるに足る。久留米藩庄屋層の支持をうけていたこの土着士族にとっては、国権も民権も、私たちが今日考えるほどには開きがなかったのである。それは維新の変革運動の表裏両面を表現したものであったかも知れなかった。

このような明治初年の混沌のシンボルが西郷であった。明治百年を見渡しても第一級の思想家である福沢諭吉、中江兆民、内村鑑三などが、一致して西郷を評価し、敬慕している理由もおそらくそこにあると私は考える。西南役が、他の士族反乱ときわだっていたのは、それが最大の規模をもってたたかったというだけではない。西郷が参加してたたかったいくさであったということにある。西郷を無能の政治家とみ、戦術家としても大したものではないとみる向きもすくなくない。しかしそれにもかかわらず西郷を偉大とせざるを得ないのは、彼が維新の変革いまだ成らずと考える左右両翼の期待のシンボルとなり得たというところにあるだろう。

西郷より明敏な大久保は、冷徹な頭脳をもって、ほとんど独裁者として近代日本国家の路線を敷いていった。しかしある時点で、まさしく進歩的な政策であったものが、巨視的にみて、まさしくそれが反動的であったことを指摘することもあり得るのであり、その反面、反動的な内乱として切り捨てられたものの再検討も当然必要となってくるのである。ちょうど私たちはその時点にさしかかっているのである。

（『常民への照射』）

神風連の神慮と行動形態

神風連の思想の中心は「うけひ」の思想である。これはすべての行動の決定を神慮のままにしたがおうとするもので、神におうかがいをたてた。たとえば結婚不可と出たらたとえ相思相愛の仲でも見合わせねばならぬ。しかしそれであきらめる必要はないので、時期を待つことだけが要求される。菅江真澄はエゾ地にわたろうとして神慮をうかがうと、三年待てといわれたので三年後に津軽海峡をわたるのであるが、昔の人はそのように神慮を畏《かしこ》んだものであった。しかし神風連はもっと徹底しておのれの死の時期までも、神託によってきめたのである。蹶起の時期をいくらうかがっても、神の御告げは不可であった。明治七年の佐賀の乱のときがそうであり、明治八年の政府の樺太千島交換の折がそうであった。しかしついに時はきた。明治九年三月に廃刀令が下ったのである。

それまでは当路に建白することも、また、奸臣を暗殺することも、挙兵することも許されなかった神が、蹶起を許可された。その日も十月二十四日と神慮によってきめられた。行動するもの百七十余名。そのうち戦死また自刃したもの百二十三名。壮烈きわまりない最期であった。その内訳をみると二十代が六十六名、三十代が三十二名、十代の若者が十名まじっている。あと十余人は四十代以上でなかには六十九の老人もいた。しかしこれでみると七十六名に達する。中核は少壮の男子であり十代と二十代をあわせると七十六名に達する。

神風連の行動のなかで私のもっともひかれるのは、その徹底した反状況主義である。神風連は、明治政府に批判的な全国各地の同志のなかでも、現実の状況に鋭敏で賢明な薩摩の不平士族たちだけは信用しなかった。そして敗北を見越して神慮の決定のままに立ち上がった。佐賀の江藤や萩の前原には、まだおのれをたのむところがあった。すなわち状況判断にたいする自信があった。しかし神風連はそうした配慮を放棄した。佐賀の乱や萩の乱が政治的反乱ではあり得ても思想的な反乱となり得ないのは、彼らが情勢によって、中途はんぱな姿勢で蹶起したからである。しかし神風連はそうではなかった。その思想的反乱は、百年近い今日でもなお考察に値するのである。

佐賀の江藤でも萩の前原でもまたは薩摩の西郷とその配下でも、その社会的な勢力を背景に、煽動と宣伝とに自信をもっていた。しかし神風連だけはふしぎな党派であった。彼らは一切の煽動と宣伝とをみずからに禁じ「うけひ」という思想の力にのみ頼ろうとした。

『血史熊本敬神党』（小早川秀雄著）に序文をよせた池辺三山は「すべて特色の教義信条を抱きこれを世に行はんとする人

びとはつとめてひろくこれを説明し、多くその徒をあつめんことを謀るものなるに、敬神党はまったくこれに反し、自ら信じて自ら行えるのみ、ついて問う者あるも、いやしくもゆるさず、しかしてむしろ謙して守り、秘して保てり」と述べている。おなじく序文をかいた徳富蘇峰も、「神風連のごときは、政党とか学派とかいはんよりも、むしろ一種の神秘的秘密結社というにちかし」と同趣旨のことを書いている。

思想の力は、思想自体のなかにある徹底的な批判のことであって、思想のアジテーションによるものではない。煽動や宣伝は、社会的に有効であろうとも、いや有効であるだけに、むしろ思想の真の力を阻害し、思想自体と敵対するものであることを神風連は知っていた。彼らが信じたのは、思想内容がもつ暴力性だけであった。神風連の指導者である林桜園の「宇気比《うけひ》考」はまことにうすい分量のものであって、四百字でわずか十二枚の内容の、それも淡々とした考証記事である。それが神風連の行動の原動力となったことを考えると、私のいう思想の内包する暴力性という意味がいくぶん分明するであろう。思想が真の暴力性をもつには、思想がまず徹底した力の否定をとおらねばならぬということである。「宇気比考」の考えは「人間が自分の運命を決定するばあいにおこる不確定さをどう処理するか、その処理能力は人間にない」ということであった。それが「宇気比考」の根本思想であり、それは林桜園が「神事は本《もと》、人事は末」ともらした言葉に、はしなくもあらわれている。こうしてひとたび人間の運命選択権が否定され神の託言にすべてがゆだねられたときそれをどこまでも押しとおすエネルギーの爆発力が人間に付与される。

林桜園の「宇気比考」は穏やかな言辞の単純きわまる思想であって、武装蜂起せよといった勇ましい言辞は一言半句も見あたらない。それどころか人間の状況判断を徹底して拒否せよと主張したのである。そうすることでかえって人間に烈しい行動能力を与えた。暴力讃美からもっともとおい文章が、思想としての暴力性をもつことができた。それによって、不正にたいする憤怒や、憎悪は一途にほとばしり出るであろう。人間の非力こそ常態であり、非命こそ当然の運命の帰結として、後悔よりは歓喜をもって甘受されるであろう。福本日南は神風連を清教徒と呼んでいるが、私はむしろ神風連は賭けの理論をのべているパスカルの徒、すなわちジャンセニストに近いとおもう。

いったいこういう思想を神風連の指導者林桜園はどこから得たか。神慮をうかがうというのは古い神道の考えで、それだけでは独創的なものではまったくない。しかし、私にとって問題なのは彼がその単純明快な考えを徹底しておしすすめたその過程である。

文政十二年（一八二九）から嘉永四年（一八五一）までの二十三年間にわたる林桜園の日誌がのこっている。そのうち、蘭学関係の抜粋記事をひろってみると、彼は蘭学の勉学にいそしむ一方、諸外国の知識に旺盛きわまる好奇心を示している。

白石の『西洋紀聞』や『釆覧異言』をよみ、『阿蘭陀《オランダ》風説書』をうつし、そのほか『異国漂流記』、『台湾紀事』、『蝦夷島志』といった体験見聞談をひもとき、あるいは『天主記』といったキリスト教の書物にまで手をのばしている。弘化三年の五月の日記に「友人にローマ人の書を貸す」とあるのは、「ローマ書」のことだろうか。だとすればおどろくべきことである(あるいはローマ人の歴史書なのかも判らないが)。天保十二年の八月、友人に「蘭書ウヲルテンブック一冊貸す」としるしているのはオランダ語で書かれたワンダー・ブックのたぐいであろう。蘭刻地図、世界図、地球図、泰西図説、分界図説、海路図、万国掌果図、坤蘭図識、万国輿図などのおびただしい地図類も手にしている。ペルリが浦賀にやってきてはじめて日本人が鎖国の夢をやぶられるまえの数十年間、江戸・上方をまったく知らず、彼は熊本をほとんど出ることなく、ひたすら世界に関する省察をかさねていたのである。桜園は当時の日本で、諸外国の雑然とした断片的な知識というよりは、「世界」それ自体についての観念をもち得た、稀有の人物のひとりであったことだけはたしかである。だから神風連の徒が、紅毛鴃舌や蟹行横文字を忌みきらったというのは、巷間の虚説といわねばならぬ。桜園が「宇気比考」を書いたのは嘉永二年であるから以上あげた書物に目をとおしたあとである。多様な文化と思想に接しながらなぜその究極にあのような結論を得たか。

ペルリが浦賀にきて、幕府が林大学頭に応接させ、つとめて無事をはかったと聞いたとき、桜園は、「儒者が世用に適しないとおもっていたが、まことにそうだった。ああ大事をあやまった」といきどおり、「非常の大事は非常の人傑でないと処理することはできぬ。そういう人物が得られなければむしろ、無謀率直な者がよい」と答えたという。つまり幕府の要路者より、はるかに外国についての豊富な知識をもっていた桜園は、策を用いず、邁進する以外ないことを力説したのである。そして明治の維新はそのとおりになった。局面を糊塗するのに汲々とした連中よりも一途に、強引におのれの信ずる攘夷の道を走った側に勝利がおとずれた。併し神風連はそれだけでは満足しなかった。神慮がよしとしなければ、どんな好機でも行動に移るまいと覚悟した。神慮に可とでればいかなる不利の条件の下にも欣然として立ち上がってたたかった。私は状況判断などに憂き身をやつすよりは、この非合理な方法のほうが現実を切り裂くのに有効であると信じている。しかもその行動に思想性がつけくわえられるであろう。

神風連がたたかった熊本城一帯は、いまでもたやすく人をよせつけないあらあらしい空気が、死角を利用した石垣や、濠を隔てた城壁にのこっている。まるで、毛襦袢を着こんだときの肌ざわりのようなものを感じる。それは装飾性をこきおとして、実戦を目的として構築された建物のもつ非情なつよさであり、熊本城付近の風景に接する者に、精神の緊張を要求する。あくまで機能的ではあるが、たとえば現代都市のなかの機能主義的な建物がもつ、あのなめらかな、もの哀しさとは無縁である。熊本城の一角に見ることのできる時代の精神は、なめらかさとか快適さとかいうものにたいするなにがしかの不信感がなければ実現されないものである。人間の世におこる現象や人間関係がなめらかな調和をめざして動いているものとすれば、そこには真の魂の活性をそこなうものがある。諸外国と仲よくしようとする上っすべりな新政府の方針にたいする不信感がそこから生まれた。この不信感がなければ、世に勝利することはできないという信念があった。神風連の乱は、いわばその当然の帰結であった。

　およそ歴史上の行動は後からみれば、かならず限界をともなったものとして批判される。しかしその運動の精神を、相対的な時間のなかであつかわずに、純粋な原理にまで煮つめて考えてみるとき、そこにはさまざまな条件のちがいは横たわっていても、時間を超えて、直接にわたくしたちに訴えかけてくる不変の人間精神の光芒をみとめないわけにはいかない。若者たち同士が棍棒と石でなぐりあう。もともと人間関係の調和なんてあり得ないのだから、それで結構である。しかしそれだけでは、何かが欠けている。人間関係の不信感だけでは、魂の活性をつよめる何かの要素が不足している。そのことを神風連は百年近い歳月をへだてて、わたしたちに語りかけようとしているのだ。

（『常民への照射』）

神道は国家と癒着しやすい

私はかつて宮古島の狩俣で、祖神祭をみたことがある。神女たちの行列の先頭に立つ老婆が、ながい木の先についた枝葉で地面をたたきながら、神女の列を誘導する。地面をたたく所作は、土地の悪霊をしずめるのが目的である。この老婆をサダル神と呼んでいる。このサダルは先立つという意味で、つまり先導することだが、沖縄の言語学者の伊波普猷は、サルタまたはサタという語に転換することを指摘している。サルタヒコがそうである。伊勢では地鎮祭をおこなうときには、サルタヒコを祖先神としてまつる宇治土公《うじどこ》さんの神社から、ひとつまみの土をもらってきて、供える。それは要するにサルタヒコが土地の悪霊をしずめる力をもつ先導神であるという性格に基づいている。

　地面をたたいたり、突いたりしながら土地にひそむ悪霊や害虫をしずめるという民間行事には、イノコとかトウカンヤがある。モグラウチなどもそうで、これらの行事の主役はすべて子どもである。

　以上の例から分かるように、地鎮祭は土地の霊をしずめることを目的とする古い習俗の名ごりである。したがって広い意味では宗教行為といっても、せまい意味での宗教行為とはちがっている。むしろ呪術的なものである。このような呪術的世界では、神々に固有な名前はなく、またそれをまつるりっぱな建物もなく、祭りをとりしきる巫女のような存在はあったとしても、職業化することはなかった。さきの宮古の祖神祭の神女たちは祭り以外のときは一家の主婦であり、母である。

ところがこうした古い神道、もしくは原始的な神道が整備されると、神統譜のような神々の体系が完成し、祭祀儀礼も一定の型をもってくる。本来ならば常時の建物などは不要であったのに、いかめしい神殿がもうけられ、そこに専門の神職が奉仕する。このように組織化された神道はもはや古神道や原始神道とはいわれない。そこでこうした神社神道に属する神職による地鎮祭は、たんなる習俗的行為というわけにはいかない。

周知のように日本の神々の体系は、皇室の先祖を中心の柱として作成されている。そこで神社神道は、国家神道とたやすく癒着してきたのがながい日本の歴史であった。日本の神道は、日本がアジア諸国を侵略した際の思想的なよりどころであった。異民族に日本の神の礼拝を強要したという、おぞましくも愚劣な体験はわずか三十数年まえのことにすぎない。神社神道が、戦時中のように国家神道に変貌する契機はつねにはらまれている。

本居宣長は『古事記伝』の中で、日本の神は善神であっても事のいかんによっては、正しい理路のままにばかりはしたがわず、なにかに触発されて怒るときには、荒れることもある。逆に悪い神であっても心がなごやかなときには、人びとにしあわせをもたらすことさえあるとしている。すなわち今は静かな神が、どうしたきっかけで荒れはじめるか、予測はつかない。

ただ厄介なことは、神社神道が原始神道を土台として発達してきたという事実である。もちろんそこには大きな飛躍があり、歪曲がある。しかし、ともかくも断絶のないということが、神社神道の性格をとらえるときの混乱のもとになっている。

そこで原始神道から、神社神道へ、国家神道へという展開の中で、神社神道が微妙な位置に立たされていることを知る。原始神道では、神の住居はただ森であったり、岩であったり、路ばたの小さな祠であったりする。それは小さな共同体の小さな神である。その神にはかすかな共同体の成員のつつましい祈願がかけられる。しかしその祈願は国家とはまったく縁がない。この小さな神には野望がない。

一方、国家神道は日本という国の政策のお先棒をかついで先頭をすすむ神であるから、一種のサダル神である。国家神道の思想をもって、土地とむすびついた共同体の小さな神々を屈服させるのがその役割である。これは国家と等身大の神である。小さな共同体と生き死にする神ではない。

こうしてみれば、もともと原始神道と国家神道とがあい容れないものであることが分かる。だが、この中間に介在する神社神道は、両者とつながっているために、両者をあいまいな形でむすびつける媒介役となる。つまり原始神道の習俗にすぎない地鎮祭も、そこに神社神道の専門の神職が介入することで、国家神道への道をひらく地ならしをすることになる。この可能性の危険を警戒しても警戒しすぎることはない。

神道の最大の特色は、他のイデオロギーや体制に癒着する傾向がきわめていちじるしいことである。道教、仏教、儒教、キリスト教と習合してきた宗教は、世界にも類をみない。国家と癒着しやすいのも、そうした性格をそなえているからである。したがって政教分離の原則はとくに神道についてきびしくなければならない。今回の最高裁の津地鎮祭判決文にあるように「国家と宗教との完全な分離を実現することは不可能に近い」といった形でどうして投げ出すことができよう。癒着しやすい神道の特色は、私たちが分離を断念したとき、無制限に発揮されるのである。

では、古来の民俗慣行を尊重して、地鎮祭をおこなうのにはどうすればよいか。先頃亡くなった和歌森太郎氏は、都留大学の学長であったが、大学の敷地に建物をたてるときには、学長の自分が専門の神職のかわりに祭典の儀礼を主宰するといっていた。彼は民俗学者として、当事者が中心となるのが一番よい方法だということを知っていた。このことからすると、沖縄での起工式や地鎮祭に男が主宰者となるのはおかしいことになる。神の祭りをおこなうことのできるのは、沖縄ではすべて女であり、男はゆるされない。まして本土の神社の神官のように男性の神職を呼ぶことはもってのほかである。こうした地元の違和感があるかどうかは、神が地元とむすびついているかどうかの、とくに重要な尺度である。

さいごに、私は国家神道への警戒を強くもつからといって、日本の神々を否定するものではないことはいうまでもない。それが公共とむすびつくことの危険を述べているだけである。日本の山村にして山の神をまつらぬ村はなく、海村にして海の神をまつらぬところもない。狩や漁の祈願と、獲物がとれたときの感謝。それはいわば共同体の呼吸であり、小さな神はその心臓である。この小さな共同体の神へのかぎりない同情のまなざしは、国家神道を告発する眼とおなじものであることを私はいいたい。この視点は日本の知識人にややもすれば欠落しているから、念のために書いておく。

（『神は細部に宿り給う』）

明治と明治もどき
——明治百年の意味

政府のとりおこなおうとする明治百年の祭典の意味が、明治維新から数えてちょうど百年目にあたるから記念するというのであるのか、あるいは明治以来近代百年の歴史を回顧しようというのであるのか、わたしにはよくわからない。しかし維新百年目にそうした考えが起こってきたのは、不自然なことではない。

明治維新は、日本歴史を二分する大きな変革であったばかりでなく、たとえば戦後占領下の変革のように、外国の指示でおこなわれたのでなく、日本人みずからの手でなされたという点で画期的なものである。

しかし歴史上の変革は、それが過ぎ去ったあとでさまざまな変質を呼び起こす。フランス革命やロシア革命がそうであったように、明治維新もけっして例外ではなかった。

民俗学では、明治二十年代とそれ以前とでは、聞き書きの資料価値に格段のちがいがある、とされているが、明治二十年代を契機として、日本の社会は大きな変質を見せはじめた。それを裏書きするのが、明治二十二年の町村大合併である。これで地方民衆の生活は、それまでの共同体的地方自治から、地主的地方自治へと大幅に変貌していく。

四十五年間つづいた明治時代を、まんなかから割ったこの二十二年以前が、明治らしい明治であり、極言すれば真の明治である。あとの半分は、明治らしくみせかけようとした明治、まがいの明治、「明治」というよりは「明治主義」の時代である。わたしはこれを「明治もどき」と呼ぶ。

どだい、農民や漁民の仕事は何一つやるにしても、部落の助けや家族の力を借りねばならない。そのためには部落や家族が、平等で共同できる仕組みをもっていなければならない。これが民衆のヨコの連帯性をつくり上げた真の原因である。それを部落のまとまりの力を弱め、地主の支配力のもとに組み入れようとするのであるから、民衆にとって明治二十二年の町村大合併は大転換であった。

この民衆のヨコの連帯性にとどめを刺したのが、町村合併から十年のちに起こった明治三十一年の民法制定である。民衆の家族は、それをいくらかでも知っているものが言えることは、士族の生活の堅苦しさにくらべて、はるかに自由だということである。だから、進歩した家族法をつくろうとすれば、当然、民衆の家庭の生活慣行に合わせて法律を制定しなければならぬのに、政府は士族の家族の制度に合わせた家父長的な家族法をつくり上げた。

つまりヨコの連帯性のもとで生きていた民衆に、タテの連帯性のもとで生きよ、という百八十度の大転換が強制されることになってしまった。

もとより上に倣おうとするのは人情だから、民衆もまたそうした願望を捨て切れない。しかし民衆のはかない上昇欲望を利用したのは、ひげをひねる官員か、金ぐさりの時計をちらつかせる地主か、要するに、国家権力につながって、明治主義の明治を謳歌する人たちだったのだ。

だから、おれは明治生まれだといっていばる人々はまず信用しないがよい。だいたい、真の明治の精神を自分のからだを賭けて生きてきた人たちは、もう、とうになくなっている。わずかに八十歳以上の人たちに、その残影が見られるにすぎないのだ。

真の明治の精神は、二十年代で終わりをつげ、そのあとは、おなじ年号をかかげながらも、擬制的な社会へと変貌した。それは太平洋戦争で日本が無残に敗戦するまでつづいたのである。

明治維新はどこまでをさすのか、ということをめぐって専門の学者の間にさまざまな議論があり、決着をみないのであるが、わたしは、それを自由民権運動までだとする服部之総の見解をとりたい。制度的にみれば廃藩置県、経済的にみれば地租改正、政治的にみれば西南役、あるいは十四年の政変と、それぞれの立場からする区分の仕方があるが、明治維新が変革運動であった以上、変革の精神と行動とが消滅したときに、明治維新は終わるというのがいちばんもっともな意見である。

これが一左翼学者の発言にとどまらないことは、たとえば、明治九年八月の「熊本新聞」の記事を見ても首肯される。それには「大変ダ、大変ダ……勤王ノ大義ハ民権ト変ジ」となっている。つまり維新の志士たちの目標であった勤王の大義は、明治の新政府の下で遂行されず、その完成をもとめるために攘夷と国権とを主張する志士たちが、自由民権運動をもって、政府と戦わなくてはならなくなったことを当時のこの記事はさしているのである。

したがって、わたしは明治三年の奇兵隊暴動を皮切りに、相次いで起こった士族の反乱を反動一点張りなものとしては考えない。むしろ、自由民権運動と表裏一体のものとみなすのである。極右的な心情から変革を望む者が極左的行動に走ることもあれば、その逆のばあいもある。その典型的なのが中津藩の増田宋太郎で、最初は福沢諭吉をつけ狙う攘夷党、次が自由民権主義者、そして最後は、賊軍に加担して城山の露と消えている。協同隊の宮崎八郎も、もとは民権論者でありながら西南役では西郷軍と行動をともにして戦死を遂げている。このような歴史上の人物の思想と行動を一つのイデオロギーで判断することなく、また時間や状況で限定することなく、一つの原理の各側面としてみるとき、そこにさまざまな条件のちがいはよこたわっていても、直接にわたしたちに訴えてくる不変の精神の光芒がある。

それは何か。個人の創意の生かせる社会への熱望である。そうした見地に立てば、明治初年の熊本ほど、青年の思想と行動の原理が生き生きと渦巻いたところは、他のどの地方にもない。そこには実に多彩な青年の魂の活性がみられた。しかも彼らは、その多くが変革の戦いの中道で倒れて、野の草むらのなかから、あるいは路ばたの石ころのほとりから、わたしたちに語りかけようとしているようである。わたしたちは、「明治もどき」にはなんの用もないが、変革の理想を追って挫折した死者のまなざしを百年の歳月を隔てて、拒むことはできないのだ。

(『常民への照射』)

近代の暗黒

一

明治になって日本の全歴史を二分するような改革がおこなわれたが、当時の知識人でこの改革の正確な意味、つまりこの改革がその後百年の間どのような運命をもたらすかを考えた者はほとんどなかった。知識人たちは封建制度の奥に、近代の民主的な空をのぞみ見て、そこになにがしかの期待を抱いていた。

むしろ、おどろくような無知をともなった恐怖の衝動を通じてではあるが、近代日本の運命を手さぐりし、その無気味な予感を伝えたものは、御一新早々農民たちによっておこされた一連の暴動であった。役人や知識人からまったく土民扱いにされていた農民たちの騒擾《そうじょう》に、誤解の救いがたさを見るのはたやすい仕業だが、恐ろしいのは、その誤解が、きたるべき民衆生活の破綻を予見するかのように、否定しがたい真実を含んでいることであった。農民たちがあたりかまわぬ反対運動にのりだしたのは、自衛の本能につき動かされたためである。

じじつ、明治政府の布告は多くの民衆にとって一片の紙屑にひとしいものであった。穢多《えた》の身分解放令がもたらしたものは、江戸時代以来彼らがもっていた牛馬の皮はぎの権利を失うことであり、アイヌに職業と居住の自由を許したことは、アイヌを保護から解放して悪辣な日本人の自由にまかせることであった。士族授産は、失業士族の不平をとりしずめる以外の何物でもなかったから、当座はともかく、政府の保護はながつづきしなかった。飢え棄てられてもそれは各人の才覚の乏しいためとあきらめるほかなかった。新しい輸入品のために地方の産業は没落した。しかしそれを救うべき国家の手段は、あまりにも貧弱であった。おそらく明治政府の真に目指したものは、このほかに存した。すなわち、部落共同体を解体の日程にのせて、これまで部落単位であった租税や徴兵を個人単位に切りかえ、富国強兵の実をあげようとすることであった。そのためには、私有の観念を前提としなければならず、入会地や部落共有林を、各戸の私有または有力者の分割にまかせ、あるいは官有地と切りかえることが急がれた。

部落の全戸が薪や秣《まぐさ》をとる森林はなく、牛馬を放牧する山野もなく、個人の勝手な伐採の結果、洪水をまねくことがしばしばになった。労働にも消費生産にも共同の場を失った部落からは、とうぜんのことながら横の連帯感は失われ、そのかわり血縁になぞらえた縦の人間関係が部落のあらゆる面を支配する。部落も共同体の実質を失いながら、部落単位で学校や消防団をつくったり、祭りや行事をおこなったりして、擬共同体的な色彩をおびる。生産は個人単位にかわりながら共同体的感覚と慣習だけはのこり、部落の人々に強制力をもつ。このようになかば崩壊した共同体ではじめて、親方子方のようなつながりが、あらゆる面にからみつき、村ハチブのような仲間の排斥と制裁のおこなわれる余地が生じる。親方と子方の関係は、そのまま国家権力の末端ともつながっており、権力へのつながりを装おうとする者にとって、それは苦もなく模倣できるものであった。

西南戦役がすんで間もないころのこと、山口県下のある村で徴兵検査にいって帰る途中の若者が、道ばたの百姓に乱暴をはたらいた事件があった。理由はせまい道で筵《むしろ》をひろげて物を乾しているところへ、検査がえりの若者が通りあわせて筵の上を通った。百姓が若者を叱りつけると、若者は「おれは鎮台の検査にいった者だぞ、無礼であろう」といって百姓を土下座させて蹴る、なぐる、踏むという散々の乱暴をし、見ていた者がたまりかねて駐在巡査に訴えたが、結局百姓の泣き寝入りになった。徴兵検査にいったというだけのことでも、若者は大きな権力が身についたような錯覚をおこしたのである。この興味ある挿話は宮本常一の伝えるところである。

このように部落には大きな変化がもたらされ、共同体は一歩一歩解体への道をたどっていったが、そこには段階があった。明治元年から十年までの間に、近代化をめざす明治政府のやつぎばやの措置があり、次に日清日露の役のおよそ十年の間に、日本資本主義の発足にともなう強い影響が、国民生活の上に見られた。この間には、質的な飛躍がある。民俗学では、ふるい伝承を現地採集するばあい、日清戦争の前の人と後の人を相手にするのでは、資料の価値からしてはなはだしいちがいがあるという。このことは日清戦争をほぼ境目として、部落生活の在り方にいちじるしい変貌があったことを物語っている。明治元年頃の村の数は、江戸時代の村をそのまま受けついだとみられ、六万五千あまりだが、それが明治二十三年には一万四千たらずとなり、旧村合併による新しい地方行政制度が確立してゆくさまを示している。つまり共同体の基盤であったこれまでの自治的な村の上に、国家行政の末端組織が大きくおおいかぶさってゆくのである。

これを交通網に見ればどうか。いくぶんはやく開通した東海道本線をのぞけば、他の幹線はすべてが明治二十四年（一八九一）から四十二年（一九〇九）までの二十年間に全通している。この間に日清日露の役がふくまれている。主要鉄道網が完成したことは、この時期をきっかけとして日本資本主義が商品経済の支配網を全国のすみずみまでつくりあげ、自給自足をたてまえとしたふるい部落組織をつきくずしはじめたことを意味している。八幡製鉄所の熔鉱炉に最初の火入れがおこなわれたのは明治三十四年（一九〇一）であり、それは日本の資本主義にとってまさに記念すべき年であった。鉄と石炭をもってその門出を祝福されなかった資本主義はない。八幡製鉄所の落成式に明治憲法の立役者である伊藤博文がわざわざ出席しているのも当然であった。日本の近代は正確にいえば、一八六八年にはじまったのではなく、二十世紀の初頭一九〇一年にはじまったのである。だがいわゆる勝利の悲哀はあまりにはやくきた。日露戦争前満州で軍事探偵として大活躍した石光真清《いしみつまきよ》は日露戦争の勝利後、ふたたび渡満してそこに個人の創意活動をもはや爪ほどにもゆるさない日本陸軍の徹底した組織化がはじまっているのを目撃し、失意を抱いて祖国に帰った。資本主義の上昇期にともなう国家主義の束の間の夢はもろくもやぶれ去ったのである。労働者階級の窮迫はいうまでもなかった。農村でもすでに一八九〇年代までに、小作人の数はます一方で、二十世紀に入ると、地主と小作との関係は目に見えて悪化を告げていた。農村とくに東北の農村では、もはや自給の麻布を織らなくなり、自足の稗を作らなくなった。農民生活の向上とみえるものは、その実、貨幣経済の農村浸透とともに、自給自足の部落体制が急速に破壊され、農民の生活がいっそう苦しくなってゆくことを物語っている。

かつて東北地方をおとずれた旅人で、家畜小屋同然の家、くずれかけた土壁に窓一つの真っ暗な農家を見て、その名状しがたい光景に面を伏せなかった者はあるまい。東北の名はひさしく飢餓の代名詞であり、凶作と流亡の雪崩《なだれ》はつい昭和にいたるまでこの地方の村々をおそいつづけた。

この事情は東北と対照的な日本の西南部においても同様であった。鹿児島県に足をふみ入れた者は、県内いたるところ行く手をはばむシラス台地の砦と、茸のかたちをした南方型のみすぼらしい藁家を見いだして胸をはげしくつかれる。この不毛の大地に生えた忍苦の茅屋に、日本近代百年の歴史が一瞬凝結したような感を抱くのである。明治このかた鹿児島県は、中央の政治をほしいままにする人物をおびただしく送ったが、彼らはすべて国家優先の名のもとに、故郷の村をかえりみなかった。火山のふもとに棄てられた村は、汽車に乗るにも跣足《はだし》の娘たちを、紡績女工としてはぐくみ育てながら生きのびるほかなかった。だが日本の近代は百年かかっても、唖のかたちをしたこの茅屋の沈黙を征服することはできなかった。

置き去りにされた地方、見捨てられた村にむかって、地域の後進性を強調し、封建的遺制を非難することは、たやすい。だがいったい日本のどの村がすきこのんで、そうした状態に身を置いたわけがあろうか。共同体のよき側面、すなわちその連帯性をむざんにもはぎとり、といって共同体の解体を完了させることもなく、共同体の悪しき側面だけを利用しようとしたのは、だれであったか。その結果だけをつつましい村人たちがじぶんの責任として、背負い込まねばならぬ理由があろうか。

破壊された共同体から疎外された村人たちが、孤独な砂となって流亡する過程、何万という村が蒼ざめ、うちのめされ、資本主義によって再編成されてゆく過程こそは、日本の近代社会の展開に見られる唯一の叙事詩にほかならない。こうして人々は、なんの勇気も、後悔すらもなく、「板子一枚下は地獄」の社会にただ一人乗り出してゆく。

二

日本近代社会の早激的な、しかも跛行的な発展は、都市と田舎との関係にはっきり示される。おなじ都市といっても、たとえば東京の知識層と隅田川の東にひろがる一帯とでは、ほとんどつながりがない。知識層に代弁される文化を東京文化とよぶならば、濹東《ぼくとう》の地帯は東京に無縁である。

都会と田舎の対立、また都市階層の分裂といっても、それはもっぱら都市の知識層や消費層の意識と生活にかかわりあることとで、むしろ都市の下層と田舎とは、たがいに滲透しあう一枚の紙ほどのへだたりをもつ存在であった。労働の給源地である田舎から都市へ吸収されるおびただしい人たちが、むざんな消耗にさらされ破壊されたあげく、ふたたび都市から田舎へと排泄されるか、もしくは残滓として都市の最下層に沈澱するか、このもっともありふれた二つのコースをとおって、都市の下層と田舎のあいだに親密な交流の回路が開かれていた。こうするほかない人たちの運命が、一見なめらかにみえる都市の深部を、意外なほどにはげしい波となって、たえず外から内へ内から外へ動かしてきた。

明治の末から大正にかけての頃は、全国でおよそ毎年二十万の娘たちが村から都市の工場に出ていった。そしてそのうち十二万ぐらいが村を出たっきり帰ってこなかった。帰った娘たちのうち一万数千人は重い病気にかかっており、その四分の一は肺結核であった。一年間にすくなくとも三千人が肺結核のために帰郷したと官庁統計でさえはっきりいっている。おそらくこの数倍にあたいする女たちが病に犯されていたであろう。

若い娘たちが次々に離郷してゆくので村には青春がないと嘆かれたが、村の若者たちのはるか彼方では、その青春さえ工場のなかですりつぶされていた。そのあげく生ける屍となった娘たちが「結核という文明」をランプすらない山奥の村までもちかえっていた。

一方、十年間に百二十万人も村から奪いさられたままの娘たちのその後の運命を暗示する数字をしばらく見よう。

昭和九年といえば東北地方が大凶作に見舞われた頃であるが、秋田県からおもに東京、神奈川方面の紡績工場に一千八百四十七人の女が出稼ぎにいっており、おなじ県のなかでも仙北郡と平鹿郡の出身者が多い。この二つの郡ともその当時小作争議がもっともはげしかったところで、それだけに農民の窮乏のひどかった地方である。昭和十一年末に秋田県警察部がしらべたところによると、同年中に離郷した女たちの数は二千八百二十四人で、職業別にいうと、芸妓九十八、娼妓二百四十六、酌婦七十八、女給八十、女中子守二百三十八、女工一千五百六十三、その他となっている。総数の五十五パーセントが女工であり、十八パーセントがいわゆる「醜業婦」またはそれに類するものである。

ではこの醜業婦の行き先はいったいどこか。昭和九年に秋田県警察部がしらべたところによると、東京の六百九がもっとも多く、愛知県の二百十六、静岡県の二百七、北海道の百五十、大阪府の百三十四、青森県の九十一がこれにつづき、一道三府二十六県、樺太、満州、南洋におよんでいる。これにたいして女工の行き先は静岡県の八百八十六を最高とし、東京の七百二十、愛知県の三百四十、岐阜県の三百十二、神奈川県の二百三十八がこれにつづいている。この年、秋田県外に移住する女子のおびただしいのは凶作のせいであろうか。そしてこの調査者は「ここに注意すべきは、女工の多い地方に醜業婦の多いことで、これは女工が醜業婦に転ずることの多いことを物語る」と言っている。

平鹿郡のある村で、昭和十二年八月、その年の三月の尋常科卒業生で高等科に在学している者をのぞいて、満二十五歳までの青年について正確な調査がおこなわれた。女子青年総数五百四十二、そのうち県外離村者数百九十七。その内訳は、婚嫁二十二、女工八十（うち年季五十五、自由二十五）、接客婦三十四、女中四十二、純職業婦十、その他となっている。年頃の娘の四割近くもが県外に出る村とは、いったいどんなものであろうか。まして県内稼ぎも含めれば、あとにのこされた村のなかが死んだ空気に閉ざされたであろうことはたやすく察せられる。しかも県外に出た娘たちの大半が、おそらく幸福な運命をつかむことがなかっただろうことは、女工八十、接客婦三十四というおそるべき数字が物語っている。離郷当初から醜業婦となるのは三パーセントぐらいだが、それがしばらくすると二十パーセントにもなっていることがこの調査で明らかにされた。

昭和九年の四月、秋田県の南部地方から十三ないし十五歳の少女が、五ヵ年二百円契約前借百円ずつとしておよそ九十人募集されたことがある。行き先の工場は愛知県蒲郡町にあって、白木綿大巾物の織布工場で、常時百人以上を雇用する、個人経営としては大がかりな工場の部類に属するところだった。

そこでの彼女らの生活は、十二時間ずつ二交代制の深夜業、昭和十年四月頃からの深夜業禁止が実施されてから後は、午前五時半から午後七時までの十四時間労働、さらに夕食がすんでから機械掃除や布の手入れをさせられて九時半か十時まで。昼食は機械の運転もとめずに十五分ぐらいの時間に交代で食う。公休日は月に一回あるかなしである。

食べ物は麦飯に味噌汁とたくあんだけ。女工たちは醤油か塩をかけ、水の力で呑みこむ。夜は一つの寝具に二人または三人ずつもぐりこむ。病人が続出しても医療が十分ではなく、病人には座業を強制する。通信の自由はまったくなく、検閲をうけまたは没収される。

こうして死んだ者は、九十人のうち同僚女工の記憶にあるだけでも十人、昭和九年から十二年までの三年間に一割何分かの死亡率になっているわけで、遺骨は行李のなかにつめこんで荷札で送り返される者さえある。逃亡した者が二十数人、親が金をもってむかえにきた者、つまり雇い入れ当時の諸費用いっさいを支払って連れかえった者数名というありさまだった。こんな生活には、どのように柔順な女たち、親兄弟思いの娘たちでも辛抱できるものではない。のこされた道は逃亡帰郷しかないが、故郷の村は窮乏の陰にうちひそんでおり、彼女らにあたたかいねぐらを与えるものではないことはすでにわかっている。所持する金はろくになく、工場ぐらしのためにあるいは胸を犯され、また農業技術をまなばなかったから、農村青年と結婚することができない。彼女らははっきりと孤独にめざめ、ぎりぎりに追いつめられたと悟り、一途に自殺か狂気か、さもなければ転落の道へつきすすんでゆく。したがって紡績会社や製糸工場の搾取、非人間的な資本の暴力だけが女工を絶望にかり立てたとするのは、半面の真実しか伝えないことになろう。彼女を送り出した故郷も生家も、彼女を搾取しないでは生きてゆけぬという事情が一方にあるからである。

問題を女工にかぎらずとも、明治から大正、昭和とかわるにつれて、社会に力のない人たちがどんなに生きがたかったかは、親子心中が激増していくことでもわかる。いったいに親子心中は封建的遺物のように考えられがちであるが、村八分と同様に、あきらかに近代の所産であることは、なによりもその統計数字が示している。すなわち明治五年から三十年頃まではわずかに毎年一件か二件で、まったくない年もある。明治末から大正はじめにかけては十件ほどに増加するが、大正四年をさかいにますますふえ、大正七、八年には二十件ほど、十四年には四十一件、十五年には六十件となって大正はじめの十倍におよんでいる。それが昭和にはいるとにわかに飛躍して、昭和二年に二百十六件、三年に百九十九件、四年には二百九十九件、五年には二百一件、六年にいたっては三百十三件となり、昭和六年の一年だけで大正時代十四年間と匹敵し、明治五年から末年まで四十年間の二倍となっている。そしてそれがほとんど貧困階級によって占められ、なかでも母子心中が父子心中の三倍に達していることは注目に値する。大正から昭和にかけて社会をゆるがした恐慌や凶作を、女の力で乗り切ってゆくことのむずかしさをここにはっきり汲みとることができる。

たとえ行路難を親子心中で解決しなくとも、山頂の落石が多くの落石をよぶように、かすかな最初のつまずきが、次のつまずきをひきおこして、なんの保障もない社会を、都市の奈落までまっしぐらに落ちてゆく者はすくなくなかった。そこはふだんの常識が逆立ちしないでは生きてゆけぬどんづまりであり、生きるための自衛がなんのてらいもなく、ありとあらゆる方法で考え出されてゆくところであった。しかも、酌婦や私娼となった女たちをさえ食う男たちがいた。日雇いや屑買いの男たちの絶望を食う男たちがいた。それは都市の下層にもちこまれたと思いこまれている部落意識とは、あきらかに別種の搾取組織であった。都会の最底辺に沈湎《ちんめん》した者は、ふたたび田舎に帰れるはずはなかった。都会の蟻地獄を脱出しようとするならば、そのときはいわゆる田舎よりも、すこし遠くまでゆくことを覚悟しなければならなかった。かつてその名を聞くだけで労働者の背骨を戦慄させたタコ部屋は、こうした都会脱出者を待ちかまえては噛み砕いた。女たちは満州や南洋にまで売り飛ばされた。地のはてまで逃れる道はなかった。このように田舎から都会へ、都会から地方へと流浪の旅をかさねるたびに、その交流の振幅は大きくなり、暗黒の色もいっそう濃くなってゆくのがふつうであった。そしてひとたびこの暗黒に火が投ぜられたとき、真っ先にもえあがるものが未解放部落であり、朝鮮人の集団であり、炭鉱であった事実を思いおこすならば、もっとも深い井戸が昼間の星をとらえるように、この暗黒のなかにこそ、未来のもっとも見分けがたいかすかなしるしがひそむことを信じてよいであろう。

三

わたしたち日本人の心情は、ヒロシマの原爆体験によって、人類的視野の一角を獲得した。ヒロシマが表明した、このような過ちをふたたびくりかえさないという決意は、原爆を運んだアメリカ兵士の気持ちを代弁したわけでもなかろうし、また一時流行したあの恥ずべき国民総懺悔の合い言葉にもつながるのでなくて、日本人が人類全体を背負って表白した無垢の後悔なのであった。こうして原爆加害者のなかにではなく、むしろその被害者日本人のなかに、はじめて新しい原罪の思想が胚胎した。「そのとき、二人の者が畑にいると、一人は取り去られ、一人は取りのこされるであろう。二人の女が臼を磨いていると、一人は、取り去られ、一人はのこされるであろう」。いかにもそれは、魂の無数の鋳型が一塊の鉛にかえろうとするおそるべき瞬間であった。長崎市浦上部落で被爆者の治療にあたった医者は、原爆が投下されて数日のち、何千何万と数限りもないトビやカラスの群れが鳴き叫びながら翼もふれあうほどに真夏の大空をおおいつくし、野積みにされた腐肉の山におそいかかる風景に接したと告げている。力を失った陽をうしろに、舞い降りた鳥たちが、屍体の眼球をついばみ漁るすがたは、ダンテの世界さながらの光景だったという。

太き骨は先生ならむ、そのそばに小さきあたまの骨あつまれり

しかし終末の日を思わせる現実のまっただなかにあって、死とのたたかいは時を移さずはじまった。浦上の丘では、つつましい修道女たちが不眠の献身のあげく、原爆症状のために次々に斃れていった。広島では原爆投下の夜、焼けただれた建物の地下室で負傷者の呻《うめ》きのなかに一つのちがった呻き声がまじった。若い女が産気づいたというのであった。このとき死に瀕した重傷者が叫んだ。「わたしは産婆です。わたしが生ませましょう」。こうして、暁を待たずに産婆は血まみれのまま死に、暗がりの地獄の底で新しい生命は生まれた。

しかし、このときすでに広島および長崎は、常態の幾倍、幾百倍かの死を含む都市であった。いつ突然にあらわれるか知れない原子病への恐怖が、その後、この両都市の空をたえず不安にかがやかし、死への恐怖以上に生きてゆくことへの絶望が、思いもかけず誕生した。被爆者の就職または結婚にたいする妨害と差別がくわわったのである。

生きる道が、肉体の死を賭けた確率のなかにしか存在しないという自覚は、ひとり白血病になやむ人びとばかりとは限らなかった。基地演習場にもぐりこんで死の危険を犯しながら弾丸を拾うことにも、みずからの血液を売ってくらすことにも、熊本県水俣湾の漁師たちが今も背に腹はかえられずやっているように汚染された海浜の魚介を自家食用のために密漁する行為にも、見いだすことができる。死の撃鉄装置をそのままにしながら生きること、それは生活というより生存であり、疎外といえばこれ以上の自己疎外はないであろう。しかしこれが特殊な状況とかならずしもいえないことは、わたしたちの周囲を見渡せばたやすく納得されるはずのことがらである。

小林勝の獄中体験によれば、刑務所の囚人に映画でなじみ深い悪玉やヤクザの顔つきを求めるのは期待はずれで、ごく並みの人の様子を示しているのがほとんどだという。終日相対していてもその容貌や挙措、話しぶりになんの変わった点を見いだすこともできない。ところが、たとえば、かりに「親分」という言葉がささやかれたとすると、いままでしずかであり微笑すら浮かべていたその囚人の全体系がとつぜん狂い出す。そしてたちまち殺人や傷害の深淵がひらかれ、嵐の音がおこるのにおどろくという。これは何を意味するだろうか。まずわたしたちのありふれた日常生活が、おびただしい転轍器のあるレールを走るように、いたるところに転覆の危険におびやかされているということであり、犯罪者とはその切換えをあやまった人たちが大部分だということを物語る。わたしたちはそれを避けるために無数の疎外感覚の上にバランスを保っており、犯罪者の行為は一つの疎外にのみ着目し固執しすぎたためなのだということができよう。無数の疎外を平衡感覚として生きる現代人の日常生活は、一歩あやまれば別の体系、すなわち犯罪者の体系あるいは精神病者の体系に組み入れられてしまう。このとき精神病も犯罪もけっして固有のものではありえない。したがって現代人の幸福は、自分の身の上に何かがおこることではなく、むしろ何事もおこらないことである。外部に刺激的な事件を期待しながら、自分がそれとぜったいに関わりのないと確認することである。

これにたいして労働者とは、近代社会において疎外のはてに疎外を共同連帯のきずなとした者たちであることを思いかえすならば、近代の病のもっとも深い体験者もまた彼らのほかにはない。たとえば日本の資本主義社会から疎外されて、孤島苦に呻吟した人たちは、今また故郷の島をはなれて、巨大産業の底辺に組みこまれてゆく。たとえば青ヶ島では、新制中学を卒業すると青年男女のほとんどすべてが、東京はじめ各都市に職を求めて流出する。だから本土で生活できなくなった青年たちがふたたび島にもどってきても、そこにはもはや結婚の相手になる女はのこっていない。新制中学三年の女生徒が適齢にもっとも近い娘たちということになる。出稼ぎする天草の人たちは、大阪の紡績女工または北九州の炭坑夫に、奄美大島や沖永良部島の人たちは阪神工業地区にと、それぞれ島出身者の足だまりをつくりながら差別労働とたたかっている。そして、三池炭鉱で最低の賃金しか与えられず、はげしい沖仲仕の仕事に従事してきた与論島出身者が三池闘争の中核であったことを思うとき、疎外を紐帯とした労働者の団結の底に、生産を紐帯とした共同体の連帯が動いていたことを見逃すわけにはゆかないだろう。事実、沖縄島での土地接収反対闘争では、古くからの同族組織である門中《もんちゅう》が抵抗の拠点となることも多いのである。

ひとたび疎外されたものがふたたび疎外されることによって、断絶するかにみえた底辺と頂点、辺境と中央はいまや不可分のものとして膚接するにいたっている。しかも、それが依然としてはげしい収奪にさらされる倒立した関係であってみれば、底辺または辺境のおかれた疎外状況とたたかうことが、すなわち巨大な現代社会体制の深淵をこえる道に通じることは明らかである。底辺または辺境のもたらす今日的意義も、これをおいてほかにはありえない。

（『常民への照射』）

日本人を照射する異質文化

日本人が日本人を差別することは、古来いたるところでおこなわれてきた。その中でも現代まで尾を引いているもっとも顕著な差別は、部落、沖縄、アイヌの三つであることを否定するものはいない。このうち部落差別は古代宗教の聖域の観念を職業にむすびつけたものにほかならぬ。すなわち聖なるものを身分的に固定する必要から、支配層はそれに向きあう穢なるものを作為し、それを一定の職業集団に結びつけて社会の垂直軸の最底辺に固定したのである。先祖代々の固定した職業となれば、それは肺病すじとか憑きものすじとか呼ばれるように、血すじや家柄の形で、対象化され、疎外される。つまり職業集団をそうしたふうにしてひとかたまりに隔離して異族扱いにする差別が公然とまかりとおってきた。明治新政府は職業の自由、移動の自由、婚姻の自由、信教の自由をみとめたが、部落差別は近代百年のあいだ解消することがなかった。なぜなら天皇にまつわる宗教的な神聖観念を維持するために、天皇制の神聖不可侵を最底辺から映す鏡として、部落の存在は必要とされたからである。したがって部落の真の解放は天皇の神聖観念からの解放が社会的におこなわれないかぎり困難なことは明らかである。

沖縄の差別の場合は、異質の歴史を歩んだ南島が日本の封建体制の下に組み入れられたときに起こった悲劇であった。薩摩藩は沖縄を異民族扱いして、密貿易の利をむさぼったが、それればかりでなく自分の藩が異民族を隷属させていることを誇示するために、江戸に上るとき琉装をさせた沖縄人を行列に加えたのであった。中華と夷狄の関係は、都鄙の関係におきかえられる。薩摩隼人の先祖は都城の門で犬吠えをさせられた。すなわち都から遠ざかるほど、風習や言葉使いの差異が拡大し、それは夷狄にふさわしいものになるという差別感情が、都から地方へと波及していた。部落は社会の作為的な垂直軸の底におかれた存在である。それに対して沖縄は意識的な水平軸の果てにおかれた存在である。しかし部落を差別する場合は宗教上の観念を必要としたし、沖縄の場合は都を中心とした夷狄の観念を必要とした。

これに対してアイヌを差別するには、なんらの観念を借りる必要がなかった。アイヌはその外貌と風習によって直接的に差別された。しかしそれが無前提の差別であったかというと、かならずしもそうではない。日本人は、国家とは同一言語と同一氏族から均質に構成されると思いこんでいるがゆえに、相手にむかって自己の宗教、言語、氏名、風俗、習慣を押しつけすることを罪悪と思わない不思議な国民である。こうして満州、朝鮮、台湾、南洋、沖縄、北海道を征服した土地には神社をたてて、現地の住民の礼拝を強制した。現地の人びとの固有の文化は近代日本においては同化政策のもとに無視された。日本人は国民であるかぎり、異質な文化をもつ存在をみとめることを許さなかった。

しかし、もし言葉も風俗も異なる多くの人種が複合して国家を形成するという考えに日本人が馴れていたとすれば事情は変わっていたであろうか。その答えは、アメリカ合衆国の支配者である白人がアメリカ・インディアンに対してとってきた措置に含まれている。すなわち、その場合でもアイヌは差別の対象からはずされなかったに違いない。その理由の手がかりとなると思われる文章を引用してみたい。

それは「朝日新聞」(一九七二年三月九日付)の紹介するニューヨーク・タイムズ特約の記事である。

オーストラリアの原住民に、中国政府からの招待状が届いたというので、いまこの国の保守政界をびっくり仰天させている。このニュースは首都キャンベラの国会議事堂の前庭でテント生活を続け、すわり込んでいる若い原住民たちから明らかにされた。(中略)

原住民のすわり込みは、先月、彼らの国有地使用要求をオーストラリア政府が拒否したために始められた抗議行動だが、この中国からのとつぜんの招待で、キャンベラの政界を大きくゆるがす事件となりつつある。

マクマーン首相は先月原住民たちに対し、向こう五十年間の国有地賃貸を申し入れたが、野党のホイットラム労働党党首らは最近、彼らのテントを訪れ、労働党政権が成立すれば原住民の国有地無料使用を認めると約束した。原住民の立場からすれば、政府側の国有地賃貸政策は原住民たちの長年にわたる土地要求をまたもや拒否したことになる。「約二百年前、初めてオーストラリアに上陸した英人探検家クックは、オーストラリアはすべて英王室の土地と宣言したが、われわれはそのずっと前からこの土地の正当な所有者だった」というのが原住民の主張だからだ。

　かっ色のハダをしたオーストラリアの原住民は、米国のインディアン同様、これまで虐殺、抑圧、放任の〝犠牲者〟で、特別保留地か大都市のスラム街に押し込められて来た。政府統計にみても、原住民は教育も、経済程度も最下層におかれ、幼児の死亡率は国民平均の六倍、刑務所服役者の比率を大きく上回っているのだ。

　堂々とした国会議事堂の前に並ぶ青、オレンジ、白などの七テント。北京からの招待状を受け取った彼らは、いまも、そこでがんばり続ける。それはこの静かな都市にはなんと刺戟的であろうか。


　この文章の中のオーストラリア原住民をアイヌに置きかえてみることは、原住民という言葉に抵抗はあるとしても、けっして不自然なことではない。北海道がかつてはアイヌモシリ（アイヌの国土）であり、シャモ（和人）がアイヌの土地を侵略した歴史的な事実はまぎれもない。

　アイヌに北海道の土地の所有権と使用権とが存在することを確認することから、すべてははじまらねばならない。「北海道旧土人保護法」の存廃が昨今論議されているが、この前提をぬきにしてそれを論ずることはできない。人はあるいは言うであろう。そうしたことは百年も前の時効にかかった古くさい話ではないか、と。しかしはたしてそうであろうか。たとえば知里幸恵が『アイヌ神謡集』の序文で、

　其の昔、此の広い北海道は、私たちの先祖の自由の天地でありました。天真爛漫な稚児の様に、美しい大自然に抱擁されてのんびりと楽しく生活してゐた彼等は、真に自然の寵児、何と云ふ幸福な人たちであつたでせう。……その昔、幸福な私たちの先祖は、自分の此《ママ》の郷土が、末にからした惨めなありさまに変らうなどとは、露ほども想像し得なかつたのでありませう。

となげき、また、バチェラー八重子は『若きウタリに』の中で、

野の雄鹿　牝鹿子鹿の　はてまでも　おのが野原を　追
　はれしぞ憂き
国も名も　家畑まで　うしなふも　失はざらむ　心ばか
　りは

と抗議をこめてうたいあげる。最近になっても、戸塚美波

子はその詩「血となみだの大地」（『コタンの痕跡』所収）の中で、

この広大なる北海道の大地に　君臨していたアイヌ　自由に生きていたアイヌ　魚を取り　熊鹿を追い山菜を取り　海辺に　川辺に　山に　彼らは生きていた

と訴えている。これらの詩歌はたんなる空想の所産ではない。わずか一世紀前までは、そうしたウタリ（アイヌ同胞）の生活をじっさいに見聞きした人びとがまだ健在であった。そこで、森竹竹市が「古老を訪ねては伝説を聞き、風俗を質ね、各種の様式には必ず参列して見聞し、之等を詩化する」こともできたのである。たとえば森竹はその詩集『原始林』の中で次のようにうたう。

ブシの調合
アイヌは煤けたク（弓）と
イカヨプ（矢筒）を出して
エキムネ（猟）準備《したく》する
ミチ（父）の秘伝
スルク（猟に使ふ毒）の調合
アイヌは少量《すこし》の
スルクをつまみ舌にのせて
静かに黙す――
メノコは子の騒ぎを手で制す
雪は音もなく積もる
静寂――
彼の全神経は今や
彼の舌の上に集まり
鋭敏なる感覚をもて
スルクを分析する
あの獰猛《どうもう》な熊
牛や馬を一撃で倒す熊を
アイヌは三寸の舌の
感覚で之を斃す

この詩は実際にその様子を見聞した者でなければ作れない。こうしたウタリの原始生活の描写は、郷愁から出たものではなかった。たとい現実の生活はアイヌの解放からほどとおいものであっても、アイヌのかつての生活を知ることが、アイヌの生活の苦しさを支えるための確信となったのである。向井豊昭は言う。

ぶどうづるで編んだ輪を空中高く投げあげては、手に持つ棒きれで輪を突いた。それは彼等が、やがて狩猟者として立つための土の教育でもあった。砂の上を指でなぞり、友達の着衣に刺繍されたアイヌ文様を真似あう女の子達の遊びの中には、彼女等が、やがて母となる日のための準備が隠されてもいただろう。（『コタンの痕跡』より）

ここにはアイヌの子どもたちへのデリケートな、思いやりにみちた観察がある。アイヌのそうした風習や考え方を和人（シャモ）が理解しないところからアイヌの悲劇は起こったのであった。そのもっとも顕著な悲劇は元来狩猟と漁撈とに従事してくらしていたアイヌに田畑を与えて農民化しようとしたことである。そしてアイヌの生活に対する無智にもとづく誤解は今にいたるまであとをたたない。鳩沢佐美夫は、『近代民衆の記録5　アイヌ』収録の「対談・アイヌ」の中で、空飛ぶ円盤こそはアイヌの始祖オキクルミの乗り物であったと勝手に称する連中が、日高の平取村のハヨピラにそれを記念する公園をつくり、さまざまな建造物をたてたことにつよく抗議する。「ハヨピラ、空飛ぶ円盤の飛来を信じるアイヌ民族あり!!　空飛ぶ円盤デーの六月二十四日、自主的に熊を生贄に古代の祭典!!」といったうたい文句で人あつめする連中に怒りを叩きつける。第三者には、御愛嬌としかみえないが、鳩沢の眼にはそれはアイヌの伝承や信仰を無視し、かってに捏造したものと映る。鳩沢の怒りは円盤信奉者に対してだけではない。そうした事実を知りながら、それを黙認することによって、アイヌの宗教や民俗をふみにじることに加担している和人のアイヌ学者にむけられる。

ここにおいて人類学者や民俗学者がアイヌの生活向上のために何をなしえたか、という問題が私たちの前に立ちふさがる。これはアイヌばかりでなく沖縄についても言い得ることである。いや、それは学問一般にもあてはまることかもしれない。研究の対象としてのみ興味を示し、対象の生活自体については無関心である学者の態度はきびしく告発されなければならない。しかし、告発だけで事がすまぬこともまた明らかである。それが鳩沢がかずかずの疑問を提示したのちの結論でもある。鳩沢は言う「もし、アイヌ民族への郷愁と、真の慈《いつくし》み……ね。これがあるのなら、向井（バチェラー）八重子や、金成マツ、知里真志保、鍋沢元蔵翁などの、民族的魂を、偲んでみることだ。そこにはね、大和民族の国などといわれている、この狭い日本を超越して、世界にも燦然と輝く、アルカイックなロマンが充ちているからね――」。

鳩沢はここでウタリの名をあげて、その業績に敬意を表するとともに、彼らが明らかにしたウタリの歴史への自覚をもつこととアイヌの誇りとは不可分であることを力説する。さらに、「昔のアイヌは強かった。然るに目前のアイヌは弱い。現代の社会及び学界では此の劣等アイヌを『原始的』だと前提して太古のアイヌを評価しようとしてゐる。けれども今のアイヌは既に古代のアイヌにさかのぼりうる梯子の用を達し得ないことを諸君と共に悲しまねばならぬ」という違星北斗のするどい批判がある。こうして単純に現代のアイヌを昔のアイヌとおなじと思いこむ学者の態度には多くの問題があるとしても、人類学や民俗学・言語学そのものが不要であるというわけにゆかぬことが再確認される。なぜなら告発はシャモ（和人）の恥部を照射し、シャモにむかってアイヌ問題は結局日本人の問題にほかならぬことを知らせるのに役立つが、それだけではアイヌの自覚とはむすびつかないからである。アイヌはアイヌ自身の内部を知り、それをもってシャモを撃たねばならぬ。たとえばメノコ勘定といってアイヌの間抜けさ加減を嘲笑するむきもあるが、アイヌの生活にそうした習慣がなかったことを知れば、アイヌがおくれた文化のもち主ではなく、違った文化の所有者であることが明らかになり、シャモの小ずるさが問題とならずにはすまないだろう。ジョン・バチェラーの自叙伝をよむと、ある日本人はアイヌから金を借りたがいつまでも返さない。借用証書は当年来月十日に返済するという珍妙なものだという。アイヌ同士の貸借がこうした証文なしにおこなわれ、またアイヌが文字がよめないのを利用したものだった。この一例を見ても、アイヌの歴史と文化はシャモの歴史と文化とはまったく異質であって高低はなく、ただ文明度が比較されるべきである。人間性をもって文明をはかる尺度とするときに、アイヌはかずかずの点でシャモよりは優位にあると言い得るであろう。アイヌの文化や風俗習慣はそれ自体においてシャモを裁くことが可能である。

しかし、だからといってアイヌの自意識が苦渋にみちたものであることは否定できない。そのもっとも痛ましい例を違星北斗に見ることができる。奇妙なことに違星北斗という名前からして象徴的である。すなわち北斗は北の目じるしの星に違いないが、ただそれはまちがって配列された星、つまり狂った星なのである。これはアイヌ全体の運命を暗示したものと考えることができる。「アイヌの星」の下に生まれた人間の苦悩がそこに脈打っている。北斗が自分の名をつよく意識していたに違いないことは、その詩文集『コタン』にうかがわれる。

滅び行くアイヌの為めに起つアイヌ　違星北斗の瞳輝く
空腹を抱へて雪の峠越す　違星北斗を哀れと思ふ
灰色の空にかくれた北斗星　北は何れと人は迷はん

という自分の姓名をよみこんだ一連の短歌を作っている。違星は「わが家名」という文章で、その姓名の由来をのべている。それによると彼の先祖のエカシシロシが※であったところからこれをぶっちがいに星とみて、違星の字を宛てたのだそうである。これが彼の祖父の万次郎のときという。北斗はこの違星の姓に合うようにつけた号で、北斗の本名は滝次郎といった。ちなみにエカシシロシ（女の場合フチシロシ）とは、死者の世界に男がもってゆくシルシなのである。このシルシをもってゆかないと、子孫と祖先との血縁が不明で、したがって、あの世に落ち着くことができないで幽明界に迷うものと信じられている。

違星北斗はコタン（部落）からコタンへと痔の薬を売ってあるく行商をしながら北海道のウタリを生活改善同盟に組織する仕事をつづけた。その目指すところはアイヌ民族の覚醒にあったが、その方向は日本人としての自覚をもたせることにおかれた。ここで一言しておかねばならないのは、今でこそアイヌの誇りと日本人への同化とはむすびつかないようにみえる。だが、少なくともある時代までは、アイヌの自覚はこの同化政策を理解し、それにならうこととさほど違ったものではありえなかった。つまりシャモと肩を並べようとする意気ごみがアイヌの自覚を促すことになったことも少なくなかったからである。だからアイヌの人たちの文章にそうした言辞があるからといって、それはアイヌの無自覚のせいであると受けとってはならない。むしろ同化の中にこめられたアイヌの人たちの苦しい叫び声を聞かねばならぬ。「日本人としての幸福」という言葉でも、それがシャモの口から発せられるのと、アイヌの口から発せられるのとではまったくひびきが違うのである。

正直なアイヌだましたシャモをこそ
　憫れなものとゆるすこの頃

（『谷川健一全集』第十八巻）

遠い他者と欠けた自己

——差別への一視点

一

日本人の自己疎外が差別という表現の根底になっていると、わたしは考える。つまり、自分と同一化する（アイデンティファイ）ことのできない民族こそ日本人なのである。その原因は、一つには日本人の大部分が、単一言語を話す民族から成り立っている、ということであり、他の一つは日本が島国だということである。

人間は、自分の顔を、自分で見ることができない。他者によって、自己を判断するほかはない。

自己測定のために、他者が用いられることは、日本人にかぎったことではない。しかしヨーロッパ諸国、アメリカ、ソビエト、インド、中国などは、たえず異民族との接触によって、自分の歴史を形成しているだけに、日常生活の次元においても、たとえばギリシャ人とアイルランド人の混血が、アメリカの国籍をもつということは不思議ではない。自分測定の機会は日常的に存在する。しかし、日本人にとって、それは例外に属するものであろう。

他者によって、自己を測定することに不熟の民族である日本人は、願望と拒否との関係において他者をとらえる。つまり他者の存在は、自己の主観の投影にほかならないということこそ、日本人の異民族観の特徴である。そうした日本人の他者観は、願望と拒否のあいだをゆれうごいて、今なお果てることがない。

幕末から明治へかけての遣米使節、遣欧使節のまなざしは、わたしたちにあってもまだ消えていない。海波雲煙の彼方に、新しい国の模型を求めていった祖先の幻を、わたしたちもたやすくなぞることができる。

しかし、その願望がいったん遮断されると、今度は鬼畜米英という反転した評価をいともたやすくとることになる。こうした共同幻想をもって、相手を責めるわけにはいかないことはもちろんである。またそれを、日本人の個人個人に帰することも的をはずれている。なぜなら、それは日本人をつねに「一億総××」にかり立てる共同の幻想だからである。

日本人のなかにひそむ、生活的欲求とも見まがうほどの海外への絶ち切れない願望——そしてその願望が、カベにぶつかったときに反転する拒絶は、いったい何にもとづくものであろうか。

それは日本列島が、それだけではじゅうぶんに自足することのできにくい、貧弱な資源しかもちえない社会だということがまずある。つぎに、日本列島の歴史をふりかえってみるかぎり、日本人の思想の前提は海外に仰いだ、ということがある。たとえば、キリスト教はもともとユダヤの宗教であって、ヨーロッパの宗教ではなかった。それに世界宗教としての普遍性を与えたのはヨーロッパであり、またそれをヨーロッパ化したのもヨーロッパなのである。

つまり、キリスト教を、原理としては普遍的な包括性をもつように自分の手でつくりあげながら、実態としてはきわめてヨーロッパふうに摂取するという仕方は、日本人はとらなかった。日本人は、未完成作品に手を加えてそれを普遍的原理に仕上げるというよりは、普遍的なものとして、すでにできあがった思想を受け取るほうを好んだ。普遍的な貌をもつ海外の思想が、日本に投影された。

二

こうして、日本人の海外にたいする願望の特徴は「より完全な自己」を求めることである。日本人は自分をそのままでは、完結した自足した民族とは考えていない。何かが欠けたものとしての自分を考える。

「何かが」とは自分にもよくわからないけれども、海外の諸国へのあくことのない好奇心となってあらわれる。物質的条件にせよ、精神的条件にせよ、海外にたよらざるをえない日本人の心は、自己の外側への願望となって、強烈に放射される。「欠けた自己」をみたしてくれるものとしてのアメリカやヨーロッパ、さては、中国などが日本人の脳裡をさることはない。

別稿でも述べたことを再び強調することになるが、日本人は自分と異なったものが、より完全に近いという認識をもつ国民である。こうした識別の仕方は、他の国民には理解しがたい点がすくなくないにちがいない。自分に近いものがより完全な人間であるという認識が成り立つ国民もあるからである。日本人にとって、自己自身との差意識が開けば開くほどに、それはある種の威力をもつものなのである。逆に、自己との差意識がちぢまるほど、それは威力を失うということである。かつて日本で村内婚が常態とされていた時代、他村との通婚にたいしては、きびしい規制がもうけられていた。つまり、村の娘で他村の若者と通じたばあい、この一対の男女は密通者として、村内の若者によって烈しいリンチを受けた。

その一方では、遠来の客人を歓待する風習も長くつづいていた。この遠来の客人を「まれびと」と呼び、それが「まろうど」になったことはよく知られているが、まれに訪れてくる人が賓客となるのは、珍しいものが高貴なものであるとする日本人の認識をよく伝えている。

ここで見られる現象は、遠来の客人には自分の娘を提供してもかまわぬほどのもてなしぶりをみせながら、その反対に隣村の若者にたいしては、容赦しないという狭量な態度である。遠い他者には寛大で、近い他者にはきびしい、という心理構造は日本人社会の特徴として成立する。つまり日本人は自分自身との差意識が大きい他者であるほど、寛大にあつかう。それはそうした他者が、ある種の威力をもつと信じられているからである。

そこで遠い他者は、自分とちがった風貌をしていなくてはならない。客人神の貌が異相であるのはそのためである。異相であるほど威力をもつというのは、それが異神であると同時に異人だからである。くりかえしていう。日本人の神は、人間に超越して高く存在する神ではない。日本人は神を「高く」求めずに「遠く」に求めるのである。遠くには自己とちがったものがあり、それこそ「神」なのだ。

三

遠来神としての異人に比べて、近国の異人にたいする歓待は日本人にはない。それはまれに訪れる客人ではなく、むしろ日常に接することができるという可能性のゆえに、近い隣人は憎悪の対象として反発を受ける。

たとえば、それは他村の若者のごとき存在である。その近い他者は、自分との同質性のゆえに憎まれる。同質の客人は、自分に何かを与えることはできないという日本人の感情が、そこでは前提となっている。自分を欠けた存在として考えている日本人は、自己が自己であることを欲しない。

そして、その眼をたえず外側の世界にむける。日本人の「欠けた自己」を埋めようとする願望は熾烈である。

そして外側の国々が、自分に何物をもたらさなくなったと信ずるときに、それは尊敬が一転して軽蔑へと移行するのである。江戸時代までは、中国は尊敬の対象であったのにたいして、明治になって、日本人がヨーロッパ文明を入手しようと目指すと、一転して中国にたいする軽蔑心を隠さないのがその例である。その逆もありうる。

幕末の攘夷主義者の大勢が、明治初年の開国支持派となったのは、人の知るとおりであるが、日本人にとって、攘夷と開国とは「反発と受容」の心情を、いわばイデオロギーの形をとって唱えただけの話であって、相互に容れない対立概念ではなかった。つまり、同一の心情の裏表、もしくは正負の符号を示すだけにすぎなかったのである。

日本人が海外にむける願望は、日本列島が資源に乏しい島国であることが、その大きな原因である。それと同時に、海外諸国は、日本人の自己認識の道具として捉えられる。自己を映す鏡、それが異人である。

しかも、そうした異人と日常的に接触してこなかったために、海外諸国は、つねにエキゾチシズムによって把握される。このエキゾチシズムを味わうことによって、日本人は「欠けた自己」にたいする日頃の不満の充足感を一時期にせよおぼえることになるのである。

ここにおいて、差別とは何かという問いにたいする日本人独特の反応があらわれる。ヨーロッパ人やアメリカ人や中国人は、自分の文化をもっとも高いもの、すぐれたものと確信しているがゆえに、異質の文化をもつものへの軽視が生まれる。彼らにとって差別とは、自分以外のものであり、それが夷狄《いてき》である。

しかし日本人は自己を「欠けた存在」と自己規定しているがゆえに、自分とちがったものにたいするあこがれをもつ。

しかも、日本人が自己を測定する尺度は、自己との距離が遠ければ遠いほどに有効なのである。極東の孤島民である日本人は、自己との同一化に耐えられないのである。それは孤島の感情にほかならぬ。自己認識は「他者」からもたらされるが、その「他者」とは日本人にとっては、空間的には一定の遠さから訪れることが必要であり、時間的には「まれ」でなければならぬ。

したがって「欠けた自己」とまぎらわしい他者、しかも、頻繁に日常生活のうえで接触する他者は、すこしも尊敬に値しない。

ヨーロッパは自己の文化や伝統に自信をもつがゆえに、その近隣のヨーロッパ諸国にもそれなりの敬意を払う。つまり、ヨーロッパ第一主義、あるいはヨーロッパ至上主義が今もって顕著な現象として存在する。しかし、日本が脱アジアを志したのは、アジア諸国といっしょにみられたくないという理由からであった。近代の日本人にとって、ヨーロッパは「文明」という力をもたらす神なのであった。

それにたいしてアジアは、日本人が自己を測定するのに困難な地域なのであった。日本人は、アジアの同質性よりはヨーロッパの異質性にあこがれたのである。こうして「遠い」国への親近感が「近い」国への疎外感と裏腹に存在する。その実例は明治以来の日本の知識人のあり方が、何よりも雄弁に物語っている。

四

日本人の海外にむける烈しい願望は、それが遮断されたときに、国内の秩序への願望となってとってかわる。江戸時代の見事な身分秩序は、鎖国政策とは無関係ではない。海外にむける日本人の「遠近」感情を「上下」の関係意識へと転化し、位置づけることが必要となる。

鎖国によって、もはや日本人の異質化がのぞめなくなったときに、日本人の同質化が強調される。だが、このばあいも、異質な他者がなければ、自己との同質性を確認することができない。

しかし日本人は大部分がおなじ言語を話す民族であるから同胞のなかに言葉や外貌や風俗習慣などの決定的な相違による異質なものを引き出すことはできない。しかも宗教はキリシタン弾圧をおこないきびしい統制の下にあった、とすれば異質性は職業によって識別し、差別するほかはない。いや、差別するためにこそ、一定の職業を異質なもののシンボルとし、それによって、その職業に従事するものの本質的な異質性を強調するほかはなかった。

同質性のなかになにがしかの差別意識を生み出すためには、異質なものがもともと存在するわけでもない国内に、わざわざ異質性をつくらねばならなかった。したがって、その異質性は国が外にむかって開かれていたときに、他民族に感じるわたしたちの感情とはちがう。相手の優越性にたいする尊敬は鎖国のために入手できない。そこでしかたなく蔑視に必要なものを国内に措定し、自己確認の道具をつくったのである。鎖国政策がとられたときに、遠近のかわりに上下関係の認識が、支配者によって強調されたのは理由のないことではなかった。

しかも「異質」なものを手近に措定し、憎悪と軽蔑とをつくり出すために、職業に「聖と穢」の観念を導入した。職業に差別をつけるのにこうした古代的観念を導入することは、それが本源的な差別であるかのように見せかけるのにつごうがよかった。それは天皇制が、宗教的な神聖観念をまといつけて、それを本源的神聖さであるかのように秩序づけたのとおなじである。もともと天皇には、司祭としての役割があったのだから、伝統的感情に立つものであった。

しかし、司祭としての天皇が、本源的に神聖であるとするいかなる理由もないのである。なぜならば、天皇神聖観念は古代の専制君主の成立をまってはじめて誕生したものだからである。

両者ともに聖と穢という古代的観念を導入することによって、その身分秩序を固定化したのである。このゆえに未解放部落と天皇制は向き合うのである。

五

明治になって、さまざまな解放令が出され、そうすることで不当な身分秩序の重圧にあえぐ人たちは人間としての自由をかち得たようにみえた。だが、じっさいはそうではなかったことは、今日なお差別される者が、厳然と存在するという事実が物語っている。

身分秩序の撤廃と同時に、差別者は被差別者の「力」を強調しはじめた。そうすることで、身分秩序の廃止とともにすがたを消すかにみえた聖と穢の観念は新しい意味をおびることになった。身分制の固定枠をとりはずすとなると、これまでの軽蔑を憎悪にまで引き上げなければ、差別者の対象である被差別者のすがたは明確にはならない。軽蔑すべき対象はやがて忘れられてしまう。

それでは差別者が自己測定の道具とする被差別者の役割はなくなってしまう、ということから、差別者は被差別者のなかになにがしかの「力」の幻影を掻き立てねばならない。

たとえば、関東大震災のときの朝鮮人の挙動について根も葉もない浮説が起こった。軽蔑する対象から恐怖の対象へと、転化することをとおして被差別者の存在を意識させる。差別者にたいする優越性の幻影をもつ存在として、被差別者を差別者の憎悪の的とすることができる。

つまり「××がきた」というたぐいの恐怖の感情を掻き立てて、差別する者のほうが、むしろ被差別者をおそれるという形をとるのである。差別者はほんとうは襲う者でありながら、自己に「良民」標識を賦与して襲われる者の外見をもつ。良民票はいうなれば、同一性の確認なのである。太平洋戦争末期において、中国人の性的能力が日本人を上回っているという論文が雑誌にあらわれた。

この種の誹謗は白人が黒人にたいしておこなう常套手段なのであるが、ここにも被差別者の「能力」をもっともけがらわしい形において、認めようとする底の感情がはたらいている。

六

未解放部落民のばあいは、近世初頭の身分秩序の確立期に人工的な区分者としての役割を振られたものである。在日朝鮮人のばあいは、日本人の「遠近」の観念のなかで、日本人ともっとも近い関係であるがために蔑視された存在が、「日韓併合」をとおして、朝鮮を植民地化し、それを日本社会のなかに秩序づけようとしたときに起こった受難である。

アイヌや沖縄の人たちのほかに朝鮮人も加えて、それらの人たちを同化することによって秩序の底辺に組み込み、組み込むことによって異化する、という方法をとるのは、日本の支配層の常套手段である。したがって、同化政策はけっして同化政策でなくて、異化政策なのである。

それは遠くにあるものを、自分の下にたぐりよせ、自己と同質化するようにみせかけながら、社会秩序の底辺に組み入れることによってそれを疎外し異化するのである。しかも、その異化されたものを同化の名で追いつめて、そのエネルギーをうばい、錯乱におとしこむ仕掛けがつねに予定され準備されている。社会の底辺層の大半はこれら被差別者である。

つまり、同一言語を話す単一民族の日本は、それらを異化しないでは自己認識ができないのだから、同化政策の名の下に異化政策をおこなうことは、これからもたえず噴出してくることと思われる。したがって、同化政策は極度に警戒する必要がある。

アイヌについていえば、それは単一民族である日本のなかの唯一の例外的存在であった。江戸時代の差別は身近な異人としての差別であり、近代日本に入ってからの差別は、同化政策による差別なのであった。アイヌの外貌は、同化政策によっても消しがたい特徴をもつ。とすれば、その同化政策が不完全でしかありえないことはいうまでもない。

このとき、アイヌにとって、同化が幸福でありえないことは誰にもたやすくわかるのである。日本人の差別意識は自己疎外から出発するがゆえに、自分より遠いものを尊重し、自分に近いものをいやしむ。しかし、この遠近の関係意識を上下の関係意識に組み替えようとしたのが近代日本の差別政策なのであった。

つまり、同化政策によって、本質的には同化することも、同化されることも、不可能な固有の歴史をもつアイヌ、沖縄の人たち、在日朝鮮人、在日中国人などを、みずからの社会秩序のなかに組み入れ、組み入れることによって、疎外し異化する方法をとったのである。

（「潮」）

「虚の器」の逆説

―

私は昭和九年に熊本市にある旧制熊本中学に入学した。熊本市は第六師団の司令部のあるところだったので、日中事変が勃発すると、大陸侵略にかり立てられる出征兵士たちを見送ることが多かった。大砲や馬を曳いて駅にむかう兵士たちの顔は一様に無表情で、こわばっていた。そこには笑いのかけらもなかった。

私は当時の軍国主義の風潮にもなじめず、さりとて、受験勉強に血道をあげる気にもなれず、時代からも学校からも取り残された。私の通っていた熊本中学は名うての受験校であった。上級学校への合格率だけを気にする、今の受験塾のような学校で、私はその中学生活がイヤでたまらなかった。私はなんどか父母にむかって転校したいと申し出たが、両親は許してくれなかった。

私は中学時代、母方の祖父母の家に下宿していた。そこから歩いて二、三分のところに県立図書館があったので、毎晩そこに通って、片端から雑多な書物を濫読した。とくに文学書は多感な少年の心をとらえた。

図書館に通うことが学校当局から許されるのは、一部の貧困家庭の生徒にかぎられていた。その家庭が学習するのに適当でないと判断された生徒たちが、いつも図書館に通ってきた。例外は私だけだった。私は厳禁されていた下駄ばきで、夜間外出をしても、教師から文句をいわれなかった。私はどこか教師から敬遠される生徒であった。

さて、県立図書館で毎晩顔を合わせる生徒がいた。彼の姓の頭文字をとってAと呼ぶ。Aは私と同学年であったが、別のクラスであった。彼は、そのクラスの級長をしていた。勉強はずばぬけてでき、いつもクラスのトップだった。しかし、その家の環境は、勉学するのにふさわしいといえなかった。

私は学校のゆきかえり、よく彼の家のまえをとおった。道に面して小さな橋のたもとに、粗末な二階屋が建っていた。家の出入り口のまえには飲食店のノレンが垂れていた。しかし見上げる二階の窓には、けばけばしい色の赤いカーテンがいつもひいてあった。

日曜になると、若い兵士が出入りしているすがたを見かけた。つまり将校相手の高級な売春宿ではなく、金のない兵隊専門の下級な曖昧屋だった。顔を真っ白くぬりたくった人三化七の女の顔が店の奥からのぞくこともあった。

生真面目な秀才とその家庭の雰囲気が似ても似つかぬことを教師も心得て、図書館通いを許したのだった。夜、図書館では、Aは予習復習に余念がなかった。きれいな、整頓された文字でノートを埋めていた。彼はいつも微笑を浮かべながら、端正な姿勢をくずすことはなかった。私のように文学書ばかり読み耽って、教科書などカバンに詰めたまま開けない生徒からみれば、彼こそはまっとうで、自分はじだらくな人間のように気がひけることもあった。

Aは家がまずしいので、上級学校でも、受験料や学費の必要な学校にはすすめなかった。彼はそれを断念して、金のかからない陸軍士官学校、海軍兵学校、海軍経理学校など、陸海軍の学校を受験した。しかしどの学校にも合格しなかった。試験の成績は申し分なかったが、身許調査によって、彼の家が売春宿をいとなんでいることが判明するからである。そうした家庭の子弟には、指導的な軍人の地位につく資格は与えられないという訳であった。なんと皮肉なことだろう！　彼の家は日曜ごとに、あるいは休暇日ごとに、若い兵隊たちに性の捌《は》け口を提供しているというのに。彼の家は軍当局から表彰されてもよいはずなのに。

片端から陸海軍の学校を受験し、失敗したあげく、彼はさいごに陸軍中野学校を受験し、はじめて合格した。知る通り中野学校はスパイ養成のための訓練学校である。

私は中学を卒業するとAの顔を見なくなった。

やがて、太平洋戦争勃発。日本軍はマレー半島を南下し、シンガポール攻略を目指した。彼は情報をあつめるために、軍隊よりはやくシンガポールに潜入して、工作につとめた。しかし不幸にもその動静は敵方の探知するところとなり、彼は捕らえられた。

そして銃殺。

戦後、彼の話を聞いたとき、私はAが刑場に引き出されたときの光景を思い浮かべた。Aは長身だった。がっしりした体格と、端正な顔つきをしていた。あごが張っていた。そのあごをぐいと引くようにして、彼は銃弾を受けたにちがいない。

死がその短い一生の終わりを宣する瞬間、彼の胸を去来したものは何だったろうか。

Aは天使のような少年だった。彼の家は売春宿だった。

Aは日本のアジア侵略の手先となって、若い生命をシンガポールの地に散らした。私はそこに時代のかぎりない残酷さを見る。

二

一九八九年（平成元年）九月三日のNHKテレビは、「忘れられた女たち・中国残留婦人の昭和」を報道した。長野県泰阜《やすおか》村は飯田の南にある天竜川沿いの村である。その出身者千三十九人が中国東北の旧満州に開拓村をつくっていた。それが敗戦となって解散し潰走《かいそう》するときに、逃げ切れなくなった女たちが取り残され、二十七人が中国人の妻となった。四十四年経って、泰阜村の一人の婦人が現地をたずね、生き残った人びとと会い、帰国の相談にも乗った。そのいきさつの一部始終をテレビは紹介する。

ある女は二十歳で中国人と結婚した。嫁ぎ先の家からもらった金と米で自分の母と弟とを日本に帰した。しかし今となって帰国したいという彼女に、泰阜村の彼女の弟たちは反対する。帰るなと言う。

もう一人の婦人は、敗戦当時三十歳くらいであったが、夫と子どもと三人で逃げた。しかし進退きわまって、夫を自分の弟といつわり、子どもも一緒に連れて、中国人と結婚し、二人の子をもうけた。夫はその中国人家庭の使用人として働いたが、数年後彼女にだまって日本に帰国し、再婚したという。その婦人も今は七十をいくつか越えている。そして自分は後悔していると言う。しかし、後悔という日本語が思い出せないので、中国語で言う。私はそれをテレビで見ながら、生命を守るために、やむを得ぬ生き方をしてきた婦人の口から洩れる「後悔」という言葉のはかり知れない重みを思いやった。

さらにもう一人の婦人は敗戦当時は十六歳だった。そして敗走するとき、ある中国人に乞われて結婚した。下層階級の中国人は貧しいので結婚できないでいる者が多い。そこで、貯えていたわずかな金と引き換えにして、日本の娘を買い、自分の妻としたのである。その娘もそうした一人であった。彼女は中国人との間に息子と娘をもうけたが、結核にかかり二十八歳で死んだ。彼女には一人の妹がいて、別の中国人に貰われ、順調に成長した。結核にかかって瀕死の床にある姉を妹が見舞ったとき、姉は言った。「日本には米の御飯を海苔で巻いたとてもおいしいものがある。私は食べたくても食べられなかったので、おまえは日本に帰って、それを食べて欲しい」。

彼女が臨終の床で口にした言葉は私の胸を刺し貫いた。この女を異国に捨て、ジャガタラお春の現代版というべき「日本恋しや」の言葉を吐かせたものはだれか。薄幸な女の葬られた墓がテレビに映し出された。それは荒涼たる北の大陸の山林にある土まんじゅうであった。

私はこのテレビを見終わって、まだ昭和という時代が終わっていないことを感じた。昭和天皇の死とともに時代は平成へと移り変わったように見えるが、けっしてそうではない。昭和はまだ終わらない。おそらく私はその終わらない昭和とともに終わるであろう。

三

私たち戦中派は天皇について語ることが苦手《にがて》である。天皇というとき昭和天皇を抜きに考えることができず、その昭和天皇とともに、人生の意識された時期を生きてきたからである。満州事変が起こったのは、昭和六年九月十八日である。そのとき私は十歳で、熊本県の南端にある水俣町（現在水俣市）の小学四年生であった。学校からの帰りがけ、町の四つ角に新聞社の号外が貼ってあるのを見た。書きなぐった墨の文字が踊っていた。暑い日だったことをおぼえている。子ども心に何か容易ならぬ事態が起こったと直覚した。私は汗をふきながらその文字に見入った。

それから十年して私は二十歳になり、将来に夢を描く人生の入り口に立っていた。昭和十六年七月二十三日の午後、私は熊本市の盛り場の一角にある熊本日日新聞社のまえを友人と歩いていた。すると新聞社の窓からビラが何枚も降ってきた。その一枚を拾うと、日本軍が南部仏印に進駐したというそれだけが記された号外であった。私は友だちと顔を見合わせた。その日も暑い夏のさかりであった。それなのに、そのビラが私にとっては枯れ葉のように思われた。その年の暮れ、日本は太平洋戦争に突入した。

私ども戦中派は二十歳で人生の設計図を描くことを断念しなければならなかった若者たちであり、戦前と戦後とに人生を両断された世代である。このように時代とともに烈しく浮き沈みしたということが、昭和天皇に対する客観的な距離をとることを不可能にしている。私どもは昭和天皇の生きた時代を生き、その時代に深く傷ついた。天皇ヒロヒトも同様であった。その一点において、私どもは、時代のかけはなれた名君と呼ばれる帝王よりも、大きな過誤を犯した天皇ヒロヒトに親しみをおぼえるのである。時代の刻印はまぎれもない。ある時代に生き、体験を共有したことを否定できない。少なくとも、開戦から敗戦までの四年間は天皇ヒロヒトと私ども戦中派は日本国の存亡という大きな運命を共有したのである。

私どもが時代に傷ついたように天皇ヒロヒトも時代に傷ついた。それは明治天皇や大正天皇の比ではなかった。だがしかし、その傷つき方は私どもとちがっていた。それは意外なことであり、また当然なことである。この共感と異和感は不可分に存在している。それで、私ども戦中派は天皇について語るとき、いつも口ごもらざるを得ない。そこには理屈で割り切れない感情の侵入を防ぐことができない。そしてその思いは天皇ヒロヒトの死ののちもなお生きつづける。中学時代の旧友の哀れな死を思うとき、また旧満州に四十数年も放棄されたままの日本の女を思うとき、自分の昭和がまだ終わっていないことをたしかめる。もちろん平成の年号をやむを得ず書かねばならぬときもある。しかし、そのとき平成というのは自分にとってもう余分だなという感じが去来する。できるならば、平成元年というよりは、昭和六十四年、六十五年とつづけていきたい。それが戦中派としての私のいつわりのない気持ちだ。

私がどうしてそう思うか。それは自分が昭和という時代の大きなうねりのなかに生き、そのうねりがまだ終っていないと感じるからだ。戦争をひき起こしたときの元首として日本国の天皇には明確な責任があると私は思う。その天皇とても、その時代に翻弄された一人であることが、戦中派の実感としてよくわかるのだ。私は戦時中、小林秀雄の書いたものを愛読したが、そのなかに、歴史は人類の巨大な恨みにほかならない、という意味の言葉があったことを記憶している。この言葉の深い意味はそのときはわからなかったが、今はよくわかる気がする。見果てぬ夢、果たせなかった志が、国家、民族、個人のいずれのばあいも、氷河の押し流した岩石のように、氷河の退いたあとも痕跡として残っている。それが歴史だ。「何事かを為し得た」という歴史観のほかに、「何事かを為し得なかった」という歴史観がある。年齢のせいか、私は後者の立場に立って、国家、民族、個人の歴史を見るようになった。毎日の新聞をにぎわしている世界各地の情報についても同様である。人類の叫び、そしてそれが果たせなかった恨みと夢の堆積。それ以外に歴史があるのだろうか、と私はひそかに疑うのである。

四

戦時中ははじめの一年は奇妙に明るかった。それが急激に暗くなっていったのは昭和十九年の十月からはじまった特攻隊の出撃あたりからである。この若者たちの死は国のためのいけにえという感じがあった。このようなことは日本に限らずあったにちがいない。しかし日本では、国のいけにえに加えて、神としての天皇のいけにえという趣があり、それが特別の暗さをかもし出していた。みずから選択するまえに選択された者の悲劇。そこで選択するものは神としての天皇にほかならなかった。これは特攻隊においてもっとも凝縮され尖鋭な形で見られたが、多かれ少なかれ国民の大部分は選択するまえに選択されたのであった。

とはいえ、敗戦の日に二重橋に跪座した人びとの心情から推測できる通り、神としての天皇が一方的に国民をいけにえとして選択したとばかりは言い切れないものがあった。天皇の住居の門をミカドといい、そこは宮闕《きゆうけつ》とも称した。宮闕を恋い慕う情を恋闕《れんけつ》と呼んだ。この恋闕の情は幕末の志士においてもっとも顕著であった。儒者で肥後勤王党であった富田大鳳は、あるとき家人が隣室からのぞき見していると、雛を飾った部屋で内裏雛を撫でながら「おいたわしや」と独語していたという話が伝えられている。このとき内裏雛はいうまでもなく天子に擬せられているのであり、その天子が逆境に置かれていることへの痛憤と悲傷が、その言葉を吐かせたのである。

ここにおいて恋闕の情と呼ばれるものの特色がいくつか挙げられる。天子は無力でなければならない。柔弱な容貌をそなえていなければならない。さらには小さくなくてはならない。無力で柔弱で小さい天子に対して大力で剛勇な大男のささげる思慕の情が恋闕にほかならない。それは主人に対する従者の保護者的な忠誠の感情にとどまるものではない。無力で柔弱で小さい、ということはまぎれもなく神の子の印である。たとえば出雲では陰暦十月の末ごろに、北西の季節風がつよく吹きはじめると、波のまにまにセグロウミヘビがただよい、海岸に流れ着く。それを出雲大社の神官が三方《さんぽう》にうやうやしく入れて神前にそなえ、それではじめて神在祭がおこなわれる。たまたま大きいセグロウミヘビが打ちよせられると、神官たちは「こんどは小さくなっておいで」と言って海に返してやるという。出雲大社や佐太神社ではセグロウミヘビは神として祀られるのであるが、しかしそれは小さいものに限られるのである。宇佐八幡の神も小童のすがたで誕生したと縁起にあるように、神は小さ子の形をとって顕現するという考えは日本には古くから存在し、民間に残りつづけている。小さき者こそ、神聖で高貴な存在であるというのは、他の民族に見ることのできない日本人独特の美学である。小さ子の思想はスクナヒコナや瓜子姫や一寸法師の民譚に見られる。また日本では高貴な血を享けて出生した者は苦難と流離を重ねるという思想もある。これは、うつぼ舟の物語などに影を落としているが、後鳥羽院の隠岐島配流、後醍醐天皇やその皇子たちの度重なる潜行も貴種流離の物語として受けとられたのである。このような小さ子の思想は、南北朝以降近世にいたるまで天皇の置かれた逆境によって、歴史的な実体を獲得し、流離の貴種に対する国民の追慕の念を掻き立てることになったのである。無力で柔弱な小さき神が苦難の世界をさまようことと、現実の不遇な天皇とが重ね合わされて恋闕の情に拍車がかけられることになった。

しかし天皇は神としての小さ子であるばかりではない。神をまつる司祭者の役割もつとめる。津村淙庵（正恭）の『譚海』三巻は天明五年に成立したが、そのなかには、天皇は毎朝三、四時ごろ起きて行水をし、清浄な衣服を着て皇祖神を礼拝するのが日課であると記されている。また天皇が位にある間は鍼灸などをすることができないともいう。後水尾天皇は腫れ物が出たのに、在位中は灸をすえることができないので退位したといわれている。玉体に刃物を使用することができないので、天皇はひげや爪を生やしたままである。それを女官が歯で食い切る、と『譚海』は述べている。これは「魏志倭人伝」に出てくる「持衰《じさい》」を思わせる。天皇の司祭者としての生活が古代からあったことは『隋書』「倭国伝」に倭王はオオキミと称し「天を以って兄と為し、日を以って弟と為す。天未だ明けざる時、出でて政を聴き跏趺《かふ》して坐し、日出づれば便《すなわ》ち理務を停め、云う我が弟に委《ゆだ》ねんと」と述べてあるのでも推測できる。

古代の天皇が「小さき神」「流離する貴種」のイメージを最初から纏いつけていたとは思われない。これらのイメージはきわめて古くから存在したが、直接に天皇につながりのあるものではなかった。『記紀』によれば、常世の国から来訪したスクナヒコナこそ「小さき神」である。またスサノオとヤマトタケルこそ「流離する貴種」である。スサノオもヤマトタケルも大力無双の剛勇な偉丈夫である。「無力で柔弱な小さ子」が天皇にむすびつくのは、『記紀』の時代ではあり得ず、少なくとも奈良時代の後期から平安時代まで待たねばならなかった。政治上の実権が外戚に奪われまた実権が院政によって分割され、政治上の絶対的権力が天皇から離れていった時代に「小さき神」「流離する貴種」のモデルとしての天皇像が生まれた。そこでは無力が力の証拠であり、柔弱が剛勇を制するというふしぎな価値の転換がおこなわれた。

スサノオもヤマトタケルも「流離する貴種」ではあったが「小さ子」ではなかった。これは後鳥羽上皇や後醍醐天皇にも言い得ることである。あらゆる政治的な権力を吸い寄せては相殺する「虫とりスミレ」のような天皇の独自な位相が培われるのには「流離する貴種」に「小さ子としての神」の思想が接合されねばならなかった。天皇が政治的権力から完全に見放され、宗教的権威のみが残されたとき、つまり現実的に無力になったとき、「虚の器《うつわ》」としての天皇（像）が確立された。もともと天皇は凶作や飢饉の責任を負う司祭者としての役割を保持していた。それは政治権力の放棄の上に純化された。

現実的な力の放棄が、力の否定者としての天皇の優位を確立させたというのは皮肉である。いずれにしても相反する諸価値を相殺する「虚の器」が完成されるのは、天皇が権力の管理の下に置かれ日常の不便をしのばねばならなかった室町時代から江戸時代までであるとしなければならない。

明治になって天皇の地位は回復され、「虚の器」の上に新たな要素が付加された。それは後鳥羽院や後醍醐天皇が夢みた古代の天皇親政の復活である。天皇は宗教的司祭の枠の外にかつぎ出され、兵馬の大権を背負うことになった。天皇はもはや「小さ子」ではない。「流離する貴種」でもない。天皇は神聖にして不可侵の力ある存在である。それなのに「虚の器」としての無私と平等が要請される。力を否定することで、平等な「虚の器」を作りあげた天皇の存在はここで二重に揺れ動くことを余儀なくされる。だが「天皇の名の下に」

おこなわれる無私と平等が、ただ政治家や軍人を利するだけのいつわりのものであったことは証明済みである。

昭和天皇は司祭者としての自分の役割をつねに自覚していた最後の天皇であると私は思う。宮中の諸祭や諸儀式をつかさどり、生物学につつましい喜びを見出していた昭和天皇は、自分の意志とは別なところで進行する時代の大きなうねりに巻き込まれた。戦後は退位することも思うにまかせず（表現の自由も奪われて）、去っていった悲劇の天皇であった。昭和天皇も私ども戦中派もおなじ時代に生き、そして深く傷ついた。だが、傷つき方は昭和天皇と私どもではちがっていた。戦時中の私どもは選択するまえに選択された存在であった。それにもかかわらず、私どもは自分たちの行動にどこか自由意志で運命を選んだという理由を発見しようとした。「小さ子」としての天皇、「流離する貴種」としての天皇に殉じようという気持ちのなかに、それを見出したとしても怪しむに足りない。私は昭和天皇の傷が浅く、私どもが深いといおうとしているのではない。私は国民をいけにえにした神としての天皇が、つねに、いけにえに供せられる「小さ子」や「流離する貴種」の形をとってしまうふしぎさをいいたいのである。そして昭和天皇がなくなった後は、天皇とともに生きた昭和という時代だけが、旧満州に四十四年間放置された日本の女たちとともに、私ども戦中派に残された。

（「仏教」別冊2「天皇」）

狂笑の論理

小泉八雲の紹介した日本のお伽噺のなかに、ものぐさな武士の妻が畳のへりにつき刺して捨てた爪楊枝の霊が、毎夜両刀をさした小さな侍たちとなってあらわれ「ちんちん小袴、夜もふけ候」とはやしたて、嘲笑を浴びせかけてその妻をノイローゼにおとしいれるといった話がある。

この笑いの無気味さは、まさしく生命のない事物がひょっとすると生命があるのではあるまいかという疑惑を読者に与えるところにある。ここで私はホフマンの『砂男』を思い出す。作中の悪役コッポーラは眼鏡や望遠鏡などを売り歩く男であり、コッポーラと交渉のあるシュパランツァニ教授はオリンピアという精巧な自動人形の製作者である。教授は生き物と寸分ちがわない美女をつくりあげたが、コッポーラから人形の顔にはめる眼をぬすんだために二人のあいだに破局がおとずれる。コッポーラはうばいとった人形をかついで「ぞっとするようにするどく高笑いをしながら」いそいで階段をかけおりる。打ちのめされた教授はのたうちまわりながら、床にころかっている一対の血まみれの人形の眼をみて叫びわめきつづける。

つくりものの眼といい、ぜんまい仕掛の人形といい、それがいのちをかけてあらそわれるところに、人造人間への関心のつよいドイツ的伝統の一場面を私はみるわけだが、フロイトは『無気味なもの』という論文で『砂男』の「眼」は小児の去勢コンプレックスの不安を象徴するものと分析している。

このフロイトの解釈はさしあたって不要である。ここで必要なのは、彼が同論文で紹介しているイェンチュという人の次の見解である。イェンチュは無気味なものとは「外見上生きているようにみえるものが本当に生きているのかどうかという疑惑、また逆に、生命のない事物にひょっとして生命があるのではあるまいかという疑惑」だといっている。

さきにあげた「ちんちん小袴」の例はまさしくそうである。夢野久作の『一足お先に』という作品では、義足の先が冬になると霜やけにかかったようにむずがゆくなり、それで義足に足袋をはかせ、寝るときは義足をはずして別の布団に入れて湯タンポを抱かせないでは気がすまない——という箇所が出てくるが、四肢のいずれかを切断した患者が、これに類する幻覚心理を体験することは、医者のあいだでは常識である。

この作品の無気味なおかしさは、義足がとりかえのきく道具であるという面では機械的なものであるが、しかし肉体の一部としての機能的な役割を確実にはたしているという点では、生きたものに属しているということである。眼鏡（義眼）、義歯、義足をなくした人間がいかに不完全なものであるかを想像するだけで、それらのものが肉体にいかに不可欠なものであり、人工肉体とでも呼ぶべきものであるかが分かる。義足のばあいはそれが極度の幻想を生み出したのである。

ベルグソンの有名な定義にしたがえば、笑いは生けるものの上に貼りついた機械的なものということになっている。しかし機械的なものと生きたものの区別に疑惑を抱くとき、この定義では説明不充分なものを感じる。

たとえば多くの人が見たことのあるアウシュヴィッツの写真には、胸ふさがる情景にまじって、虐殺された人たちの眼鏡や義歯や義足が山積みになっている写真がある。すべてを分類し整理しつくさずにはおかないドイツ的几帳面さが、目的意識を喪失するまでの完璧さで示されているのに、だれしもある種のおかしみを感じないではすまない。品物選別にみられる徹底した執念が、大量虐殺への無関心とうらはらに存在するところが喜劇的なのだ。アウシュヴィッツの虐殺者たちは、生けるもののかわりに機械的なものをえらびとったのだ。しかしその機械的なものが肉体の部分の代用品であることが、その笑いをふくざつにする。

ナチズムにとって人間は政治の道具としての機械でしかない。つまり人間は部品である。その人間のさらに部品として、いわば部品の部品として眼鏡や義歯や義足がある。機械嗜好にたいするドイツ民族の伝統は、ナチズムによって歪曲された形で、極端にまでおしすすめられた。アウシュヴィッツのドイツ人たちは、ガス室で窒息死させ焼却炉で灰にした生者にたいして「外見上は生きているようにみえるものが、本当に生きているのかどうかという疑惑」に捉われたのではなかったか。と同時に、眼鏡や義歯や義足を分類整理しながら、「生命のない事物にひょっとして生命があるのではあるまいか」という疑惑をもったとしてもふしぎではない。

生命を機械と考え、機械を生命と考える混迷が、彼らの精神を人間の地位から動物へと堕落させたのはいうまでもないが、そのドイツ的きまじめさが、ベルグソン流の「とりちがえの喜劇」に気がついていないところにいっそうのおかしみをさそうのである。

しかしまた、このおかしさにはもう一つの別の理由があると私は考える。涙には対象との関係の確認が強調され、笑いのばあいには対象との関係の拒絶が力説される。アウシュヴィッツのやせほそった人たちを私たちは完全に対象化することはできない。それが身体の一部であったとしたところでおなじである。しかし前述の眼鏡や義歯や義足は、人体の一部とはいえ、血のかよわない道具であることに変わりないために、私たちはそれらを完全に対象化することができる。そして笑うのだが、しかしそれは人体の一部を想像させないではおかないために、いきおい陰惨な笑いとならざるを得ない。

涙は完全に相手を対象化することができないところから生まれる。『雨月物語』の「白峯」は、崇徳上皇の御陵に参詣した西行が、彼のまえに姿をあらわす上皇の亡霊と問答し、諫めるという筋書きのものであるが、その一節に「新院からからと笑わせたまい、汝しらず、ちかごろの世のみだれは朕《わ》がなすわざなり。生きてありし日より魔道にこころざしをかたぶけて、平治の乱をおこさしめ、死してなお朝家に祟をなす。見よ見よ、やがて天《あめ》が下に大乱を生ぜしめん」と豪語する条《くだり》がある。崇徳帝（新院）は、はじめ配流の地に涙にかきくれてすごしていたが、やがて涙にとってかわって、からからと笑う悪魔的な笑いが生まれた。悲しみを極度におしつめると笑いが生まれるというのは、錯乱のために発狂するにせよ、崇徳上皇のように復讐鬼となるにせよ、自分と対象との関係を断念し、自分を対象の外に置く行為である。崇徳院の戦闘性は、彼が涙をふりすてて復讐を誓った瞬間から始まる。その攻撃は数百年のあいだ、朝野を震撼させずにはおかなかった。

ここで問題を現代においてみることにすると、涙の情緒は自己と対象の同一化の確認であるのだから滑らかであり、笑いの情緒は同一化の否認であるから波立っているということができる。太平洋戦争が自己と対象との同一性の確認を強制された涙の時代であったとすれば、戦後社会は、自己と対象の同一性の否認からはじまったことも事実である。権威ある対象への嘲笑は、戦後とそれ以前とを区別する重要な指標である。悲哀は個性化と普遍化の中間に位し、双方に動揺するところから生じる。自己を完全に普遍化する不可能な幻影を捨てきれないためにかえって個性化を徹底することもできない。

もし自己の個性化を徹底しようとすれば涙ときっぱり訣別しなければならない、という教訓を戦後社会は先行する時代からまなんだのである。しかし、戦後体制が確立するにつれて、自己と対象との同一性の確認が、戦後民主主義の名の下に強制される。姿をかえた涙の時代が再帰しはじめたのだ。それにたいして若い世代の造反がいたるところに起こったのも当然といわねばならぬ。戦後民主主義が対話を基調と考えるのにたいして、若い世代は対象との同一性を否認するところからして対話を拒絶する。批判の刃は対象にむけられるだけでなく、自分にもむけられ、自己との同一性を否認する。自己否定という言葉がそれである。戦争時代を否定する戦後民主主義をさらに否定する若い世代の主張は、多くの共感を呼ぶ要素を含んでいる。けれどもそこには、蒼ざめたパロディがあるだけで、するどい嘲笑や哄笑がない。

　柳田国男によると、笑いはもともと戦闘に使われたものだったという。「あらそって相手を制するには嘲弄《ちょうろう》というものがあって、敵を笑わるる者とし味方を笑う者とすることによって、しばしば武器腕力の行使を節約したのではないか。」（『笑の本願』）そうだとすれば、相手の息の根をとめる悪口や嘲罵によって対象を戯画化し、笑いものにすることで、その力をうばうという方策がいちじるしく欠けてはいまいか。真の敵にはおしみなく嘲笑を浴びせかけ、そこに節度や手心があってはならぬ。言葉の行使のかわりにゲバ棒をふるうのも、精神の怠惰のあらわれである。対象との共感を拒絶することから笑いが生まれるという理由、すなわち同情の欠如という理由で、ボードレールは笑いが悪魔的であることを指摘した。しかしおなじ理由からニーチェは、イエスが笑わなかったと責めたのである。つまりイエスは人生を対象化してながめるには若すぎたと非難したのだ。しかし敵にたいするイエスの容赦ない嘲罵は嘲笑と紙一重である。むしろ悪霊に憑かれた連中はイエスを自分の仲間と考えていたにちがいないところから考えてみても、イエスの嘲罵は悪魔的な呪詛といってよいほど、このうえなく戦闘的であり、ニーチェの非難はかならずしも当を得たものではない。

　現代に敵へのするどい嘲笑や諷刺が不足しているのは、どこか病的な気がする。日常性への挑戦とか狂気とかが言葉としてもてはやされるが、それにともなう笑いが沸騰しないという点で現代は暗い時代といわねばならぬ。人間がコンピューターのもたらす情報にふりまわされて、失語症にかかっている時代であり、人間が自分の手に確実に主体性をにぎりしめることに不安を感じている時代である。自信を喪失した精神から笑いが生まれる気づかいはない。狂気は結構だし、日常性との断絶も賛成だがその暗い錯乱は、聖なる狂気とはほどとおいのである。能のなかで狂女物といわれるものには、もともと神に奉仕した女の憑かれた状態の残像がある、と柳田はどこかに書いていたが、狂女の笑いは、いわば日常性を超えたものであり、神と人との距離をちぢめるものであった。そこに物狂いの美があった。つまり笑いは聖なる狂気につながるものであった。笑いをもって神の御機嫌をとりむすび、笑いをもって敵をたおすという精神の衰弱こそ、現代の特徴と呼べるものである。

現代人はアウシュヴィッツ体験や原爆体験によって涙とは訣別したが、笑いを生むにいたってはいない。ブルジョワも独占資本も、かつてのように、その素朴で凶悪な実体をもって私たちの視野に立ちはだかることはない。戯画化する相手の像を見失い、嘲笑をあびせかける敵の実体がつかめぬ無気味さが霧のように現代の社会を蔽っている。そこで人々は当然無気味さの表現をあれこれと考える。怪奇なるもの、無気味なるものが、笑いの代用品として現代人の心情をひきつける。人々は擬似的な笑いを無気味なもののなかに発見してそれに満足するが、それはラブレーやセルヴァンテスの哄笑とはほどとおいものである。

ここで私は夢野久作をその例外としてとりあげねばならないだろう。夢野の作品の中には、どれをとっても痛烈な笑いがあり、その笑いは無気味なもののなかにある病的な部分をぬぐいとる浄化作用のはたらきをもっている。たとえば『いなか、の、じけん』に出てくるさまざまなエピソードは病的雰囲気からほどとおい凄絶な笑いにみちている。『ココナットの実』では、窓の下に爆弾を投げた美少女が「恋というものの詰まらなさ……アホラシサをゾクゾクするほど感じさせられながら、シンミリした火薬の煙と腥《なまぐさ》い血の匂の中に立ちすくんでいる」シーンが最後となっている。ここからは少女の笑い声が読者の耳にはっきり聞こえてくる。

夢野ほど、作品の中に笑い声を入れた作家はないと断言してよい。それは笑い声であると同時に笑いの精神であり、その笑いは、恐怖をともなわずにはすまない笑いであって、お茶の間の笑いとはほどとおい。なかには『狂人は笑う』とはっきり題名にうたっているものもあるが、恐怖と笑い、狂気と笑いとが作品の中ではなれがたくむすびついているという点で、夢野は、狂笑の論理とは何かという冒頭の主題を私たちに投げかけずにはおかない。

夢野久作はゴールからスタートへあるいていった作家である。彼は涙を先どりするものとして、涙のはてに笑いを置き、日常性をさきどりするものとして、そのはてに狂気をおいたのだ。人間は他人の死を死ぬこともできないし、他人の悩みをになうこともできない。涙と日常的思考が無効な地点で、夢野の狂気の笑いが爆発する。夢野の文学の特徴は、多くの作品が作中人物または読者との共感のうえに成立するのとまったく反対に、他者との断絶あるいは拒否のうえに花を咲かせていることである。しかしこれは永久に夢野ひとりの特徴に帰すべきことであろうか。ギリシア神話をかえりみるまでもなく狂気と笑いは古代からの所産なのである。

シャーマンであるアメノウズメが神々のまえで猥雑なおどりをみせて哄笑をひきおこしたのは、わが国の神話のはじまりである。ブリューゲルなどのえがく中世期のいなかの狂宴にも笑いがつきものであった。とすれば狂気と笑いという主題は、人類史の暗部をくぐって、時折噴出しながら今日までつづいてきた人間の原始的情念の一つと考えてよい。夢野の作品はその変奏曲であるとみるべきではないか。人間が狂気を求める時代に入ったとみるべき徴候はたしかにある。しかしそれとともに笑いをもとめる精神は、マンガ文化程度のところにとどまっており、その衰弱はまだ回復のしるしをみせていない。胡椒をふりかけたような笑いは起こっていない。

　私が現代にはじまりつつある現象の側面である狂気をみとめながら、しかしそれだけでは病的であると断ずる所以は、一切のケチくさいもの、思いあがったもの、ぎくしゃくしたもの、匕首をひらめかしながらおどりかかるどす黒いものにあびせかける笑いの不在をもみとめざるを得ないからである。


（『魔の系譜』）

祭りとしての〈安保〉

　六〇年安保は、その動員の大きさにおいて戦後最大の大衆行動であったといわれる。「明治百年」をみわたしても、三十万の群集が国会を包囲したという例は発見できない。安保に比肩するものを探しもとめると、江戸時代にまでさかのぼらねばならない。大衆の自発的な運動が巨大な潮流となってとめどもなく奔騰したのは、いわゆる「おかげまいり」であった。「安保」と「おかげまいり」はさまざまな点で共通点をもっている。その第一は両者ともに大衆の日常的規範からの脱出行為であったということである。「おかげまいり」の道中すがたが男は女の、女は男のすがたで異装をしていたことは、藤谷俊雄の『「おかげまいり」と「ええじゃないか」』（岩波新書）に述べてあることで十分窺える。またその異装の意味については山口昌男が『未開と文明』（平凡社刊）の序で縦横に論じているので、ここにくりかえすまでもない。ここでは「おかげまいり」が幕藩体制と封建制の身分秩序にしめつけられた民衆が、自分の抑圧された情念の解放をめざしたものであったことを確認すればそれで足りるのである。「おかげまいり」を否定的に捉える歴史家はすくなくない。遠山茂樹は、それが「明確な階級意識をとらず、むしろ社会組織からの一時的な遊離として、流民化し群集化することによって偶発的に病的に表現されたものであった」と批判している（藤谷、前掲書）。しかし、身分秩序を基調とする封建時代に「明確な階級意識」をもとめるほうが無理であるとわたしには思われるし、ましてそれを「病的」ときめつけるのは、見当ちがいもはなはだしいと言わざるを得ない。ノーマンも「おかげまいり」をマス・ヒステリーと片付けているが、日本の常民の実態にそぐわないこうした断罪こそ、いかに彼らが人間の根源的要求に無知であるかをバクロしたものにほかならない。

　すなわち、大衆が日常的規範から脱出しようとするとき、それが集団の狂気の形をとるのはむしろ当然で、それのないことのほうが不健全なのである。たとえば「労働者の祭り」

と称するメーデーは、わたしに言わせれば日本の祭りではない。その整然たる集会はふくれあがった民衆や労働者には、空虚で形式的な感じをあたえずにはすまない。祭りの参加のよろこびとはほど遠いものだ。祭りのときはあばれないと日本の神々はごきげんがわるいのだ。水をかけあったり、裸でひしめきあったり、みこしが民家に飛び入ったりするのがゆるされるのが日本の祭りなのだ。「ええじゃないか」にみられた、「他人のものは自分のもの」という倒錯した行為も、またそれを許可し、すすんで供応するという日常の生活では考えられないふしぎな態度も、祭りの視点から眺め直すときおどろくにはあたらない。慶応三年の「ええじゃないか」が倒幕側によって、幕府行政機能を麻痺させるために仕組まれ、利用されたものであったとしても、それだけのエネルギイをもち得たという事実はけっして「病的」現象ではない。「伊勢まいり」は稲の品種交換という、百姓にとって切実な目的をもっていたことが柳田国男によって強調されている。百姓たちは他領を歩いていく道すがら、熟した稲穂をしごいてふところに入れてもちかえったというのである。伊勢まいりは、享保三年で年間四、五十万人をかぞえるほどのものであったから、「おかげまいり」の爆発的な流行の底流をなしていたもので、両者はもともと一つの現象であり、伊勢まいりに実用的な目的があったとすれば、「おかげまいり」をそれから切りはなして、「病的」と考えるほうが病的なのである。

「おかげまいり」は、およそ六十年を周期として大流行している。『三宅島噴火年表』を見ると、六十年ごとに大噴火が起こっている。また薩南七島で鼠の大群が襲来するのは、女竹の豊作になる六十年めごとといわれている。これらの現象間にはなんら関係はない。しかし地殻や植物や人間が、一定のリズムをおいて爆発をくりかえすという現象は、注目してよい。一定の期間をおいてくりかえされる爆発は、一定のリズムを生み出すと同時に、一定のリズムが爆発を捉進し、触発させる原因ともなる。つまり、民衆が自分の情念を解放するのに、おのずから一定のリズムをもっていたことを示す。祭りは言い古されたように生活のリズムの表現であるから、それは反復されねばならぬ。

六〇年安保につづいて、七〇年安保改定期がやってきたとき、大衆は二度目の祭りが訪れたと思い、六〇年安保に参加してあじわった興奮を、もう一度あじわいたいとねがうにちがいない。大衆はアメリカ帝国主義とか日本独占資本とかいう概念を、実感なしには理解することができない。大衆は否定的対象に行動することはむずかしい。むしろ熱い共感をもとめて動くのである。それはくりかえされる祝祭の感情だ。

六〇年安保が祭りであるという実感は、当時のわたしにあった。近頃外国の左翼哲学者がパリ・コンミューンは祝祭だといったことが喧伝され、通念化してしまったが、外国人によって日本の知識人が祭りの感情を呼びさまされるというのはなんとも皮肉な光景である。

それはさておき、六〇年安保を、埴谷雄高のように祝祭の風景として捉えたものもないではなかった。次の一節がそうである。

その一つは、神のいない空虚な神殿をめぐって広大な群集のねり歩く祭典がおこなわれているがごとくに、いわば権力がひとつの象徴と化してもはや空虚な神殿となっているところの国会を、巨大なデモの隊列が盲目的な祭典をおこなってめぐり歩いているのではないかという幻想ふうな印象である。（「民主主義の神話」所収「自己権力への幻想」現代思潮社刊）

ここには、埴谷自身告白しているように、「暗い光源の方により鋭く感光する趨暗性」がみとめられる。だからその分だけその光景の輝度をつよくすれば、わたしが安保当時、国会デモ風景に受けた印象に近づいていく。前掲書で森本和夫の引用する大岡昇平の文章も同様のことを語っている。

赤坂より来たマッサージ嬢のいうところによると、連日、待合旅館はがらがら、附近の商店の人もみんなデモ見物に行って、商売が全然なかったという。さるソバ屋の出前持は十六日早朝ズブ濡れになり、頭にこぶをこさえて帰って来たが「いい気持だった。面白かった」とよろこんでいた由。深更、装甲車に火を放ちたる人の中に、こういう人もいたことを知るべきである。また郊外のさる洋装店主、火をつける人を助けて、持ち合せのハンケチ三枚を使ったという。この婦人も後頭部にこぶをこさえていた。

こうした風景はザラに見られたはずである。安保条約がいったいどんな内容のものであるかついぞ考えてみなかったものが、日頃の孤独と疎外感のウップンのはけ口をねがって、国会デモに参加したという例はすくなくなかったろう。水をかけられ、火をつけ、警棒をふるわれることで、自己の情念の躍動をおぼえた民衆の根本衝動は、まさしく祭りにつうじるものであった。たとえば、諏訪の御柱祭に、ケガ人や死者が出てもそれがあたりまえとされるように、その荒っぽさが陶酔感をたかめていくことによって、祭りの強烈な連帯感がみたされる。こうした事実は、祭りを体験したものには自明である。

安保を祭りとして受けとった者は民衆だけではなかった。六〇年六月十九日、わたしたちが坐りこんでいるときのことだ。わたしのとなりには顔見知りの中年の女性がいた。日頃は素顔をさらしているその女性が、めずらしく化粧し、唇に紅をひき、スラックスをはいているのをわたしは見た。手には超小型のトランジスターラジオをもっていた。その顔はひきしまって、明るかった。わたしはそのとき、彼女はハレの日の出で立ちをしていると思った。

その女性は、マルクシストであったけれども、彼女は意識すると否とにかかわらず、ハレの日の身だしなみを忘れることはなかった。彼女が化粧をして家を出たというのは、不測の事態に処するかまえをしたというだけではなかったろう。ふだん白粉をつけない村の女たちも、祭りのときだけは化粧をした。武士が出陣する日、その妻や母や妹たちも化粧して送り出した。それは一家一族にとって死を覚悟するだけでなく、またたたかう日の到来したことを祝福するハレの日であったのだ。安保は、日頃分断され孤立させられてきた民衆が、共同の連帯意識のなかに自己自身を回復することを求めてあつまるところであり、それは前記、マルクシストにとっても、けっして別のことを意味しなかった。

こうした視点に立つとき、「おかげまいり」が「病的」でないと同様に、「安保」もまたけっして「盲目的」な祭典ではなかった。それは、次の一事を考えてみればわかる。「おかげまいり」も「安保」も、現状維持をもとめる体制側が作り出そうとしてもできない、民衆の行動であったということだ。

六〇年安保で、左翼の既成政党は指導力を喪失した。それを証明したのは学生や民衆の行動と憤懣であった。慶応年間の「ええじゃないか」は、幕藩体制の規範を確保するのに必要な幕府側にとっては、人為的に引きおこそうとしてもできない現象であった。体制変革側の人心一新運動であったから可能であったのであり、それとても「おかげまいり」の周期をたくみにとらえ、それを利用して煽動したからこそ「ええじゃないか」が実現したのである。

安保闘争が祭りであったとするとき、そこにはもう一つ重要な問題が含まれていたとわたしは考える。それは祭りの本質に属する根本的な面に触れることになる。祭りは何日もつづくときに、しだいに興奮をたかめていく仕掛けになっている。これはどの祭りにも見られる共通の現象であるが、未開社会では、その祭りを興奮の絶頂にもっていくために、あらかじめ定められた一人の少女を殺す例がある。そうすることで、それまで上昇をつづけていた興奮は手のつけられない錯乱にまで高まり、祭りの参加者は一挙にエクスタシーの頂上にかけのぼるのである。犠牲に供された少女の死、それが樺美智子の死に相当するものであった、とわたしは思う。その日が六月十五日の象徴的な意味であった。樺美智子の死は、はからずもその少女の死をになうものであった。その意味を前衛はつかみそこなったのではなかったか。

樺美智子をトロツキスト呼ばわりした日共は、この点でもっともにくむべき存在であった。許しがたい犯罪をおかしたのである。なぜなら、樺の死がつたわったとき、前衛や革新政党が共同して大衆に呼びかけたならば、憤激した大衆の行動が起こることもけっして不可能ではなかったろうとわたしには思われるからだ。しかも六月十八日午後十二時というタイム・リミットを、この祭りはもっていた。樺が死んだ翌日からの三日間にすべてが賭けられてよく、またすべての力を賭けるべきであった。それは少女の犠牲の死を契機とした祭りのダイナミズムを、最大限に利用することであった。しかし何か起こったか？

六月一六日……この日、国会南通用門前にはそまつな祭だんがつくられ、樺美智子の写真がまつられた。前夜から降りつづいている雨のなかを、赤旗に黒い布をかけ、腕に喪章をつけた一〇万の大衆が、ぞくぞくとつめかけ、花をささげ焼香をつづけた。また、この日、日比谷で全学連は樺美智子の慰霊祭をひらいた。学生はぞくぞくと集まってきたが、かれらは線香の煙をみているうちに、しだいにこうふんしていった。全学連指導部は大へんなことになりかねないというけねんから、夜八時半にいそいで解散してしまった。かれらも、大衆に恐怖しはじめたのである。（斎藤一郎『安保闘争史』三一書房刊）

この記事が正確であるとすれば、大衆が一線をのりこえようとする衝動に拍車をかける時点はあきらかに存在したのである。このとき樺美智子は敵味方を問わず、六〇年安保という祭りの主役を振られていることは否定できなかった。前衛にその認識があり、大衆の情念に火をつける感覚が不足していなければ事態は決定的に変化していたであろう。何万という大衆あるいは十万をこえる集団をはげしい行動にもっていけたであろうと考えることは、けっして荒唐なことではない。だが絶好のチャンスはみのがされた。戦後最大の大衆行動は不発に終わった。

ここでわたしは、柳田の一つの文章を思い出す。

祖先の記念は今の人が想像して居るやうに、文字を刻んだ冷たい石の塔では無かつた。亡骸はやがて朽ち行くものとして、遠く人無き浜や谷の奥に隠して、之を自然の懐に返して居たのである。……祖霊を礼拝し且つ供養する為には、別に臨時の祭壇を作り設け、常は各人の血の中に流るゝある物を以て、永遠の記念と解して居たやうである。（柳田国男『明治大正史世相篇』傍点は筆者）

両墓制の本質を衝いた文章であるが、その明らかにすることは大衆にとって、自分の血のなかにはぐくまれた歴史だけが歴史の名に値し「文字を刻んだつめたい石の塔」は歴史ではないということである。樺はそのことを身をもって実証した。しかし、それは樺の死を悼んだ大衆にも言い得ることである。六〇年安保という祝祭の主役であった樺へ追憶の再生が、大衆にとっては七〇年安保である。

しかし、七〇年安保には、六〇年に見られなかった一つの特徴がある。それは沖縄だ。切りはなされた沖縄の住民と本土の民衆が、情念の根底を共有し得ることは、かつて見られない広汎な民衆闘争の可能性を意味すると同時に、その民衆闘争は、本土と沖縄とがナショナリズムとは何かというするどい問いを発するという点において、思想闘争でもあるという新しさももっている。六〇年安保では疎外感や孤立感をもった民衆が連帯意識をもとめてあつまった。奔騰する雰囲気に陶酔したいという欲望があり、それ以上でも以下でもない分子がすくなからずいた。しかし七〇年闘争では民衆がナショナリズムにたいする問いをもって参加することになる。沖縄は祭りの本質をもっとも純粋な形で保持しており、祭りと闘争とをむすびつけて考えることが、本土よりはるかに可能なところだ。沖縄と本土との間の、引き裂かれたがゆえに沸騰する感情が、七〇年安保闘争をつうじて通いあうということになればそれが祝祭の感覚でないと、はたして誰が言い切れようか。

手放しの楽観は幻想を描くことにしかならないことをいうまでもなくわたしは知っている。しかし、大きな共感の輪が眼に見えない部分にひろがっている。新宮殿の建設工事にやとわれた腕利きの老職人が、安田砦の全共闘学生の奮戦ぶりを終始見に行って、学生たちのなかに維新の志士のおもかげを見た、と告白しているが、それは心情の間接項を含みながら自分の仕事の共感へとつながるものをもっていたためである。でなければ学生への同情も起こり得なかったはずだ。何十年もかけて狂いのない木製品をつくるということに打ちこんだ一徹な執念と共鳴しあうものがあったからだ。そうした意味で、民衆の共感が一歩前進していることはみとめざるを得ない。またおなじ意味で、ふやけた学生運動にたいする民衆の反撥もするどくなっていることは指摘できる。

民衆は自分の生活を荒らすものにはガマンできないのだ。というのは、民衆は生活人だからだ。自分の生活を荒らされてもガマンするというのは、その荒らした者の行動によほど感動したときにかぎるということを、学生たちが忘れ、あるいは無視しているところに現在の学生運動に進行している救うべからざる頽廃がある。学生の前衛分子がどんなに過激な行動に出ようと、彼のいわゆる〈無知な大衆〉が動かないかぎり、体制の変革までもっていくことはできないとすれば、現在の民衆が学生に反撥していて、無関心ではないということは、まだ学生と民衆との間の心情的紐帯が切れていないことを示唆し、七〇年安保が民衆闘争になる可能性をわたしに抱かせる。

わたしは、樺美智子がいまなお生きていたら、明治維新をどう認識しただろうか、と考えることがある。死者を生き返らせてみたいと思うのは妄想にちがいないが、樺がもし生きていたら、六〇年の安保闘争に参加して、その苦い反省がおもむろに醱酵し成熟していったことは十分に考えられることである。十年の歳月は、死者や挫折者とともに生長したのである。

樺美智子が死んだとき、彼女の机の上には『明治維新史研究講座』がひろげてあり、彼女の卒論は明治維新をテーマにしたものであった、という当時の新聞の記事をわたしはおぼえている。明治維新が多くの関心をひきはじめたのは六〇年代の後半に属することで、六〇年当時に明治維新を卒論のテーマにえらんだということは、彼女が泡のように浮かんでは消える学生運動家ではなく、歴史の射程を自分の思想に与えようとしたことを示している。つまり、かなりの自意識をもって行動に臨んだことが推定できる。

すでに樺は六〇年安保の前年、大久保利謙教授に提出したレポート「徳川慶喜論」で、興味ある考察を示している(『人しれず微笑まん』三一新書)。短い文章で実証的ではないけれども、それだけに樺の考え方が端的によみとれる。章題の付け方も、〈仮説としての「明治時代の統治者慶喜」〉とか〈歴史における慶喜の「自由」〉とかユニークである。彼女はそこで、慶喜の統治が続行しえたとすれば、幕府と反幕勢力との同質性のゆえに、慶喜は自己の支配体制強化のための土地制度の近代化をはかることになったのではないか、という疑問を呈している。つまり慶喜は封建制の廃絶をみずからの手でおこなったのではないか、というのである。さらに、慶喜が維新政府とおなじ方向にすすみながらなぜ敗れたか、と問い、それは歴史上にいくらでも見いだされる、同方向を競いあう二勢力の葛藤とそのうちの一方の敗北という、かなり単純なものの一例にすぎないと片付けている。では挫折した慶喜に「自由」はなかったか。いな、慶喜がその時代の必然性の方向を無意識的にせよ捉え、それに沿って働きかけたものであるかぎり、それはやはり「自由」であったのだといわなければならない、それが歴史における慶喜の「自由」であった、とするのである。だがその「自由」は、時代の制約を受けた低い「自由」であり、慶喜は必然性を漠然と、しかも無意識にしか把握できない時代に生きたのであり、それにくらべると、今日、われわれの時代が許容し、可能としてくれる「自由」は、はるかに大きい高次なものである、と結んでいる。

ここには指導教授の影響があり、また自由とは必然性の洞察にほかならぬとする左翼の定式をふまえた思考がある。しかし、それにもかかわらず「自由」によせる樺の柔軟な共感が息づいている。大胆な発想とはいえないまでも、あれほど時代にほんろうされた慶喜のなかに「自由」を発見するには、捉われぬ眼をもっていなければならない。慶喜を抹殺した明治政府の政策が、実は慶喜の改革案をひきついだものだといってよく、そのかぎりでは両者に本質的な差異はないとして、慶喜を歴史の上の正統的な位置を捉え、彼を「仮説としての明治時代の統治者」と呼んだことにわたしはすくなからぬ関心をもつのである。歴史を透視する強い視線をもつことによってはじめて浮かび上がる像がある。それが明治時代の徳川慶喜だ。時代の子としての慶喜のおかれた立場とその苦闘、それを教条マルクシストならば「必然」と呼ぶのに、樺が「自由」に着目力説していることに、わたしは安保を契機として彼女のその後の歴史認識の深化を推測するのである。樺がもし生きていたら、明治維新当時の挫折者(慶喜もその一人である)の果たされぬ志に自分自身を重ね合わせていくという方向をとったと想像するのは、さほど不自然なことではあるまい。

しかしわたしは、もう一つの側面をも思い描くのである。維新の裏話にはさまざまな亡霊のたたりの話がつきまとう。挫折者の果たされぬ志が魂魄となってさまようという維新前後のさまざまなエピソードを、樺は知ったにちがいない。天皇家や皇胤近衛家といわれる近衛家や徳川将軍家など上流社会のトップレヴェルほど、怨霊のばっこする雰囲気はあったのである。『大名華族』の筆者蜂須賀年子は徳川慶喜の孫にあたる。彼女の祖母は慶喜の妾であった。年子は次の話を伝えている。一条忠香《ただか》の娘照子姫は慶喜との間に婚約がととのっていたが、天然痘にかかって二目と見られぬアバタ面になった。代わりと考えたその妹御は、のちに昭憲皇太后となった人だが、幼いので間にあわない。やむを得ず菊亭家の息女美賀子姫が慶喜の許に嫁すことになった。しかも花嫁衣裳や輿入れの道具は照子姫のために整えたものであった。屈辱のあまり照子姫は慶喜のあとをたたってやるとのろった果てに自害をとげた。慶喜と美賀子姫のあいだに生まれた四人の子女が一人も育たなかったのは、照子姫の怨霊のせいだと家中で話し合い、照子姫の「みたましろ」をまつったという。もちろんこれは、樺の〈歴史における慶喜の「自由」〉とはなんの関係もない話である。しかし上流社会がこうした怨霊にひどく敏感であったことは事実で、奈良、平安から維新前後、いや、現在にいたるまで、支配階級の怨霊やたたりの話にはこと欠かない。

わたしの妄想の糸はここで切れる。そして、三十万の群集が国会をとりまいた、あの六〇年六月の風景へとふたたびかえっていく。群集は樺の死に憤激し「岸を倒せ、岸を殺せ」と叫んだ。樺の死がなかったとしても、岸があのときがんばれたかどうか、それはうたがわしいが、樺の死が岸内閣の瓦解の決定的な一石となったことは、だれしも異論のないところであろう。わたしは安保に参加した大衆の感覚で、そう信じている。アメリカにしっぽを振る日本の支配階級としては、アイクの訪日中止のほうが打撃であったことはまちがいない。しかし、アイクの訪日中止をさせたのは日本の民衆のデモであり、その群衆の背後には樺美智子がいたのである。

樺の死因については疑問がもたれている。一方は学生のあいだにはさまってふみ殺されたといい、他方は警官にしめ殺されたという、水掛け論がつづいている。しかし、吉本隆明に言わせると、あのドサクサで誰が殺したかということは愚問である。かりに学生の間にたおれて同志にふみ殺されたとしても、それは権力者側が殺したといって一向に差し支えない、と言う。わたしは吉本の卓見だと思う。機動隊におそいかかられて逃げまどう同志の足にふまれたとしても、それを殺したのはまさしく権力だということを否定する根拠はどこにもない。また吉本のような考えをもたないかぎり、強力な意志をもって権力と対立することはできない（眼を転じて内ゲバによる殺人を考えるとき、なんという救いのない頽廃であることか！）。

しかし問題は、このような吉本の考えを、支配者側がいちはやくもったということである。一少女が学生にふみ殺されたとしてもそうした原因をつくったのは自分たちであるという認識を、支配者側がとっさに判断してもったということに、岸内閣の倒れた原因があるとわたしは考える。岸が戦時中東条と対立した度胸をもつ男であることは知られている。その岸が、たかだか一少女の死になぜ度を失ったか。一少女に追いつめられたと観念しなければならなかったのは、戦後民主主義の勝利のしるしであるか。とんでもない。そのとき議会民主主義の原理はすでに空洞化していた。ここにおいてわたしは、岸とそれにつながる権力階層をおびえさせたのは、日本の古代から脈々とながれている御霊《ごりょう》信仰ではなかったか、という仮説を捨て切れないのである。御霊、すなわち恨みをのんで死んだ者の霊が相手にとりついてたたるという考えは、日本ではきわめて一般的現象である。その実例は枚挙にいとまがない。それが日本の支配層ほどつよく流れていることはこれまで見たところである。御霊をしずめる祭りが上層社会ではたえずおこなわれてきた。ここに日本の支配階級の体質のもろさを見ることはできると思う。御霊信仰は外国に類例のない、まさに日本的特色なのである。

岸をおびえさせたのは、無垢の少女の捨て身であった。岸がいかに悪党づらをして居直ろうとしても、それを不可能にしたのは、彼を背後からおびやかす御霊信仰の伝統であった。この仮定に、もしなにがしかの真実が含まれているとすれば、それは日本支配階級のアキレス腱にふれたことになるとわたしは考える。つまり、そこが大衆の攻撃目標になるのだ。呪詛の力は古代からあったのであり、二・二六事件で刑死した磯部浅一の呪詛は痛烈である。樺美智子の無念の死が、岸一派の支配階級に呪詛やたたりをおよぼすと考えるのは、樺の意志如何にかかわらず可能なのである。

現に、水俣病と取り組んでいる石牟礼道子は、会社側にたいする呪詛を唯一の手段とするかのような文章を書く（「告発」創刊号を見よ）。また上野英信は囚人労働からはじまった三池の町をたずね、昭和五年まで囚人とともに働いていたという老人から次の言葉をきく。

「こん町は炭鉱の囚徒の怨霊にとりつかれておっとくさい。見てみるがよか、つぎからつぎに大爆発のおこって、何百人と無《の》う狂い死にばしよる。みんな、囚徒のたたりたい。まだまだ、もっと大きかたたりのおこるにちがいなか。三井さんのおらす間は、こんたたりの消ゆることは絶対なかくさい」。

したがって「アンポハンタイ」というシュプレッヒコールよりは、言葉による呪詛の力によって相手をたおす信仰が大衆にのこっているかぎり、「岸を殺せ」というほうが有効だったのである。そうすることで支配階級は、物理的暴力とはちがうある種の動揺と不安とをかくすことはできない。

わたしは樺の亡霊が岸の一族にたたったと言おうとしているのではもちろんない。それを確認するのは当事者であり、暗示を与えるのは第三者である。怨霊のたたりを生み出す源泉は、むしろ支配者側の伝統的な心理の深層にあるのである。近衛家が七代たたられた話は有名である。つまり若死にしたり、自害したりするとそれをすべて怨霊のせいにする雰囲気が連綿とつづいている。このことを考慮した運動者があってもいいのではないだろうか。つまりその言葉は呪詛であり、その行為は御霊の力をしめす大衆行動があってもいいのではないか。このことが反体制側の認識になかったことが安保闘争を破産させた原因の一つとわたしにはみえる。ありとあらゆる階層が、大衆として参加した国会デモが最後の止めを刺し得なかったのは、前衛の大衆恐怖と大衆蔑視にあった。すなわち、安保は祝祭であり、樺美智子はその祭りの主役をおわされる意味をもっていたこと、樺の死によって大衆運動を呪詛をともなった高みに一挙にもっていくということができたにもかかわらず、それを見のがしたために、祭りの狂気と錯乱とはついに訪れなかったこと――が理解されなかったのだ。安保が祝祭であるという表現に抵抗をおぼえる向きは、一揆がハレの日であることを思い出してもらいたい。一揆の百姓たちが鎮守の森を集合場所としたというのは、人目を忍ぶのにつごうがよいというだけではなかろう。神前に誓うというそこには、やはりハレの日の意識がはたらいていたはずだ。ハレの日はふだんの日とちかって、際限のない破壊に身をまかせることを神にゆるされる日だ。そういう意識が一揆のエネルギイを惜しみなく発揮させたのだ。

しかし、わたしが一つ言いたいのは、ハレの日の狂気には笑いがともなわねばならぬことだ。その笑いは諷刺の笑い、罵倒の笑い、嘲笑など敵に浴びせかけるものだ。柳田国男はもともと笑いが敵をたおすことをめざしたと言っている。暗い情念にさいなまれて笑いを保有することのできない者は、狂気をもつことはできても、敵にたいする力を失うことになることがあきらかであることを指摘しておきたい。ゲバ棒だけではたたかいの活力を持続させることはできない。それと同時に、そのプラカードも、日本人が古来使用したありとあらゆるものがあっていいのではないか。

先日テレビで「世なおし」というプラカードを掲げているのを見たが、そのほかにも、「非理法権天」や「動くこと火のごとし」があってよく、また島原の乱で使用した旗じるしをもつキリスト者があっていい。明治十年のいくさのときのように、「天下太平」を逆しまに書いて「兵隊勝てん」とよませるのもいい。「アンポハンタイ」「オキナワカエセ」というおなじ慶弔電文のようなものばかりでは意識も行動も画一化する。そうした多彩多様なスローガンがあって、七〇年安保は真に祝祭の名にふさわしいものになるのだ。

（『常民への照射』）

カオスのなかでの展望

今日、どの地方を訪れてみても、おなじような生活風景に出会い、中央と地方の差はまったくなくなっているようにみえるが、かつてはそうではなかった。地方は中央の理解をひややかに拒絶する文化をもっており、それを噛みくだこうとするならば、それなりの覚悟をもって接しなければならなかった。もし地方に魂というものが存在し、そしてその魂に口が利《き》けたら外来者にむかって「おまえたちにたやすくわかってたまるか」と叫んだろう。その声を聞きながら、民俗学者は地方の調査へと出向いていった。

官界のエリートとしてのコースをあゆんだ柳田国男も例外ではなかった。柳田の死後その未亡人の語るところでは、柳田は旅先では洋服をミノカサ姿に変えて、調査地に入り、また旅行から帰ると庭先でそれを焚いたという。シャツにシラミがわいていたこともよくあったらしい。柳田はあるときは日本の海岸線を全部歩いてみたいと思い、あるときは直線旅行と称して、山や谷や川があっても、きめられた地点にむかってまっすぐに歩くという無謀な試みもした。民俗学は生活民と膚接しないかぎり成立しない学問である、ということを彼みずから示した。つまり旅行しない民俗学者というのは矛盾なのである。

柳田をはじめとする民俗学者はこのような旅をつづけたために、他の学問の分野とは異なったすぐれた成果をあげることができた。それはなぜであるか。地方は中央に政治経済の上では従属した機構であった。しかしその魂とも言うべき伝統的な文化の上では決して中央に収斂されることのないものをもっていた。中央の概念や感覚や心情からつねにはみ出すものをもっているところに、地方の真面目があった。条文にも規定されず、数式にも還元されずカテゴリーにも分類されないもの、それを柳田の民俗学は追い求めた。いわば地方の魂との格闘が民俗学にとっての暗黙の了解事項であった。条文は人間のわずかな一面をしばるにすぎず、数字は何物も明かさぬということを前提として、民衆の実態に触れようとする学問が民俗学であった。かつて柳田は、大間知篤三が調査する地方の人口や舟の所有数や田んぼの面積などをかかげているのを見てはげしく叱ったという。そうした数字をならべたてたところで、具体的なことがわかるはずはないという柳田の確信にゆるぎはなかった。したがって、そうしたものがひとつもない柳田の文章を見て、それは科学ではなく、文学でしかないという評言は見当はずれもはなはだしいと言わねばならぬ。なぜなら数字というものは、いかにも科学的に見えて、じつにごまかしの利くものであるからだ。また条文というのも、それは守られていないことがまず前提と考えられねばならないだろう。きびしい法令がしばしば出されるということは、それにしたがわない生活民のあったことを意味する。

民俗学者の宮本常一は、戦前の調査ではドブロクと堕胎の話を口にしたときに、地方の生活民ははじめてほんとうのことを話す、それまではつとめて差しさわりのないことを話すものだ、と私に語ったことがある。いうまでもなく戦前まではドブロクの密造と堕胎は法律で罪に問われる行為であった。しかし私の郷里の熊本の農村では、戦時中にはほとんどの農家がこっそりドブロクをつくってはたのしんでいた。もちろん手入れがあるときの用心は怠りなかった。

柳田国男はかつて、一揆の記録は、それに関係のある役人が、事件を自分の立場につごうのよいように解釈して上司に提出した報告書が多いからあてにならぬ、と言った。一揆の記録といえばありがたがる進歩思想の学者たちに、それをう呑みにしてはならぬとする柳田の警告は痛烈である。ここに地方民の実態を知り抜いた人の的確な指摘を私は見るのである。

（『古代史と民俗学』）

わたしの地方文化論

わたしの考えでは、地方文化論は裏返しの中央文化論である。そしてそれは明治以降の近代文化論ともつながっている。

日本は明治になって欧米の先進国に追いつくことを目指して、急激な近代化をはかった。しかしその近代化の基調になるのは、富国強兵策なのであった。富国は国民から税をとりたてること、強兵は国民を兵役にかり立てることであって、そこには前近代の文化を近代と接受させて成熟させようというこころみはほとんどなかった。

つまり海外の先進国の文化をとり入れるのも日本国家の富国強兵策をがむしゃらに推進することの手段でしかなかった。地方文化を統合して中央文化を形成するというのではなく、なにがなんでも中央集権によって、国民を支配者層の思うとおりにすることを志した。国民は国家政策を遂行するための部品としかみなされなかった。それでも明治二十年代までは国民も近代国家を自分たちの手で作りあげようとする意欲を示したが、それ以後になると、国家意思だけが独走して、国民は取りのこされがちであった。

国家は海外を侵略することで、自らの危機を作り出しておきながら、国民にむかっては、たびたび国家の存亡を訴えてはばからなかった。取りのこされがちであった国民も、国家の危機とあればすすんで協力しようとした。

こうした結果、日本国家は破滅的な第二次大戦に突入した。そして敗戦という手ひどい傷を受けたとき、富国強兵策のうちの「強兵」の目標は一応打ち捨てられた。今度は富国だけに邁進することになった。だが「富国」も国民がＧＮＰにうつつを抜かしたあげく、したたかな打撃をこうむる始末になった。富国もまた国民の理想とはいわれなくなった。こうしてはじめて、中央の支配層の方針が国民の目標とするものではないことが実証されたのである。富国強兵策にかわるべきものは何か。

　それは上から政治家や支配層が与えるものではない、というにがい省察の果てに浮かぶものは、中央にたいする盲従への自己反省である。

　今日ほど地方の意味が考え直されようとする時代は、明治以降たえてなかった。一つには中央と地方の落差がなくなってきたこともある。地方に居ながらにして中央の文化に接すること、今日ほど便利なときはない。地方に居をかまえて、用事があるときだけ、東京に出てくるだけで、ほとんど生活上支障をきたすことのないのが実情である。

　たしかに、東京のように夜と昼のけじめのつかない都会にくらべて、地方は、明確な朝と夕がある。一日に幾人もと会うことのむずかしい広大な都会にくらべると、地方は親しい人たちの日常にたえず触れていることができる。地方のほうが、有機体としての人間らしい生活をつづけるのにふさわしいことは、今日ではすでに常識である。

　しかしながら、それだけで地方に価値があるとまではいわれないだろう。かつて内村鑑三は、人がたまたまある国に生まれたから、というそれだけの理由で、その国を祖国と呼ぶことはできない、といった意味のことを述べた。この言葉は味わいがふかい。そしてわたしたちは、人はどこかの土地に生まれたからといって、それだけの理由でそこをふるさとと呼ぶわけにはゆかない、と言い直すことができる。

　土地と人間とのかかわりあいが必然的なものになるためには、一つの自覚が必要なのである。生まれそだったから、そこに生活しているから、ということを理由とはしないという意思を自覚としてもたなければならぬ。つまり生得のものではなく、自らの手で獲得した理由によってのみ、人はその土地と必然的なかかわりをもつことができる、とわたしは考える。


　かつて近代日本国家のかかげたスローガンである富国強兵の目標は破産した。

　だからといって、人は生得のものにもたれかかってはならないのだろう。めいめい自分で目標を捜さなくてはならないのだろう。なぜそのようなことを力説するかというと、国家であれ、文化であれ、あるいは血縁や地縁であれ、そうしたものは、いわば生得のものとして、自然の擬態をもって迫ってくるからである。だからわたしたちは「自然」という言葉を警戒せねばならぬ。

　それは一種のカムフラージュであって、その擬態に気がついたときには、人はすでに、それにのせられてしまって動きがとれなくなっている、というのが、今日までわたしたち国民の体験してきたにがい道なのであった。それを破るための努力は、中央であろうと、地方であろうと、わたしたちのすべてに課せられたものなのである。所与の意味をまず拒否することからはじめるべきである。その果てに、自分だけの意味が生まれるにちがいない。そのとき土地と人間とのかかわりが必然的になる、とわたしは考えるのである。

（「新潟日報」）

事大主義と事小主義

私はかつて沖縄の宮古島の山中で異様な光景に出会ったことがある。それはある部落の祭りで山の中にこもった老女たちが、石器時代の家屋のようなカヤぶきの小屋の中で、物を言わず、じっと耐えている姿を見たときである。時間を何百年か何千年か逆にもどしたようなその光景に、私は一瞬立ちすくんだ。私はまた長崎県の黒崎と呼ばれる海岸の寒村で古《ふる》キリシタンの信者が、昔ながらの手作りのオラショをあげるのを見たことがある。そのとき、その老人は迫害時から続いてきた祈禱の言葉に自分の現身《うつしみ》をそわせるようにしていた。そして、その老人は今も祝日には魚に酒をそそぐと言った。それはパンにブドウ酒をそそぐ行為を意味していた。魚は原始キリスト教徒の時代からキリストを意味していたのである。

私がチッソ本社の前のテントの中で水俣病の新認定患者の人たちにはじめて会ったとき、そうした過去の耐えた人たちの経験がよみがえった。そして、そのときの印象を言うとなれば「立ち木のごときもの見ゆ」という一句につづめられる。夕焼け空の炎に立ち木が燃えあがろうとも動けない人たちが、そこにすわっていた。水俣の海に沈む夕陽を見ておればすむ人たちが、なぜビルの谷間の淡い夕ばえの中の逆光に自分のすがたをとらえさせねばならぬのか、という理由がわかったのは、七十四歳の小道さんと二言三言話したときだった。庶民のつつましさが冷たい水滴のように私の手のひらに伝わった。そうして水俣病患者と私とのつき合いが始まった。

「お国はどちらですか」と人から聞かれて「水俣病の水俣です」と答えるときの引き裂かれた思いは、水俣に生まれそだったものでなければわからない。小学校を卒業するまで私が水俣で味わった神聖な午前の時間に属する思い出は、水俣病が起こってから、血栓にさえぎられた記憶にひとしいものとなった。しかも、私とおなじく、水俣病が出たことに無言の思いを噛みしめている水俣市民に向かって、そのように水俣病のことでさわぐならば、チッソ工場を水俣から引きあげる、と揚言し、水俣の海を死の海と化し、数十人の人命をうばったその張本人が、ヤクザさながらのおどしをくりかえしてきたのである。このおどしに屈服した水俣市民の一部は、水俣病への困惑を、水俣病患者への憎悪とすりかえて見境のない、組織的な攻撃を始めた。そのとき水俣市民の沈黙に加担していた黙契が私の中で破れた。

昨年秋に、水俣病告発の会の有志が水俣のチッソ工場で、チッソの第二組合と小ぜり合いを演じたことがあった。そのときのことを、ある告発の会員はこう言った。チッソ組合の仕打ちは目にあまるものがある。だが、彼ら組合員もまた、水俣病患者となったならば、会社に突入するかすわりこむかしたに違いない、と。たしかに、いまの世では暴力をふるうチッソ水俣工場の従業員と、それに打ちのめされる水俣病患者の立場は、紙一重の差でしかない。すでに報道されたように、熊本県南部と鹿児島県北部との一帯をあわせると、水俣病の症状にまぎらわしい自覚を持つとするものは三万人を下らぬことが最近の調査でわかってきた。今日の加害者が明日の被害者とならぬ保障はどこにもないという予兆が、水俣とその周辺の大地をゆるがせている。

だが、水俣病患者にこれほど世間の関心が集まるのはそれだけではあるまい。人は水俣病に関心を抱き、患者にじかに触れることによって、かえって無言の鼓舞を受け、人間らしい瞬間を共有することができるのである。立ち木が人間をさばき、肉体の水銀中毒が精神の水銀中毒をさばく。それがまぎれもない現代のしるしなのだ。

ネガとポジが反転する現象は逆説でもなんでもない。公害列島日本の今や思想の正系であることを、加害者チッソは気がついていない。交渉の主権は、加害者チッソにあるのではなく、あくまで被害者である水俣病患者にあることを、チッソの幹部はまるで理解しようとしていない。そうした理解不能は、「力」の意味が、今の日本列島では急激に変化し、複雑化している事実をとらえそこなっていることから起こったものだと私は思う。なぜ、水俣の漁民出身の患者が、その不自由な身体で多くの人たちを引きつけているか。なぜ、多くの人たちが水俣病患者に多額の金をカンパし、カンパした金よりもさらに多くのものを受けとっていくか。なぜ車いすの婦人が、そこにそうしてすわっているだけで、人びとをはげますか。そしてこれらの日々の事実を「力」と呼ばずして何と呼ぶか。

おそらく想像力にもとづく現実認識の欠如が、チッソにかぎらず公害企業の労組を盲目にさせている。そして、会社が一つの島であるならば、従業員は孤島の感情をあじわわないではすまない。世論にとりかこまれた彼らは、自分一人という意識の中に立つことは耐えられない。世論から疎外された企業の島の内部で二重に疎外される孤立感をあじわわねばならない。だからこそ、チッソ五井工場で起こったように、従業員たちがここぞとばかり水俣病患者に対して、なぐる、けるの暴行をはたらくことが、晴れがましい会社への忠誠心であるかのような錯覚におちいるのである。しかし、それはさまざまな理由をつけて、もっともらしく組合を支配する孤島の感情の表現である。チッソ会社の被害者であるはずのチッソ従業員が、水俣病患者に対しては加害者としてふるまう、自分よりも強大なものに事《つか》え、弱小なものをことさらに差別することで、はかない優越感と、束の間の安心感をむさぼろうとするところに、島の特質である事大主義が端的にあらわれている。

これに対して、水俣病を支援する人たちの原則は「患者の意向にぜったいにしたがう」ことである。そこには「小さき者」に事えようとする「事小主義」の思想がみごとにつらぬかれている。しかも「事大思想」に向かう人たちも「事小思想」をつらぬく人たちも、その立場の差は紙一重でしかない。だが、そのわずかな差こそ千里の差である。日本人の最大の弱点である「事大思想」へきっぱりと別れを告げる水俣病患者支援運動は、まったく新しい「事小主義」の思想原理をひっさげて、一九七二年初頭の東京にすがたをあらわしたのである。

（「朝日新聞」）

聖なる疲れ

今、私どもは、二十世紀の終末期に立ち会っている。この世紀末の感をことさら深くさせるものは、日本社会の昏迷である。連日のように新聞やテレビで報道される情報に、私どもはうんざりし、疲労の色を濃くしている。つまり今、日本人の誰にも爽やかな日々はない。その上、仕事も人間関係も過密であって、家庭、職場、恋愛など日常の人事に関わることは、すべて疲労を呼ばずにはすまない。

死は「萎《し》ぬ」という言葉と関係があるとされているが、疲労の終着点が死である。疲労の蓄積が一定量に達したとき、死が訪れると考えてよい。人生そのものが、疲労の総和といってもよいくらいだ。

しかし、疲労にはまた別の微妙な色合いをもったものがある。それをうまく言い表すことができないが、私どもが俗世間で日々に味わう塵労《じんろう》とちがって、非日常的な次元に属する聖なる疲れとでも称すべきものがある。

たとえば『万葉集』巻二（一六四）には、大津皇子が処刑されて四十余日してから、斎宮であった姉の大来《おおく》皇女が伊勢（三重県）から大和（奈良県）に上ったときの歌がおさめられている。このとき皇女は二十六歳であった。

見まく欲《ほ》りわがする君もあらなくに何しか来けむ馬疲るるに

この歌はいうまでもなく、馬が疲れるという表現に、自分の心身の疲れを託しているのである。世俗を超越して伊勢大神に奉仕する清浄の身に、弟の大津皇子の断罪というもっとも生ぐさく苛酷な事件がとつぜん降りかかってきた。しかし、それに公然と異議申し立てをすることが許されず、不条理な運命を甘受しなければならない聖処女が、これからの人生を徒労と知りつつも生きていこうとするときの歎きが、ここには籠められている。

この歌から思い起こされるのは、折口信夫（釈迢空）の代表歌と見なされる、

人も　馬も　道ゆきつかれ死にゝけり。旅寝かさなるほどの　かそけさ

という歌である。管見のかぎり、これまで指摘した人はないと思うが（あれば御教示を乞う）、折口のこの歌は、『万葉集』巻十一（二六四三）の、

玉桙《たまほこ》の道ゆき疲れ稲莚敷きても君を見むよしもがも

のなかの「道ゆき疲れ」という第二句を踏まえているのである。折口は『万葉集』の口訳まで試みた人であるから、作歌の折にその句がふと胸に浮かんだとしてもおかしくない。それに加えて折口の歌は、さきの大来皇女の歌の「馬疲るるに」という句とも通うものをもっている、と私はいいたいのである。

折口は大正九年（一九二〇）七月、旅の途中、美濃（岐阜県）と信濃（長野県）の国境を流れる矢作《やはぎ》川の上流の美濃側の橋づめに、馬がたおれているのを見た。真新しい馬頭《ばとう》観音の石塔婆が数多い馬塚のなかに立っているのにも出会った。また峠ごとに旅死にした人の墓があった。折口は信州の浪合《なみあい》、平《ひら》谷《や》から美濃へと通じる山道を歩きながら、自分自身を業病《ごうびょう》のために旅に出て野垂れ死にした不幸な人びとの仲間だと見なしている。彼には、歩き歩いてついにたおれ、どこか路傍に葬られる、その不幸を幸せとするほかない、という自覚があった。

この「人も　馬も」という供養塔の歌には、折口が行きずりの旅人としての感懐を、路傍に死んだ人や馬の運命と重ね合わせようとする気持ちが働いている。古代人にとって業病は聖なる病であった。業病の死はもっとも自覚した死というべきであろう。その病にかかった人が疲れ死んだというのだから、その疲れは非日常的次元に属する疲れというべきであり、その死はけっして尋常の人の死ではない。

邑《ムラ》山の松の木《コ》むらに、日はあたり　ひそけきかもよ。旅びとの墓

という歌がそれを示している。

『古事記』には、ヤマトタケルが伊吹山にのぼったとき、山の神に正当な礼を払わなかったというので、さんざんなやまされ、ほうほうの体で下山した話を伝えている。ヤマトタケルはそのあと当芸野《たぎの》（岐阜県養老郡）にいたったとき、「自分の気持ちはいつでも空を飛ぶようなのに、自分の足はがたがたになってしまった。もう歩けない」と弱音を吐いた。それでも当芸野からすこし歩いた。『古事記』には「甚《いと》疲れませるによりて、御杖を衝きてややに歩みたまひき。故、其地を号《なづ》けて杖衝《つゑつき》坂と謂ふ」と記されている。ヤマトタケルは杖をつかないではいられないほどに疲れた。さらに三重の村（三

重県三重郡）にたどりついたとき、「自分の足はもう三重に曲がってたいそう疲れた」（吾が足は三重の勾《まがり》の如くして甚《いと》疲れたり）と悲鳴をあげた。

不死身と思われた英雄が、ここでは二度にわたって疲れを告白している。英雄を襲った大いなる疲労、それもまた聖なる疲れと称すべきではなかろうか。それは凡俗の身が日々に味わう煩労、すなわち塵労とは性質を異にしている故、われわれの心を打たずにはすまない。

話を南島に移す。奄美にはユタと呼ばれる巫者の群れがいて、吉凶をうらなうことを職業としている。そのユタはオモイマツガネの子どもを自分の先祖と信じている。オモイマツガネと呼ばれる機織る乙女が、あるとき日光に感精して日《ひ》の御子《みこ》を生み、その日の御子が天にのぼって父親の太陽に会い、のちに巫者としてこの世に下る、という筋書きの呪詞が伝えられていて、ユタはことあるごとに、このオモイマツガネの呪詞をとなえるのである。その呪詞の冒頭はつぎのような詩句ではじまる。奄美の方言の呪詞を共通語に意訳してみるとつぎの通りである。

オモイマツガネは、あんなに美しい女と生まれ、神の生まれ、何も欲しいということも知らずに、照る太陽に愛されて、いのちのとにさされて、ななのとにさされて、オモイマツガネは、疲れてしまった。疲れてしまった。

オモイマツガネと呼ばれる美しい娘が太陽に愛され、「いのちのとにさされ」「ななのとにさされ」たとあるが、直接的には太陽の光線が下腹部を貫いたことを意味する。それは、オモイマツガネという初潮も知らぬ少女にとってはまったく予期しなかったことであり、天使から受胎を告知されたマリア以上に困惑したにちがいない。日光に感精して身ごもるというのは異常なことであり、それゆえに太陽の妻としての苦難が待ち受けている。そうした思いがけない事態にオモイマツガネは「疲れてしまった」のである。

南島では一人前の巫者になるまえにはかならず「神だーり」と呼ばれる心身の異常を体験する。一般的には巫病と称するものであるが、「だーり」はだるいと関連のある語である。神によってもたらされた心身の疲れが神だーりであり、オモイマツガネが疲れてしまったのも、この神だーりをあらわしているのである。

（『海神の贈物』）

なぜ地名変更に抗うか

狩りことばの一つにツナグという語がある。万葉時代にすでに見られ、今日でも猟師仲間が使っている言葉である。獣の足跡や血痕をたどって、目指す獲物の所在をつきとめることであるが、地名の研究もこれに類すると私は考えている。なかには「獣《しし》の乾迹《からと》」、つまり獣の乾いた足跡のようにかすかに消えかかっている地名もある。それを発見するには、狩人特有のするどい感覚や経験と、それに劣らぬ忍耐が要求されるが、地名という、人間の営為が土地に刻んだ足跡を追って、首尾よく、そこにかくれた意味を発見したときのよろこびは大きい。

と言っても地名は万人の眼にさらされているものであって、少数者に秘匿されているものではけっしてない。にもかかわらず、その背後にかくされた意味や価値を見すごしがちなところに、地名の置かれている位相がある。その一、二の例を示してみよう。

たとえば、前田という地名はありふれているように見えるが、一志茂樹氏によると、検地帳には前田という地名は、そう多くないという。前田というのは、どこの家の前にもある田を言うのではない。寺社の前、あるいはとくべつな屋敷やかまえの前にある田で、祭りのときに使用する米を作ったりするような田であるという。こうした説明を聞くと、ふだん私たちが何気なく使用している地名にたいして、いっそう精密な認識を必要とすることが分かる。

早稲田という地名もそうした例の一つである。早稲田をただ早稲を植えた田と理解するだけではすまないと思ったのは、先日、長井政太郎氏の話を聞いたときであった。長井氏によると、山形県には、楯《たて》だとか館《たて》と呼ばれる土豪の邸あとが数多くのこっている。そうした土豪の邸のまわりには、たいてい、早稲田が作られていた。そこは水の取り入れ口で、冷水のかかる田であり、その田に早稲米を植えて、自家の飯米にし、凶作のときにも、その田だけはかろうじて収穫ができるようにしたというのである。つまり飢えをしのいで食いつなぐために日ごろ用意された田が早稲田であった、ということになると、早稲田という地名についても分かり切った顔をすることができなくなる。

熊本県阿蘇郡産山《うぶやま》村の大字片俣に柄杓田《ひしやくだ》という地名がある。これなども見すごされやすい地名である。しかしこの柄杓田には柄杓田大明神がまつられており、それにちなむ縁起として『肥後国誌』補遺は次の挿話を記している。昔、阿蘇大神が羽衣をなくした天女と一緒に生活したが、天女は夕顔の種を植え、それが大きくなると、夕顔の蔓をよじのぼって天上に帰っていった。そこで阿蘇大神は天女を偲ぶ神社をたてた。それが今の柄杓田大明神である。柄杓田では、今でもひさごを作らないのはそのためであるという。この話を紹介した井上辰雄氏は、夕顔とひさごが同一物であって、また柄杓の原型がひさごに求められることから、柄杓田とひさごとをむすびつけて解釈している。

天女が夕顔の蔓をたどって天上にのぼった話は各地にある。奄美群島にも残っている。奄美には阿室川《あむろごう》という地名があちこちにみられる。川というのは南島では泉を指すことが多い。「阿室」は「天降《あも》り」であって、天降り乙女が水浴した泉が阿室川なのである。このように天女伝説の破片が今でも地名としてとどまっているのは、他の天体から飛んできた星屑が地中に埋もれているのを見るかのようだ。

丹後峰山は、京都府中郡の峰山町にあたるが、そこの比治《ひじ》山（磯砂山《いさなご》）のふもとで私が聞いた羽衣伝説では天女が夕顔の蔓をたどって天上にのぼることになっている。このように、ひさごが羽衣伝説につきものであるのは、せんじつめると、古代にひさごが人間の誕生の器と考えられていたことと関係があると私は考えている。

『丹後風土記』逸文に記された峰山の羽衣伝説は現存の伝承とはいささかちがっていて、養父母の家を追い出された天女が、あてどもなくさまよい歩くという悲劇的な結末となっている。養父母の邪慳な仕打ちを思うと、自分の心は荒塩のようだと天女がなげいた場所を荒塩の村と呼ぶようになった。また、哭木《なきき》の村にいって、槻《つき》の木によりかかって泣いた。だから、哭木の村と呼ぶようになった。さらに奈具の村にたどりついて、村人たちに「ここにきて、自分の心はおだやかになった」と洩らしたという話が『風土記』には記されている。荒塩、哭木、奈具という地名は、悲劇の進行とそれに伴う女主人公の心境の推移をたくみに表現している。

これを地名の上でみると、天女が水浴したという比治山（磯砂山）から流れる小川が竹野川と合流する地点に、峰山町の荒山がある。これは荒塩の村の名残とされている。その竹野川の中ほどに峰山町の内記《ないき》があり、そこは哭木に由来すると見られている。さらに竹野川の下流にあたる竹野郡の弥栄《やさか》町には、船木の奈具の岡がある。これらの地点が、物語の筋にしたがって、竹野川の上流から、下流にむかって川沿いに順次に展開していることに注目したい。このように、峰山を中心とした丹後の盆地一帯が羽衣伝説に舞台を提供しているのである。しかしもし、荒山、内記、奈具の岡などの現存の地名がないとしたら、『丹後国風土記』逸文にみられる荒塩、哭木、奈具などの地名がかつて実在したことを証《あか》すどのような手がかりもなかっただろう。地名はこのようにさり気ない顔をしているが、その背後には重大な意味を秘めている場合がすくなくない。

地名はなんのために存在するかという第一義的な問いに答えることは困難である。現代の前に地名があった。さらにその前にも地名があった。新しく加えられた地名もあれば、古くから幾百年、幾千年の間も一向に変わらない地名もまじっている。いずれにしても、それは所与のものとして、私たちのまえに存在する。土地に対する命名の動機はさまざまである。今はその動機がどこにあるかをつかめないものもかず多くある。意味の理解できないものは理解できないままに、私たちはそれを受けとるほかはない。

このように、私たちの意志によって動かすということのできない地名に対して、私たちはなぜ奥深い感情にゆさぶられるのだろうか。受けとるほかないものに、なぜかけがえなく、心が魅かれるのであろうか。それは土地の名をとおして、私たちと私たちの祖先とがつながっているからではないか。土地の名は過去と現在とをつなぐ伝導体の役割を果たしている。土地名をとおして私たちは先人たちの営為になにがしかの感触をもつのである。それは一つの土地に生きかわり死にかわりしたというだけではない。おなじ土地の名をおなじように呼んだ人たちがかつてあり、今もあるということが重要なのである。いわば地名は共同感情を惹起させる力をもっている。

だが、記号は共同感情を喚起させることはない。共通の識別に役立つだけだ。それをとりちがえたことから悲劇ははじまる。地名はなんのために存在するか。郵政省に言わせると、郵便配達の業務を円滑ならしめるためにあるというであろう。あるいは電力会社やガス会社、通運会社やデパートは、物を配達するため、料金を徴収するためにあるというであろう。

だがそれは、そうした業務にたずさわる人たちができるだけ手をはぶくことを望んでいるにすぎず、それ以上の価値や意味を地名に付与し得るものではない。共通の識別に役立つための記号化を促進する立場に立てば、まぎらわしい地名やむずかしい地名は一切ないほうがよい。しかしそれによって、地名がもっている共同感情の喚起力は急激に萎縮することは必定である。このような感情の衰弱、つまり対象にたいする無反応をむしろ近代合理化と誤るほどに、戦後社会は衰弱しているということができる。

たとえば幸福という駅名の切符を入手しようというのもその一つにつながる。若者たちの戯れにすぎないと言えばそれまでであるが、その裏には、耳ざわりの悪い地名に対する嫌悪と反撥がひそんでおり、そうした地名は抹消してもかまわないという心情があることを見のがすわけにはいかない。鹿児島県薩摩郡入来《いりき》町に悪《あく》という地名がある。この悪はもともと阿久津、悪戸などとおなじように、低湿地をあらわす語のアクツ、アクトに由来すると考えられる。悪田、阿久田、芥などもおなじく低地や湿地を意味する。こうした地名は全国にひろく分布しているが、低湿地であるからには住むのにも、農業をいとなむのにもけっしてよい条件ではないことが地名から分かる。幸とか福の字のつく地名を好字とすれば、アクタ、アクツ、アクトは改変した方がましな地名かもしれない。しかし私たちは「夜刀《やと》の神」（谷戸《やと》の神）を退治して開墾に成功した『常陸国風土記』の挿話を思い起こす。むしろ低湿地を開いていった先人たちの労苦をこの地名に偲ぶべきである。悪条件に立ち向かうという積極的な精神は戦後いちじるしく影をひそめた。そうした精神の無気力化が幸福駅の切符を買い求めるという風俗にもつながる。こうした風潮に便乗して悪質な不動産業者が、東京都目黒川沿いの低湿地を目黒区青葉台の名のもとに分譲するという現象まで生んでいる。これは明らかに地形の詐称である。低湿地を低湿地として直視し、それを率直に表現する精神の健康さは失われたのである。山形県の左沢《あてらざわ》に代表されるアテとかアテラというのも日の当たらない、荒れた地を意味する。しかし左沢と書いてアテラザワと呼ぶ地名は、一度それに接したものに二度と忘れない印象を与える効果をもっている。そしてその内容はともあれ、アテラザワという語はけっして悪い響きをもたらすものではない。

これまで述べてきた事例から地名についてのさまざまな特質を引き出すことができる。まず地名はその土地がどんな土地柄であるかを判断する手がかりである。地名がなければ、地形を判断するにも、その土地にいって見なければならない。また現地を見たところで、地形が変化しているばあいは、過去の状況を想像しかねることがすくなくない。そのばあいも地名によって往時を復元することが可能である。地名は土地の標識であるばかりではない。その土地にかかわりをもつ人たちがその固有の土地に対してどのような感情や考えを抱いてきたかということも地名の中にはふくまれている。すなわち、地名は土地という対象物の性質を表現する名前であると同時に、その土地にかかわる人間の感情や思想や意識を表現するものでもある。さまざまな角度から光をあてられた宝石がふくざつなかがやきを見せるように、地名に接するとき、私たちが多彩な感情にゆさぶられるのは、地名の独特の性格のゆえである。

地名のもつ魅力はそれで尽きるものではない。地名にクマまたはサクラという名前がつけられていても、それが動物の熊、植物の桜を表現しないことは数多くある。地名は識別する記号としての役割を果たすものというよりは、つねに象徴的な意味合いを含んでいる。地名はどんなに分かり切っているようでも、屈折した意味をもっている。かりに数字として並んでいても万人に理解できる数字ではなく、乱数表として並んでいる。それは一見乱雑で、無秩序のように思われる。しかしその奥にはかくされた統一があり、秩序がある。地名は解読しなければならないものである。地名の乱れを是正しようという動きは、そのことを理解せずに現代人好みのうすっぺらな合理主義にあわせようとする。先人の辛苦の営為にたいする畏敬の念は、とうの昔に忘れられてしまっている。

今日「住居表示に関する法律」の名の下におこなわれていることは、古くからの地名の大量虐殺である。そこでは全国の何十万の地名が声もなく殺されていっている。そしてそれはもはや復活することは望めない状態に追いこまれている。このおそるべき「嬰児狩り」をおこなっているヘロデは誰か。それは自治省である。そしてヘロデの手下とは、自治省の意を受けた市町村などの地方自治体である。彼らは地名が、大地の乳房であることを理解しない。多くの人たちがその乳房によって、自分の住んでいる土地にたいする愛をやしなってきたことを認めない。歴史にたいする深い洞察もなく、地名にたいする愛着もない無知な連中が、まるで飴細工をこしらえるように、自分の手垢のついた新地名を住民の前に投げ出し、受けとることを強制しているのが現状である。そしてそのゆきつくところは、いわずと知れた地名の記号化である。地名は記号とは正反対のものである。しかもそれを記号化しようというのだから、それは手足や首をねじって殺すようなものである。地名の記号化の果てにあるものは何か。いうまでもなく人名の記号化である。それはすでにはじまっている。たとえばここに新川という姓があるとする。それはアラカワ、シンカワ、ニイカワと読める。じっさいその三通りの名で呼ばれている人たちがいる。しかし新川と書いたばあい、それをシンカワとしかみとめない。これは官庁が発行している証明書のたぐいですでに実行されている。したがってアラカワという姓の人間も自分の姓をシンカワとしかみとめてもらえないのである。それはコンピューターの処理に便利だからである。「ギョエテとはおれのことかとゲーテ云い」という川柳があるが、まさしくそうした時代が到来した。このような人名の記号化は地名の改変とは大いに関連がある。なぜならば、日本人の姓の七、八割は地名に由来しているからである。たとえば、今給黎《いまきいれ》という姓があるとすれば、鹿児島県出身だということはたやすく察しがつく。指宿《いぶすき》の北に喜入《きいれ》町があるからである。この喜入は『和名抄』のころは給黎郷であった。このようにして日本人のルーツは、その姓名が地名とつながっているところから推察しやすい。それは日本人の歴史をしらべるのに欠かせないものとなっている。ところが今、そのルーツをたどるのに必要な地名が改変され、おしげもなく切り捨てられている。つまり幾千年来の過去の日本と、将来の日本とのつながりを断ち切ろうとする無謀な試みが官庁の手で平然とおこなわれている。これを戦後最大の愚行であり、暴挙であるとなげかずにいられれようか。

「住居表示に関する法律」は昭和三十七年に提案された。当時の内閣法制局長官であった林修三氏は、法律の主な目的は地番の整理であって、町名変更にまで手をつけたのは施行上の行き過ぎであったと「市政」昭和四十九年五月号で反省している。そして私どもがこうした現状を見るにしのびず、今年（昭和五十三年）の三月に「地名を守る会」を結成したときに、林修三氏は、守る会の趣旨には賛同するが、立場上参加入会できないという葉書をよこしている。この一事をもってしても、町名地番の整理が、大きな過誤を犯していることが分かるはずである。十数年間に、全国のおよそ六割の市町村が町名地番の整理を施行したために、古い由緒をもった地名の大半は姿を消した。それは今もってつづけられている。たとえば「河北新報」（五十三年九月二十七日付）は、東北郵政局が、このほど「住居表示制度実施促進対策本部」を設置したことを報じている。そこには一片の反省もない官僚の不遜な姿勢がむき出しになっている。だが一方では、全国各地にある「地名を守る会」の力が徐々に功を奏しつつある。たとえば、五十三年五月十五日号の「山口時報」は、山口市内の大殿地区の一部の天花、大殿大路、竪小路、諸願小路、新馬場など由緒ある地名が住民の抵抗で、新住居表示の施行が延期されたことを報じている。また、「朝日新聞」の遠州版（五十三年九月六日付）によると、浜松市の中心部でも、連尺町のほか、伝馬町、鍛冶町、大工町、紺屋町などのゆかりの地名を残したいという住民の要望が、新住居表示の施行を阻んでいる。このほか、まだ多くの実例がある。それは、雑誌「伝統と現代」五十三年七月号、総特集「地名・町名を守る」、ならびに雑誌「自然と文化」五十三年秋季号「地名と日本人」、そしてさらに雑誌「フォクロア」第五号、特集「地名」などこの数ヵ月の間にやつぎ早に刊行された三冊の雑誌にくわしく掲載されている。

「住居表示に関する法律」を施行するにあたっての審議会には、地名に知識の深い国語学者、地理学者、歴史学者、民俗学者などの参画がまったくなされなかった。「地名を守る会」の設立委員の一人楠原佑介氏が設立趣旨書の中で書いているように柳田国男の『地名の研究』一冊を読めば、安易な地名改変がどれほどの文化破壊をもたらすかがすぐわかるはずなのに、まったく無知無関心の官吏が、郵便局長や企業の代表などを相談相手として、町名、地番整理の審議会を構成し、住居表示に関する法律の制定促進のために動いたというのが実情なのである。そこでは地域住民の意向は無視されている。では、住民の手に町名地番の変更の決定権がゆだねられるか、と言えばそうでもない。地元商店街などの、景気のよい地名への熱望が思わぬ新地名の採用となるおそれが多分にあるからである。「地名を守る会」は、地元住民の意思を重視することはもちろんであるが、しかし地名についての知識をもつ専門家たちの審議を経て、はじめて町名や地番の変更手続きはとられねばならぬとする立場をとっている。そのためには、日ごろ、地名研究が必要である。一志茂樹氏の提唱した、国立ならびに県立の地名研究所を早急につくれという要望を「地名を守る会」も支持している。町名・地番の改変だけでなく、宅地が造成され、圃場（耕地）が整理されて、ふるい地名が一掃されるというゆゆしき事態を直視するならば、一見迂遠のように思われる地名研究所の設立が、いかに焦眉の急を要するかが分かるだろう。

文書だけが歴史資料ではない。文書記録のない村々でも地名が残されているおかげで過去を知る手がかりを与えられる。その地名が消えるのは、村の過去を知っていた古老が死ぬのとほとんどおなじような悲劇である。つまり幾千年以来の書かれざる村の歴史はそこで終止符を打つ。そうした現象が日本のいたるところで起こっている。その雪崩現象を私たちの意思ですこしでもくいとめたいと願わずにはいられない。

（『神は細部に宿り給う』）

採訪調査における疑念

近来、地方に出向いて民俗学的な疑問を解こうとして旅行をつづけている私の胸に去来するさらに大きな疑問がある。それは民俗学の将来はいったいどうなるだろうかという根本的な不安とつながっている。民俗学という学問の基礎は採訪調査におかれている。じかに古老に会って残存文化の在り様を聞くことを主眼とする。これは一見素朴きわまる研究方法であるが、これを抜きにしては民俗学は成立しない。しかるに最近はこうした古老にあたって調査することはすこぶる困難になっている。かつて、民俗学の資料としては日清戦争の前と後ではその価値に大きな差があるとされていた。というのも明治二十年代になって明治維新の成果は常民の日常生活にまで及ぼされたのであり、それまでは旧幕府時代とさして変わりがなかったからである。明治二十年代の初頭には町村合併という大きな改変がおこなわれた。日清戦争前後にはわが国の産業革命がはじまった。それらによって常民の生活は大きくゆさぶられた。すなわち、日清戦争を境目として国民生活にひとつの溝が作られたといっても過言ではない。そこでそれ以前の民間伝承の資料が古風を残すものとして尊重されるのはとうぜんであるが、それを伝えることのできるものは、江戸時代に生まれた人でなければならなかった。こうした目安のもとに、太平洋戦争末期、あるいは戦後もしばらくまでは民俗採訪がおこなわれたと考えてよい。

今次大戦による戦後改革は明治維新におとらぬ政治改革であった。しかし維新から二十年おくれて産業革命がやってきたように、戦後の国民生活が大きく変わったのは、やはり二十年おくれた一九六〇年代の半ば頃からである。この頃日本は第二次産業革命とも呼べる高度成長の産業経済社会を目指した結果、敗戦後までもち越された残存文化なるものは、あっけなく日本の社会から消えていった。江戸時代に生まれた古老は遠の昔他の星の世界の住人となり、日清戦争の頃に生まれた人たちがすでに八十の坂を越えている。この人たちの記憶は明治三十年代の終わり頃からはじまるものであるから、古い伝承ともいえないのだが、しかしまだしもこれらの古老を頼りにして民俗調査をつづけることは不可能ではない。

それでも今日の調査は日数と金とエネルギーをかけてもなお効果をあげにくくなっている。それはひと口にいって、伝承者が少ないからである。そこで限られた人に調査の対象が集中する。被調査者は入れ替わり立ち替わりやってくる質問者を前にして、調査ずれをして、その答え方も次第に一定してくる。また限られた伝承知識しかもち得ない。そこからして質問者が変わっても、新しい答えを引き出すことがむずかしくなる。

こうしたことから、あと二十年先には民俗調査が不可能に近くなるだろうことは確実であると私には思われる。戦前までは古老が死に絶えても、それらのもつ伝承はそのまま子どもや孫に受けつがれた。伝承はいくぶんかずつ微妙に変化をとげたとはいえ、伝承を授受する社会は依然として健在であった。しかし今やそれを望むことは無理である。永続する家の観念と制度とは戦後廃絶された。それとともに伝承母体とも称すべき社会もまた消滅したのである。家族間、世代間、地域共同社会間の会話は杜絶したままになっている。このような時代と社会が常民の伝統を後世に伝えていくのにもっとも不適合な性格をもつことは言うまでもなかろう。

現在に残存する文化を蒐集し、民間伝承を積み重ね整理することで、いつかは常民の世界観に到達し得るという考えは、昭和二十年代までならばまだしも、今日となってはあまりにも楽観すぎると私には思われる。柳田民俗学の理論の核心にある重出立証法とか文化周圏説のような考えは、日本の社会が均質でその発展がきわめて緩慢な場合にのみ適用できる。池の中心に投げた石の波紋を描いていく速度がはやすぎれば、きめのこまかい変化の相をとらえることはできない。またその波紋が同心円を描かねば周圏説は成り立たない。今日のように一夜にして「滄海変じて桑田となる」ような激変の時代、それも不均等な跛行的進展をとげていく時代にそれを期待することはむずかしい。

かくして日本の社会では、これから二十年先をほぼ境目として伝承の保持者は後継者を見出すことなく地上から姿を消すことは、ほぼ疑いを容れない。古老を相手として、常民の生活慣行や心意伝承を調査するという民俗学の基本方針が、厳密な意味では成立しにくくなることも必然である。

ここで民俗調査ができにくくなった時代のことを考えてみよう。二十年先と私が言うのは、現在五十・六十歳代の人たちが、七十・八十の年を迎えるときのことであって、現在の五十・六十歳代の人たちがどれほど過去を伝承してきているかということは、かくいう私を含めてはなはだ心もとないのである。この年齢層の者が記憶にあるのは、大正末から昭和初年以降のことであって、それ以前の民俗慣行や伝承を保持することはきわめて少ない。もちろん、これからも数多くの聞き書きや調査がつづけられるであろうし、また現在までの民俗学者の努力の集積は次々に文字化されていくに違いない。

それらの調査報告は公式文書や常民階層でない人たちの記録と違うという点において、民俗学の研究資料としての高い価値をもつ。

しかしそこでまたひとつの大きな矛盾に遭遇せずにはすまない。というのも自分の眼でたしかめ、自分の耳で聞き直すことができにくくなるとき、これまでおこなわれた民俗調査資料に依存度を深めざるを得なくなることは必至だからである。柳田は文献資料にのみ頼ることをきびしくいましめたが、現地調査が不可能となった時代には、文字化された調査報告を駆使して民俗学を研究するという以外に道はあり得ない。これは民俗学研究についての大きな矛盾ではないだろうか。

民俗調査報告を利用することならば今日でもおこなわれている。それは利用するに越したことはない。しかしその利用の仕方は無条件になされているのではない。くり返し言うように、今日ではもはや充分ではないとはいえ、自分で現地におもむいて追跡調査したり再確認したりすることがまだ可能な段階にある。しかしそれが不可能となった時代にどうしたらよいであろうか。

民俗調査報告というものはそれほどに充分に完全なものではない。質問者によって聞き落としたり、聞き違えたりしたところがなかったかどうか。私の限られたせまい調査体験の中から一例を引いてみる。私が産屋の習俗をしらべに敦賀市の常宮というところにいったときのことだ。そこに住む老人から「自分の若いときには立石半島の尖端の白木という部落では、昔は産屋は一回ごとに建て直し、用のすんだ産屋は焼いた、という話を聞いたことがある」と告げられた。そこで早速白木を訪れてみた。海角に孤立する二十戸程度の部落は、ひと晩泊まっただけで調べるのに手数はかからなかったが、誰もそのような事実は知らないという。九十幾歳になる老人、また八十幾歳になる別の古老が、四、五年前までは生きていた、そのときだったら判ったかも知れないが、とみんなは言った。現在の最年長は七十五歳の老婆であった。私はそのことを聞いて歯ぎしりをした。死者をよみがえらすことはできない。もう一度常宮に帰って、先刻教えてくれた古老に問いただし、あなたの記憶にまちがいないかとだめを押すと、老人ははっきりおぼえているという。その話を白木の人から聞いたとき、それは衛生的なことだといって相槌をうったこともまだ忘れていないという返事に、私はあらためて白木をたずね、聞いてみたが、またも手がかりはまったくなかった。別に書かれた記録とてもないこの海村では古老の死とともにそれまでの無限の過去の歴史とぷっつり切れてしまったのだ。絶望的になりながら私は白木から二里の山越えをした丹生という部落をたずねた。そうしてそこで、七十・八十の老婆から、明治末まで産屋を焼きすてる習俗があったことを教えられた。六十代になるともはや知らなかった。あと二十年もすれば、丹生でもその記憶を伝承する者はいなくなり、古代日本人の世界観を知るに重要な習俗をとらえることは不可能になるところだった。私がこの一文を草しているのは、このときの戦慄する体験が基礎になっている。現代人の知り得るところはわずかであるという意味で、それはまた過去の歴史に対して、私を謙虚にせずにはおかない体験でもあった。

もうひとつの例として、柳田国男の『後狩詞記』の中にある「ソシ」という語をあげてみる。「ソシ」は猪の背の肉を指すが、柳田は「もっとも不味なり」と記している。ところが私は先年、九州の椎葉村にいき、柳田が五晩泊まって聞き書きを取ったという当時の村長の中瀬淳氏の孫にあたる人とも会い、また椎葉の猟師で五十年来猟をつづけている老人にも会って聞いたところでは、「ソシ」は「そしし」とも呼ばれ「もっとも美味なる肉」であることが確認された。たんなる狩言葉というなかれ。そのことによって『記紀』に伝えられる天孫降臨の解釈がまるきり違ってしまうのだ。

柳田から無限の恩恵を受けている私が、わざわざこうした例を引くのはほかでもない。柳田を無謬的な存在として見ることがいかに民俗学に独特な実証精神に背反するかを、具体的に示したかったからである。

この場合のように、後で問い合わせたり聞き直したりして修正、補完できる間はさいわいである。だがそれができなくなったときに、過去の調査資料に依存することだけで、はたして真の民俗学の研究が可能であろうかという疑問が湧くのはあたりまえである。

おそるべきは民俗学研究家が与えられた資料だけをもとに論証を重ねていくときに生じる弊害である。眼の前の資料が全体であるという思いこみが起こるのは、研究者にとっては自然な心理の傾斜である。これは柳田がつとに警告したように文献を操作して研究する歴史家の誤りやすい点である。たとえば蘇我氏が滅亡するときに焼いたと『日本書紀』の伝える「天皇記」や「国記」が現存したと仮定したらどうなるであろうか。おそらく現在の古代史研究の成果は一変していただろうことはまちがいない。つまり史料が乏しいほど、そこに含まれる事象の関連づけによる論理的な説明は、不自然で無理を伴うことになる。

このことは当然民俗学そのものにも適用されうるであろう。所与の資料は欠陥だらけのものであるという認識こそは、民俗学をして日本の常民の伝統の解明に独特の謙遜さと健全さをもたらしたものであったのに。『沖縄池間島民俗誌』の著者である野口武徳は、最初池間島に半年ほど住みつき、その後もひんぱんに同島を訪れて調査を怠らなかったが、さて民俗誌の下原稿を池間島の知人に見せると、おびただしいチェックとともに戻されたと書いている。野口のこの率直な告白は、彼の民俗誌の価値を高めこそすれ、けっして低めるものではない。

しかし、いつか民俗学研究家が常民と日常を接することなく、ただ文献だけを相手にして研究室でデスクワークする時代が到来したとき、常民の生活に触れることによって反省する契機を喪失した研究者の中に、文献があればすべては知り得るという傲慢さと不健全さがしのびこまない保障はない。

かつて民俗学は柳田の偉大さをもってしてもなかなか市民権を得られない日蔭の学問であった。こうした蔑視の傾向は戦後にもなおもち越された。一九六〇年の安保闘争をとおして前衛党の神話が崩壊し、さらに一九六〇年代後半の大学闘争によって、知性の虚偽が剝奪されたとき、民俗学はようやく注目されはじめた。近代に対する前近代について、知識人に対する常民について、民俗学ほど真剣に取り組んで具体的な成果をあげた学問はなかったからである。

しかし「前近代」や「常民」が見直された時代、すなわち六〇年安保から大学闘争にいたる十年間なるものは、高度成長下の日本経済が日本の伝統的な風土と烈しい摩擦を起こした時期と重なり合っている。民俗学がながい雌伏の時代をすぎてやっと日の当たる側に移ったとき、それを待っていたかのように、そして民俗学の根本理念をゆさぶるほどに、過去と地つづきであった常民の大地が地すべりを起こしはじめたのだ。民俗学が発言権を与えられた時期は、そのまま民俗学の調査が困難になってきた時期に相当するというのは、なんたる皮肉であろうか。今日の遠野はもはや柳田国男の時代の「遠野」ではない。

民俗学の盛行と民俗学の危機の同時進行は避けることができない。ではどうすればよいのか。おそらくそうした緊急で素朴な問いを無視して、旧態依然たる民俗学研究者が居直りをきめこんでいる。そしてそれは到来する死についてわれわれが考えたくない心理と共通している。

それらを見るとき、わからないところはわからぬとして、疑問の解明を公に表明することをはばからぬ「無知の相続」（柳田国男）の精神が今ほど省みられねばならぬ時代はないと私は考える。

（『古代史と民俗学』）

危機に瀕する民俗学のゆくえ

一

民俗学の危機と精神の危機とは双方につながりがある。戦後の日本、とくに高度経済成長期を通過した日本列島は大きく変貌した。その第一の特徴は何であろうか。

まず日本の社会が幾千年もつづいてきた飢えの恐怖から解放されたことである。およそ人間の歴史をもっとも根底から測るバロメーターは「飢え」である。人類史は飢える社会と飢えない社会に大別される。人間の社会は総体として、飢える時代から飢えない時代へと進んできたが、現にアフリカその他の地域で、多くの人びとが日常に飢えを体験している。

柳田国男は昭和三十七年（一九六二）に死んだが、その前後からはじまった高度経済成長の波にのみこまれた日本は、飢えない時代へと突入し、日本の歴史を二分するほどの画期となった。この時代には、それまでの常識では信じられないことが次々に起こった。

農村では過剰な米の生産を抑止するために一九七〇年に補償金つきの休耕田の制度が設けられた。古米や古々米が捌け口を失って、倉庫にうず高く積まれた。このことは米作りに粒々辛苦を重ね、それを信仰とも見なしてきた日本の農民の誇りを打ち砕き、また米作り農民の伝承を基盤とした柳田民俗学の理念を大きくゆるがした。

かつては民間信仰や民俗行事、さては一見華やかに色どられた祭礼や踊りにも、黒々と渦まく飢餓の恐怖があった。だが飢餓から逃れたいという農民の切実な願いが失われた今、農民の行事がすべてにわたって昔日の真剣さをもち得なくなったのは、やむを得ないことであった。

余剰米の処置に苦慮しているという現状で、戦後の農村は戦前の農村とはまるきり異なったニヒリズムをあじわうことになった。

ふりかえってみれば、日露戦争のあと自給自足を建前とした村にも貨幣経済は滲透しはじめ、日本の近代は大きな変わり目にさしかかっていた。それが柳田をして、近代以前から伝わる民間伝承の採集記録に急がせた理由にほかならなかった。とはいえ、当代一流の知識人であった柳田に深い衝撃を与え得る民俗社会がまだ確実に存在していた。一歩、村のなかに踏みこめば、そこには農村、山村、漁村を問わず、むせかえるような生活者の伝統文化があった。古老の言を聞けばそれで民俗学研究のための素材が得られた。とうぜんのことであるが、眼前の事実の素朴な記述だけで十分な価値があった。そのことは「一字一句をも加減せず感じたるまゝを書」いたという『遠野物語』の初版序文の言葉が証している。

柳田は『後狩詞記』のなかで、日向椎葉の鉄砲を使用する猪狩りは「白銀時代」の産物である、と言っている。鹿が狩りの主賓であった「黄金時代」はもはや帰らぬ過去に属していたが、白銀時代といっても、当時日本の村の伝統は依然として健在であった。

だが今日では、その白銀時代も彼方に飛び去った遠い夢である。かつて旅人の耳目をひきつけて離さなかった民俗社会は急速にすがたを消しつつある。わたしたちに与えられるのは、稀薄になった民俗慣行や形骸化した民間信仰、つまり、民俗学者にとっての「古き、よき時代」ののこり物にすぎない。

農村の危機は山村にも及んでいる。戦後植林した杉山が山ごとに崩れ落ちる現象が各地にみられる。その原因は土を固める役割を果たす雑木を伐ってしまったためである。また間伐を怠ったからである。間伐した杉材は一本百円にも満たず、搬出の費用も高くつくというので、間伐しないまま放置していた結果であった。

それに加わったのが企業優先、経済第一主義の立場からする大規模な自然破壊の強行であった。山はけずられ、祖先伝来の親しげな森や川はあとかたもなく抹消された。海は埋め立てられ、漁民は補償金と引き換えに、漁村から追い立てられた。それだけでは物足らぬとみえて、従来の古い地名に新しい地名を勝手気儘に付与していくための法律が作られた。こうして日本列島の町や村は、外観、生活、意識のどの面を切っても金太郎飴さながらに似たりよったりで、固有の音色はどこからも響かなくなった。

このことは、復帰以来、あらゆる面で本土化の波にのまれてしまったわが沖縄も例外ではなかった。南島の祭祀のしきたりは、わたしたちを驚歎させるほど厳重に守られてきたが、それでも、近年になって、宮古島の島尻という部落では、祖神祭をおこなう神女《つかさ》たちの首長のアブンマになり手がなくなった。また池間島でも、神女頭の大司《ウプツカサ》がながく出なかった。神女の頂上に立つ役の重責と禁忌につよく縛られることを、耐えがたい重荷として忌避するというのは、南島のながい伝統社会では、前代未聞のことに属する。それほどまでに、南島の社会の意識の変容は烈しい。

二

かつては「常民の学」と呼ばれた民俗学。今、その常民を探すことはいたって困難になっている。南島の離れ島にいても、テレビやラジオその他で、中央の情報に通じることが可能である。この情報過多の時代に、「純粋な」常民のすがたはどこにもなく、民俗学者は「常民性」の影を追い求めるだけで、がまんせざるを得なくなっている。

こうした情報時代にもかかわらず、地域社会、家族、世代間の相互の会話は杜絶し、意志は疎通しにくくなっている。それには永続する家の観念と制度の廃絶がもっとも大きく影響している。親から子へ、子から孫へという伝承の授受ができにくくなった。三代同居の世帯がすくないことも伝承者を育てることを困難にしている。

民俗学が不可欠のものとしてきたのは現地調査であり、その土地に住む古老にくわしく聞き、なまの資料を及ぶかぎりあつめることを研究の前提としている。だが、柳田民俗学の理論の核心にある重出立証法とか文化周圏説のような仮説は、日本の社会が均質で、その発展がきわめて緩慢なばあいにのみ適用できる。池の中心に投げた石の波紋を描いていく速度がはやすぎれば、きめのこまかい変化の相を捉えることはできない。またその波紋が同心円を描かねば、周圏説は成り立たない。今日のように激変の時代、それも不均等な跛行的発展をとげていく時代に、それを適用させることはむずかしい。

一方、年老いた者が伝承者としての資格をもち得ない時代が到来しつつある。たとえば二十一世紀の初頭の二〇〇一年に八十歳の者は一九二一年（大正十）生まれの者である。かく言うわたしもその一人であるが、この年齢層は、昭和の世相史を語ることはできても、それ以前についてははなはだおぼつかない。他人からのまた聞き程度で、確実度はうすい。いずれ、明治・大正のことを自分の体験として記憶する者は皆無という時代が訪れるだろう。

このとき民俗学が過去の調査資料に依存する度合は大きくなるにちがいない。しかしそれを現地におもむいて追跡調査し、再確認したり、修正補完したりする道はふさがれてしまっている。文献資料を偏重することを柳田はいましめた。文字化された資料を鵜呑みにすることへの深い懐疑は、民俗学をして日本の常民の伝統の解明に独特の謙遜さと健全さをもたらしたのに、それも期待できなくなる日は近い。伝承母胎としての民俗社会の消滅と伝承者としての古老の不在、それは民俗学の方向を大きく変えずにはすまないだろう。現存の民間伝承を積み重ねていけば、いつしか常民の核心部分に到達し得ると考える手放しの楽観主義はもはや通用しにくくなっている。

民俗学は将来どうなるか、民俗学の方向はこれからどう求むべきか。柳田の炯眼をもってしても今日の社会が洞察できなかったように、わたしたちもまた半世紀あとに訪れる社会を想像することはできない。したがって将来の民俗学がそれにどう対応するのかを答えることはできない。今日世相をあまねく覆っているニヒリズムは大地への素朴な信頼感が喪失したことに起因している。とすれば大地の恵みに深く依存する社会を研究対象とする民俗学の危機も、それと共通の根をもっている。いずれにしても民俗学の危機の克服が容易でないことはたしかである。

（『日本民俗文化体系12　現代と民俗』）

『やま かわ うみ』別冊 好評既刊

色川大吉
平成時代史考——わたしたちはどのような時代を生きたか

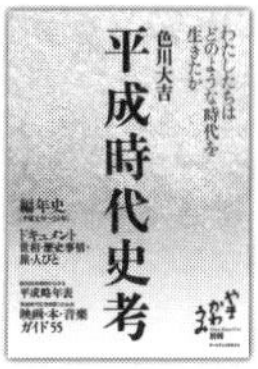

書き下ろしの平成史と世相・歴史事情などのドキュメントで読む、色川歴史観による時代史。映画・本・音楽ガイド55点付。A5判並製 本文196頁 1600円

◉死んだらどこに行くのか
谷川健一
魂の還る処 常世考《とこよこう》

死後の世界への憧れ=常世を論じる。「さいごの年来のテーマを刈り込んで、編み直した遺著」(日刊ゲンダイ) A5判並製 本文168頁 1600円

◉十年百年の個体から千年のサイクルへ
森崎和江
いのちの自然

20世紀後半から現在までで最も重要な詩人・思想家の全体像を、未公刊の詩30篇を含め一覧する。 A5判並製 本文192頁 1800円

◉「今西自然学」と山あるき
今西錦司
岐路に立つ自然と人類

登山家として自然にかかわるなかから独自に提唱した「今西自然学」の主要論考とエッセイを収載。 A5判並製 本文200頁 1800円

◉前田速夫編
鳥居龍蔵
日本人の起源を探る旅

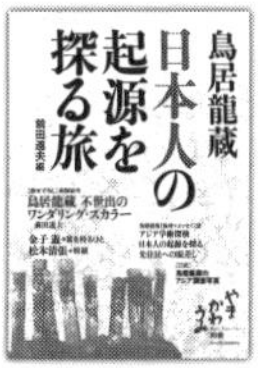

考古学・人類学を独学し、アジア各地を実地に歩いて調べた、孤高の学者・鳥居龍蔵の論考・エッセイを収載。 A5判並製 本文216頁 2000円

◉大島廣志編
野村純一
怪異伝承を読み解く

「口裂け女」や「ニャンバーガー」、東京・本所や新潟の「七不思議」、「六部殺し」など怪異伝承の実例を列挙。 A5判並製 本文176頁 1800円

TEL.03-6272-5207 FAX.03-6272-5208 http://www.webarts.co.jp アーツアンドクラフツ

[価格はすべて税別料金]

【対談】

谷川健一の思想と四兄弟

谷川章雄 × 前田速夫

枠組みを突き抜けた仕事

前田　谷川健一先生が亡くなられて、三年になります。今日は健一先生のことを中心に、弟の雁さん、道雄さん、公彦さんについても、お話を聞かせていただければと思います。

　先生はご自分で、民俗学といってもいろいろあって、「私は日向臭いのはだめなんだ」とおっしゃっていました。民具ですとか、穏やかな、趣味的にやるようなのではなく、自分に興味があるのは、影のあるものだと。日向ではなく日影のほうということですね。そして、柳田國男や折口信夫がそうであったように、「もの」よりは「たましい」のほうに関心があると。

　谷川章雄先生は、最近まで早稲田大学の人間科学学術院の院長で、近世の考古学がご専門ですが、その道に進むにあたって、お父様から、なにか感想や示唆はありましたか。考古学は、どちらかというと、「たましい」より「もの」や現場を重視する学問ですが。

谷川　私の父は、とにかく自分のやっていることが一番面白いんです（笑）。だから、「お前もこれをやってみろ」と言うわけですけれども、その「これ」は自分の関心が移ってゆくにつれ、変わってゆくわけです。それに対して、こちらとしては「はいはい」という感じでした（笑）。

　あの人は、手厳しいというか、容赦ないですね。息子に対してもあまり手加減はしない。それは子供のころから、そうでした。ただ、こちらが聞くと、非常に丁寧に教えてくれる。これには私も随分助けてもらいました。後は、自分の関心のあることを、私に話す。

前田　章雄さんの論文を読んだりということは？

谷川　若いころは読んでもらったこともありましたけれども、本当に最初のころだけですね。その後は、渡したことは渡しましたが、父が読んだかどうかはわかりません（笑）。

前田　人間科学は、考古学はもとより、心理学、生物学、社会学、民俗学、人類学、建築学と、隣接する諸学を総動員して、人間を学際的・総合的に研究しようとするもののようですが、そのことについては何かおっしゃっていましたか。

谷川　あんまりないかな。あっさりしていましたね。でも、私と父には、ある意味で、関心の近さというものはあると思います。

前田　先生と一緒に調査や取材をしたことは？

谷川　たくさんはないですね。学生時代に一度、沖縄の旧正月を見に行ったことがありますね。写真家の比嘉康雄さんが活躍されていたころで、比嘉さんに案内をしていただきました。それから、大学院のころに、沖縄・久高島のイザイホーに一緒に行きました。そのくらいじゃないですかね。

前田　章雄さんはお父さまの仕事を、どう見ておられましたか。

谷川　ひとつは、いわゆる民俗学の枠組みを突き抜けた仕事をしているという感じはあります。例えば古代史に関してもそうですし、中世の賤民や芸能についての仕事もそうですね。今の民俗学の枠組みでは捉えきれないぐらいの幅の広さがあった。むしろ、民俗学というものは本来そういうものであるといえるかもしれません。しかし、学問が細分化していくと、そういう仕事の仕方というのはやりづらくなっている面はあると思います。父はそういうことをまったく意に介さなかった。父の仕事は学会では評価しづらいのではないですか。

前田　ご自身、在野の研究者であることを誇りにしていました。アカデミズムを嫌い、日本民俗学会には所属しなかった。

谷川　学会とはほとんど無関係ですね。だから、いわゆる民俗学という枠組みにとらわれずに、仕事をした。しかし、それが本来の民俗学のあり方だったのかな、という感じもします。まあ「自分の好きなことだけをやるんだ」と言っていましたけどね。もう一つはやはり、父が「戦中派」世代であるということの影響は、間違いなくあるでしょう。

冷静でペシミスティックな思想

前田　私は本書で、おもに思想家としての谷川健一に照明を当ててみました。その場合、谷川先生が最後の戦中派であることの意味は大きい。そして、面白いのは、それが谷川雁さんの仕事とも重なってくる点です。戦後、いろいろな知識人が登場しましたが、多くは色褪せてしまった。それにひきかえ、お二人の仕事は、ますます輝きを増しています。

谷川　父と雁さんとは、四兄弟のなかでも特別な関係ですよね。それは間違いないと思います。お互いに影響を受けあったというところがあると思います。雁さんは私に、「全てのことを兄さんから習った」と言ってました。それは熊本中学時代、私の父の母方の祖父のところに二人が下宿していたころのことだと思います。特別な兄弟関係ですね。二人を見ていて非常に面白いのは、ある部分では思考の共通性のようなところがあって、父の民俗学も雁さんの運動論も、根っこは似ていると思います。ただ雁さんは、楽観的というとおかしいのですが、明るいですね。

前田　そうですか。明るい？

谷川　ええ。父にはペシミスティックなところがありましたね。雁さんはアジテーターだったから。暗いとアジテーターにはなれませんから。そういう感じがしないでもない。

　私が大学生のころ、チャップリンの『街の灯』と『モダンタイムズ』の二本立てを見て、そのあと、雁さんのところに遊びに行った。そうしたら二本の映画のどちらが好きか訊かれた。私は『街の灯』のほうがいいと思ったので、そう言ったら、「俺もそう思う」と言うんですね。「ちょうどお前のような歳のころに、『街の灯』を見たときに、すごくいい映画だと思った」そう言うんです。「究極のヒューマニズムが、あの映画にはある」と言うんです。雁さんから「ヒューマニズム」という言葉が出て来るとは思わなかった。しかし、私の父は『モダンタイムズ』のほうがいいと思っていたようですね。だからストレートに『街の灯』がいいとは言いませんでした。やはり、チャップリンの才気走った『モダンタイムズ』のほうが凄いという評価だったようです。

　雁さんは死ぬ少し前に言っていました。「日本の村は消滅した。しかし、日本人の遺伝子のなかには、村は残りつづける」。私は、そんなことあるのかな、と思いましたが、雁さんはそういう言い方をしていました。

　父は、三・一一以降は、非常に絶望的になっていました。日本は滅亡する、と言っていました。

前田　私もその点は同感で、お酒の席ではよくこのまま日本が間違った道を進むと、過去の記憶を失って漂流するしかないと訴えたことがあります。

谷川　そういうところで、雁さんと父は少し違います。ある意味では、父のほうが冷静ですよ。たとえば、雁さんは、徳富蘇峰に関しては、あまり良くは書かない。直接名指しでは批判していませんが、良くは書いていないですよ。

前田　イデオロギーが正反対ですものね。

谷川　だけれど、父は蘇峰さんには、会いに行ったりしています。会った後に父が蘇峰さんに出したお礼状が、神奈川県二宮町の蘇峰さんの記念館から出て来ました。

前田　私も、冨山房インターナショナルの谷川先生の全集を編集した人から、こういうのがあります、と見せられてびっくりしたんですよ。

谷川　戦後に、蘇峰さんに会いにいっているわけです。父は戦時下の徳富蘇峰の言動を良しとはしなかったでしょうけれども、それでも徳富蘇峰は「違う」という評価なんでしょう。そこは、雁さんと捉え方が違うところでしょう。

前田　健一先生は、マルクス主義や左翼思想の影響を、ほとんど受けていない。

谷川　マルクス主義には行かなかったですよね。でも、雁さんのやっていることに関しては、支持していたと思います。

前田　その辺りを細かく見てゆくと、見えてくるものがありそうです。

谷川　そうですね。雁さんはマルキストでしたが、柳田や折口を読んでおられましたから。

前田　雁さんは、一九五〇年代から柳田を読んでいる。これはお兄さんの影響ではないかと私は思うんですけれども、どうなのでしょう。

谷川　微妙ですね。父が民俗学というものに対して強い関心を持ったのは、『桃太郎の誕生』を読んだときというんですが、それはちょうど私が生まれたころ、小田急線・喜多見の駅から自宅までの間に麦畑があって、あの辺りの風景なんですよ。だから早くても、昭和二十八年、一九五〇年代の初めですね。だから、雁さんと、どちらが先に民俗学の影響を受けたのかは微妙ですが、ほぼ同じぐらいなのかもしれないと思います。ただ、それ以前に、父は柳田の全集を買ってはいた。しかし、買ったときにはそれほど強い関心はなかったと言っていました。雁さんと父は、ほぼ同時期に民俗学に強い関心を持ったのではないでしょうか。

前田　雁さんは民俗学関係の本をけっこう読んでいて、森崎和江に教えたりしています。ほぼ同時期に、吉本隆明も民俗学に関心を持つ。だから、何か時代的なものがあったのではないかと思うんです。もしかすると、健一先生が火つけ役かな、とも思っているんですが。

谷川　それは断定できませんね。父は、「どういうわけか、雁とは関心がパラレルだ」と言っていました。だから、よく家に雁さんから電話がかかってきて、雁さんに、父は、こういう本がある、ああいう本があると教えていました。

前田　それはやはり、先生のほうが教えるという立場だったわけですか。

谷川　雁さんからはよく電話がかかってきましたが、父も電話してたのかな……その辺りはよくわかりません。でも、よく長電話をしていましたね。宮本常一さんについても、雁さんは評価していましたね。

前田　先生と雁さんには、共同体を大切にする思想がありましたね。それは、郷里水俣で育ち、そこから流亡したことに発するのではないかという気がしています。雁さんははっきり共同体の思想を述べていますし、先生にもそういう思想があった。

谷川　なるほどね。

前田　近代人は「個」を重視しますが、それだけではない。雁さんの場合は「根拠地」だし、健一先生が、民俗学の道に進み、地名研を組織したことにも、そういう感じを受けます。

谷川　父は老荘思想の「荘子」に非常に関心を持っていた。でも雁さんは「老子」だった。老子の共同体的なところに、雁さんは関心があった。荘子のほうは、どちらかというと、より隠遁的というか、現実というものと、あまり切り結ばないところがありますよね。そんなことを言うとあの世に行ってから怒られるかもしれませんが（笑）、父が持っているペシミスティックな部分と、雁さんの持っているある種の明るさとの違いのような気がします。でも、確かに根の部分は同じ、水俣です。水俣の眼科医の家の息子ですから。

前田　それで、水俣病に関してなのですが、雁さんもそうですが、先生もいろいろ発言している。

谷川　雁さんは、水俣病というのは世界性を獲得したけれども、地方性によって立つことはなしえなかった、と書いていますね。父は、水俣病に関しては、少し距離を置いていた。でも、一度呼ばれて、講演をしたんじゃないでしょうか。

前田　先生も石牟礼さんに批判的だったのは、近親憎悪みたいなものですかね。

谷川　石牟礼さんは叔母の同級生なんですよ。父がいて、雁さんがいて、道雄さんがいて、その下に叔母がいて、その叔母の同級生に石牟礼さんがいた。だから石牟礼さんも谷川の家に遊びに来ていた。

私は二度ほどしかお会いしていませんが、そのときに石牟礼さんが、そう言っていましたね。

それから、道雄さんは、のちに道子さんと結婚される石牟礼弘さんと小学校の同級生で、また道子さんが家に遊びに来ていたことなどについて、道雄さんが書いた文章があるのを、最近知りました。

思想の成り立ち

前田　一九六〇年前後の「日本読書新聞」に、健一先生はよくお書きになっていますが、当時の紙面は今見ても、面白いですね。そうそうたる執筆者が並んでいて……。

谷川　そうですね。

前田　丸山眞男、竹内好、橋川文三、吉本隆明、谷川雁、井上光晴、鶴見俊輔、内村剛介、江藤淳、桶谷秀昭……、そういった論客たちと場を共にしながら、健一先生独自の見識で書いている。その辺りの距離の取り方は見事ですね。村上一郎さんとも付き合いがあったし……。

谷川　はい。そうでしたね。

前田　左右の別なく、幅が広いです。

谷川　雁さんも、村上さんとは付き合っていましたね。

前田　橋川文三さんとも。

谷川　はい。

前田　先生の書斎には、そういう方々の著書もありましたか。

谷川　ありました。父の蔵書は、父が亡くなって長く住んだ一軒家をかたづけたときに、段ボール五百箱ぐらいになりました。私の蔵書とも重複するので、三百五十箱ほどは引き取りました。それで父の亡くなったマンションの壁を全部本棚にして、そこへ運びました。まだ完全には整理が終わっていないですけど。猛烈な量でしたね。

前田　川崎の地名研にも、ずいぶん先生の本がありますね。

谷川　そうですね。もし地名研が引き受けてくれるんだったら、地方史関係のものは渡してもいいかなと思っています。

前田　聖書は……。

谷川　ええ、何冊もありました。

前田　小さいころは熱心なカトリックでいらしたから。

谷川　はい。

前田　章雄さんは、教会には行かれてましたか。

谷川　いえ。私は小学生のころ、一度父に連れられて行った記憶はありますけれども、他にはそういう記憶はありませんから、なんであのとき教会に行ったのか、よくわかりません。

前田　お子さんに奨められたということもないですか。

谷川　私はないですね。

前田　健一先生の、柳田國男と出会う前の思想遍歴というのも、結構長いですよね。荘子に行ったり、パスカルに行ったり……。大学時代は肺病で、ほとんど病院暮らし……。

谷川　だと思います。戦後になって、まだ東大に籍があるという連絡が来たので、戻って、卒業したと言っていましたから。

前田　雁さんは社会学科で、日高六郎門下ですよね。

谷川　そうですね。

前田　それはよく知られているんだけれども、健一先生はどこの学科かよくわからない。

谷川　仏文じゃないですか。

前田　えっ、仏文ですか。

谷川　はい。仏文卒業。

前田　そうなんですか。初めて知りました。

谷川　仏文ですよ。卒業論文は何だっけなあ。レイモン・ラディゲだったか……とにかく作品の数が少ないから選んだって、誰か言っていました（笑）。

前田　高校は大阪に行かれるんですよね。

谷川　浪速高等学校です。

前田　雁さんは熊本。

谷川　第五高等学校です。

前田　当時、熊本だと、五高に行くか、大阪に行くかだったんでしょうか。

谷川　そのころは、中学の四年でも優秀なら高校に行けたようですけれど、父は眼科医を継ぐために理系に行かされそうになって、受験で白紙答案を出して、五年で卒業しました。浪高はわりと自由な雰囲気だったから選んだんじゃないでしょうか。

前田　道雄さんは？

谷川　やはり浪高です。

前田　道雄さんがまた、すばらしく優秀な方だった。

谷川　そうですね。非常に冷静な人ですね。「自分は個性の強い兄弟の中で育ったので……」と、語っていますが。道雄さんは名古屋大学時代に、網野善彦さんと親しくて。

前田　あー、なるほど。

谷川　ええ。網野さんと道雄さんの対談で『交感する中世』というものがあるのですが、これはとても面白い本です。日本中世史と中国中世史をどのように位置づけるか考えさせられました。道雄さんは、京都大学で東洋史を専攻しましたが、旧制高校から京都大学まで、楢崎彰一という後の有名な考古学者と同級生。多分、その関係で、私にとってみれば、後に考古学の偉い先生になる方々が、道雄さんの下宿には遊びに来ていた。故郷の谷川の家から米を送ってきた。そのご飯を食べに皆、道雄さんの下宿に来ていたということらしい。

　道雄さんの書いたものを読むと、歴史学者として非常に誠実な人だったことがわかる。「生きた人間の歴史とは何か」という言葉を呪文のように唱えていたといいます。道雄さんの仕事はそういう意味で非常に魅力的です。

前田　健一先生は亡くなる前、今度は日宋貿易のことを書くんだと意欲を燃やしておられました。これは、たぶん、道雄さんからさまざまな示唆を得ていたんでしょうね。

谷川　どうなんですかね。父は内藤湖南以来の東洋史の系統を、少しは勉強していたようですが。

　道雄さんは、豪族共同体論を展開し、共同体論争の一方の旗頭の一人だった。

　私は一九九〇年ごろに、歴史の中の個人ということについて、道雄さんと話したことがあって、そのとき「全ての時代に個人は存在する。それが社会に押し潰されて、表に出なくても、個人というものはかならずあるんだ」と言っていました。それが印象的です。

長男・健一と三兄弟

前田　文学のことも、お聞きしたいんですが。

谷川　父の『最後の攘夷党』――あれを大佛次郎さんがすごく褒めて、それが直木賞候補になった。それからしばらく、文学ではなくて民俗学的関心を深めていった。しかし、父は最終的には文学に戻りたいと言っていた記憶があります。

前田　それはいつごろのことですか。

谷川　『魔の系譜』を書いたころではないですかね。『魔の系譜』は民俗学的な仕事では、初めのころのものですね、いずれは文学に戻りたいと。それが、だんだんそうではなくなっていった。

前田　歌は中学時代に教わっている。

谷川　若いころに詠んでいた短歌を、再び詠み始めたのは、前立腺を患って、入院したのがきっかけですね。入院していなかったら、詠まなかったかもしれない（笑）。本当に調子が悪いときに、主治医の先生が、沖縄に行ってもいいと許可したものですから、沖縄に行って、むこうで具合が悪くなった。調子が悪かったので、妹が一緒についていったんですけれども、なんとか帰ってきて、それで入院して、手術して、暇だったから短歌を詠んだ。馬場あき子さんが、入院していても何かやってたんでしょ、と言うので、歌を詠んでたと言ったら、見せろと言われた、ということが始まりですから。病気にならなかったら、歌を詠まなかったかもしれない。

前田　雁さんは、晩年、宮沢賢治に熱心で、健一先生は夢野久作。なにか対照的な感じがします。先生に、雁さんの宮沢賢治について訊いてみたことがあって、そうしたら「あんなの、ちょろっとやってるだけじゃないの」と、軽くいなされてしまいました。あれは、実際はどういうお気持ちで言われたのかなと思っていて……。

谷川　家には『宮沢賢治全集』がありました。若いころに、父と宮沢賢治の話をしたとき、父は「文学史上、どこにも位置づけられない。しかし、あんな優れた文学はない」と言っていましたね。

谷川章雄

前田　平凡社に入社した動機は何なのでしょう。大学に残る気はなかった。

谷川　もちろん、なかったでしょうね。誰かの紹介だったかもしれませんが、とにかく、就職しなきゃ、っていうことだったんだろうと思います。それで『児童百科事典』を担当したわけですね。瀬田貞二という人がいて、彼が編集長だった。何で知っていたのかわかりませんが、叔母が言うには、瀬田さんが父のことを「今度、すごい新人が入ってくる」と言っていたそうです。

前田　当時の平凡社は梁山泊みたいなところで、つわものがそろっていた。

谷川　六〇年代には、タイムレコーダーがあったそうなんですけど、父は押さなかったそうです（笑）。

前田　林達夫が、百科事典を率いていた。

谷川　ええ、すごい時代ですね。

前田　四男の吉田公彦さんは「日本読書新聞」におられ、その後「日本エディタースクール」を創設した。長く患っておられて、最近亡くなったと聞きましたが。

谷川　去年（二〇一五年）の五月ですね。脳梗塞で倒れてから、ずっと調子が悪くて。寝たきりの状態でした。

前田　でも、編集者時代の公彦さんは、すごい人でした。

谷川　そうですね。ものすごくマネージメント能力のある人でしたね。兄弟の一番下ですから、大変だったと思いますよ（笑）。兄たちの面倒をいろいろみたんじゃないですか。でも、日本エディタースクール出版部から、『社会史研究』ですとか『列島の文化史』という雑誌を出版したりして、社会史の研究の潮流をつくる大きな役割を果たしたように思います。

　それから、公彦さんは、日本の出版文化をもっと広く認知させたいと思っていたのではないでしょうか。

前田　ご兄弟は、仲が良かったのでしょ？

谷川　仲が良いも悪いも、その辺りは非常に微妙ですよね。でも悪いわけではなかった。一種の緊張関係がありましたね。

前田　お互いの仕事に関しても、そうなんですね。

谷川　それはもう、皆、手厳しいですから。かなり厳しく評価しあうところがありましたね。

前田　先生と雁さんとで、ぶつかったことなどは……。

谷川　父の仕事は、どちらかというと、地を這うような仕事ですよね。いろいろなところに行って、祭りや行事を見たり、聞き取りをしたり、文献を調べたりという。雁さんは、そういうのを飛ばして、いきなり核心に行くべきだというような考え方の持ち主なんで、「兄さんの仕事はもっとストレートに行くべきだ」というニュアンスのことを、父に言っていたのを憶えています。雁さんらしいといえば、らしいですね。でも、父も細かいことを積み上げていくのと同時に、本質に迫りたいという意識は強かったと思います。ただ、雁さんは学者ではないですからね。

前田　私は、谷川健一・雁兄弟を同じ水俣出身の徳富蘇峰・蘆花兄弟と比べてみたいと思っているんです。でも、先生といて、雁さんについて話をふったりすると、あまり良い顔をしないんです。雁さんのことは、あまり訊いてくれるなという顔をする。話をすぐ、別な方向にもっていってしまうし、「雁の奴には世話をかけられっぱなしで、面倒を見るのが本当に大変だった」なんて言う（笑）。

谷川　それは、あると思います。自分のことを通して、雁さんのことを語れと言われるのを、あまり好まなかったみたいですね。

前田　健一先生が、意外だなと思ったのは、調査地でどういう順番で廻ろうか相談すると、ああでもないこうでもないと、いろいろ迷われるんですね。ずっと決断できない。旅の帰りに必ず奥さんにお土産を買うのですが、どれにするかずいぶん時間がかかったり（笑）。

谷川　何か、やりたいことがあって、それをどういう手続きで実現していこうかということを考えるのは、不得手の人でした。あれは性格かもしれないけれど、長男だったから、みんな周りがやってく

前田速夫

れたんじゃないですかね。子供のころは病弱であったということもあるかもしれません。反対に雁さんは、そういうマネージメント能力がものすごくあった人でした。

前田　でも、先生は『日本残酷物語』や『日本庶民生活史料集成』など、編集の仕事もそうですが、プランナーとしてはもとより、雁さんと同じくオルガナイザーとしても傑出していた。地名研を組織して、全国の会員の面倒をみるというのは大変なことです。

谷川　まあ、そうですけど。多分、周囲の人が、その間のところを一所懸命埋めていたんじゃないでしょうか（笑）。

官軍嫌いと熊本

前田　健一先生のお葬式は神式でしたね。小田急沿線の柳田國男の墓地がある霊場で、納得でした。

谷川　はい。妹が、父がそう言っていた、というので神式でやりましたが、菩提寺は熊本、浄土真宗ですから、住職に了解をとってそこに納骨したんです。

前田　雁さんも？

谷川　ええ、熊本の円光寺です。道雄さんの分骨も円光寺ですし、公彦さんの分骨もそうです。

前田　熊本は震災で、今、大変ですけれども……。お墓は代々——お祖父さんの、そのまたお祖父さんの代からということですが、西南戦争と関わった方はいらしたんですか。

谷川　それは、父の母方の祖父ですね。

前田　西郷軍のほうですね。

谷川　賊軍ですね。西郷方。十九歳で従軍して、負けた後に小学校の教師になって、宮崎滔天を教えたといいます。滔天の『三十三年の夢』のなかに、ちょっと出てきます。

前田　先生の官軍嫌い、官嫌いというのはその辺りから……。

谷川　それは、やはり強いんではないでしょうか。

前田　反骨の精神ですね。先生はそうしたことについて、何かおっしゃっていましたか。

谷川　それは神風連に関してもそうだし。雁さんも、父も言っていましたが、石光真清の『城下の人』を二人で読んでいるんですよね。雁さんには「『城下の人』覚え書」という文章があります。二人ともそれなりの思いがあったようですね。

前田　『城下の人』四部作——あれを読むと、あれこそ民間人の手になる血のかよった「歴史」だという感がありますね。今、学校では歴史を教えないという困った風潮があるようですが。

谷川　私が三軒茶屋に住んでいたとき、石光真清が三軒茶屋の郵便局長だったことを教えてもらいました。父は教育者というタイプではないかもしれないけれど、事細かにものを教えてくれるというのが、私の体験からは言えますね。

前田　先生のご生家は今？

谷川　今はもうまったくありません。ビジネスホテルと駐車場と「夕焼け横丁」っていう飲み屋の通りになってます。

前田　ああ、そうですか。それはいいな（笑）。近く、ぜひ訪ねてみます。

谷川　「夕焼け横丁」っていうのは、雁さんが命名したという話です（笑）。

（たにがわ・あきお／早稲田大学人間科学学術院教授）
（まえだ・はやお／民俗研究）

谷川健一著作一覧

『最後の攘夷党』三一新書、66・3
『沖縄　辺境の時間と空間』三一書房、70・11
『私説神風連』新人物往来社、70・11／75・11
『魔の系譜』紀伊國屋書店、71・5／講談社学術文庫、84・11
『常民への照射』冬樹社、71・8
『埋もれた日本地図』筑摩書房、72・2
『孤島文化論』潮出版社、72・11
『原風土の相貌』大和書房、74・10
『古代史ノオト』大和書房、75・4／増補版、86・3
『民俗の神』淡交社、75・5
『女の風土記』読売新聞社、75・10／講談社学術文庫、85・11
『神・人間・動物　伝承を生きる世界』平凡社、75・11／講談社学術文庫、86・6
『黒潮の民俗学　神々のいる風景』筑摩書房、76・10
『古代史と民俗学』ジャパンパブリッシャーズ、77・5
『出雲の神々』平凡社カラー新書、78・3
『青と白の幻想』三一書房、79・5
『青銅の神の足跡』集英社、79・6／集英社文庫、89・9／小学館ライブラリー、95・4
『鍛冶屋の母』思索社、79・11／講談社学術文庫、85・5／河出書房新社、05・7
『北国からの旅人　沖縄との出会い』筑摩書房、80・4
『神は細部に宿り給う　地名と民俗学』人文書院、80・12
『海の群星』集英社、81・9／集英社文庫、87・12
『わたしの「天地始之事」』筑摩書房、82・11
『常世論　日本人の魂のゆくえ』平凡社選書、83・5／講談社学術文庫、89・10
『失われた日本を求めて』青土社、83・12
『白鳥伝説（上・下）』集英社、85・12／集英社文庫、88・4／小学館ライブラリー、97・4
『南島論序説』講談社学術文庫、87・2
『私の民俗学』東海大学出版会、87・3（後の『わたしの民俗学』の基となる）
『民俗・地名そして日本』同成社、89・8
『海の夫人』河出書房新社、89・10
『大嘗祭の成立　民俗文化論からの展開』小学館、90・11
『わたしの民俗学』三一書房、91・4
『南島文学発生論』思潮社、91・8
『民俗の宇宙（1・2）』三一書房、93・9、11
『海神の贈物　民俗の思想』小学館、94・2
『青水沫　谷川健一歌集』三一書房、94・7
『古代海人の世界』小学館、95・12
『沖縄　その危機と神々　講談社学術文庫』96・4（再編本）
『民俗の思想　常民の世界観と死生観』岩波同時代ライブラリー、96・10

『独学のすすめ　時代を超えた巨人たち』晶文社、96・10
『日本の地名』岩波新書、97・4
『海境　谷川健一歌集』ながらみ書房、98・6
『続日本の地名　動物地名をたずねて』岩波新書、98・5
『日本の神々』岩波新書、99・6
『うたと日本人』講談社現代新書、00・7
『神に追われて』新潮社、00・7
『柳田国男の民俗学』岩波新書、01・6
『古代人のコスモロジー』〈史話日本の古代別巻〉作品社、03・9
『心にひびく小さき民のことば』岩波書店、04・9
『渚の思想』晶文社、04・12
『四天王寺の鷹　謎の秦氏と物部氏を追って』河出書房新社、06・5
講演録『水俣再生への道』熊本日日新聞社、06・7
『甦る海上の道・日本と琉球』文春新書、07・3
『谷川健一全歌集』春風社、07・3
『明治三文オペラ　巫娼から遊女へ』現代書館、07・7
『隠された物部王国「日本《ヒノモト》」』情報センター出版局、08・8
『妣《はは》の国への旅　私の履歴書』日本経済新聞出版社、09・1
『賤民の異神と芸能　山人・浮浪人・非人』河出書房新社、09・6
『古代学への招待』日経ビジネス人文庫、10・2
『列島縦断地名逍遥』冨山房インターナショナル、10・5
『蛇　不死と再生の民俗』冨山房インターナショナル、12・1
『日本人の魂のゆくえ　古代日本と琉球の死生観』冨山房インターナショナル、12・6
『魂の還る処　常世考』（やまかわうみ別冊）アーツアンドクラフツ、13・7
『露草の青　歌の小径』冨山房インターナショナル、13・8
『柳田民俗学存疑　稲作一元論批判』冨山房インターナショナル、14・8

【著作集】

『谷川健一著作集』全10巻、三一書房、80・10—88・12
『谷川健一全集』全24巻、冨山房インターナショナル、06・5—13・6

【共著】

『討論　日本文化の源流を求めて』金達寿共編著、筑摩書房、75・6／『古代日本文化の源流』河出文庫、86・2
『出雲の神々』石元泰博（写真）平凡社カラー新書、78・3／新版97・11
『神々の島　沖縄久高島のまつり』比嘉康雄（写真）共著、平凡社、79・10
『柳田国男と折口信夫』池田彌三郎対論、思索社、80・11／岩波書店同時代ライブラリー、94・10
『琉球弧　女たちの祭』比嘉康雄（写真）共著、朝日新聞社、80・12
『産屋の民俗』西山やよい共著、国書刊行会、81・5
『地名の古代史　九州篇』金達寿対論、河出書房新社、88・8
『地名の古代史　近畿篇』金達寿対論、河出書房新社、91・6
＊この両著を合冊し『地名の古代史』河出書房新社、12・1

『琉球王権の源流』折口信夫共著、榕樹書林、12・7

【対談集】

『民俗論の原像』伝統と現代社、74・11
『民俗学の遠近法』東海大学出版会、81・4
『南方熊楠、その他』思潮社、91・7
『地名と風土』思潮社、91・7
『源泉の思考』冨山房インターナショナル、08・3

【編著・共編著】

『青春の記録　第8・わが青春のとき』三一書房、68・5
『近代民衆の記録　3・娼婦』新人物往来社、71・6
『沖縄の証言　上・下』名嘉正八郎共編、中公新書、71・7、9
『近代民衆の記録　5・アイヌ』新人物往来社、72・6
『折口信夫』（人と思想）三一書房、74・10
対談集『日本古代文化の原像　環シナ海文化の視点』大林太良共編著、三一書房、77・9
『日本列島恋歌の旅』朝日新聞社、78・7
『現代「地名」考』編著 日本放送出版協会（NHKブックス）、79・2
『地名の話』平凡社選書、79・5
『地名と風土　日本人と大地を結ぶ』小学館、81・12
『日本の地名　歴史・風土の遺産』講談社、82・12
『地名と日本人　シンポジウム・柳田学の継承と展開』講談社、83・4
座談会『風土学ことはじめ』雄山閣出版、84・4
『南島のフォークロア　共同討議』青土社、84・10
『東と西　二つの日本』光村図書出版、84・11
『沖縄・奄美と日本』同成社、86・11
『川崎地名百人一首』馬場あき子と共同監修、川崎市文化財団、90・5
『南方熊楠、その他』思潮社、91・6
『南島の文学・民俗・歴史『南島文学発生論』をめぐって』山下欣一共編著、三一書房、92・12
『稲生物怪録絵巻 江戸妖怪図録』小学館、94・7
『加藤清正　築城と治水』冨山房インターナショナル、06・5
『日琉交易の黎明　ヤマトからの衝撃』森話社、08・10
『〈沖縄〉論集成　叢書わが沖縄』日本図書センター、08・9
『父を語る　柳田国男と南方熊楠』冨山房インターナショナル、10・5
『海の熊野』森話社、11・6
東日本大震災詩歌集『悲しみの海』玉田尊英と共編、冨山房インターナショナル、12・7
『地名は警告する　日本の災害と地名』冨山房インターナショナル、13・3

【シリーズ編著】

『女性残酷物語　第1・底辺の女たち』大和書房、68
『女性残酷物語　第2・士族の女たち』大和書房、68
『明治の群像　3・明治の内乱』三一書房、68・12
『ドキュメント日本人』（全10巻）学藝書林、

68・10—69・7
『日本庶民生活史料集成』（全30巻別巻1）三一書房、68・9—84・4
『叢書わが沖縄』（全6巻）木耳社、70・3—72（復刊、日本図書センター、08・9）
『日本民俗文化大系』（全14巻別巻1）小学館、83・2—87・1（普及版、94・10—95・11）
『日本の神々』（全13巻）白水社、84・4—87・11（新版、00・7）
『日本民俗文化資料集成』（全24巻）88・11—98・5
『海と列島文化』（全10巻別巻『日本像を問い直す』）小学館、90・6—93・11
『民衆史の遺産』（全15巻別巻1予）大和岩雄共編、大和書房、12・3—

谷川健一全集　内容一覧

（全24巻　冨山房インターナショナル刊　2006・5〜2013・6）

第1巻	古代1	白鳥伝説
第2巻	古代2	大嘗祭の成立　日本の神々　他
第3巻	古代3	古代史ノオト　もうひとつの降臨神話　他
第4巻	古代4	神・人間・動物　古代海人の世界　他
第5巻	沖縄1	南島文学発生論
第6巻	沖縄2	沖縄・辺境の時間と空間　沖縄・その危機と神々　他
第7巻	沖縄3	甦る海上の道・日本と琉球　あかるい冥府　他
第8巻	沖縄4	海の群星　神に追われて　北国からの旅人　他
第9巻	民俗1	青銅の神の足跡　鍛冶屋の母
第10巻	民俗2	女の風土記　埋もれた日本地図（抄）旅の手帖　他
第11巻	民俗3	わたしの民俗学　わたしの「天地始之事」　他
第12巻	民俗4	魔の系譜　常世論
第13巻	民俗5	民間信仰史研究序説　異界への招待状　他
第14巻	地名1	日本の地名　続・日本の地名　他
第15巻	地名2	地名と風土　日本地名研究所の歩み　他
第16巻	地名3	列島縦断 地名逍遥
第17巻	短　歌	海の夫人　青水沫　うたと日本人　他
第18巻	人物1	柳田国男の民俗学　柳田民俗学への批判　他
第19巻	人物2	独学のすすめ　折口信夫　柳田国男と折口信夫　他
第20巻	創　作	最後の攘夷党　私説神風連　明治三文オペラ　他
第21巻	古代・人物補遺	四天王寺の鷹　人物論 松浦武四郎　他
第22巻	評論1	常民への照射（抄）近代の暗黒　孤島文化論　他
第23巻	評論2	失われた日本を求めて（抄）古代史と民俗学（抄）他
第24巻	総索引	総索引　年譜　収録作品一覧

谷川健一 略年譜

（前田速夫作成）

大正十年（一九二一）……〇歳
七月二十八日、熊本県葦北郡水俣町大字浜（現在の水俣市旭町）で、生まれる。眼科医の父侃二、旧士族出の母チカの間の六人兄弟の長男。弟妹に巌、道雄、徳子、公彦、順子。

大正十二年（一九二三）……二歳
十二月、弟・谷川雁（本名巌）生まれる。

大正十四年（一九二五）……四歳
このころ肺結核に罹患していた祖母から感染し、小児結核を発病する。十二月、二弟・道雄生まれる。

大正十五年・昭和元年（一九二六）……五歳
子守の田上トセが暇をとって実家に帰る。

昭和二年（一九二七）……六歳
初夏のころ「イエスの一生」という映画を見て、少年イエスにとりつかれる。「十字架の道行」の絵を飽かず眺め、キリスト教に関心を持つ。

昭和五年（一九三〇）……九歳
三弟・公彦生まれる。

昭和九年（一九三四）……十三歳
水俣の小学校を卒業し、熊本市にある旧制熊本中学に入学。熊本市南千反畑町にあった母方の祖父母の家（内田家）に下宿して通学する。一年の夏休みに黒岩涙香の「巌窟王」を読み、文学の面白さに開眼する。

昭和十年（一九三五）……十四歳
江戸川乱歩「孤島の鬼」、木々高太郎「人生の阿呆」、夢野久作「氷の涯」をはじめ、石川啄木の歌集や芥川龍之介の小説などを読みあさる。クラス担任の国語教師山崎貞士の影響で短歌の世界に魅了され、歌を詠むことに熱中する。

昭和十一年（一九三六）……十五歳
中学三年から五年まで短歌に没頭する。このころ思想的にもっとも大きな影響を受けたのは室伏高信『荘子』であった。

昭和十三年（一九三八）……十七歳
文学書だけではあきたらず宗教書も読むようになる。

昭和十四年（一九三九）……十八歳
旧制熊本中学卒業。医者になってほしいという父親の要望にしたがって旧制高校の理科を受験するが、試験場で白紙の答案を出し、翌年文科受験を認めてもらう。

昭和十五年（一九四〇）……十九歳
旧制大阪府立浪速高校文科に入学。肋膜炎に罹り一年休学する。このころの愛読書は、パスカルの『瞑想録』や梶井基次郎。

昭和十六年（一九四一）……二十歳
秋、学友と串本から船で紀伊大島に渡り、樫野崎にて魚見櫓から黒潮の流れを望観、太古からの自然の営みに感動する。太平洋戦争突入を境に歌をやめる。

昭和一七年（一九四二）……二十一歳
カトリックの思想に傾倒する

昭和十八年（一九四三）……二十二歳
十月、東京帝国大学文学部仏文科に入学する。弟の雁と本郷の下宿に同宿。一カ月もたたないうちに喀血して救急搬送され、聖母病院に入院する。

昭和十九年（一九四四）……二十三歳
春、熊本大学付属医学部病院に入院し、その後松橋近くにあった療養所に転院。敗戦の日までそこにいる。

昭和二十年（一九四五）……二十四歳
八月、療養所で終戦の詔勅のラジオ放送を聞く。終戦後退院し、水俣にて自宅療養につとめる。カトリックが西欧的な思想であり、日本人の感覚にはどうしても合わないと思いはじめ、日本の風土に受肉された神とは何か、という疑問を抱くようになる。このころトルストイの宗教論を耽読、そのロシア正教批判が、カトリックから脱け出すのに役立つ。

昭和二十一年（一九四六）…………二十五歳
八代海に浮かぶ獅子島の幣串で半年ほど過ごす。

昭和二十五年（一九五〇）…………二十九歳
上京して復学するが、アルバイトに追われ、形ばかりの大学生活を送る。

昭和二十七年（一九五二）…………三十一歳
東京大学を卒業、雁の知人である日高六郎の斡旋で平凡社に入社。五年間、『児童百科事典』の編集部に在籍し、入手した原稿のリライトに従事。

昭和二十八年（一九五三）…………三十二歳
源馬サダと結婚。長男・章雄誕生。

昭和三十一年（一九五六）…………三十五歳
このころ、柳田國男の『桃太郎の誕生』を読み、それまでにない感動を受ける。庶民に目を向ける姿勢が築かれる。その後、柳田の秘書役を務める鎌田久子の引き合わせで面会する。鎌田をとおして、「これを読め」と『拾椎雑話』を渡される。また、このころ宮本常一とも出会い、そのいきいきとした庶民感覚と豊富な体験に裏付けられた常民の生活についての知識に驚く。

昭和三十二年（一九五七）…………三十六歳
『児童百科事典』が完結した後、民俗学への関心を生かす風土記を計画、鎌田久子、大藤時彦、宮本常一の三人を編集委員として『風土記日本』（全七巻）がスタートする。五月三十日、『風土記日本　第一巻　九州・沖縄篇』を刊行、反響を呼ぶ。

昭和三十四年（一九五九）…………三十八歳
十一月三十日、『日本残酷物語　第一部　貧しき人々のむれ』を刊行、これもベストセラーとなる（全五部、現代篇二巻）。長女・祐子誕生。

昭和三十五年（一九六〇）…………三十九歳
六月四日、『日本残酷物語　第四部　保障なき社会』の序文を執筆。七月三十一日、『日本残酷物語　第五部　近代の暗黒』の序文を執筆。十一月三十日、『日本残酷物語　現代篇一　引き裂かれた時代』の序文を執筆。

昭和三十七年（一九六二）…………四十一歳
八月八日、柳田國男、死去。八月二十日、「日本読書新聞」に「柳田国男の世界」を発表。

昭和三十八年（一九六三）…………四十二歳
六月、月刊ビジュアル誌「太陽」創刊。任期一年の約束で初代編集長となる。五十万部を刷る。部員は三十五名。

昭和三十九年（一九六四）…………四十三歳
「太陽」の編集長を退き、仕事の合間に小説を書き始める。東大史料編纂所へ通い、「最後の攘夷党」執筆のための資料集めをする。

昭和四十一年（一九六六）…………四十五歳
三月二十四日、小説『最後の攘夷党』を三一書房より刊行。直後、鎌倉在住の大仏次郎より称讃の読後感が届く。同書は第五十五回上半期直木賞候補となる（受賞作は立原正秋『白い罌粟』）。五月、肺結核の再々発で、川崎市の稲田登戸病院に入院する。

昭和四十二年（一九六七）…………四十六歳
父重篤の知らせを受け、仮退院し郷里に戻る。十一月、父・侃二死去。病院には戻らず平凡社を退社して民俗学徒の道に進み、最初の調査地を沖縄と定める。

昭和四十三年（一九六八）…………四十七歳
一月十一日、「明治大学新聞」に「神風連の神慮と行動形態」を発表。明治百年について自分なりに結論を出したいと考え、女衒村岡伊平治をモデルにした「明治三文オペラ」を執筆。五月、編著『青春の記録　八　わが青春のとき』（三一書房）を刊行。『日本庶民生活史料集成』（全三十巻　別巻一　三一書房）を企画し、編集委員として加わる。七月、第一巻がスタート。同集成第一期（全十巻）は第二十七回毎日出版文化賞を受賞。

昭和四十四年（一九六九）……………四十八歳
一月、「伝統と現代」に「魔の系譜」の連載を開始（十月まで）。二月、初めて沖縄の地を訪れ、二十日間滞在する。このとき立ち寄った那覇の古本屋で仲松弥秀の『神と村』を買い求め、「青の世界」に強く心惹かれ、青について調べるきっかけとなる。『叢書　わが沖縄』（全六巻・木耳社）の企画編集に携わる（一九七二年まで）。埋もれた資料で綴る『ドキュメント日本人』を企画、鶴見俊輔、村上一郎と共編（全十巻、学藝書林）。九月、中島河太郎と編んだ『夢野久作全集』（全七巻）を三一書房より刊行（一九七〇年まで）。「現代の眼」十二月号に「祭りとしての〈安保〉」を掲載。暮れから翌年一月にかけて二回目の沖縄旅行に出かけ、人頭税の聞き取り調査にあたる。また、与那国島まで足をのばし、玉祭を見る。帰りに訪れた宮古島狩俣では祖先祭を見、その光景に心打たれる。

昭和四十五年（一九七〇）……………四十九歳
三月一日、『叢書　わが沖縄』第一巻刊行。宮古島の人頭税廃止運動に力を注いだ中村十作をとりあげた「北国の旅人」を「中央公論」に発表、大きな反響を呼ぶ。十月、「流動」十一月号に「深沢七郎論」を発表。十一月三十日、『沖縄　辺境の時間と空間』を三一書房より刊行。この年、長崎県生月島、先島を訪れる。

昭和四十六年（一九七一）……………五十歳
「展望」二月号に「太陽の洞窟」を発表。五月二十日、『魔の系譜』を紀伊国屋書店より刊行。六月十日、編著『近代民衆の記録　三娼婦』七月二十五日、編著『沖縄の証言』上下（中公新書）。八月二十五日、『常民への照射』を冬樹社より刊行。秋、青地名を探るため、初めて若狭を訪れる。その後幾度となく若狭を訪れ、産小屋の調査を続ける。その際、立石半島常宮の産小屋で「ウブスナ」の語源を発見する。「流動」十一月号より「私説　神風連」の連載を開始（十回連載）。十二月、信州遠山を訪れ霜月祭を見る。

昭和四十七年（一九七二）……………五十一歳
一月十七日、「朝日新聞」に「事大主義と事小主義」を掲載。二月二十五日、『埋もれた日本地図』を筑摩書房より刊行。六月一日、「共同通信」に「土着観念の再生を」を発表。九月、奄美大島で新節の行事を見る。十月、韓国を旅行し、現地の民俗学者と交流、「たまごとひさご」のヒントを得る。十月十日、『沖縄先島の世界』を写真家渡辺良正との共著で木耳社より刊行。十一月二十五日、『孤島文化論』を潮出版社より刊行。

昭和四十八年（一九七三）……………五十二歳
『常世論』（一九八三年刊行）の大部分を「流動」一〜十一月号に連載。二月一日、「季刊　柳田国男研究」を伊藤幹二、後藤総一郎、宮田登と共に編集（一九七五年九月発行の第八号まで続く）。四月、沖縄、宮古島を訪れる。池間島より船で、大潮のときだけ海上に現れる八重干瀬に行く。十一月、母・チカ死去。

昭和四十九年（一九七四）……………五十三歳
「アニマ」一月号から動物についての民俗学的考察を連載。「流動」で「古代史ノオト」連載開始（翌年にかけて）。一月、宮古島島尻集落で祖神祭を見る。四月、能登鹿渡島を訪れる。八月中旬、新潟から東北への旅に出る。村上、秋田、比立内、西馬音内を廻る。十月十日、『原風土の相貌』を大和書房より刊行。十月、「日本及日本人」に「珝南の保守主義」を発表。十一月五日、池間島に渡って世乞の祭りを見る。十月二十日、対談集『民俗論の原像』を伝統と現代社より刊行。「展望」十二月号に「豊姫考」を発表。

昭和五十年（一九七五）……………五十四歳
四月十日、『古代史ノオト』を大和書房より刊行。五月二日、『民俗の神』（淡交社）、十月二十日、『女の風土記』（読売新聞社）を刊行。十一月八日、岐阜県不破郡垂井町の南宮大社にふいご祭を見に行く。宮司の話から伊吹山、伊富岐神社、伊福部氏と金属精錬の関連を連想し、調査を始める。以後三年にわたり、地名と神社を手がかりに実地検証を続ける。十一月二十日、『神・人間・動物』（平凡社）、十一月二十五日、『私説　神風連』（新人物往来社）を刊行。

昭和五十一年（一九七六）……………五十五歳
「すばる」に「青銅の神の足跡」を連載（翌年まで）。十月二十五日、『黒潮の民俗学』を筑摩書房より刊行。

昭和五十二年（一九七七）……………五十六歳
五月、韓国旅行。慶州、済州島を廻る。五月二十七日、『古代史と民俗学』をジャパン・パブリッシャーズより刊行。九月三十日、対談集『日本古代文化の幻像』（三一書房）を大林太良と共編で出版。

昭和五十三年（一九七八）……………五十七歳
三月八日、『出雲の神々』を平凡社より刊行。三月十一日、「地名を守る会」を結成。地名改変に反対する運動を開始する。十二月、「朝日ジャーナル」に「なぜ地名変更に抗うか」を連載。同月、久高島を訪れて、旧暦十一月十五日から四日間くりひろげられるイザイホーの祭りを見る。

昭和五十四年（一九七九）……………五十八歳
五月十五日、『青と白の幻想』を三一書房より刊行。五月二十五日、地名についての対談集『地名の話』を平凡社選書として出版。六月二十日、『青銅の神の足跡』を集英社より刊行。七月十日　写真集『神々の島――沖縄久高島のまつり』（写真・比嘉康雄）を平凡社より刊行。小浜島の細崎に泊まり込み、糸満漁師の調査にあたる。十一月三十日、『鍛冶屋の母』を思索社より刊行。このころより物部氏の白鳥信仰を追って東北を旅する。

昭和五十五年（一九八〇）……………五十九歳
四月二十五日、『北国からの旅人』を筑摩書房より刊行。七月、「地名を守る会」が、第一回日本文化デザイン会議で「地域文化賞」を受賞。十月三十一日、『谷川健一著作集』（全十巻、三一書房）の刊行始まる（一九八八年十二月完結）。十一月、川崎市で開かれた映像祭の席上で、神奈川県知事と川崎市長に地名研究所設立構想を訴えて協力を要請、快諾を得る。十二月十日、写真集『琉球弧　女たちの祭』（写真・比嘉康雄）を朝日新聞社より刊行。十二月二十日、『神は細部に宿り給う』を人文書院より刊行。同日、池田弥三郎との対話『柳田国男と折口信夫』を思索社より刊行。

昭和五十六年（一九八一）……………六十歳
四月十七・十八日、川崎市で「地名をとおして「地方の時代」を考える全国シンポジウム」が開催され、日本地名研究所の設立が決議される。四月二十四日、対談集『民俗学の遠近法』を東海大学出版会より刊行。九月十日、『海の群星』を集英社より刊行。十月二十日、川崎市に「日本地名研究所」を設立。初代所長に就任。十月三十一日、沖縄県那覇市にて沖縄シンポジウムが開催され、パネリストの一人として参加。東京大学で講師を務める。十二月二十日、四月のシンポジウムをまとめた『シンポジウム　地名と風土』を小学館より刊行。

昭和五十七年（一九八二）……………六十一歳
「歴史公論」四月号より翌年三月号まで、誌上座談会「風土学ことはじめ」を連載。四月二十日、対談集『地名の話』を平凡社より刊行。五月二十八・二十九日「柳田国男没後二十周年記念シンポジウム――柳田学の継承と展開・第一回全国地名研究者大会」を川崎市にて開会。以後、この大会は毎年開催、基調講演を行う。「すばる」九月号より「白鳥伝説」の連載を開始する（一九八五年三月号まで）。十一月五日、『わたしの〈天地始之事〉』を筑摩書房より刊行。十二月十四日、二月より毎週一回朝日新聞社で行われた講演をまとめ、『日本の地名』（講談社）として出版。

昭和五十八年（一九八三）……………六十二歳
四月、企画編纂にあたった『日本民俗文化大系』（全十四巻別巻一　一九八七年完結　小学館）の刊行始まる。同叢書は一九八六年の毎日出版文化賞特別賞を受賞。四月二十日、前年の地名研シンポジウムを『地名と日本人』と題して講談社より刊行。五月二十日、『常世論——日本人の魂のゆくえ』を平凡社より刊行。五月三十日、前年の沖縄シンポジウムが『シンポジウム　沖縄の古代文化』（小学館）として刊行される。十二月二十八日、『失われた日本を求めて』を青土社より刊行。

昭和五十九年（一九八四）……………六十三歳
一月、企画編纂にあたった『日本の神々』全十三巻（白水社）の刊行始まる（一九八七年まで）。四月二十日、『風土学ことはじめ』を雄山閣出版より出版。十一月一日、山下欣一、荒木博之、波平恵美子との共同討議を『南東のフォークロア』と題して青土社より刊行。

昭和六十年（一九八五）……………六十四歳
二月三日、沖縄県浦添市で行われたＮＨＫ文化講演会で「日本という国名」と題して講演。

昭和六十一年（一九八六）……………六十五歳
一月十日、『白鳥伝説』を集英社より刊行する。十一月十五日、大山麒麟五郎、高良倉吉との鼎談『沖縄・奄美と日本』を同成社より刊行。

昭和六十二年（一九八七）……………六十六歳
三月、『私の民俗学』を東海大学出版会より刊行。同書は一九九一年に三一書房より出版された『わたしの民俗学』の基となった。四月、近畿大学に招かれ、文芸学部教授となる。四月、約十年間同大学民俗研究所所長も兼任。四月十八・十九日、第六回全国地名研究者大会。テーマは「海民の文化と移動」「地名、アイヌ語の視点から」。七月、宮古島狩俣で粟プーズを見る。十二月、体調を崩して入院（翌年一月まで）。再び短歌を作りはじめる。

昭和六十三年（一九八八）……………六十七歳
八月三十日、金達寿との共著『地名の古代史　九州篇』を河出書房新社より刊行。十一月、編纂にあたった『日本民俗文化資料集成』（全二十四巻　一九九八年完結　三一書房）がスタート。

昭和六十四年・平成元年（一九八九）…六十八歳
八月二十五日、『民俗、地名、そして日本』を同成社より刊行。十月二十日、歌集『海の夫人』を河出書房新社より刊行。

平成二年（一九九〇）……………六十九歳
五月三十日、馬場あき子と共に監修した『川崎地名百人一首』を川崎市文化財団より刊行。十月、網野善彦、森浩一、大林太良、宮田登と共に編纂した『海と列島文化』（全十巻別巻一　一九九三年完結　小学館）がスタート。十一月一日、『大嘗祭の成立——民俗文化論からの展開』を小学館より刊行。

平成三年（一九九一）……………七十歳
四月十五日、『わたしの民俗学』（三一書房）。六月二十三日、『地名の古代史　近畿篇』（河出書房新社）。七月一日、対談集『南方熊楠、その他』（思潮社）。七月十日、『地名と風土』（思潮社）。八月十日、『南島文学発生論』を思潮社より刊行。同書は平成三年度の芸術選奨文部大臣賞ならびに第二回南方熊楠賞を受賞。「新潮」十月号、十一月号、十二月号に「聖なる疲れ」「神を失った近代知識人——三島由紀夫への異和感」「さまよえる天女」を発表。

平成四年（一九九二）……………七十一歳
十二月十五日、山下欣一と共編で『南島の文学・民俗・歴史』を三一書房より刊行。

平成五年（一九九三）……………七十二歳
「新潮」二月号に「永遠の帰郷者」を発表。九月三十一日、『民俗の宇宙Ｉ』を三一書房より刊行（Ⅱは、十一月十五日）。

平成六年（一九九四）……………七十三歳
三月一日、『海人の贈物』を小学館より刊行。七月十五日、歌集『青水沫』を三一書房より刊行。七月二十日、編纂した『稲生物怪録絵巻——江戸妖怪図録』を小学館より刊行。十一月二十三日、宮古島に滞在中の五月に、開発により森林資源が減少しているという新聞記事を読み、宮古島のウタキと自然を守るべく「宮古島の神と森を考える会」を発足させる。以後毎年集会を開く。

平成七年（一九九五）……………七十四歳

「歌壇」九月号より「旅の手帖」の連載を開始（一九九七年二月号まで）。十二月十日、『古代海人の世界』を小学館より刊行。弟・谷川雁が肺癌のため永眠。

平成八年（一九九六）……………七十五歳

十月十五日、『独学のすすめ　時代を超えた巨人たち』を晶文社より刊行。同日、同時代ライブラリー『民俗の思想』を岩波書店より刊行。

平成九年（一九九七）……………七十六歳

四月二十一日、岩波新書『日本の地名』を刊行。秋、水俣病患者の田中実子氏宅を訪問し、歌を詠む。十一月三十日、岡谷公二・山下欣一編『「青」の民俗学　谷川健一の世界』（三一書房）が刊行される。妹・徳子死去。

平成十年（一九九八）……………七十七歳

五月二十日、岩波新書『続日本の地名』を刊行。五月三十一日、一九九六年春の地名研究者大会の発表をまとめた『金属と地名』を三一書房より刊行。同書に「俘囚の役割」を発表。六月七日、歌集『海境』をながらみ書房より刊行。七月、地名研の会員を中心に「青の会」を立ち上げる。

平成十一年（一九九九）……………七十八歳

六月二十一日、岩波新書『日本の神々』を刊行。六月二十五日、文化交流誌「青」創刊。水俣市政五十周年の記念講演で徳富蘆花について話す。

平成十二年（二〇〇〇）……………七十九歳

「新潮」一月号に「『海上の道』など」を発表。七月二十日、講談社現代新書『うたと日本人』を刊行。七月二十五日、『神に追われて』を新潮社より刊行。

平成十三年（二〇〇一）……………八十歳

六月二十日、岩波新書『柳田国男の民俗学』刊行。九月二十八日、短歌研究社より短歌研究賞が贈られる。

平成十四年（二〇〇二）……………八十一歳

「短歌往来」五月号より「ああ曠野」と題して一ページエッセイを連載開始。五月二十七日、「毎日新聞」に「新地名は安易にすぎないか」を掲載。

平成十五年（二〇〇三）……………八十二歳

二月二十日、監修にあたった『東北の地名　岩手』（本の森）を刊行。九月三十日、『古代人のコスモロジー』を作品社より刊行。「新潮」十月号に「孤独の実相――古代人の妣の国」を発表。

平成十六年（二〇〇四）……………八十三歳

九月二十八日、『心にひびく小さき民のことば』を岩波書店より刊行。十二月五日、『渚の思想』を晶文社より刊行。

平成十七年（二〇〇五）……………八十四歳

五月二十一・二十二日、第二十四回全国地名研究者大会のテーマは、「平成の大合併と地名」。八月、「季刊東北学」に「民間信仰史研究序説」の連載を開始（二〇〇九年九月まで）。

平成十八年（二〇〇六）……………八十五歳

二月二十八日、『古代歌謡と南島歌謡』を春秋社より刊行。三月三日、大江修編『魂の民俗学――谷川健一の思想』（冨山房インターナショナル）が刊行される。五月一日、『水俣再生への道――谷川健一公演録』（水俣ブックレットNO1）を熊本日日新聞社より刊行。五月二十七日、『谷川健一全集』（冨山房インターナショナル）刊行開始。五月三十日、『四天王寺の鷹』を河出書房新社より刊行。十一月五日、「日本経済新聞」に「偉大な独学者の魂　白川静さんを悼む」を掲載。

平成十九年（二〇〇七）……………八十六歳

三月二十日、文春新書『蘇る海上の道・日本と琉球』を刊行。四月十五日、『谷川健一全歌集』を春風社より刊行。五月十九・二十日、宮城県松島で「東北のアイヌ語地名と蝦夷語地名」をテーマに第二十六回全国地名研究者大会開催。七月二十八日、『明治三文オペラ』を現代書館より刊行。十一月、文化功労者に選出される。

平成二十年（二〇〇八）……八十七歳

三月八日、東京神田如水会館にて文化功労者祝賀会が催される。同日、『源泉の思考――谷川健一対談集』を冨山房インターナショナルより刊行。五月一日～三十一日、「日本経済新聞」に「私の履歴書」を連載。五月二十四・二十五日、福井県小浜市で「若狭を中心とした日本海の交流」をテーマに第二十七回全国地名研究者大会開催。八月二十三日、『隠された物部王国〈日本〉』を情報センター出版局より刊行。十月三十一日、『民俗学の愉楽』を現代書館より刊行。

平成二十一年（二〇〇九）……八十八歳

一月十五日、新年の歌会始で召人をつとめる。一月二十三日、『妣の国への旅』を日本経済新聞社より刊行。六月三十日、「季刊東北学」に連載した「民間信仰史研究序説」をまとめ、『賤民の異神と芸能　山人・浮浪人・非人』として河出書房新社より刊行。

平成二十二年（二〇一〇）……八十九歳

二月一日、日経ビジネス文庫『古代学への招待』を日本経済新聞社より刊行。五月二十一日、『列島縦断　地名逍遥』を冨山房インターナショナルより刊行。同日、インタヴュー集『父を語る　柳田国男と南方熊楠』が刊行される。五月二十二・二十三日、遠野市で第二十九回全国地名研究者大会「『遠野物語』と地名」を開催。

平成二十三年（二〇一一）……九十歳

三月十一日、東日本大震災。NHKテレビテキスト「NHK短歌」六月号より「はるかなる歌よ」を連載開始。

平成二十四年（二〇一二）……九十一歳

一月二十七日、『蛇　不死と再生の民俗』を冨山房インターナショナルより刊行。二月、編纂にかかわった『民衆史の遺産』（全十五巻別巻一　大和書房）刊行開始。六月九日、『日本人の魂のゆくえ』を冨山房インターナショナルより刊行。六月九・十日、「災害と地名」をテーマに第三十一回全国地名研究者大会開催。七月二日、玉田尊英と共に編纂した岩手・宮城・福島の詩人・歌人を中心とした東日本大震災詩歌集『悲しみの海』を冨山房インターナショナルより刊行。

平成二十五年（二〇一三）……九十二歳

三月二十七日、編纂にかかわった『地名は警告する　日本の災害と地名』を冨山房インターナショナルより刊行。六月四日、『谷川健一全集』全二十四巻が完結。六月七日、二弟・道雄死去。七月三十一日、『魂の還る処』をアーツアンドクラフツより刊行。八月二十三日、『露草の青　歌の小径』を冨山房インターナショナルより刊行。翌八月二十四日、脳梗塞により死去。

平成二十六年（二〇一四）

二月二十八日、『道の手帖　追悼総特集　谷川健一　越境する民俗学の巨人』が河出書房新社より刊行される。五月十日、丸の内の日本工業倶楽部で「故谷川健一先生と花礁に遊ぶ会」が開催される。五月三十一日、『谷川健一先生追悼　神は細部に宿り給う』が日本地名研究所より刊行される。八月二十四日、遺著『柳田国男民俗学存疑　稲作一元論批判』（冨山房インターナショナル）が刊行される。

平成二十七年（二〇一五）

五月九日、三弟・公彦死去。八月二十日発行の「脈」八五号が、「谷川健一と沖縄」を特集する。

平成二十八年（二〇一六）

六月、折口信夫との共著『琉球王権の源流』が榕樹書林より刊行される。

（冨山房インターナショナル版『谷川健一全集24』の年譜ほかを参照）

前田速夫（まえだ・はやお）
1944年、福井県生まれ。民俗研究者。東京大学文学部英米文学科卒業後、新潮社に入社、文芸編集者として雑誌『新潮』編集長などをつとめる。著書に『余多歩き　菊池山哉の人と学問』（晶文社、読売文学賞受賞）、『白の民俗学へ』『白山信仰の謎と被差別部落』『異界歴程』（河出書房新社）、『古典遊歴』（平凡社）、『辺土歴程』（アーツアンドクラフツ）、『海を渡った白山信仰』（現代書館）が、共著に『渡来の原郷』（現代書館）、編著に『日本原住民と被差別部落』（著・菊池山哉、河出書房新社）、『鳥居龍蔵　日本人の起源を探る旅』（アーツアンドクラフツ）がある。

やま かわ うみ 別冊
谷川健一《たにがわけんいち》　民俗《みんぞく》のこころと思想《しそう》
2016年12月10日　第1版第1刷発行

編　者◆前田速夫《まえだはやお》
発行人◆小島　雄
発行所◆有限会社アーツアンドクラフツ
東京都千代田区神田神保町2-2-12
〒101-0051
TEL. 03-6272-5207　FAX. 03-6272-5208
http://www.webarts.co.jp/
印刷　シナノ書籍印刷株式会社

落丁・乱丁本はお取り替えいたします。
ISBN978-4-908028-17-5　C0039